协和医学院系列规划教材
医院领导力及管理系列教材

医院后勤管理

（供卫生管理、医疗管理专业使用）

主　编　王兴鹏

副主编　陈　睦　李永奎

编　者（以姓氏笔画为序）

马　进（上海申康医院发展中心）
王长谦（上海交通大学医学院附属第九人民医院）
王兴鹏（上海申康医院发展中心）
尤　健（上海申康医院发展中心）
厉传琳（上海申康医院发展中心）
朱永松（上海市第十人民医院）
祁少海（中山大学附属第一医院）
李　斌（上海市第六人民医院）
李天庆（中国医学科学院阜外医院）
李永奎（同济大学）
李树强（北京大学第三医院）
李晶慧（上海申康医院发展中心）
吴锦华（上海市第一人民医院）
沈　兵（上海申康医院发展中心）
张建忠（上海申康医疗卫生建设工程公共服务中心）
张晓波（复旦大学附属儿科医院）
陈海涛（上海交通大学医学院附属瑞金医院）
陈　梅（上海市第六人民医院）
陈　睦（上海申康医院发展中心）
林　青（武汉大学人民医院）
赵　欣（四川大学华西医院）
赵海鹏（同济大学附属同济医院）
顾向东（上海市中医医院）
顾建英（复旦大学附属中山医院）
奚益群（上海市第六人民医院）
徐　诚（上海申康医院发展中心）
唐锦辉（华中科技大学同济医学院附属同济医院）
程　明（上海交通大学医学院附属新华医院）
虞　涛（上海市卫生健康委员会）
魏建军（上海申康医院发展中心）

中国协和医科大学出版社

北　京

内容简介

本教材是“医院领导力及管理系列教材”之一，系统梳理了医院后勤管理相关概念、汇集了国内知名医院后勤管理实践，借鉴了最新研究成果，将医院后勤管理的新进展、新理念、新技术等融入相关章节。全书内容丰富、叙述清晰、循序渐进，主要内容以公立医院管理为研究样本和实践案例。本教材主要供卫生管理、医疗管理专业教学使用，也可供临床及相关专业人员参考使用。

图书在版编目（CIP）数据

医院后勤管理 / 王兴鹏主编. — 北京：中国协和医科大学出版社，2022.7（2025.2 重印）.
（医院领导力及管理系列教材）
ISBN 978-7-5679-1933-4

Ⅰ. ①医…　Ⅱ. ①王…　Ⅲ. ①医院—后勤管理—教材　Ⅳ. ①R197.32

中国版本图书馆CIP数据核字（2022）第112532号

医院领导力及管理系列教材
医院后勤管理

主　　编：王兴鹏
责任编辑：李丹阳
封面设计：邱晓俐
责任校对：张　麓
责任印制：黄艳霞

出版发行：中国协和医科大学出版社
（北京市东城区东单三条9号　邮编100730　电话010-65260431）
网　　址：www.pumcp.com
经　　销：新华书店总店北京发行所
印　　刷：三河市龙大印装有限公司

开　　本：787mm×1092mm　1/16
印　　张：24.25
字　　数：450千字
版　　次：2022年7月第1版
印　　次：2025年2月第2次印刷
定　　价：109.00元

ISBN 978-7-5679-1933-4

医院领导力及管理系列教材

建设指导委员会

Introduction

出版说明

随着我国医药卫生体制改革的深入，卫生事业对医院的要求在不断提高。医疗管理工作是医院建立正常医疗秩序、提高医疗服务质量的重要保证。医院的管理系统非常复杂，发展极其迅速，且面临不断深化的改革要求，这对医疗管理人才提出了更高的要求。目前，我国医院的管理干部，大部分为医务人员转型而来，虽具有精深的专业知识，但仍缺乏系统、全面的管理知识。随着公立医院整体进入转型发展期，我国亟须培养高素质的职业化卫生管理及医疗管理人才队伍。

教材作为承载知识的重要载体，对于培养高素质人才发挥着重要作用。党的十八大以来，党中央高度重视和关心教材建设。在我国高等教育体系中，教材建设是提高高校教学水平、丰富教学内容以及促进教学方法改革的基础性工作；是发展高等教育，培养综合型人才、创新型人才的基础。

为适应卫生管理及医疗管理的新要求，培养适应新时代卫生管理及医疗管理的相关人才，中国协和医科大学出版社深入贯彻《关于推动公立医院高质量发展的意见》《关于建立现代医院管理制度的指导意见》及《关于加强公立医院运营管理的指导意见》等文件精神，在中国医学科学院北京协和医学院的支持下，开创性地组织了本套医院领导力及管理系列教材的编写工作。编委会集结了二百余名业内知名专家、学者、教授及一线教学老师，在鲜可借鉴同专业方向教材编写经验的情况下，对医疗管理理论、方法、人才培养机制等进行探索研究，悉心编撰。

本套教材涵盖卫生管理、医疗管理专业课程共计17门，定位清晰、特色鲜明，具有如下特点：

一、建设成体系的卫生管理、医疗管理专业教材，引领学科发展步伐

本套教材作为成体系的卫生管理、医疗管理专业教材，充分研究论证相关专业方向人才素质要求、学科体系构成、课程体系设计和教材体系规划，代表了卫生管理、医疗管理学科的发展方向。

二、引入国际最新理念和方法，与时俱进

教材紧密结合卫生管理及医疗管理专业培养目标、高等医学教育教学改革的需要和卫生管理及医疗管理专业人才的需求，引入国际最新医院管理理念及方法，内容与时俱进、开拓创新。

三、融入经典管理案例，突出实践性教学

教材内容对接医疗管理职业标准和岗位要求，将国际最新案例融入其中，重视培养学生理论联系实际、实践操作和独立思考的能力。

四、纸数融合，使学习更便捷更轻松

教材采用纸数融合形式出版，即在纸质教材内容之上，配套数字化资源，通过图片、动画、视频、课件等多种媒体形式将内容进行呈现，以优化教学内容，丰富教学资源。读者可以直接扫描书中二维码，阅读与教材内容相关联的课程资源，从而丰富学习体验，使学习更加便捷。

希望本套教材的出版，能够推进高质量卫生管理及医疗管理专业人才的培养，促进我国卫生管理、医疗管理学科或领域的教材建设与教育发展，为引领我国医疗卫生机构管理走向科学化、规范化、标准化与现代化作出积极贡献。

Preface
前　言

医院后勤管理是医院管理的重要组成部分，为医院顺利开展医疗、教学、科研等工作提供基础支撑，医院后勤管理水平的高低直接影响医院的建设发展和综合服务效益的有效发挥。近年，伴随全国医院建设规模的不断扩大、现代化医院建设发展进程的不断提速及人民群众看病就医需求的日益增长，医院后勤管理在提升医院服务质量和推动医院可持续与高质量发展方面发挥着越来越重要的作用。

作为一门实践性很强的应用学科，医院后勤管理是医院管理学的一个重要分支，具有服务范围广、包含内容多等特点，既涉及常规物业管理的保洁、保安服务管理，也包含医用气体系统、手术室空调系统等医院特有设施设备的运维保障，以及大后勤概念下的医院基本建设和资产管理，各项管理服务内容都具有很强的专业性和技术性。为使医院后勤管理工作能够更好地适应医院管理与服务医院建设发展新常态、新需求和新趋势，需要结合医院后勤管理实践，及时总结医院后勤管理理论，培养更多的医院后勤管理复合型人才。

《医院后勤管理》在编写过程中综合考虑医院后勤管理的上述特点，医院服务发展的实际需要，涵盖了后勤管理工作的主要内容。为顺利完成本书的编写工作，邀请了众多全国医院后勤管理领域权威专家、学者加入编委会，经历了多次讨论、意见征询和反复修改，最终成稿。

《医院后勤管理》是一本注重基本技能培养和理论知识相结合的专业教科书，梳理了医院后勤管理相关概念，汇集了国内知名医院后勤管理实践案例和经验，借鉴了国内外最新的理论研究成果，将医院后勤管理的新进展、新理念、新技术等融入相关章节。全书共分为四个篇章。第一篇概论，系统总结了后勤管理的基本概念、组织模式、人力资源管理以及发展趋势；第二篇后勤服务，详细介绍了后勤服务模式及其演变、通用设施设备管理、安全与应急管理、智能化管理系统、预算与成本管理；第三篇基本建设管理，从医院建设项目全生命周期视角对基建项目的规划管理、建设程序、招投标采购管理、设计管理、施工管理、建筑信息模型、档案管理等内容进行介绍；第四篇资产管理，具体包括医用设备管理、固定资产管理、采购管理和产业管理等章节。

本书内容丰富、叙述清晰、循序渐进，主要内容以公立医院管理为研究样本和实践案例，适用于高等学校医院管理相关专业研究生、本科生，同时可供具有实践经验的相关工作人员参考。

本书从编写到出版，历时1年多，期间得到众多参编单位的帮助与支持。在此，谨向参与本书编写的30位编者、所有支持和关心本教材编写的人士以及参考文献的作者致以衷心的感谢！

编　者

2022年5月

Contents

目 录

第一篇 总论

第二篇 后勤服务

第三篇　基本建设

第四篇　资产管理

第一篇
总　论

Part 1

第一章　医院后勤管理概论

第二章　组织结构与人力资源

第三章　理论与实践发展

第一章　医院后勤管理概论

学习目标

1. 掌握　医院后勤管理的概念和基本任务。
2. 熟悉　医院后勤管理的发展过程、基本特点。
3. 了解　医院设施管理的基本内容、医院后勤管理的地位和作用。

第一节　概念与发展历程

一、概念

后勤管理最早因战争出现、军队组建而产生。军队后勤是筹划和运用人力、物力、财力、技术，从物资经费、医疗救护、交通运输等方面保障军事建设和作战需要的专业性工作。根据在军事中发挥作用的层次，可分为战略后勤、战役后勤、战术后勤等。早期的后勤管理内容、方式和组织比较简单。随着实践的发展和后勤组织功能的完善，军事后勤管理模式逐步在其他领域得到引入、重视和推广。

医院后勤管理是医院管理的重要组成部分，是保障医院医疗、教学、科研、预防、保健等工作顺利开展和提供配套支持服务的一系列活动的总称，通过对相关工作人员、空间环境、物资、资金及服务过程等要素的有效集成，为医院的运营管理带来重要价值。

从不同角度来看，医院后勤管理的定义表述存在一定差异性。从职能角度，医院后勤主要承担管理、保障和服务三项职能；从包含的基本要素角度，医院后勤管理是医院物资、服务、设备、财务、基本建设和后勤信息化建设等系列工作的总称，包括衣、食、住、行、水、电、气、冷、暖等诸多方面。医院后勤管理具体工作内容包括生活服务管理、设备设施管理、安全与应急管理、基本建设管理、资产管理等方面。

医院后勤管理是一门实践性很强的应用学科，是医院管理学的一个重要分支，是自然科学和社会科学在相互交叉、相互渗透、相互联系的基础上形成的一门重要管理学科。医院后勤管理涉及医院管理、卫生经济、工程建造、机电设备、环境卫生、通讯信息、营养膳食、园艺绿化等多学科领域，涵盖多方面的专业知识，具有较强的专业性、技术性以及融合性特点。

二、发展历程

医院后勤管理作为医院管理的重要内容，必然受到国家政策、社会经济环境、技术进步以及医院自身发展等多种因素影响。在我国，医院后勤管理的实践与理论发展呈现阶段性特点。

中华人民共和国成立以来，我国医院后勤管理发展主要分为三个阶段。第一阶段为1949年至20世纪80年代末，受国家计划经济体制影响，医院后勤管理采用行政指令式管理模式，主要采用“自管”模式，管理过程中对工作效率、服务质量、运行成本、投入合理性等问题并未深入考虑，管理效率相对较低。第二阶段为20世纪90年代至21世纪初，随着社会主义市场经济体制的建立与发展，医院管理模式随之做出调整。医院后勤管理过程中出现的技术落后、思维僵化、忽略成本等问题，成为制约医院发展、提高医疗服务质量的重要瓶颈因素，后勤管理开始关注并提高效率。第三阶段为21世纪初至今，随着社会主义市场经济体制的完善，社会服务行业的专业化、技术化发展趋势成为医院后勤管理改革的重要驱动力量；同时，倡导“以患者为中心”“注重社会效益”的办院理念对后勤精细化管理提出了更高要求。该阶段，社会化理念在医院后勤管理中得到推广与应用，使其开始由“封闭自管”模式向“开放竞争”模式转变，服务外包成为后勤管理的重要手段，医院后勤管理的精细化、社会化程度均有显著提高，服务质量与效率得到显著改善。

实践的发展导致医院后勤管理的研究主题、研究对象发生变化。我国医院后勤管理的理论研究起步较晚，有学者对过去30年的研究文献进行综述分析，将医院后勤管理研究分为三个阶段。第一个阶段，1990—1998年，主要以后勤改革、市场经济、经济体制、患者为中心等关键词为研究主题，反映出后勤管理改革起步阶段的重点关注内容；第二阶段，1999—2012年，社会化服务、后勤服务、后勤保障、成本核算等主题成为研究重点，尤其是后勤社会化得到最为广泛的关注；第三阶段，2013年至今，精细化管理、创新、成本管控和信息化成为后勤管理的重要研究主题，其中信息化、智慧化等成为近年来后勤管理研究的热点内容。

近年来，新型冠状病毒（简称“新冠”）肺炎疫情等重大疫情和公共卫生安全事件的发生，第五代移动通信技术（5G）、大数据中心、工业互联网等新型基础设施的快速发展与应用，以及推动公立医院高质量发展等政策的驱动，使安全、高效、韧性和人性化成为医院后勤管理的核心内容，智慧后勤管理等新理念应运而生并得到广泛关注，这对医院后勤管理的发展与运行模式、资源配置等提出更高的要求。

三、基本特点

医院后勤管理的特点是由其管理对象、要素以及医疗服务活动等具有的特点所决定，主要有七个方面特点。

（一）连续性

医院后勤管理是医疗活动正常开展的重要保障，具有与医疗活动相适应的不间断性，医疗活动的时效性、不确定性、高可靠性和应急性决定了需要提供稳定可靠、响应及时的后勤保障服务。

（二）安全性

医院后勤管理具有与医疗活动、社会稳定性相适应的安全性。医院后勤管理的安全性主要分为三个层面：人员安全、设备安全、环境安全。

（三）专业性

医院后勤管理具有与医院后勤管理对象、服务对象相适应的技术性。医院后勤部门以所应用的专业设备设施为重要管理对象，以患者与医务人员等为主要服务对象，这决定了医院后勤管理人员的知识、技能和素质培训必须具有专业性。

（四）服务性

医院后勤管理具有与所面向的服务对象相适应的服务性。后勤管理作为医院的非核心业务，主要功能表现在为医院的医疗、教学、科研、预防、保健等核心业务发展提供服务。

（五）复杂性

医院后勤管理具有与管理对象、服务范围相适应的复杂性，表现在服务流程规范、管理制度标准、服务人群众多以及管理要素交互融合等方面，集成化管理为应对医院后勤管理复杂性这一挑战提供了解决手段。

（六）社会性

医院后勤管理具有与社会专业化分工相适应的社会性。随着社会经济体制的改革、社会主义市场经济体制的建立，医院后勤的社会化改革成为主要发展趋势。服务外包企业的引入使医院后勤管理的社会性明显增强。

（七）经济性

医院后勤管理具有与社会主义市场经济条件相适应的经济性。后勤管理的高效性对提高医院运营效率、实现资源合理配置、提高设施利用率、改善医疗活动效率等方面具有重要影响。

第二节 医院设施管理

在国外医院，与医院后勤管理相对应的概念为医院设施管理。从管理对象看，国外的医院设施管理与国内的医院后勤管理具有较高的一致性。国外的设施管理体系比较成熟，经过多年实践与理论的探索形成了完整的管理体系。作为其重要分支之一的医院设施管理因内容丰富、理念先进、系统性强等特点，可以为国内医院后勤管理提供借鉴。本节重点介绍国外设施管理、医院设施管理等基本概念以及发展现状，为了解国外相关前沿理念提供帮助。

一、设施管理

20世纪70年代，在能源危机的背景下，全球竞争加剧、信息技术发展等催生了设施管理（facility management，FM）学科。1979年美国首先成立了密歇根州设施管理协会（1981年更名为国际设施管理协会，英文名：International Facility Management Association，IFMA）。随后，英国、澳大利亚、德国等发达国家成立了各自的设施管理协会。专业组织的成立说明设施管理的行业地位逐渐得到认可。同时，设施管理实践的发展导致专业人才需求的增加，促使设施管理逐渐成为一门专业。如伦敦大学学院、悉尼大学、康奈尔大学等高等学府均成立设施管理的本科专业、研究生专业或者设施管理研究机构。

20世纪90年代，设施管理理念从国外引入中国。设施管理在中国的发展、宣传、应用过程中，部分高等院校、研究机构、跨国企业、知名服务供应商等起到重要推动作用。如同济大学等高校，华为、联想、腾讯等知名企业均设置了设施管理研究机构或设施管理部门。

设施管理是综合利用管理科学、建筑科学、经济学、行为科学和工程技术等多种学科理论，将人、空间、技术与过程相结合，对人类工作和生活空间环境进行有效的规划和控制，是一项以改善人们生活质量、满足核心业务战略目标为目的的组织功能。按照管理对象范围，设施管理有狭义与广义之分。狭义的设施管理仅指建筑的运营、维护以及相关服务；广义的设施管理指以满足建筑功能为目标的一切非核心活动。按照设施管理对象的要素，设施管理分为战略性与操作性两个层面。战略性层面包括战略性设施规划、空间规划和工作场所规划等；操作性层面主要包括支持性的服务管理、资产管理与维护等。此外，基于研究对象、目标以及关注的功能不同，设施管理也有其他不同的定义，详见表1-1。

表1-1　设施管理代表性定义

序号	定义描述	定义角度
1	涵盖多学科，通过整合人员、空间、流程确保建筑环境的功能与技术实现的一种组织功能	设施管理的集成功能
2	一种用于运营、维护、改善和调整组织基础架构并创建能支持该组织目标环境的综合方法	设施管理主要手段
3	通过运营和维持相关业务以支持组织核心目标所必需的活动总称	设施管理在组织中非核心角色
4	执行和维护支持组织的相关服务功能以满足组织战略需求的过程	设施管理的战略功能
5	与对人与工作环境有重要影响的建筑环境、建筑管理存在相关性的多种学科集成	设施管理学科

设施管理的价值主要体现在四个方面，具体包括：提供和保持高品质的工作空间；降低建筑全生命周期的运营成本；支持组织的发展战略与核心业务；保证突发事件下的业务连续性。

知识拓展

为增加全球设施管理团体实践的一致性与透明度，从全生命周期整合设施管理战略，促进设施管理作为重要职业选择并提高认可度，国际设施管理协会与英国皇家特许测量师学会于2018年4月出版了《战略性设施管理框架》（英文名称：Strategic FM Framework）这一报告。报告核心内容包括六部分：一是设施管理的战略规划，对成功的FM特点进行总结；二是从服务设计角度总结FM的实施规划，重点从组织的约束条件、文化建设、风险管理等方面梳理；三是FM的运营，着重解读领导力、资源规划、信息技术、成本预算、供应链合同的相关影响；四是信息管理，具体包括FM的文件与信息记录、绩效测度的影响因素；五是FM的发展，重点说明FM在变更管理、创新、韧性、健康、安全、环境管理以及行为管理等方面内容；六是从项目角度解读FM的重要影响因素，具体包括项目管理原则、最佳实践、设计介入以及资产评价等方面。

二、医院设施管理

医院设施管理（healthcare facility management，HFM）是设施管理在医院运营应用的一个分支概念。狭义的医院设施管理是指医院运营与维护过程中对不同建筑设施等的管理，主要强调医院设施的运维管理；广义的医院设施管理是指在建筑全生命周期内的各种设施管理，涵盖的时间维度与空间要素更为广泛，甚至有学者将广义的医院设施管理定义为医院核心业务之外一切非核心活动的总称。

从不同角度，医院设施管理包括的要素或者内容分类具有差异性。有学者从医院设施管理绩效指标包含的基本维度，将其分为物理因素、安全因素、环境因素以及经济因素。也有学者将医院设施管理从功能上细分为6个维度：①绩效管理，具体包括标杆管理、经济绩效以及评估技术；②运维管理，具体包括关键绩效指标（key performance index，KPI）的标杆建立、服务规划；③供应服务管理，具体包括组织学习、外包、成本收益分析等；④组织发展，具体包括战略规划、重建、更新等项目；⑤风险管理，具体包括风险的识别、分析、量化以及应对，价值工程以及价值管理等；⑥信息与通信技术（information and communications technology，ICT）的应用，其中ICT是医疗设施管理的基础工具。该分类在医院设施管理研究中受到较为广泛的认可。有学者基于文献综述对医疗设施管理的层级范围、研究主题、方法、基本要素进行了全面分析，详见图1-1。

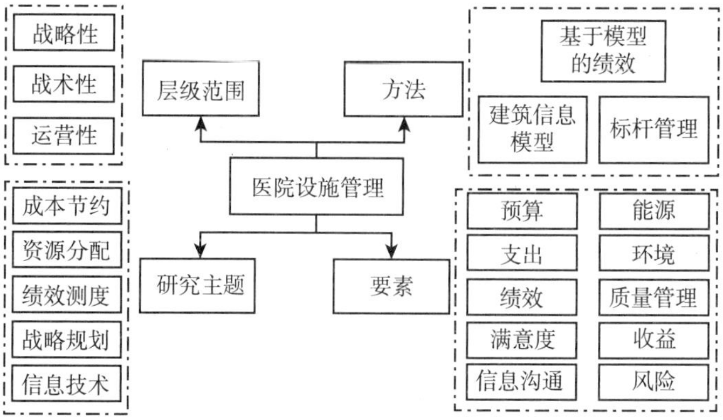

图1-1　医院设施管理主要内容

知识拓展

国际设施管理协会（IFMA）是全世界最大、被广泛认可的设施管理行业协会，有遍布全球104个国家和地区的24 000多名会员。IFMA下属16个专业委员会，其中医疗卫生专业委员会是重要分支。IFMA在设施管理的实践总结、理念推广、学术交流等方面做了大量工作，出版多部医院设施管理方面的研究报告，如医院设施管理标杆2.0报告（Benchmarking 2.0 Health Care Facility Management Report），该报告将医院设施管理的维度分为设施、装备、运维、环境服务、垃圾、被服服务、运营成本与效率、风险管理、资产与工程管理，从实践的角度对医院设施管理进行了详细的分类与描述。

此外，医院设施管理也是其他国际权威协会或者团体关注的研究主题，如英国皇家特许测量师学会（Royal Institution of Chartered Surveyors，RICS，网址：https：//www.rics.org/nl/）联合IFMA出版发布多个设施管理报告，对设施管理实践发展与标准化建设具有重要指导意义。美国建造业协会（Construction Industry Institute，CII，网址：https：//www.construction-institute.org/）每年资助的研究课题中，医院设施管理是重点领域之一。

国外设施管理发展历史较长，专业期刊（如*Facilities*，*Journal of Facilities Management*，*Journal of Performance of Constructed Facilities*）创办历史比较久，促进了设施管理的研究成果介绍和传播。此外，工程领域的专业期刊（如*International Journal of Strategic Property Management*，*Building Research and Information*，*Automation in Construction*，*Journal of Construction Engineering and Management*）中也报道了较多设施管理的研究成果。

由于各自国情、历史发展、医院管理体系、管理职能与内容等不同，医院后勤管理与医院设施管理既有一致性又有差异性。从医院的组织功能角度来看，医院后勤管理与设施管理均为医院的非核心功能，都为医院核心功能（医疗、教学、科研、预防、保健）服务；从包含的基本内容来看，两者具有较高程度的一致性，但也有战略管理、风险管理、可持续发展等理念方面以及系统性管理上的差异性；从服务的主要目的来看，设施管理对一般民用建筑或者商业建筑重在实现资产保值、增值功能，而医院后勤管理重在为医院的持续运营提供保障。

第三节　地位和作用

医院后勤管理作为医院运营过程中的重要环节，对医院人、财、物、技术等核心资源的科学配置、精细管理和使用效能有重要影响。地位和作用具体表现在以下几方面。

一、后勤管理是医院有效运营与可持续发展的重要保障

医院后勤管理是医院发展的支持保障系统。一方面，医院核心业务（医疗、教学、科研等活动）的开展离不开后勤管理中衣、食、住、行、水、电、气、冷、暖等方面的服务与保障。另一方面，医院后勤服务的质量、效率与水平直接影响了医院核心业务的开展，甚至会影响医疗质量、医院运营的安全。

二、后勤管理为患者治疗和康复提供了必要条件

以患者为中心是医院管理的核心理念，医院后勤管理建设的绿色生态环境为患者创造了舒适、整洁、安全、温馨的疗愈空间，能够调节患者情绪，有助于减轻患者的心理压力；提供科学合理的饮食，在增强患者体质、满足生理功能需要等方面起到辅助治疗作用；实施严格规范的卫生管理制度，对环境、被服、器械、餐饮器具等实施消毒灭菌等控制感染措施，防止院内交叉感染。因此，患者的康复有赖于后勤管理服务创造的良好条件。

三、后勤管理是医务人员工作与生活的有力保证

医院后勤管理为医务工作人员提供全方位、多层次的供应与服务，有效帮助医务人员解除工作和生活等方面的后顾之忧。在医院内营造团结、和谐、相互支持、相互关心的氛围，有利于增强医院的凝聚力、向心力和感召力，以保证他们能从日常烦琐的生活事务中解脱出来，全身心投入到医疗、教学、科研、预防和保健工作。

四、后勤管理是助力现代医院建设发展的重要基础

患者对高品质医疗服务需求的日益增长促使对支撑医院高质量发展所需要的基础设施、管理水平提出了更高的要求，而医院后勤的发展为医院建设发展提供了重要的

软硬件基础。医院后勤建设现代化楼宇、配置先进设备设施和智能化管理系统，使现代科技广泛应用于楼宇管理、能源管理、安全管理、物资管理、生活服务等方方面面，极大地满足了医疗、教学、科研、预防等功能需求和患者的个性化就医需求。

五、后勤管理是实现应急医疗保障功能的重要支撑

医院后勤管理是应急救援的先行者。正所谓“兵马未动，粮草先行”，医院后勤管理部门类似于战争中的战略物资供应部门，在应急事件中扮演重要的支持保障角色，主要提供必要的场所、能源、物资、车辆、秩序等客观条件。应急状态下医院面临任务紧急、涉及面广、动员人数多等挑战，后勤部门及时有效的物资与能源供给、临时设施搭建、秩序维持等工作均是突发事件得到良好处置的前提。后勤保障的应急能力是医院应急启动的重要条件之一，而医院应急效果的好坏，直接影响卫生应急体系的启动和运行效率。鉴于医院在重大疫情、公共卫生安全事件和灾难事件处理等方面扮演的重要角色，近年来医院后勤的应急管理已得到前所未有的重视。

第四节 基本任务

后勤管理的职能决定了工作的任务。因此，在确定后勤管理的基本任务之前，需要全面了解后勤管理的基本职能。一般认为，从运行任务的重要性，后勤保障的职能主要分为三个层面：常规运行支持保障层面、新任务的科学执行层面以及应急事件的应对与处置层面。国家有关政策文件对后勤管理的基本职能有相关规定，例如2002年卫生部颁发的《关于医疗卫生机构后勤服务社会化改革的指导意见（试行）》提出，医院后勤管理的主要职能分为行政管理职能和服务职能。后勤行政管理职能主要包括：财务管理、国有资产管理、房地产权管理、基本建设管理、设备物资管理、环境秩序管理、后勤服务规划和监督管理等；后勤服务职能主要包括：为医疗业务开展而提供的各项劳务、技术和餐饮服务、动力能源管理、通讯、安全消防管理、物业管理、污水处理、太平间管理、医用水、气体集中供应以及消耗性物资采购供应、车辆维修、设备维修、被服制作洗涤等。此外，医院管理的政策文件同样有相关规定。如2021年国家卫生健康委员会组织制定了《医院智慧管理分级评估标准体系（试行）》，其中涉及后勤管理的内容为设备设施管理（包括购置管理、使用运维管理、质量管理、效益分析）以及运行保障管理（包括后勤服务管理、安全保卫管理、医疗废弃物管理、楼宇管控、信息系统保障管理）。从部门基本职能的角度，有文献将医院后勤管理职能分

为6个方面，具体包括：①根据医院整体运行情况和发展规划，制订基本建设、房屋设施改造等年度计划、近期规划、中长期规划等，并负责落实；②为医院提供保障服务，包括物资保障和水、电、气等能源保障，确保设备设施安全、正常、高效运行，并做到绿色节能；③为医院提供环境服务，包括卫生保洁、餐饮服务、被服供应和洗涤、绿化养护、消防、安全保卫等；④为医院提供医疗辅助性服务，包括门诊挂号、患者运送、护工以及医疗便民服务等；⑤推进后勤服务社会化改革，代表医院对外包服务项目进行考核与管理，掌握相关法律、法规，督促社会机构合法、合理用工；⑥组织对院内突发应急事件的处置。上述有关医院后勤管理职能的描述有助于加深对后勤管理功能定位的理解。结合以上几种分类，本书将医院后勤管理的基本任务归纳为以下三个大类。

一、后勤服务

后勤服务主要包括面向医护人员、患者及家属的生活服务、设备设施、安全与应急等管理内容，遵循“安全、高效、优质、低耗、绿色、便捷、友好”的原则。

生活服务主要包括保洁、运送、餐饮、陪护等内容。目前，此类后勤服务的社会化程度较高，需要严格各项规章制度、岗位职责、操作规程，认真执行国家有关部门的强制性行业标准，同时建立后勤服务绩效考核机制，确保生活服务能够满足医疗、教学、科研相关工作人员、来院患者及家属的需要。

设备设施管理主要包括空调与通风系统、给水排水系统、医用气体系统、配电系统、能源系统、电梯系统、物流传输系统等建筑相关设施，在满足安全运行的前提下应做好质控管理，同时要注重资源的优化配置与成本管控。此外，医院一直是公共机构中的能源消耗大户，需要加强设备设施的节能管理与技术应用，做好能源管理工作，为实现公共机构绿色低碳运行作出贡献。

安全管理是医院运营发展的重要基础，是后勤服务的重要任务之一。安全管理需要坚持底线思维，注重风险防范，确保不发生安全事故，从而使医疗、教学、科研等各项工作顺利开展。首先，需要严格按照国家相关法律法规，执行标准，落实责任，加强组织管理，加强医院生产安全管理、消防安全管理、治安安全管理、食品卫生安全管理、第三方服务安全管理，严格督促检查，落实问题整改，严格奖惩考核。其次，公共卫生事件、灾难事件下的应急救援是特殊状态下的安全管理，医院后勤管理应建立应急机制，为应急状态下医院功能的正常发挥提供服务保障。

随着后勤管理精细化要求的提高以及信息技术的发展，传统以人工管理为主要手段的后勤服务已经不能满足现代医院发展的需要，以智能化综合管理平台为代表的信息技术系统在后勤服务管理中已发挥越来越重要的作用。

二、基本建设

医院建设管理过程中应贯彻“安全、适用、经济、绿色”方针，在建筑与环境设计施工中充分考虑患者、医护人员的生理和心理特点，营造舒适、怡人的环境。医院基本建设应坚持以人为本，在满足功能的同时，注重改善患者的就医条件和医务人员的工作环境，需做到功能完善、布局合理、流程科学、环境舒适、绿色智慧。

医院建设项目的内容构成决定了基本建设管理的对象。医院建设项目由场地、房屋建筑、建筑设备和医疗设备组成。场地包括建筑占地、道路、绿化、室外活动场地和停车场等；房屋建筑主要包括门诊、急诊、住院、医技、保障系统、行政管理和院内生活用房等；建筑设备包括电梯、物流设备、暖通空调设备、给水排水设备、电气设备、通信设备、智能化设备、医用气体设备等。

医院基本建设管理具体内容包括三个方面：一是基本程序管理。按照国家规定的基本程序，全生命周期组织实施基本建设过程，具体包括项目规划、设计、施工、验收、运维等环节。二是工程技术管理。确保在项目各个阶段根据医院的功能需求进行设计深化；施工阶段重点对建筑设计和施工进行协调和管理，使建筑设计满足医院使用功能的要求，使工程质量达到设计预期的要求。三是工程经济管理。遵循国家政策和相关部门要求，在建设管理过程中对相关经济活动监督和管理，通过招投标、预决算审查等措施降低工程造价。医院基本建设规模、造价标准应当按照批准的投资计划，实行限额设计，强化投资监控，严格变更管理，实行动态监测，实现质量、安全、进度、规模控制、投资控制和廉洁建设目标。

三、资产管理

医院资产管理对象主要为医用设备、房屋等固定资产、相关产业和采购业务。医院资产是医院医疗活动的基础，要坚持资产管理的科学性、有效性原则，减少浪费，降低库存，加快周转，降低运行成本。

医用设备管理需严格规范各类设备的使用管理，通过规范设备的配置、使用以及绩效评价，确保设备在使用期内发挥最大效益，为医院的运营提供支持。固定资产管理需要保障资产安全、完整、准确计量、规范处置、合理配置和有效利用。固定资产管理过程中需要从申请购置、验收、入库出库、资产保管、设备维修、处置等每一环节进行管理，实现对固定资产各个环节的风险控制。固定资产管理需严格履行审批手续，防止资产处置中的违规违纪行为，确保资产保值增值。

为从源头确保医院资产价值，采购管理是资产管理的重要制度保证。应根据国家的法律法规建立严格的采购制度。采购管理中供应商的选择是资产、物资质量保障的基础，是连接产品与医院运营中的重要一环，因此，对供应商建立公平高效的准入退出机制、标准化管理以及绩效评价体系是资产管理的重要任务之一，也是提高后勤保障运行质量的重要条件之一。

经营性资产是医院产业管理的重要组成部分，需要在经过合理的规划、遵循国家政策法规的前提下，建立清晰的产权责任关系，通过资源优化配置、投资等手段，实现资产的保值增值。经营性资产管理需加强对服务单位的运营管理和财务监管。

本章小结

医院后勤管理是医院管理的重要组成部分，为医院医疗、教学、科研等工作顺利开展提供基本条件，对提升医院服务质量、推动医院实现可持续与高质量发展具有重要作用。本章系统梳理了医院后勤管理的概念、发展过程以及基本特点，介绍了国际上通用的设施管理以及医院设施管理的理念和相关成果，分析了后勤管理在医院管理中的重要地位和作用，归纳了医院后勤管理的基本任务。医院后勤管理涉及范围广、包含内容多，需要实施系统性的管理方法、手段。通过本章的学习，学生可以掌握后勤管理的基本要素，认识到后勤管理在医院运营中的重要性。

（魏建军　朱永松　王兴鹏）

第二章　组织结构与人力资源

学习目标

1. 掌握　医院后勤管理组织结构设置原则及考虑因素。
2. 熟悉　医院后勤管理的基本职责和岗位设置。
3. 了解　医院后勤管理人力资源配置的基本要求和中高层管理人员能力素质要求。

第一节　组织结构设置

组织结构定义了组织的任务和职责、工作角色和关系以及组织与外界的沟通渠道。组织结构将创建一个有秩序的可控制的框架，通过该框架，实现计划、指导和控制组织的营运。医院后勤管理过程中，合理设置后勤管理结构、明确岗位职责，对提高后勤管理工作效率具有重要意义。

斯蒂芬·P.罗宾斯（Stephen P.Robbins）认为：组织结构是指对工作任务进行分工、分组和协调合作的过程。上一章已经对后勤管理的概念、特点、基本任务进行阐述，本章的组织结构设置是从任务分工的角度来阐述医院后勤的组织管理。关于组织结构的设置有不同影响因素，如有的学者将其归纳为六个关键因素：工作专门化、部门化、命令链、控制跨度、集权与分权、正规化。无论如何设置，组织结构设计的目的是一致的，即以合理的分工与协作，使组织以较小的规模、较少的人员、最小的经济投入尽可能获得最大的产出。

针对个体，医院的组织模式具有独特性。从共性上，医院后勤组织的管理人员从整体上可分为三个层次：一是高层管理者，即医院后勤工作分管领导；二是中层管理者，主要是指中层部门领导；三是基层管理者，即中层部门内或下属科室的管理人员。此外，后勤管理所需要的外包服务管理人员也是组织中的重要组成部分。一般情况下，医院的后勤管理组织可基于医院类型、规模大小以及发展需要等影响因素，在常规组织架构的基础上创新管理体系，根据实际需要调整和完善组织形式。医院床位规模大小、是否设置多院区、服务外包程度和成熟度的高低、管理人员的专业化程度等因素，均会对医院后勤管理的组织结构产生显著影响。

根据实践统计分析，一般医院的后勤管理组织结构设置可参照以下一些原则实施：

（1）在较大规模（床位数1000张以上）的综合性医院中，后勤保障部门（处或部）一般会设置动力保障科；考虑到医院安全保卫部门承担医院消防、治安安全的特殊职责任务，且需与地区消防、公安部门协同维护医院安全稳定工作，医院应单独设立保卫机构（保卫处或科），可以由后勤副院长直管或隶属于后勤保障部门下的二级科室。政府文件对医院安全保卫部门独立建制均有明确规定，如2013年国家卫生计生委与公安部联合发布的《关于加强医院安全防范系统建设的指导意见》指出，医院应当形成法人总负责，分管负责人具体管理、组织实施专职保卫机构；2004年国务院发布的《企业事业单位内部治安保卫条例》规定，单位应设置治安保卫机构或者配备专职、兼职治安保卫人员。

（2）根据国有资产管理要求，可以设置资产管理部门（处、部或科），把分散在财务、后勤、设备、信息等部门的资产管理内容归口管理。医院产业管理属于经营性资产管理，大部分医院由后勤副院长直接分管，也可将其独立设置。

（3）医疗设备管理部门在各医院中设置不同，为了加强对医疗设备的管理，医院可专设医学装备部（处或科），隶属于资产管理部门进行管理。可由后勤副院长或其他副院长直接分管。

（4）为满足日益增长的医疗需求，提供医疗、教学、科研发展和医学技术装备更新必要的空间，以及确保医院房屋建筑使用的安全性、可靠性等，医院基本建设和房屋修缮的工作任务逐渐增加，工作要求越来越高。医院可根据实际情况设置专职管理部门（基本建设处或基建维修科），负责新建、迁建、改扩建、房屋修缮等工程项目。根据医院规模的大小和建设任务的多少，可由后勤副院长直接分管，或隶属后勤保障部门下的二级科室。

（5）为适应安全生产新形势、新要求，依法落实各级安全生产责任制，可根据从业人员规模，按照院级、部门负责人、各班组工作人员的等级层次，设置专门的安全生产管理机构，保障医院安全运行。

（6）近年来，各类突发性公共卫生事件的发生，使应急管理工作备受关注。医院后勤在所有应急事件中扮演支持和保障的角色，是应急救援的先行者。各医院可按照实际需求成立后勤应急保障小组，为救援提供必要的场所、能源、物资、车辆、秩序维护等客观条件。

（7）医院餐饮服务主要包括员工餐饮和患者餐饮两部分。员工餐饮的管理由后勤保障部门负责。患者餐饮（即营养膳食）的管理因涉及临床医疗工作，一般由专业营养师负责，属于临床营养科的一部分，其管理的营养食堂可以采用自管方式或服务外包方式。

本节介绍不同特征下的综合性医院一般性的组织结构设置，其他各级医疗机构和专科医院可参照进行适当调整。具体职能部门或科室的命名、管理范围和职责可结合医院实际情况设置。

一、考虑床位规模大小的设置

床位规模一般是医院规模的首要参考依据，也是医院后勤管理服务、管理工作量的重要参考依据。国家卫生计生委发布的《医疗机构设置规划指导原则（2016—2020年）》指出，县办综合性医院、市办综合性医院、省办及以上综合性医院的适宜床位规模分别为500张、800张、1000张。本节以1000张床位为划分界限，将医院分为床位规模在1000张以下和1000张以上进行讨论，图2-1为按床位规模来分类的医院后勤组织结构。

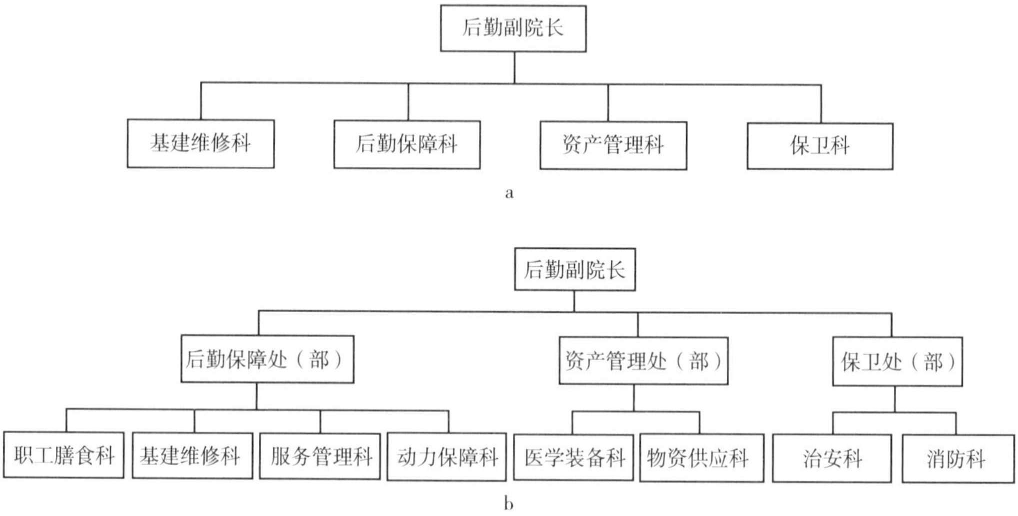

图2-1　不同床位规模医院的后勤组织结构

a. 床位规模1000张以下的医院；b. 床位规模1000张以上的医院

床位规模在1000张以下的医院，后勤组织结构通常为扁平管理形式，后勤副院长管理基建维修科、后勤保障科、资产管理科和保卫科。该结构模式简单，简化管理和沟通过程，避免职能组织结构模式中常出现的交叉和矛盾的工作指令关系，可以提高组织工作效率，但要求后勤副院长通晓后勤各方面知识，同时也不太适合规模较大、管理任务繁杂的医院。

床位规模在1000张以上的医院，受建筑体量、装备数量、员工人数和就医服务量等因素影响，后勤管理相关职能科室设置较为全面，主要设置后勤保障处（部）和资产管理处（部），并单独设置保卫部门（处或部）。后勤保障处（部）下设职工膳食科、基建维修科、服务管理科、动力保障科；资产管理处（部）下设医学装备科和物资供应科；保卫处（部）下设治安科和消防科。该结构模式属于职能型，也称“法约尔模型”，以职能来组织分工，属于目前较普遍的组织模式，职能部门作为承担任务的主体，既可以充分发挥资源集中的优势，也可以保证任务开展的连续性，但出现较多需由多个职能科室共同完成的任务时，要加强各部门之间的沟通交流和团结协作，避免出现由于资源平衡问题或只关注各自部门任务而导致的目标结果达成不理想或后勤服务满意度下降。

二、考虑单（多）院区情况的设置

近年来，由于经济社会发展、卫生健康服务需求增加、医学科技进步、国家政策引导以及大型医疗机构的规模效应和溢出效应等因素，促使国内大型医院开始以投资兴建、合并重组、合作办医等形式设立分院区。医院多院区发展已经成为一种新趋势。在多院区管理中最需关注的就是如何做到同质化管理，然而往往各院区之间因距离、环境等因素而导致合理的资源共享机制难以实现、管理难度大、办院成本增加。做好权力和职责界定、不同院区的资源分配和需求评估，是实现多院区医院发展的基础工作。

因医院之间存在机构类型、建设规模、分院区的数量与距离、人力资源条件、服务区域与周边环境、信息化管理程度等因素的差异，一般情况下可通过成立专门的业务管理团队来加强包括后勤、财务在内的各方面管理，利用附加组织结构的形式提高多院区医院之间的协作能力，以监管或聘请顾问等方式保证核心院区和分院区的后勤保障水平，如图2-2所示。

多个后勤副院长领导的后勤组织结构属于直线职能型，后勤各科室除了受上级部门的管理外，还接受由各后勤副院长共同认可成立的业务管理团队的指导、服务和监督，其管理本质是建议性和辅助性的，无权直接下达相关指令，以统一认可的标准和制度，对拟定的计划、方案和指令提供帮助和检查，对核心院区和分院区的后勤服务质量进行整体把控，使得各院区能及时适应环境变化，调整战略和工作计划，有效避免发展不均衡、服务效率低下的弊端。

一个后勤副院长领导下的后勤组织结构属于矩阵型和直线职能型相结合的模式。为减轻后勤副院长的协调工作量，在业务管理团队的统一指导下，核心院区的后勤部门应根据自身实际情况，按职能条线对各分院区实行垂直管理，以此来实现医院后勤管理同质化的发展目标。

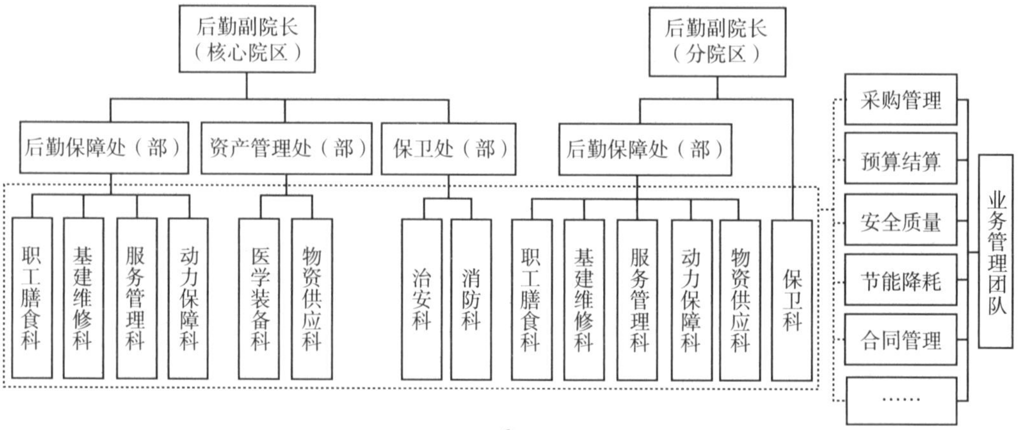

a

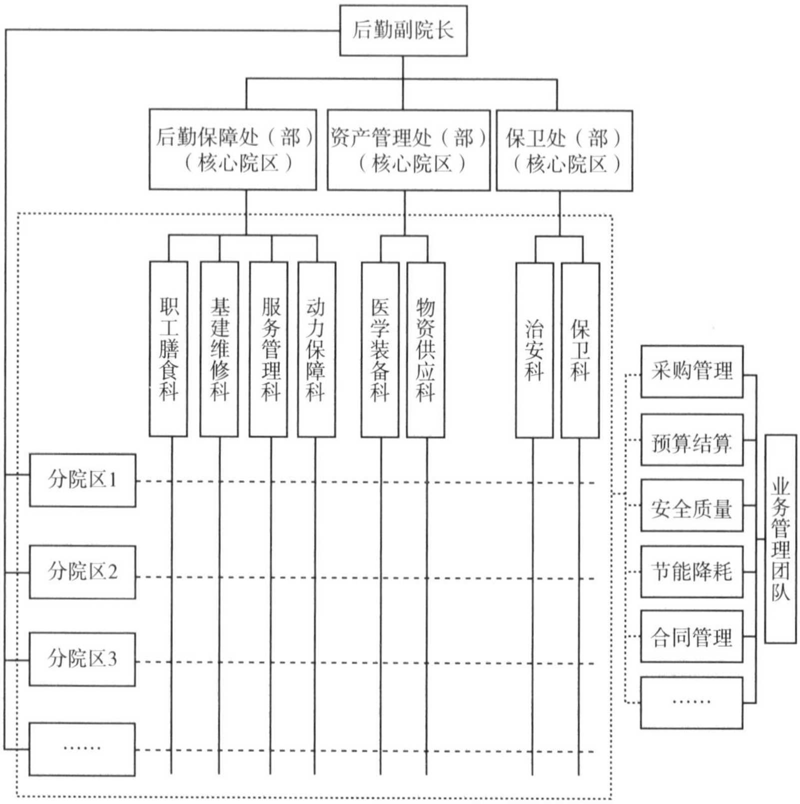

b

图2-2　一院多区医院的后勤组织结构

a．多个后勤副院长管理；b．一个后勤副院长管理

考虑到安全保卫工作对医院的重要性，一般情况下各分院区都单独设置保卫部门。为精简组织机构和岗位设置，分院区医疗设备的业务工作可由核心院区的医学装备科

统一管理。规模较小的分院区可设置综合管理办公室，涵盖后勤管理职能，且可由核心院区的后勤副院长负责协调。因为适度的分权有利于多院区医院的发展，目前大多数多院区医院独立设置分院的后勤副院长。

知识拓展

医院多院区常以“核心医院名称+分部/院区/分院”命名或冠名，大致可以分为紧密型、松散型、混合型三种。紧密型一院多区常通过新建、迁建、改扩建、兼并等方式发展而来，具有与核心院区相同的法定代表人和统一的财务管理，最主要的特点是内部行政管理统一化。松散型一院多区常通过托管、共建等方式发展而来，医院拥有多个不同的法定代表人，各院区有相对独立的法人地位，医院之间没有行政管理权、人事调配权和经济分配权。混合型一院多区属于紧密型和松散性的混合体，既拥有与核心医院同一法定代表人的紧密院区，也有相对独立、法定代表人不同的松散院区。

三、考虑管理的专业性与外包程度不同的设置

后勤管理的组织结构设置应该以任务为基础、保障功能为目的。医院后勤管理要素复杂，管理范围较广，若工作任务由院方管理人员自行管理，部分专业性较强的工作可能会因管理人员的能力素质不匹配等因素，出现无法维持和保证医院的高效正常运行，而一些专业性较弱且烦琐的事务工作会占据管理人员宝贵的时间和精力，所以在医院后勤管理组织结构设置时应充分考虑管理专业性问题，部分专业性较弱或者专业性很强的工作任务往往采用服务外包方式，医院的后勤管理部门采用监督的手段来实施管理。这不仅可以对繁杂的医院后勤工作任务进行重新整合，灵活调整后勤管理组织结构，还可以保证医院后勤服务的高质量。现今国内医院后勤服务外包已发展到一定阶段，大致可分为服务类（保洁、运送、安保、绿化、护工等）、专业设备类（空调设备、特种设备、污水处理、变电站、医用气体系统等）和其他类（合同能源管理、基本建设项目代建管理等）。各服务外包单位大多采用项目经理负责制，驻点项目经理是医院服务外包项目的第一责任人。因此，为进一步提高后勤服务质量，降低成本，医院可根据实际情况和需求，适当利用外部优质的专业化资源，在院方后勤管理人员的有效监管下，根据服务外包程度的不同（外包内容、外包方式等）合理设置组织管理结构。

案例讨论

【案例】四川大学华西医院是国内规模较大的综合性医院之一。为了更好服务一线科室及职能部门，后勤管理以服务为导向，根据保障业务的不同对传统管理架构进行调整，按实体成本中心和效益成本中心进行归类。该模式属于以服务和管理为导向的经营性后勤组织结构，如图2-3所示。

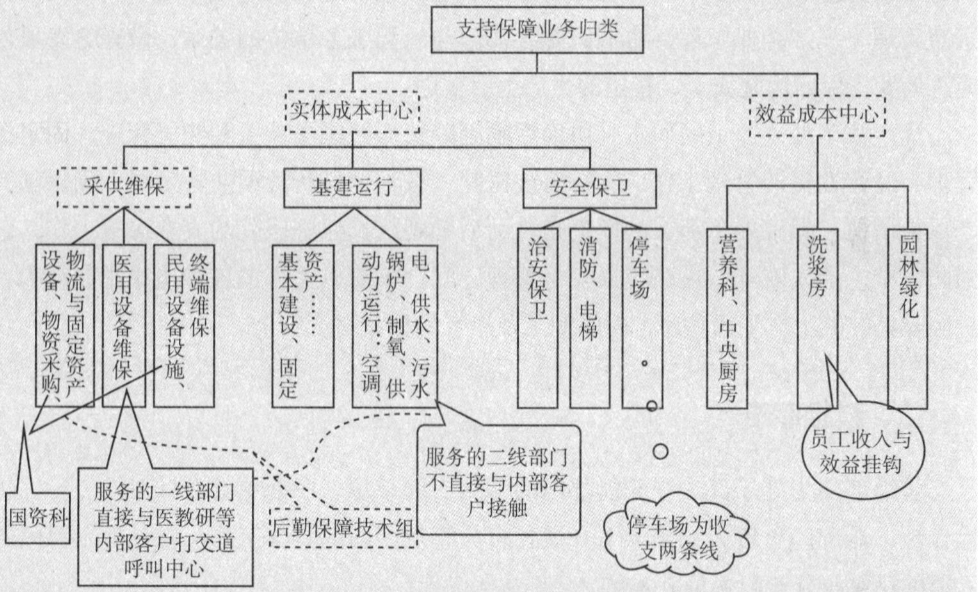

图2-3　四川大学华西医院后勤组织结构

【讨论】

1. 基本建设科与后勤分管动力运行、重要水电气系统的班组进行整合，这样设置与无整合管理的架构相比较有何优势?

2. 医院后勤服务管理引入经营观念的必要性是什么？对后勤管理的促进意义有哪些方面?

第二节　基本职责与岗位设置

医院后勤管理职能科室的设置对后勤管理的决策、执行、信息反馈以及后勤管理的效果、效率具有重要影响，关系到医院的运营效能。其中，基本职责与岗位设置的划分是职能科室组织结构设计的关键。鉴于不同规模、不同属性医院发展存在多样性，本节以较大规模（床位数1000张以上）的综合性医院为例，介绍医院后勤管理部门的基本岗位职责和岗位设置。

一、处（部）级职责

后勤保障处（部）的职责是协助后勤副院长抓好后勤服务、保障和管理工作，包括设备设施管理、安全管理、能源管理、服务外包管理、爱国卫生运动、医院经营性资产管理（三产企业）等，协调医院各部门与后勤服务单位的关系，做好突发事件的应急处置，保障医院安全、稳定的生产生活秩序。

资产管理处（部）的职责是协助后勤副院长抓好医学装备和物资管理、固定资产管理、经营性资产管理工作，支持医院医疗、教学、科研各项业务发展，确保国有资产保值增值。保卫处（部）的职责是协助后勤副院长抓好医院的安全保卫工作，包括消防安全、治安安全、道路交通安全管理，配合公安机关打击各种违法犯罪行为，维护医院良好的工作生活秩序，保障职工及患者的生命财产安全。

二、科级职责

科级部门为处（部）级职能部门的下属二级单位，职能更具有针对性、专一性和操作性，在部门负责人的领导下开展各自分管范围内的具体工作。常见后勤保障部门下属的科室及分工职责见表2-1。

表2-1　后勤保障部门的职责内容

科室	职责
职工膳食科	①职工膳食供应服务；②食品卫生管理；③突发食品安全事件处置
基建维修科	①医院新建与改扩建工程项目管理；②房屋修缮管理；③建筑施工安全管理；④基建档案管理
服务管理科	①后勤服务外包管理（合同、质量、风险管理）；②生活服务，如膳食、环境保洁、运输、通信、绿化、洗涤、废弃物、宿舍等管理
动力保障科	①后勤设备设施运行、维修与保养管理；②生产安全管理；③后勤智能化管理平台；④能源管理；⑤节能减排管理
医学装备科	①医用设备采购与招标管理；②医用设备论证、决策、购置、安装、验收、运行、安全、维修、保养、处置管理；③设备档案管理；④固定资产管理
物资供应科	①医用耗材、试剂采购供应与质量安全管理；②其他物资采购供应，如办公用品、五金耗材、家具、不锈钢制品、机电设备等；③物资库房管理
治安科	①内部秩序维护；②保安服务管理；③中央监控室管理；④道路交通管理；⑤治安突发事件处置
消防科	①消防设施维护管理；②消防安全培训与演练；③消防突发事件处置

三、岗位设置

岗位是指承担一系列职责的任职者所对应的工作位置。一般岗位职责是由系列工作任务组成，每项工作任务由系列工作要素组成。医院工作岗位基本分为三个类别：管理岗位、专业技术岗位和工勤技能岗位。

医院后勤工作涉及人事、财务、物资、设备、基建、房屋、交通、环保、卫生、绿化、餐饮和其他各项服务工作，与医生、护士、患者和患者家属都有着密不可分的关系，岗位设置不合理或不完善都可能导致医院在运行过程中出现问题。在医院后勤管理部门主要设置管理岗位和工勤技能岗位，此外，服务外包岗位虽然不属于医院内部岗位，但也是后勤服务管理的重要组成部分。医院后勤管理岗位主要是承担领导职责或者管理任务的工作岗位，主要职责为增强医院运转效能、提升管理水平。医院后勤管理岗位一般为分管院长、部门或下属科室负责人及科员。医院后勤工勤技能岗位主要是指承担技能操作、服务保障等职责的工作岗位，主要职责为提高操作维护技能，提升服务水平，满足医院后勤保障业务的需要。工勤技能岗位一般分为特殊工种、通用工种、普通工种。

医院后勤岗位设置的基本过程：①医院后勤副院长、处长和科长应在满足人力资源规划的要求下，根据医院后勤管理工作实际，以保证各项工作任务能落实到位为原则，确认后勤工作任务，界定岗位工作范围；②编制工作说明书，其中包括工作描述和工作规范，工作描述是对工作目的、职责、权限、标准、开展工作需具备的资格和条件等进行明确描述，工作规范要指明该工作岗位必须具备的知识、技术、能力等要求，编制工作说明书不仅是开展岗位设置的基础工作，也是保障各项后勤工作有序开展的必要条件；③根据实际工作量以及人员配置情况，以一岗一人、一岗多人、一人多岗等形式来合理设置医院后勤岗位，以下各科室管理岗位的设置可供参考。

（一）职工膳食的岗位设置

主要有科长、副科长、食品采购管理员、库房管理员、厨师班长、食品安全与卫生管理员、质量与服务监督员、财务管理员等。

（二）基建维修科的岗位设置

主要有科长、副科长、新建项目组组长、房屋修缮项目组组长、规划前期工程师、造价工程师、土建工程师、安装工程师、施工管理员、档案管理员、安全管理员等。

（三）服务管理科的岗位设置

主要有科长、副科长、餐饮管理员、医疗废弃物与生活垃圾管理员、洗涤及布类物品管理员、物业服务监督员、爱国卫生管理员、绿化管理员、标识管理员、内勤人员、档案管理员等。

（四）动力保障科的岗位设置

主要有科长、副科长、能源管理员、报修管理员、供电管理员、安全监督员、水质化验员、变配电站管理员、污水处理站管理员、电梯管理员、特种设备管理员、修理班组长、电工班组长、空调班组长、档案管理员等。

（五）医学装备科的岗位设置

主要有科长、副科长、固定资产管理员、设备维修员、库房管理员、物流管理员、质量管理员、计量员、财务管理员、档案管理员等。

（六）物资供应科的岗位设置

主要有科长、副科长、医用耗材管理员、仓库管理员、诊断试剂管理员、低值物管理员、质量安全员、档案管理员等。

（七）治安科的岗位设置

主要有科长、治安班组长、停车场管理员、监控室管理员等。

（八）消防科的岗位设置

主要有科长、消防班组长、消防管理员等。

随着后勤服务社会化、专业化程度的提高以及外包管理的成熟，医院内部配置的工勤技能岗位数量逐渐减少，承担职能逐渐弱化，取而代之的是外包服务项目中的各类工勤技能岗位。

案例讨论

【案例】关于医院后勤科室设置的情况，2014年有学者针对上海市88家二甲及以上医院进行了调研，回收有效问卷57份结果显示医院后勤部门设置总务处（科）、保卫处（科）和设备处（科）的比例较高，产业办（科）配置的比例较低。其中三级专科医院膳食科配置比例较低，二甲综合医院产业办（科）设置比例较低。详见图2-4和表2-2。

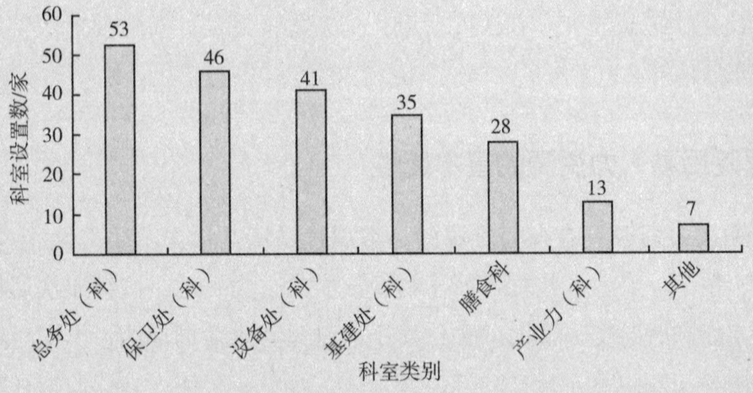

图2-4　上海市88家二甲及以上医院后勤科室设置情况

表2-2　上海市二甲及以上医院后勤科室设置情况

科室类型	三级综合（n=23）		三级专科（n=10）		二甲（n=24）		合计	
	个数	占比（%）	个数	占比（%）	个数	占比（%）	个数	占比（%）
总务处（科）	21	91.3	9	90.0	23	95.8	53	93.0
设备处（科）	15	65.2	9	90.0	17	70.8	41	71.9
基建处（科）	19	82.6	7	70.0	9	37.5	35	61.4
保卫处（科）	18	78.3	7	70.0	21	87.5	46	80.7
膳食科	13	56.5	3	30.0	12	50.0	28	49.1
产业办（科）	9	39.1	3	30.0	1	4.2	13	22.8
其他	5	21.7	0	0.0	2	8.3	7	12.3

【讨论】讨论后回答以下问题：

（1）随着后勤社会化的发展，不同类型医院的后勤科室设置有什么差异？

（2）部门设置时考虑哪些因素？不同地区医院考虑因素有什么不同？

第三节　人力资源配置

医院人力资源管理的目的是为了优化医院各类岗位的人员配置，满足医院发展的目标。随着医院后勤服务社会化改革历经探索和实践，已逐步建立医院后勤社会化、市场化的服务体系，医院后勤的人力资源管理也发生巨大变化，已从传统的计划模式向市场化、社会化模式转变。在医院后勤人力资源配置时，首先要对医院后勤人力资源的性质有充分认知。

一、医院后勤人力资源的基本属性

医院后勤人力资源具有人力资源的一般属性，即共性：①层次性/生物性，人的健康、体力、精力、经验、技能等属于初级层次的人力资源，高级层次属性的人力资源有天赋、才能和智慧等；②时效性：由于人是具有生命周期的，不同时期人力资源的特点、作用和功能也有差异；③群体和个体共存性：个体人力资源指存在于个人身体中的，后天获得的知识、技术、能力等质量因素之和；群体人力资源指存在于一个国家、地区和组织中每个人身体之中，后天获得的知识、技术、能力等质量因素之和；④主观能动性：在行动之前有意识地认识世界、改造世界，同时也改造自身；⑤资本性：想要人力资源创造更高价值，必定要有经济的投入，接受一定的培训和教育来提升水平和能力；⑥收益递增性：人力资源是一种资本，人力资源的增加可以改善物质资本的质量，增加物质资本的收益率。

医院后勤人力资源还具有自身的特性。①复杂性：医院后勤承担的工作任务繁多，人员组成复杂，难以规范化管理；②服务性：医院后勤岗位人员具有明显的服务性质；③流动性：物业公司作为医院后勤服务外包单位的重要组成部分之一，由于岗位技术含量低、待遇也较低，导致员工的归属感弱、人员流失率高；④专业性：随着医院发展、新技术引进、患者需求变化，后勤管理工作难度越来越大，对专业化要求的程度也越来越高。

二、医院后勤人力资源配置

目前，我国公立医院后勤人员组成主要包括后勤管理干部、医院正式编制的后勤员工、医院后勤合同制工人、劳务公司派遣的劳务工、外包公司人员等。

医院的定岗定编方法常用的有工作效率法、工作耗时测定法和比例定编法，因后勤管理部门岗位的工作量和效率等难以测定，所以医院后勤管理岗位设置常使用比例定编法。关于医院后勤人力资源配置标准，1978年卫生部发布的《综合医院组织编制原则》规定，行政管理和工勤人员占总编的28%~30%，其中行政管理人员占总编的8%~10%。此外，地方部门结合当地实践情况也发布了相应标准，例如1990年上海市编制委员会和上海市卫生局联合发布了《上海市各级医院组织机构及人员编制比例标准（试行）》，针对后勤服务机构不再增设新的服务部门，一级、二级及三级医院的管理人员占总编的5%~7%，三级综合性医院、三级专科医院、二级医院和一级医院的工勤人员分别占总编的15%~17%、17%~20%、15%~17%、12%~14%。改革初期的这些文件在指导医院后勤人力资源合理配置、促进公立医院发展上起到了积极的作用。随着医改的深化和后勤服务社会化发展，医院后勤人力资源结构、比例、素质和能力要求也在不断优化以适应医院改革发展需要。

需要指出的是，为了更好实现医院后勤管理的目标，后勤团队必须配备一定比例的技术管理人员，制定相关技术制度，解决技术难题，提出后勤设备设施管理规划和计划。为满足后勤保障服务的技术需求，可招收机电、建筑等专业的中高级工程师，提高团队的业务能力。管理人员应具备本科及以上文化水平，动力运行、特种设备、消防安全等重要管理岗位人员必须要有三年及以上相关工作经验，并取得相关职业资格证书后方可上岗。

服务外包人员作为医院后勤人员的重要组成部分，根据驻点医院管理需要，合理配置服务岗位和人员数量，优化组织管理结构会对医院后勤服务起到很好的增值作用。以物业服务类项目为例，一般情况下，当床位数超过1000张且医院的建筑面积大于10万平方米，可以设项目经理1名，并根据负责区域大小、岗位工种设若干主管、领班、组长等工勤管理人员。为了更好保证物业服务质量，项目经理应具有本科及以上学历，其他主管、领班等管理人员应具有大专及以上学历，年龄原则上不应超过50岁，应具有多年项目管理工作经验。其他服务人员应满足各种变化形势下的岗位要求。因物业服务种类多，包括保洁、运送、餐饮和陪护等，各类服务要求也因工作性质不同而有差异。外包服务人员的岗位设置原则：

（1）以满足各岗位的工作要求为最低标准。如负责保洁服务的人员需熟练掌握医院保洁工作技能，知晓负责区域、部位、设施、设备、物品、床单等保洁要求，对需使用的工具有充分了解，做好门急诊、病房、办公及外围保洁等区域的全天候、全方位、全覆盖的卫生保洁、清洁消毒、控烟禁烟等工作，医院可根据保洁工作属性的不同、负责区域的工作量（频度、时间等）差异按需配置，实行分级管理。

（2）根据国家相关政策要求对部分岗位进行配置。如《关于加强医院安全防范系统建设指导意见》指出，医院的安保人员总数应当遵循“就高不就低”原则，按照不低于在岗医护人员总数的3%或20张床配1名保安或日均门诊量的千分之三标准配备。

（3）医院根据自身的实际情况（床位规模、单/多院区、医院类型等），在综合考虑工作强度、服务内容、需完成的专项任务等因素后，提出符合各自发展所需的岗位配置要求（年龄占比要求、普通话等级证书要求等）。

（4）为保证医院后勤部门能提供连续可及、稳定高效的服务，服务外包单位在岗位配置时不建议按最低标准进行设置，要有适当的机动力量来灵活应对服务业务变化。

同时，在医院有应急或特殊保障任务时，服务外包单位应具备一定的其他项目服务人员的动员调配能力。

国家对人民健康的重视、医疗服务需求的增长及医疗技术的发展也促使医院人力资源结构发生改变。2016年国家卫生计生委出台了《综合医院分级管理标准》，在人员配备方面，相较以往提高了卫生技术人员的配备要求，压缩了医院行政管理和工勤人员的比例。2021年国务院办公厅印发的《关于推动公立医院高质量发展的意见》，对公立医院人员编制标准也做了具体要求，要逐步提高公立医院医务人员的占比，约为50%。因此，医院后勤人力资源的配置可在参考以上文件总体框架和配置建议的基础上，充分结合医院工作实际，不断优化医院后勤团队人力资源配置，根据各岗位承担的工作需求及情况灵活调配，以“按需设岗、因事设岗、因岗设人、人尽其才、总量控制、结构合理、精简提效、静态分析、动态调整、尊重现实”为原则，保证每个岗位工作量的饱满和有效劳动时间的充分利用，将各类人员安排在合适的岗位上，尽可能使工作定额和岗位定量科学化，最终确定适合各自医院后勤部门的定岗定编方案，为患者和医务人员提供优质高效的后勤服务。

第四节　管理人员素质要求

管理人员是指在组织中担任一定管理职务、拥有一定管理职权、履行一定管理职责、能在组织中起到主导作用的人。医院后勤管理人员的素质、能力对管理效能具有重要影响，同时后勤管理的复杂性决定了要提高后勤管理效能，必须建立一支高素质的团队。医院是典型的知识密集型组织，处在知识迭代更新和信息技术高度发达的时代，后勤管理人员要满足医院运营需要，必须加强自身的能力素质建设，尤其是部分从临床、医技等岗位转岗至后勤管理部门的人员，更要缩短适应过程。因中高层管理者承担着规划医院后勤未来发展、战略决策、保证医院高效稳定运行等一系列重要工作任务，对医院后勤管理起到重要的领导作用，本节重点介绍其能力素质要求。

一、医院后勤中高层管理人员

后勤中高层管理人员作为后勤团队的核心，决定着后勤团队的发展方向和竞争力，是医院谋求生存和发展的关键力量，在团队中既是特别的管理者，又是业务精英。2017年中组部会同中宣部、教育部、科技部、国家卫生计生委联合印发的《公立医院领导人员管理暂行办法》对公立医院领导人员应当具备的基本条件和资格提出了要求。

随着我国医院现代化建设步伐的不断加快，各项医疗卫生体制改革政策逐步出台，医院正处于激烈的变革中。在建立现代医院管理制度的大背景下，高层管理人员作为医院改革发展的领导者、组织者和推动者，应该是有能力、有一定的理论知识、有远见且可信任的，对近期和长远目标有明确的战略规划、对提升团队及评判标准有自己特有的见解，这不仅是后勤团队成员希望的，也是管理所需要的。医院后勤中高层管理人员应具备的能力素质：

（一）有效的领导力

领导力主要包括决策力、学习力、思考力、忍耐力、创新力、沟通力、影响力等。领导力的本质是一种影响力，影响力可分为权力性影响力和非权力性影响力。权力性影响力又称强制性影响力，是由社会赋予个人的职务、地位和权力等形成的，带有法定性、强制性和不可抗拒性；非权力性影响力又称自然影响力，既没有正式规定，也没有组织授予的形式，以个人的品德、才能和学识等因素为基础形成的。医院后勤中高层管理人员的有效领导力指在中高层管理人员负责管辖的范围内，充分运用人力和客观条件，以最小成本、最大限度地提高后勤团队办事效率，如图2-5所示。美国学者詹姆斯将领导者的领导力概括为真诚、有能力、有激情、有前瞻性，以个人的智慧、品质和言行影响他人、激励自我，率领成员去完成某种任务、实现某项目标的能力。其中个人修养、个人勇气、追求、价值观、世界观和使命感是领导力的源泉，领导者要有热情、有活力、诚实守信、勇于发表自己意见、有很强的执行力，更要高瞻远瞩。

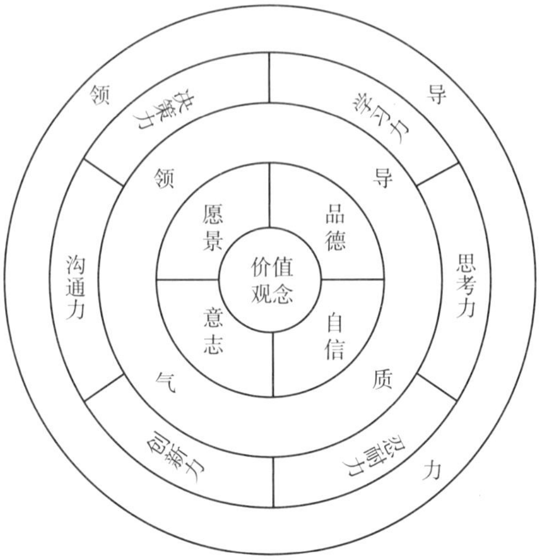

图2-5　领导力的素质同心圆

（二）正确贯彻医院的服务理念

按照国家卫生标准、原则和价值理念来做好医院管理，关注后勤服务质量，能主动寻求多渠道的信息，在充分评估分析后能产生后勤管理新思路，提供相应的监督和指导，进而完善行之有效的实施方案，做出的决策既能尊重各种观点，又能符合服务对象的需求。

（三）做好战略规划管理，保证医疗服务的连续性

医疗业务的不间断性是医院的特征之一，明确认识所有可能威胁医院持续运行的风险因素，以降低由于操作、组织和环境因素造成的医疗业务中断可能性为目的，制订详实的恢复计划，用一定高度的战略眼光和观念做好整体的战略规划管理，不仅可以使后勤部门能够适应、利用甚至影响环境的变化，有助于明确后勤发展方向、提升核心竞争力，还可以推动后勤的绩效提升，改进工作作风，积极思考如何对他人产生积极影响，利用人际关系和组织间的相互理解建立合作关系。

（四）带领具备学科型、管理型和创新型等特征的后勤团队

了解团队的特点和需求，营造充满关爱的安全工作环境；重视后勤团队建设，以身作则，用实际行动去感染、带领每位后勤团队的管理人员做好本职工作，积极调动后勤团队成员能动性，大力创造后勤团队成员的成长环境，形成团结协作的氛围，分工负责、各司其职，与团队形成共同的强烈可信的愿景；了解如何将不同的个体、团队和医院整体组织相互联系起来，明确绩效目标和质量要求，充分利用经验，锻炼并提高员工迎接未来挑战的能力，给予团队每位成员肯定，证实他们的贡献和想法对于工作的成果以及服务持续改进的重要性。

知识拓展

战略管理规划涉及后勤发展的各个方面，是一项系统工程，包括三个阶段：战略设计、战略实施和战略评估，三个阶段相辅相成，战略设计是战略实施的基础，战略实施是战略评估的依据，战略评估反过来又可以为战略设计和实施提供经验和教训。在战略设计过程中，制定战略目标包括发展规模、人力资源发展、科研发展、学科建设等目标规划，以及建立鼓励机制、优化后勤队伍的考评体系、培训后勤人员技能等具体目标，制定出适合本部门的既能激励员工又能约束员工的规章制度。

二、服务外包单位中高层管理人员

服务外包人员是医院后勤团队的重要组成部分，服务外包单位中高层管理人员应熟悉有关政策法规和行业发展情况，对医院的文化、制度和管理要求有较深的理解，具备医院项目管理的先进理念和丰富实践经验；坚持以人为本的服务理念和主人翁精神，并将之贯穿于医院后勤服务的每个层面、每位对象、每件事情，全心全意为患者和医务人员服务；要有开拓创新、不满足于现状的精神，同时具备较强的人际沟通能力、组织协调能力、计划和决策能力、预见和创新能力、分析解决问题的能力、掌握现代科技及手段的能力，能在管理工作中做到重点和烦琐事务同时落实。除了上述提及的素质要求以及相应的有效领导力外，还要求服务外包单位的中高层管理人员在工作任务分解和分析评估、人员招聘遴选和培训、绩效和薪酬管理、调动人员工作积极性等方面具备相应的能力。

（一）工作任务分解和分析评估

为与医院后勤部门形成有机的整体，使各项工作运转自如，沿着大家认同的既定目标前进，任务分解是服务外包单位中高层管理人员的重要技能之一。服务外包单位中高层管理人员在接到医院后勤部门下达的一个或多个任务后，除了具备有多任务共同处理的能力、以负责的精神和科学的态度及时正确地制定决策外，要有深挖各项后勤任务背景的能力，明晰该任务涉及的工作内容及重点、执行边界，最终想要实现的目标，以科学的理论体系为依托完成工作任务的分解，确保工作任务分配的公平性。在保证交付工作任务后，对完成的质量有正确的分析和评估能力。

（二）人员招聘遴选和培训

由于服务外包单位的人员具有一定的流动性，中高层管理人员在人员招聘过程中应提高遴选方法和标准的针对性及有效性，在遴选后定期开展和参加系列培训，这样不仅可以提高服务外包单位的竞争力，确保培育出具有与单位核心动机一致的、个人素质满足工作和医院后勤管理要求的人员，实现医院后勤管理工作的高绩效外，还保证各岗位人员具有相应的专业知识、工作技能和实践经验，配合后勤部门完成各项工作任务，确保医院运行状况良好，更高效地服务于医疗、教学、科研工作。

（三）绩效和薪酬管理

建立合理的绩效考核指标，制定正确的绩效考核标准，充分了解各项服务的工作量，利用岗位胜任素质模型等科学方法确定各类服务的薪酬，不仅能在繁杂的后勤服务工作中真实评价服务外包单位人员的综合工作表现，分析妨碍员工获得更好绩效的障碍，还可以吸引和保留高素质的人才，帮助医院后勤外包服务单位人员在实际工作中有章可循，通过不断改变自身行为来提高后勤服务质量，更好地服务于医院发展和建设，提升医院后勤服务满意度和价值效益。

（四）调动人员工作积极性

为调动各归口部门人员的工作热情，服务外包单位中高层管理人员自身首先遇事决策要果断，在抓住主要矛盾下注重宏观控制，做到多办实事、抓核心事，会教能做、教做结合，以身作则，多倾听基层工作人员真实的声音。在可能会引起团队成员之间发生摩擦与损耗的事件中做到提前干预，根据医院和后勤部门的发展规划和目标，建立人员岗位责任制、工作考核制度、业务学习和培训制度，用合理的、科学的奖惩措施来充分调动人员的工作积极性。

案例讨论

【**案例**】2011年，有学者调查了医院基建后勤管理岗位队伍的现状，对29家上海市级医院30名分管院长和49名中层干部的基本情况进行分析（表2-3和表2-4）。

表2-3　上海市29家市级医院基建后勤副院长情况

年龄		专业背景		学历		职称		职称系列		任职时间	
类别	人数	类别	人数	类别	人数	类别	人数	类别	人数	类别	人数
<45岁	8	医学	26	本科	14	中级	3	经济	2	<2年	9
45~55岁	16	卫生管理	2	硕士	11	高级	27	临床	22	2~5年	9
>55岁	6	经济	2	博士	5			研究	4	>5年	12
								医技	2		

表2-4　上海市29家市级医院基建后勤中层干部情况

专业背景		学历		职称		职称系列		任职时间	
类别	人数	类别	人数	类别	人数	类别	人数	类别	人数
医学	14	大专	7	无职称	9	无	9	<2年	22
工程技术	16	本科	33	初级	11	研究	2	2~5年	21
经济	6	硕士	8	中级	17	临床	13	>5年	6
卫生管理	5	博士	1	高级	12	经济	10		
法律	3					工程	15		
行政管理	2								
其他	3								

【讨论】讨论后回答以下问题：

1. 对以上调查结果进行分析，您认为后勤中高层管理人员还存在哪些问题？
2. 针对基建后勤岗位中高层管理队伍的建设，您有哪些建议和对策？

本章小结

美国学者钱德勒曾说：战略决定结构，结构跟随战略。设置合理的后勤组织结构是医院后勤部门开展工作的基础，但想要发挥出最大优势、提供最优质的后勤服务，还需要高素质的中高层管理人员带领和凝聚整个后勤团队一同来实现。本章从床位规模大小、单（多）院区设置、管理专业性和外包程度的角度，介绍了不同后勤组织结构之间的差异，可供实际运用时参考。本章还介绍了后勤各部门的基本职责、岗位设置原则和中高层管理人员的能力素质要求。需要指出的是，受到不断变化的外部环境和内部因素影响，每家医院的后勤组织结构设置都存在不同程度的差异，因此在具体设置过程中，要结合医院的实际需求，综合考虑岗位要求、人员素质能力、管理效率、协调成本等因素，在保证医院核心业务正常开展的前提下，动态调整后勤组织结构以提高后勤服务的质量和满意度。

（朱永松　李永奎）

第三章　理论与实践发展

学习目标

1. 掌握　医院后勤管理实践发展的主要趋势。
2. 熟悉　医院后勤管理相关的基本理论。
3. 了解　医院后勤管理实践发展的主要驱动因素。

第一节　理论发展

当前，医院后勤管理比较偏重实践结果，理论研究深度相对不足。新冠肺炎疫情发生以来，后勤管理在保障医院正常运转的重要地位得到凸显，其理论研究与实践应用受到了前所未有的重视。2020年12月18日，中国工程院战略咨询中心、科睿唯安、高等教育出版社联合发布了《全球工程前沿2020》报告，揭示了全球工程研究和开发领域的前沿热点，重点分析了28项工程前沿研究内容，其中“重大突发公共卫生事件下的医疗物资供应与配置援救”等主题入选工程管理研究的前沿领域。而医疗物资中的防护物资、医疗设备等均为后勤管理的范畴。中国国家自然科学基金委员会于2020年启动了“新冠肺炎疫情等公共卫生事件的应对、治理及影响”专项基金，将“重大突发公共卫生事件下的医疗资源供给与配置模式”列为该项目的重点资助方向。基于以上权威学术机构的引领，部分学者认为医疗物资供应、配置与疫情演变之间的耦合规律建模与验证、疫情动态演变下不同医疗物资供给方式之间的组合优化、互联网环境下医疗物资配置优化等均为近年来的重点前沿研究方向。基于以上权威学术机构发布的前沿报告、重大科研项目的设置以及相关研究方向的识别，医院后勤管理的理论与前沿实践应用得到广泛关注。

虽然医院后勤管理理论研究相对不足，且与目前医疗管理的理论发展存在显著差距，但总结医院后勤管理实践背后的理论依据可指导实践的发展，相关的基本理论主要有以下几方面。

一、供应链管理

20世纪90年代，随着自动化与信息技术在制造业的推广与应用，制造生产率已经达到空前的高度。为进一步降低产品成本和挖掘满足客户需求的潜力，全生命周期的供应环节与供应链系统管理成为关注的重点。此外，经济全球化的发展使企业的合作日益加强，因此，供应链管理（supply chain management）作为一种新的学术概念被提出，并得到业界的广泛关注与应用。供应链管理的基本理论思想有系统观念、共同目标、企业合作关系、竞争力理论等，其中供应商的评价与选择是供应链合作关系运行的基础，供应商的交货时间、产品质量、库存水平、产品设计等是供应商评价与选择的主要影响因素。

物资采购、资产管理均是供应链管理在医院后勤管理中的重要应用。其中，供应商是医院后勤供应链管理质量的重要决定因素之一，也是医院后勤管理能否提供高质量服务的重要影响因素。

二、复杂性与集成化管理

复杂性管理在众多领域存在广泛应用。复杂性的研究主要分两个流派，一方主要研究复杂性的影响因素、内涵等，另一方主要研究复杂性解决方案，以问题解决作为导向。医院后勤管理的复杂性主要表现在三个方面：管理对象要素的复杂性、专业设备设施的技术复杂性、多主体参与下的组织协同管理复杂性。

集成化管理是解决复杂性的重要手段，类似概念有综合集成管理等。集成化管理是系统科学发展的结果，其概念从诞生起一直与计算机的辅助管理存在关联，如计算机集成制造系统为集成化管理的重要表现形式。集成化管理不仅是管理要素的简单集成，而是需要经过顶层设计、优化组合、有序管理，实现要素组合“1+1>2”的效果。后勤管理中的“一站式”服务管理模式、信息化平台的应用均是集成化管理的应用。

三、韧性理论

韧性（resilience），也有翻译为弹性、恢复力、抗逆力等。这一概念最早出现于20世纪70年代的生态学领域，用于描述生态系统应对变化的能力，是指生态系统从危机事件中快速恢复的能力，后逐渐应用在管理学、工程学、灾害学、心理学等领域。韧性主要体现在预防不良后果发生的能力、防止不良后果随着时间推移而恶化的能力、从事件产生的不良后果中恢复的能力。管理学中，韧性被认为是整个组织系统的核心属性，在面临内外部风险时有助于提高组织的情境意识，降低组织对系统性风险环境反应的脆弱性，并促使组织在风险过后恢复相应能力。有韧性的组织需要确保系统内部的组织之间相互协调的可靠性和适应性，同时需要与系统之外的参与方建立协同应对体系。在重大突发公共卫生事件和自然灾害中，医院后勤管理的韧性能力是医院能否正常运行、提供医疗服务的重要影响因素。

四、服务外包理论

服务外包是指组织将内部的服务活动转移给外部企业执行的过程。从组织功能的角度，可以定义为组织的非核心业务转移给服务外包供应商，从而将精力集中于核心业务或能力建设。从形成动因角度，服务外包的主要影响因素包括：①外部动因，主要指政策形势、经济周期、技术发展对外包应用起到重要推动作用；②内部动因，组织竞争优势与核心竞争力是外包应用的重要内在动力。随着社会经济体制变革、社会化分工的加强、医院运营要求的提高，医院后勤服务外包管理已经成为医院管理的重要内容。

五、精益管理理论

精益理念起源于制造业，随后逐步扩大到服务业、建造业。在汽车制造业中丰田公司的生产理念一直被认为是精益管理思想的典范。美国建造业协会（Construction Industry Institute，CII）曾经对精益建造提出定义，即项目执行过程中提高资源的利用效率，满足或者超越所有客户的需求，以价值交付为中心实现最好绩效的过程。精益的基本原则有顾客导向、以人为本、标准化管理、提高效率、持续改善。强调从系统角度出发，关注整体优化，强调项目交付的价值，实现整体利益最大化。精益管理的三大目标为产品交付、价值最大化、浪费最小化。从精益管理的原则、目标方面看，与医院设施管理的理念具有一致性。医院后勤的精细化管理是精益理念在医院运营中的重要表现形式之一。

六、标杆管理理论

标杆管理（benchmarking），也称为基准分析，是美国施乐公司在1979年首创的新型经营管理理念与方法。标杆管理的首要步骤为寻找最佳实践，最佳实践选取的基本原则为公认度、代表性、借鉴性，其次是获取良好绩效的改进过程。按照涉及内容与应用范围等因素，标杆管理分为内部标杆管理、竞争性标杆管理、一般标杆管理等。标杆管理在医院后勤管理中有着广泛的应用，如水、能源、废弃物等可持续绩效管理、后勤成本管理、人员与医院空间利用等均有相关应用。集团医院或者多院区医院内部的后勤管理可以采用竞争性标杆管理。

第二节　实践发展

一、医院后勤管理实践发展的驱动因素

医院后勤管理在长期的实践发展过程中形成了丰富的应用成果，对提升医疗服务质量和效率、优化资源配置、提高人民群众看病就医感受与满意度等方面起到了有力的促进作用。

（一）政策因素

政策因素是后勤管理发展与变革的重要强制性影响因素。医院作为公共机构，政策变化对后勤管理具有引导性意义，如后勤服务外包引入、智慧后勤管理等均受到国家经济体制变革、技术压力下的政策引导。在医院后勤管理改革过程中，人事制度改革等政策直接推动了医院后勤服务外包的探索与深化。智慧医院是建设医疗、服务、管理“三位一体”的系统，其中服务和管理均涉及后勤管理的场景。2014年8月国家发展改革委联合工业和信息化部等八部委发布的《关于促进智慧城市健康发展的指导意见》首次提出推进智慧医院建设。之后，关于智慧医院的系列政策或者标准出台，国家卫生行政主管部门于2015年和2021年先后制定了《智慧医院综合评价指标（2015版）》《医院智慧管理分级评估标准体系（试行）》，均涉及后勤管理相关指标。虽然国家的相关政策对智慧后勤建设具有引领作用，但目前医院后勤中“智慧管理”碎片化现象较为普遍，与真正的智慧管理还存在一定差距。

（二）社会因素

经济因素是医院后勤管理变革的重要影响因素。社会主义市场经济体制下，医院在坚持公益性办医的基本前提下，同时需要关注运营效率和效益，从而实现医院健康可持续发展。随着药品耗材零加成、医保支付方式改革、控制医药费用等相关政策的出台，医院收入盈余空间变窄，运行压力增加。后勤保障作为医院支出的重要部分，其支出和成本控制成为医院运营管理的重点，需要建立一套科学化、专业化、标准化、信息化的后勤支持保障体系，使后勤服务效率得到提高，成本得到有效控制。

技术发展成为医院后勤管理提升的重要引擎。技术发展一方面给医院后勤管理的

发展提供了新技术、新手段，提高了后勤管理的效率，同时对传统的后勤管理模式提出了新的挑战。近年来信息化技术、人工智能技术成为医院高质量发展的重要支撑手段，利用互联网、物联网等信息技术，实现医院内部信息系统的互联互通、实时监管，建立相应的后勤信息化管理平台。目前，很多医院通过建立综合运营管理系统、医疗废弃物管理系统、智能被服管理系统、智能设施被监控系统、智能能源管控系统等，实现后勤工作流程的闭环管理，相当于配备了“智慧管家”，提高了医院后勤管理的科学化、精细化水平。

以重大自然灾害、重大公共卫生事件为代表的突发应急事件对医院后勤管理变革提出了全新要求。医院在重大突发公共事件中扮演救死扶伤的角色，而后勤保障是医院功能发挥的重要基础。因此，近年来，新冠肺炎疫情、重大自然灾害的应对过程中，医院后勤管理的韧性能力建设得到普遍重视。

医疗服务需求因素是促进医院后勤发展的重要外在动力。经济社会发展、人们健康意识的增强以及对高品质服务的追求，患者对医疗服务及相关后勤支持服务的要求越来越高。与诊疗服务水平提高、医学装备与技术进步相适应的后勤精细化管理标准也随之提高。

（三）医院自身发展因素

医院后勤管理是医院高质量发展的重要内容。尤其是公立医院，在公益性办医宗旨、资源有限性以及医院服务的替代性导致竞争性提高的情况下，医院的高质量发展对医院后勤管理提出了更高的要求。精益管理理念、价值导向理念逐渐在医院后勤管理中得到应用，促进了医院后勤管理的发展和提升。

医院的发展与运营是一项系统工程，后勤管理在其中起到重要保障、管理、服务功能，因此，医院发展与后勤管理是密不可分的统一体。医院的发展提升会带动后勤管理的改善，后勤管理的提升也必然促进医院整体发展。

二、医院后勤管理实践的发展趋势

我国的医院后勤管理经过数十年的改革发展实践，其管理理念、内容和方法手段均发生显著变化，后勤管理的发展趋势正是孕育于这些变化中，其变化主要表现在以下三个方面。

理念维度方面，传统的后勤管理理念已经不能满足现代医院的发展变化，更多新理念的涌现，其实质是将后勤管理提升到医院管理的战略层面来考虑，支持提供更好的诊疗服务、患者体验与价值创造。例如设施管理、建筑全生命周期管理、绿色和可持续发展、以医患为中心的患者满意度、供应链管理、标杆管理、精益管理、高效能服务和管理增值等。

内容维度方面，后勤管理随着实践发展，内容不断丰富。传统观念认为后勤管理主要包括医院物资、服务、设备、资产、基本建设等内容，但是随着医院发展对后勤管理提出新要求，后勤管理的内涵则更为丰富。例如将医院物资、医疗设备、医院资产和后勤服务与诊疗服务进一步深度融合，从而减少管理上的孤岛，充分发挥物资、设备、设施以及资产的全生命周期管理效能。

方法手段方面，传统后勤管理的方式逐渐发生变革。虽然当前医院后勤管理还比较传统、粗放，和医疗服务的快速发展、医患日益增长的需求不相适应，但互联网、大数据、云计算、5G、智能物联网、建筑信息模型（building information modeling，BIM）以及区块链等新技术、新手段、新平台逐渐成为后勤管理升级的重要手段。未来的医院后勤管理必然更加互联化、智能化、智慧化，进一步降低对物理空间、实物资源、人工手段的依赖，实现质的飞跃。

医院后勤实践发展的主要趋势表现如下：

（一）后勤服务的进一步社会化

医院后勤服务社会化改革是医院后勤管理体制改革的重要内容，也是医院后勤管理领域的一场深刻变革，改变了几十年来传统的“医院办后勤”模式，对建立新型社会化、专业化的市场服务体系、促进后勤管理提质增效具有重要的推动作用。后勤服务外包管理是其社会化改革的重要表现形式。从理论上讲，外包服务是广义公私合作（public-private partnership，PPP）模式，即医院通过利用市场机制选择优势资源，通过合作实现资源的合理配置，从而提高医院运营质量，为医务人员、患者提供专业优质的服务。此外，随着患者对医疗服务的要求提高、后勤服务的专业细分发展和新技术应用带来的专业壁垒，服务外包已成为医院后勤管理充分发挥服务功能的必然选择。早期后勤外包服务主要体现在技术含量相对较低的领域，如保洁、配送、安保等岗位工作。随着社会专业人才与服务市场的细分、装备与信息技术的发展以及医院运营管理的复杂性增加，技术含量高、专业性强、管理要求高的非核心工作（如消毒供应服务、医用气体管理、能源管理服务等）也成为服务外包的重要内容。

后勤服务社会化也是国家政策倡导的医院重要改革发展趋势之一。2017年国务院办公厅《关于建立现代医院管理制度的指导意见》中提出，完善医院管理制度，健全后勤管理制度，探索医院“后勤一站式”服务模式，推进医院后勤服务社会化。2021年住房和城乡建设部、国家发展和改革委员会联合发布的《综合性医院建设标准》明确提出，综合医院配套服务及后勤保障等设施建设应坚持专业化协作和社会化服务的原则。

在后勤服务外包企业引进的过程中，其质量管理与风险管控是不可忽视的重要环节。医院后勤管理者对外包企业的选择、服务质量的考核、成本核算、风险评估与控制是加强外包管理的重要手段。此外，外包企业的员工危机、财务危机以及意外事件的处置等也是需考虑的因素。因此，在与外包企业合作过程中，医院后勤保障部门需要建立标准化的安全质量管理制度，强化监督手段，建立快速、有效的反应机制，避免因为监管疏忽，给医院和社会稳定带来严重的负面影响。

（二）“一站式”集约化管理

“一站式服务”是集约化管理的典型表现形式。“一站式服务”理念最早诞生于营销领域，后来该理念广泛应用于学校管理、政府管理等服务部门。在医院管理中，门诊便民服务中心、出入院服务中心、预约挂号平台等均为“一站式服务”的实践形式。我国医院管理相关政策文件明确倡导推广医院“一站式”后勤服务。近年来，很多医院通过探索“互联网+”的智慧后勤服务新手段，以数据应用为基础，建立“一站式”集约化后勤服务管理新模式，不断优化后勤标准化、信息化服务流程，已经受到广泛的关注和认同。

“一站式”后勤服务的基本框架如图3-1所示，主要特点有：改变传统管理理念，以医患为主要服务对象，从实际需求出发，最大限度满足其需求；打破传统医院后勤服务的条块分割，提升管理效率，解决以往组织结构不合理、责任不清、人力成本高、运行效率低等问题；充分依靠现代信息技术，提高工作效率，实现智能化服务。“一站式”后勤服务通过平台统一整合资源，建立及时、高效、规范、流程化的双向反馈途径，快速将服务需求传递给后勤管理部门，改善后勤服务管理中存在的问题，提高后勤服务规范化、标准化水平。

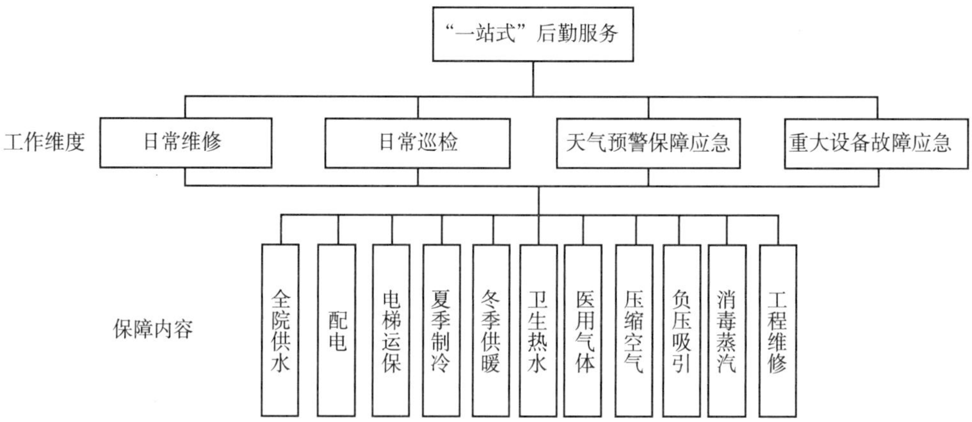

图3-1 “一站式”后勤服务的基本框架

（三）数字化转型

医院后勤数字化转型主要体现在后勤管理信息化、数字化、智能化、智慧化的建设与应用，其发展基础为现代信息通信技术。数字化转型对提升医院后勤管理精细化水平、管理效率具有重要推动作用。其中，信息化建设强调业务信息管理，数字化强调管理对象的数据化以及数据利用，智能化强调对管理活动的智能支持。综合来看，信息化与数字化强调技术手段的应用，智能化与智慧化更强调人的认知在应用中扮演重要角色，管理维度更为精细。医院后勤智能化管理平台、建设与运维管理中的BIM技术应用、智慧能源管理系统、智慧安防系统中的生物识别技术应用等均是医院后勤管理数字化转型的典型实践。数字化转型给医院管理带来便捷高效的同时，数据的安全保障、治理等相关问题同样需要关注。

（四）绿色低碳管理

我国在2020年向世界宣告力争2030年前实现碳达峰、2060年前实现碳中和，这是我国向国际社会做出的一项庄严承诺。医院作为公共机构中的能源消耗大户，实现绿色低碳发展，是时代进步对医院管理提出的新要求。大力推行绿色医院建设发展理念，为医患双方提供健康、舒适、低耗的就医环境和高品质的医疗服务，是现代医院建设与运维的主流趋势。

绿色医院建设应该以绿色医院建筑为载体，在建筑物的选址、设计、建设、使用、维护到拆除以及废弃建筑材料处置的全生命周期过程中，最大限度地节约资源，保护环境，减少污染，为人们提供健康、绿色、低耗的使用空间，使其成为与自然和谐共生的建筑。建立有效的后勤管理模式，实现科学管理是构建绿色医院长效管理机制的重要环节。医院绿色低碳管理的具体实施内容：从管理要素看，包括对物的管理和对人的管理；从医院建设过程看，包括建造阶段装配式建筑等多方面绿色建筑技术的广泛采用；从医院运维过程看，包括建立能源管理体系、完善能耗计量与分析、定期能源审计、加强能耗监督与奖惩考核、实施节能改造、推行合同能源管理等方面。

知识拓展

2011年，世界最权威的能源管理研究实验室——美国劳伦斯伯克利国家实验室（Lawrence Berkeley National Laboratory）在原有建立医院能源绩效评估指标的基础上撰写能源管理手册，对医院能源的计量、不同能源使用方式（如供暖、通风、制冷系统等）数据的转换提供了指导，该手册对新建医院以及医院更新的能源计量具有重要参考价值。手册名为：Healthcare Energy Efficiency Research and Development，详细参考信息可从以下链接获取：https：//escholarship.org/uc/item/8kp0f8f1

（五）新技术应用

以网络信息技术、智能设备为代表的系列新技术应用对提高医院后勤管理水平、运行效率与重塑管理流程等提供了新的条件。新技术的应用如云计算、大数据、物联网、区块链、5G等新一代信息技术在智慧后勤管理中对决策机制变革、医患体验提升等方面发挥了重要作用，为智慧医院建设贡献了力量。此外，基于新一代信息技术的智能设备也在后勤管理中得到广泛的应用，如视频识别技术在后勤管理中对行为分析、特征识别以及运维诊断等方面具有显著优势；智能物流传输系统在相关物资运输与分配过程中，提高了效率，节约了时间，控制了成本，实现了后勤物资管理的流程优化；智能立体车库系统具有集约化程度高、适应性强等特点，通过搭建智慧信息平台，实现快速停车、查询，减少医院停车的静态拥堵；BIM/虚拟现实（virtual reality，VR）等技术以可视化功能为服务人员提供“沉浸式”体验，可用于模拟评价医院后勤服务的效果。

（六）韧性管理

后勤管理需要在有限资源的条件下最大限度确保和提升医院的韧性。在突发公共卫生事件、重大自然灾害处理过程中，后勤管理的韧性能力可能成为医院能否快速恢复功能的重要影响因素，因为后勤保障直接关系到医疗资源的配置与急救的效率。医院后勤管理的韧性提升需要塑造“险前预防-险中控制-险后恢复”的风险防控流程，从“物理-社会-信息”三维视角来分析后勤韧性管理的基本要素。其中，物理要素包括医疗建筑、医疗设施与物资等；社会要素包括应急管理、医疗制度、医患关系等；信息要素包括医疗系统自身信息以及关联子系统的信息。

应急阶段的物资保障是对医院韧性能力的重要考验，医院后勤管理部门应坚持“平急结合”“采储结合”，建立健全应急物资储备保障体系；建立应急储备中心，科学调整物资储备的品类、规模、结构，加强防护物资的储备；建立应急物资储备机制，加强实物、信息、生产能力企业和技术等储备；建立物资储备信息共享机制，联络各级各部门物资保障资源并统筹内部所用资源，提高物资使用效率；参与构建应急物流服务平台，通过发挥电商、物流企业的作用，打造联通内外、高效便捷的物流保障体系；推进应急物资需求分级分类，优化分配和使用机制，确保物资科学高效节约利用。

本章小结

医院后勤管理是一门实践性较强的学科，但是理论与实践总结相对不足。本章首先归纳了医院后勤管理相关基本理论，并介绍其在后勤管理实践中的应用；其次分析了后勤管理实践发展的驱动因素，具体包括政策因素、社会因素以及医院内在发展等因素；最后总结了医院后勤实践发展的主要趋势。本章对医院后勤管理的基本理论总结、发展驱动因素的归纳以及前沿实践趋势的分析，有利于学生全面了解医院后勤管理的理论与实践发展脉络。未来后勤管理实践中，有更多的合适理论、先进理念、创新方法值得探索与实践。

（李永奎　魏建军　厉传琳）

第二篇

后勤服务

Part 2

第四章 后勤服务模式

学习目标

1. 掌握 医院后勤外包服务管理要点。
2. 熟悉 后勤服务社会化的发展趋势和意义。
3. 了解 医院后勤服务管理发展的政策背景。

第一节 模式演变

医院后勤服务为保障医院的医疗、教学、科研等核心业务正常运行，向员工、患者及患者家属提供全方位、多角度保障和支持性服务。广义上讲，非医疗服务都应属于后勤服务范围，狭义上后勤服务的本质是以保障医院正常运行为基础，通过管理手段强化后勤保障能力，提升服务质量。

后勤服务具有连续性、安全性、复杂性、社会性、经济性、服务性和专业性较强的特点。同时，通过科学管理，提高后勤运行效率，有效控制后勤运行成本，为医院提供优质、便捷和人性化的后勤服务，实现医院安全、高效、低耗、优质的管理目标。

为更好适应改革发展的大环境，从医院后勤管理与服务模式演变的角度可分为自主服务、后勤服务中心、企业化服务、外包托管服务等四个阶段。需要说明是，由于我国各地医疗体系与发展的不平衡性，除第一阶段以外，其余三个阶段相互渗透共存。

一、自主服务模式

自中华人民共和国成立后的很长一段时间，医院后勤均采取自主管理的模式。医院后勤的所有事务都由医院的在职员工完成，医院作为后勤管理的主体“全包全揽”，完全自主管理。这种模式在医疗机构发展初期具有一定的合理性，但随着医院整体规模及服务水平的不断提升，其机构臃肿、专业化水平不高、员工配置不足等情况凸显，同时由于后勤员工都是医院的在职人员，缺乏危机意识，导致工作效率和管理效率很难提高。

二、后勤服务中心模式

2000—2003年国务院先后发布医院后勤社会化政策，将医院后勤社会化推向了高潮，对于如何社会化的界定也更为清晰，明确了后勤管理与后勤服务必须分离，医院先后成立了后勤服务中心。医院与后勤服务中心之间属于甲、乙方关系，医院对后勤服务中心提供的服务进行监督和检查。后勤服务中心不具有法人地位，人事属性不变，实行企业化经营，独立核算，自负盈亏，成为事实上的承包经营性质。但由于后勤服务中心的人事体制依附于医院的事业体制，企业化管理举步维艰；同时后勤管理本应追求的服务满意度也无有效改观，这种管理模式逐渐萎缩和撤并。

三、企业化服务模式

2006年起，部分医院出资成立了资产公司，从资产属性上其隶属于医院，实际上是一种具有独立法人地位的承包公司，管理者及其团队与医院的主体关系变成了甲乙双方，但本质上还是属于医院办后勤的模式，只是借用了社会化公司运行机制来管理自己医院的后勤，并非真正意义上的后勤服务社会化。

四、后勤服务社会化模式

为贯彻落实国家医药卫生体制改革精神，卫生部于2002年制定并下发了《关于医疗卫生机构后勤服务社会化改革的指导意见（试行）》，在医疗卫生系统推行后勤服务社会化改革。

此轮改革是以外包服务为核心的服务模式，其发展很大程度上依赖服务市场主体的成熟度，故改革初期，部分医院将人员密集型服务为主、技术含量不高的服务项目，如保洁、保安、运送等放到市场上进行招标采购。随着社会的不断发展，一批专业成熟、管理规范的劳务公司出现，后勤服务外包范围逐渐拓展，改变了医院后勤人员结构不合理以及知识层次老化的窘境，后勤服务社会化管理模式得以广泛应用，从服务质量、经济性，或是人员架构合理配置角度观察，均最有利于医院。

第二节　社会化趋势及意义

一、后勤服务社会化的趋势

医院后勤业务种类繁多，后勤各部门既有独立的工作范围，又有各种业务交集，医院对后勤服务专业、高效要求不断提高，医院后勤服务质量管理和控制更显重要，需要专业管理来提高后勤服务质量、服务效率。此外，如果医院自行招聘服务人员，还存在用工风险高、用工成本大、实际服务效果差、服务效率低等实际难点问题。

伴随医药卫生体制改革，医院后勤服务社会化改革不断推进，2017年，国务院办公厅发布了《关于建立现代化医院管理制度的指导意见》，其中明确提出："健全后勤管理制度……探索医院后勤一站式服务模式，推进医院后勤服务社会化。"鲜明的政策导向，为医院后勤社会化蓬勃发展提供了动力和保障。

基于以上因素，实施医院后勤管理社会化，引入专业化后勤服务公司，能使医院更加专注于医疗服务，提升医院整体服务能力；使后勤管理与服务分离，提高管理效率；使设施设备在科学的保养维护下延长使用寿命、资产保值增值；使设施设备规范、安全、低成本运行；使医院后勤无临时用工风险，劳动用工风险降至最低。

二、后勤服务社会化的意义

（一）有利于医院专注核心业务服务

后勤社会化可以使医院有效利用服务企业在市场资源配置中的信息、服务、社会资源优势，通过市场调节机制，降低医院在人力资源和运营成本上的压力，达到减员增效的目标。同时，能将更多的人力物力放在医院医疗、教学、科研等核心业务发展和患者服务需求上，加快医院服务效能和核心竞争力的提升。

（二）有利于降低后勤服务运营成本

社会化专业服务公司的引入，打破了医院小而全的后勤运行服务体系，选择有利于自身需求的服务以减少医院在人员和管理上的支出，降低运营成本。后勤服务外包后，医院将部分的经营权与财务分配权通过合同的形式交由企业承担，医院承担监督作用，合理转移劳动用工风险和经营风险。

（三）有利于提升后勤专业服务能级

医院选择后勤服务外包，通过市场择优选取专业化服务外包企业，利用服务外包企业专业化技术人才的配置，专业化设备设施的运用，专业化管理方案的实施，全面提高医院后勤管理服务效率、服务水平。

第三节　社会化服务管理要点

根据商务部颁发的《服务外包统计表制度》定义，服务外包是指企业将服务、管理、商业流程等业务发包给企业以外的第三方服务提供者，以降低管理成本、提高管理效率、提升企业核心竞争力的商业行为。

一、医院后勤服务外包管理

医院后勤服务社会化是将后勤服务从医院职能中剥离出来，向市场开放，由社会服务机构与医院签订服务合同，与医院形成供需关系。医院后勤服务社会化是典型的服务外包行为。

医院后勤服务外包管理可分为医院内部分析评估、初筛与遴选、招标、合同签订、实施和管理等五个阶段。

（一）医院内部分析评估

在这一阶段，主要工作是确定外包服务需求并制定可操作实施的策略。医院要从服务外包中获取效益，就必须充分了解自身情况。医院对自身发展定位以及需要解决的现实矛盾进行充分分析。在制定外包策略时，要考虑如下问题：

1. 明确医院发展方向和发展重点，后勤需提供与之相适应的服务要求。
2. 分析医院后勤管理中的主要矛盾，如何通过外包后获取最大效益。
3. 确定业务外包种类，并明确通过业务外包获取哪些能力支撑。
4. 设立服务需求底线。

（二）初筛与遴选

在遴选服务供应商时，要先将医院的要求底线与潜在服务供应商所能提供的服务进行比较，可以采取信息征询的方式（表4-1），据此可以判断哪些服务供应商是可能的竞标者。

表4-1　供应商信息征询内容示例

内容	具体说明
资质情况	供应商企业是否符合国家工商管理规定
服务经历	供应商企业是否有过足够多的同类型医院服务的经历
规模	供应商企业的规模，承担风险的能力
征信情况	供应商企业是否有过违规违法的记录
财务状况	供应商企业的财务运行状况是否稳定
行业影响力	供应商企业在服务市场的占有率和口碑情况
专业资质	供应商企业是否具有服务资质
组织文化	供应商企业的内部文化能否更好地与医院发展融合

（三）招标

医院应根据《中华人民共和国招标投标法》及国家有关规定开展服务外包项目招投标活动。首先拟定招标需求文件，内容如下：项目简介与概述、医院信息、要求提供的服务需求、人员组织结构及配置、定价、合同到期和终止、合同条款、其他相关事宜、附件。

在评标之前应对所有竞标方的标书进行分析。标准划分为必须、需要、参考等几个层次，根据标准的重要程度依次考察竞标方的满足程度。考察关键任务和支持关键任务的职能是否能够实现。审阅证明文件，验证服务外包的综合经验与能力。跟踪调查供应商的合作者，了解其在类似项目中的服务能力和效果。

（四）合同签订

经验表明，完善的合同对于外包成功与否至关重要。合同中要规定外包的价格和考核测评的尺度，包括违规的处罚条款。合同内容约定不明确易导致双方推诿扯皮，因此，对外包工作内容要有清晰界定，对双方在外包项目中所承担的责任表述明确，对支付的安排精确且无异议，真正实现双方共赢。

为确保合同的正常履行，有效把握合同的各项内容和条款尤为重要。合同主要框架具体见表4-2。

表4-2　外包服务合同内容示例

内容	具体说明
合同总额	确定服务年限、合同总价款
服务范围	确定服务面积或服务楼宇建筑
服务内容	确定后勤服务外包的项目

续 表

内容	具体说明
岗位核定	确定人员组织结构及人员配置数量
考核方案	双方确定服务考核标准以及奖惩措施
当年费用	招标时明确的价格项目构成以及测算的当年成本估算
附件部分	岗位规章制度、工作职责，以及各类管理表单、招标内容等
各类协议	安全生产、廉政协议、治安防火协议书

（五）实施和管理

服务外包正式实施意味着医院后勤管理部门从服务到监督的角色转换。服务外包仅仅是服务模式的变化，管理责任不变，因此，必须抓日常运行管理、服务标准执行、服务效率控制、服务评价考核、费用结算管理等。

二、医院后勤标准化管理

“标准化”是指在一定范围内获得最佳秩序，对实际的或潜在的问题制定共同和重复使用规则的活动，包括制定、发布及实施标准的过程。

（一）医院后勤标准化

医院后勤服务标准化管理是指根据相关卫生法律、法规、地方性行政规章及现代医院管理的要求和精神，适应医院文化理念及后勤管理需要，围绕医院医疗、教学、科研工作，坚持预防为主、过程控制、持续改进的原则，制定并实施医院后勤管理范围内可重复使用的规则或规章。

标准化的目的就是通过制定规则来解决实际的或潜在的问题。通过建立医院后勤标准化管理体系，可以解决医院后勤管理中现实所面临的或者将来有可能发生的问题。通过制定、执行一系列切实可行的医院后勤管理标准，提高医院后勤综合保障能力。

（二）标准化管理

医院后勤管理的核心依据是“标准”，通过制定和实施具体的标准而构成医院后勤的标准化体系。医院后勤标准化管理体系是医院后勤活动行为的准则和依据，使后勤工作规范化、流程化、制度化，从而达到持续、高效、优化的管理目标。

标准化管理是构成医院后勤管理的基本要素，是管理的基础。把医院所实行的管理方法、制度、流程等进行完善、整合、统一，形成适合医院实际的标准化管理体系。医院后勤标准化管理体系包含制度体系、操作流程、岗位体系、服务质量体系等。

（三）服务外包管理内容

卫生部印发的《三级综合医院评审标准实施细则（2011年版）》中提到了对外包服务质量安全实施监督管理的要求，其中A级标准要求做到：有年度外包业务管理的质量安全评估报告、有年度外包业务管理的内部审计报告、有改进外包业务质量的机制与案例。因此在服务企业管理过程中，需要健全分析、评估、遴选、奖惩管理体系，并进行风险控制。

1. 服务外包分类

（1）服务类：特点为劳动密集工种，服务对象以临床、患者为主。内容包括保洁、运送、安保、餐饮、客服、物业维修、绿化、护工、电梯驾驶等。

（2）专业设备类：特点是以提供专业技术服务为前提，确保设备设施正常运行，对象以设备设施为主。内容包括空调设备、特种设备、污水处理、变电站、电梯、医用气体设备等。

（3）其他类：特点是专业类技术服务咨询，以项目制管理为主。内容包括合同能源管理、智能化管理平台运行服务等。

2. 人员岗位配置管理（以服务类为例）

（1）配置依据：根据医院医疗、教学、科研运行特性，结合医院规模、建筑面积、地理环境、建筑物分布、后勤设施状况及数量等确定后勤运行方案。根据运行方案及医院的实际需求，确定标准配置人员数量。

（2）管理架构设置：根据项目经理负责制原则，驻点项目经理为服务外包项目的第一责任人，因此项目经理人选尤为重要；其次在项目经理架构以下，可根据管理的需要分别设置主管、领班、组长等管理职务。一般情况下，床位数1000张以上且建筑面积大于10万平方米的医院，可以根据各自负责区域或者特点设置主管，反之设置领班若干即可。

（3）人员配置：见表4-3。

表4-3 服务类项目人员配置

内容	分类	配置依据
保洁服务	门急诊区域	一般2人/楼层或按需配置
	病房区域	一个病区至少1人或者每30~40床1人
	办公区域	每4000平方米配置1人或按需配置
	外围保洁	根据院区大小按需配置
	门急诊厕所	按需配置，根据工作强度适当调整
	专项及机动	专项任务及实际配置差额按需配置

续 表

内容	分类	配置依据
运送服务	中心集中模式	每1500~2000平方米配置1人，结合实际按需配置
	病区驻点模式	每30床配置1人，结合实际按需配置
配餐服务		一个病区配置1人或按需配置
物业维修	零星维修服务	每8000~10 000平方米配置1人或结合实际按需配置
安全保卫	普保	每8000~10 000平方米配置1人或结合实际按需配置
	特保	根据需要结合实际按需配置
	消防安全控制室	一般配置4人，24小时
	专项（防疫）	经医务管理部门、院感管理部门、护理管理部门确认，按需足额配置
电梯驾驶		手术电梯、电梯厅秩序引导、自动扶梯设置专人
绿化、护工、医废处理		根据医院服务需求，结合实际按需配置

（4）服务外包考核管理：服务外包考核大致可以分为服务外包项目考核、项目管理考核、服务满意度考核等方面。

服务外包项目考核：为确保服务外包项目平稳运行，需对服务项目的基础运行指标进行考核。内容包括员工精神面貌、日常工作完成情况、安全运行、有无投诉等考核指标。

服务外包项目管理考核：对服务驻点项目管理团队进行考核，内容聚焦管理能力，如项目管理计划、组织、执行、有效沟通等。

服务满意度考核：此项考核是对后勤各类服务外包项目的综合评价。

（5）持证上岗：根据各类岗位专业特点持证上岗，坚决防止因没有经过正规操作培训人员上岗后导致安全生产事故的发生。具体岗位持证要求见表4-4。

表4-4　岗位持证要求

岗位	持证要求	备注
配餐	健康证	定期进行体检
动力运行	维修电工操作证	
	制冷维修操作证	
	中央空调操作证	
	锅炉操作证	

续　表

岗位	持证要求	备注
安全保卫	保安证	
医疗废弃物		定期进行体检
高压配电站	进网电工操作许可证	
特种设备管理	根据设备获取专业操作证	

（四）医院服务外包风险与管理

服务外包项目风险是指服务过程中发生的活动或者事件不确定性及其可能发生的危险。为消除或有效控制服务外包项目风险，必须对服务外包项目风险进行科学的认识和剖析。

1. 主要风险

（1）法律风险：随着事业单位劳动人事制度的改革，医院后勤不再招收后勤编内人员，但随着医院的发展，业务量的逐年提升，后勤管理部门通过服务外包企业招录劳务派遣人员补充到医院后勤岗位中。目前的《劳务派遣合同法》对劳务派遣工的定义还不够清晰，尤其对于医院的责任义务并不明确，如劳务派遣人员的超时加班费低于法律规定、高温津贴不按国家标准、公休使用不足、辞退补偿不到位等问题，一旦员工需要通过仲裁或者法律诉讼途径解决，医院仍然存在一定的法律风险。

（2）成本控制风险：医院后勤实施服务外包以后，成本上升的风险主要来自服务外包企业追求利益最大化。在公开招标中服务外包企业为了占领市场，通过压缩人员及物料成本，使得低价不合理竞标成功，中标后进入医院又面临着无法确保医院服务需求等情况，往往会要求医院增加成本支出。

（3）服务保障风险：医院后勤服务外包管理专业化能力决定着服务质量风险的大小。越来越多的医院选择把物业维修及设备运行保障管理交给服务外包企业，但是由于医院后勤管理部门自身专业化不足往往导致监管不到位。比如医院后勤的水、电、气、医用气体等的正常供应直接影响着医疗服务质量，一旦发生故障无法维修到位时，可能会造成医疗事故。

（4）纠纷赔偿风险：在医院空间环境和医疗服务过程中，患者和患者家属对就医过程中医院所提供的环境安全、就医安全、感染防护等愈来愈关注。有些意外事件的发生不属于医疗纠纷，是由于服务外包人员工作不到位导致纠纷的发生，比如，打扫卫生后地面湿滑导致人员跌倒、电梯运行“关人”维保人员未能及时到位解决、安保维护秩序不力导致人员踩踏等。

2. 风险管理 通常风险管理主要包括风险识别、风险评价、风险控制。

（1）风险识别：是开展风险管理的首要任务，只有先将可能面临的风险识别出来，才能有针对性地对风险进行管理，成功地避免风险。一般通过理顺医院的业务服务流程，找到动用资源多、难以控制、以往事故、潜在事故经常性发生或对医疗服务存在重大影响的主要问题，作为风险控制的考虑环节。

（2）风险评价：是识别并分析潜在风险的过程，风险评价是对风险进行整体和综合评价，从整体考虑所面临的各种风险，包括风险之间可能发生的相互作用、互相影响及总体影响。风险评价管理是一个动态管理的过程，并依据风险对后勤服务外包管理目标的影响程度进行风险等级排序。

（3）风险控制：对后勤服务管理的风险识别与评价，最终是为了做到对风险进行有效控制。通过构建有效的服务外包项目监督及控制体系，能够保障医院后勤服务有序进行，极大提高外包企业的服务质量。医院应该与外包企业合作建立健全监督管理体系，通过有效监督，改善服务外包企业的服务质量，达到降低风险的目的。

本章小结

医院后勤服务管理是医院可持续发展的重要基础。医院在做好为患者服务的同时，还需要关注后勤保障服务是否与医院的发展相适应，医院后勤社会化不仅是政策推动实现的，也是医院为了强化自身建设适合今后医院发展的内在动力。本章重点回顾了医院后勤的发展过程，分析了中华人民共和国成立以来国内医院后勤服务管理模式的演变过程，提出了社会化是医院后勤管理发展的必然趋势，明确其推动医院强化管理的价值和意义，着重描述了医院后勤社会化服务外包管理操作要点。

（顾向东　陈　梅　王兴鹏）

第五章　生活服务管理

学习目标

1. 掌握　生活服务特点和管理重点。
2. 熟悉　生活服务管理的范围、管理考核要求。
3. 了解　各类生活服务和其他场所不同点。

第一节　保洁服务

医院内保洁与其他公共场所保洁不同之处在于医院有消毒卫生标准、医院感染控制要求、预防跌倒要求等，特别是门急诊、住院病房、医技检查等有医学诊疗行为的场所，除常规保洁服务外，更承担了日常消毒灭菌工作，保洁服务是医院为患者提供整洁、干净、感染控制安全的就诊环境，避免交叉感染的有力保障。在疫情常态化管控要求下，对医院内保洁提出了更高要求，也迫使保洁管理调整管理方向，更注重结果管理。

一、服务特点

医院保洁服务不同于一般公共建筑的保洁服务，包括医疗、科研、教学、行政办公、室外总体等区域，医疗区域包括门诊、急诊、医技检查、手术室等空间，在制定保洁方案时需根据不同环境特点采取不同的保洁方式、时间、工具、物料、维护方案等，以满足医院运行和控制医院感染的要求。

在医院的门急诊大厅、候诊区域、电梯厅、卫生间等公共空间，人流量多、空间大，应采用循环保洁方法以保持环境始终处于整洁状态。

在住院病房、门急诊诊疗区、手术室、实验室等区域，凡被病原微生物污染或被患者直接接触或间接接触的区域称为污染区（病房、卫生间、浴室等）；有可能被病原微生物污染的区域称为半污染区，也称为控制区（公共区域、诊室、医护办公室、治疗室、化验室、出院卫生处置室等）；未被病原微生物污染的区域称为清洁区（更衣室、值班室、配餐室、行政办公区等）。不同区域需配备相应的保洁工具和物料，禁止在不同区域交叉使用。

二、岗位核定原则

（1）保洁人员根据不同的保洁区域和工作标准、保洁频度、保洁时间等要求，按照以岗定人、满负荷工作的原则，明确保洁要求、工作内容、服务范围、服务要求、满意度指标、质量目标等。

（2）保洁岗位设置基于在制定后勤各岗位的工作制度和流程（作业指导书）；明确对各岗位服务质量的考核管理基础上。

（3）保洁岗位人员的设置必须满足法律法规的工作时间要求；《劳动法》明确每周工作40小时，每月加班不超过36小时。

三、管理重点与改进要求

院内保洁管理重点，必须注重精细化过程管理，以保洁结果为导向，建立追溯机制。

（一）过程管理

通过岗前培训、岗中跟进、结果反馈做到全过程管理。

1. 岗前培训 包括技能培训和岗位培训，新员工入职后需要对其进行相关培训，方能适应医院保洁的特殊要求，入职培训内容可参见表5-1。

表5-1 新员工入职培训内容

序号	培训内容	培训对象	培训形式	时长	备注
1	仪容仪表及礼貌用语	新员工	面授	1小时	管理人员
2	管理制度、服务标准	新员工	面授	2小时	管理人员
3	环境熟悉与了解	新员工+转岗员工	现场操作	1~3天	带教老师
4	岗位职责、操作规范	新员工+转岗员工	现场操作	1~7天	现场带教、跟踪
5	设备、工具使用	新员工	现场操作	2小时	现场带教
6	岗位安全及注意事项	新员工	面授	1小时	管理人员

续 表

序号	培训内容	培训对象	培训形式	时长	备注
7	个人安全防护用品使用	新员工	面授	1小时	管理人员
8	突发事件应急处理流程	新员工	面授	1小时	管理人员
9	消防安全知识	新员工	面授	0.5小时	灭火器演习实练

2. 岗中跟进 明确操作规程与制度，同时确保操作安全。

3. 结果反馈 运用PDCA循环法对保洁质量进行检查分析，汇总不足，结果反馈。并针对不足进行整改，不断循环，全面提升保洁质量。

（二）人员管理

在院工作人员，无论是医院在编员工，或是第三方人员，都必须做到人员底数清。根据不同区域保洁特点，制定相关岗位流程、员工守则、医院感染控制消毒要求、医疗废弃物管理制度、物料领用制度等，培训到每一个员工。结合医院感染控制要求，做到以下工作。

1. 网格化管理，多维度监管 医院保洁不同于一般公共场所的要求，对保洁人员实行网格化的管理模式，以守住医院感染底线为目标，以发现问题、解决问题为管理导向，明确按照岗位防护要求上岗、在岗位上按照工作要点与标准开展工作，以获得有效监控，助力服务质量的改进与提升。

2. 加强工作日志管理 加强工作日志管理，以保证增加管理层次后医院决策信息能够准确地传递到各岗位保洁人员，每日下班前根据诊疗区域反馈，更新次日岗位工作流程、工作要点、工作标准、防护要求等工作文档，以多种形式告知次日上岗人员，并将文件张贴在岗位工作日志处，做到有据可依。

3. 制定正向激励制度，激发人员内在动力 对不同岗位的保洁人员制定不同的激励制度，如在病区评比“示范病区”、在门诊评比“窗口服务明星”，在行政等区域评比“优秀员工”等，提高保洁人员积极性，提升其工作荣誉感，增强主人翁意识，进一步提高保洁质量。

第二节 运送服务

运送服务是指在医院内成立专门队伍，运送检验标本以及为患者提供陪送陪检服务等。医院空间大，建筑楼宇多，住院患者、急诊患者在就诊和诊疗期间需要做各种检查，通过运送服务可快速准确到达检查区域，解决患者后顾之忧，增强患者获得感，同时设置运送流程，提高运送效率，可充分利用大型医疗装备，缩短患者等待时间，提高住院周转率，降低平均住院日。

一、概念与范围

运送服务主要包括患者的陪送陪检、物资运送、标本传递等工作内容，提供24小时服务，运送服务是医院运行环节中不可或缺的一部分，运送的及时性、准确性与规范性直接影响医疗的安全和医院运行的效率。

在医院急诊急救区域安排驻场运送人员，辅助医护人员接诊急救患者，满足急诊急救患者在救治过程中需要的各项医技检查；在住院部区域设置调度中心，运送人员由调度中心统一管理、统一分派任务，使运送工作有序开展。

二、岗位核定原则

根据运送服务范围、医院楼宇布局、医技检查科室分布等情况核定运送人员，运送服务需注重过程管理，加强人员操作规范培训，借助信息化手段提高运送质量和效率，确保安全；运用智能物流系统替代人工进行标本传递及物资运送，把不需要情感交流的运送工作交由机器实现。

三、管理要求

（一）过程管理

1. 调度中心管理 医院每天有大量的运送工作。成立调度中心，有助于工作有序开展，调度工作的宗旨是根据预约中心预约检查项分派任务，并及时接听电话，完成各科室临时任务。根据紧急、一般、不紧急三种情况合理调派接送员完成接送任务。

2. 调度管理要求 熟知调度相关操作流程，做到接听电话准确无误、分派任务合理及时、态度温和，工作认真负责。

认真仔细做好交接班工作，本着公平、合理、高效的原则调配人员；遵守各项规章制度，确保通讯设备处于良好使用状态；负责对接送员的日常工作与服务质量监督、考核工作；掌握各项应急预案，遇突发事件根据医院统一指挥及时调度相关人员。

3. 人员调配规范 调配接送员接送患者前必须详尽地告知接送员应去的楼号、楼层、科室、床位、患者姓名、检查项目及时间与要求等；同时还应提醒接送员是否遗忘通讯设备及通讯设备是否完好。图5-1为住院患者追踪流程。

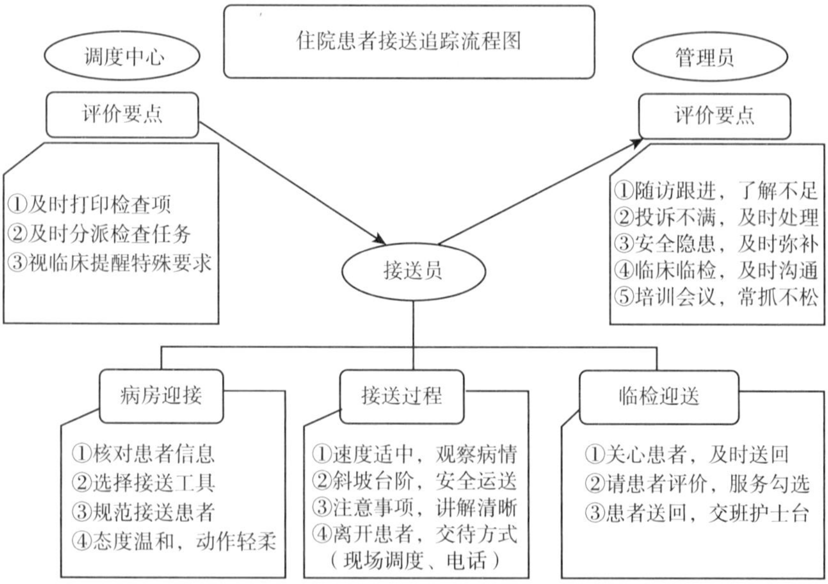

图5-1　住院患者追踪流程

4. 过程监管

（1）患者接送：接送员每日根据分派的检查单分时、分类接送患者做各项检查。接送时核对患者信息，要求准确无误。做到文明服务，态度温和，不说忌语；妥善使用接送工具。

（2）标本和物品收送：做到准确、及时、安全运送。

（二）人员管理

1. 人员培训　运送服务人员的培训管理为运送服务的核心，业务熟悉才能更好地服务患者。明确患者陪送陪检规定，制定安全制度、操作规范、文明规范，落实医院感染控制要求，在运送服务中尤显重要，因此对每一位运送员需制定培训计划并定期培训。

2. 人员考核

（1）安全考核

1）确保患者安全：患者从住院病区床位送至相关检查科室，直至该患者安全返回病房，运送员全程负责患者安全。对运送工具按照“逢用必查”原则，确保使用工具无损坏，可正常使用，无安全隐患。

2）确保标本安全：标本运送过程中做到无损坏、无遗失、按照各类标本的有效时间内送达，标本运送符合医院感染控制要求。

3）确保自身安全：严格遵守各类患者及标本的运送防护穿戴等级要求，避免交叉感染；根据个人手卫生规定及时洗手、正确穿戴防护服、口罩等；一旦发生“针刺伤”

突发事件，根据“针刺伤操作流程”及时处理。

（2）质量考核：通过患者满意度测评对运送人员进行分级考核，管理人员每日根据运送员开具的护送单抽查前一日已完成检查的患者意见，并根据患者评分结果进行绩效考核。

（三）信息化管理

通过信息系统完善运送调度管理，提高创新能力和管理水平，达到优化流程目标。

1. 检查优化 通过调取医院预约中心对住院患者的预约信息，结合“后勤运送系统”当天检查项，同一患者当天的各项检查项合并优化，预约项及非预约项合并完成，避免患者多次往返。

2. 资源优化 根据每一位患者的检查内容，将相关检查合并设置，按最短（优）距离接送，减少时间、电梯等资源占用。

3. 服务优化 按照各类检查人数情况，在医技检查点设立专人照护患者，等候过程中做到全程有人照护，缓解患者紧张情绪。现场人员可根据检查进程与调度中心保持联系，实现接送无缝对接（图5-2）。

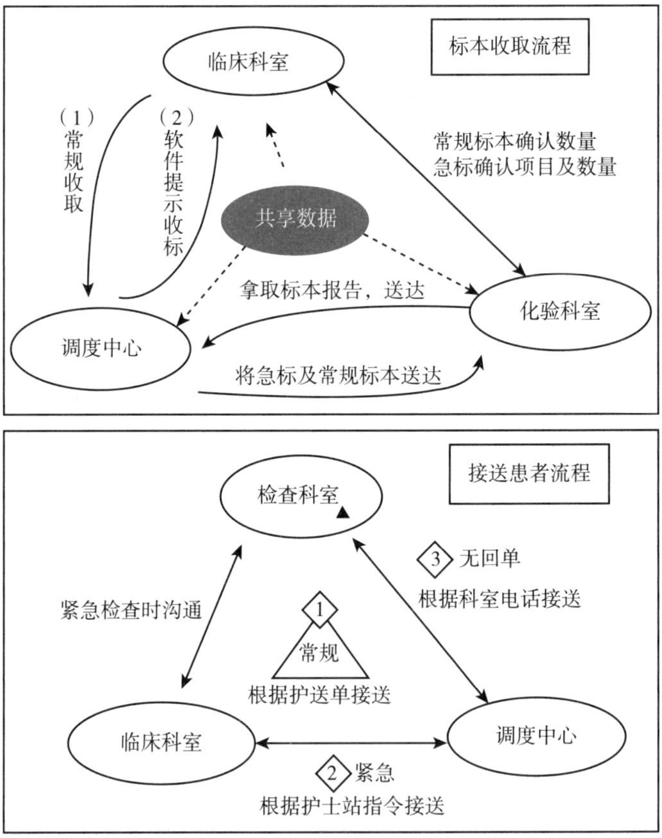

图5-2　标本收取流程和接送患者流程

第三节　餐饮服务

医务人员和患者来自不同地域，具有不同文化背景和不同经济水平，饮食需求差别较大，餐饮服务质量的优劣，直接影响医患满意度，对餐厅的声誉、就餐率和经济效益产生较大影响。民以食为天，提供均衡的营养膳食，色香味俱全的餐饮，可增进职工凝聚力，有利于患者康复。

根据《中华人民共和国食品安全法》《中华人民共和国行政许可法》《中华人民共和国食品安全法实施条例》《餐饮服务许可管理办法》，医院提供餐饮服务必须取得餐饮服务许可证。

一、服务特点

医院餐饮有营养食堂、职工食堂、对外食堂、清真食堂等，可根据医院的空间场地、就餐需求、地域特点等不同设置，有住院床位的医院需设置营养食堂。医院餐饮必须考虑食品安全、营养均衡。

营养食堂供患者用餐，患者因病情不同对饮食有不同的要求，有普通饮食、软质饮食、半流质饮食、流质饮食、低脂肪饮食、低盐无盐饮食、低嘌呤饮食等，正确的餐饮可辅助患者加快康复。

职工食堂在供餐时间、空间设置、花色品种、菜品价格上应区别于常规餐饮供应。在时间方面需考虑医院24小时供餐，由于手术室、重症病房、急诊部等工作的连续性，有条件的可以在上述区域内设置供餐点。

二、人员岗位配置

医院餐饮服务中临床营养师由医务条线管理，其他营养食堂和职工食堂、对外食堂等均由后勤部门负责，岗位的设置一般根据服务人数确定，营养食堂提供送餐到病床服务，因此需要配备相应的配送餐员。参见表5-2所示。

表5-2　餐饮服务人员配置表

区域	岗位配置标准范围	备注
职工食堂	工作人员：1/（60~80）（500~2000人规模）	大于2000人规模，每增加80~100人增加1名
营养食堂	就餐人员：1/（40~60）（500~2000人就餐规模）（不包括送餐员）	大于2000人规模，每增加60~80人增加1名

三、管理目标与重点

餐饮管理主要是对食品卫生和安全生产加强监督管理，对餐饮服务质量和服务成本进行管控。

（一）管理目标

1. 食品安全管理 严格遵守《食品安全法》，医院应建立健全食品安全管理制度，从食品采购、储存、加工烹调、留样、餐具清洗消毒、设备管理、人员管理、病媒生物预防控制制度等各方面制定相应的制度，并配备专职或者兼职食品安全管理人员。

2. 客户体验管理 食堂管理人员做到定期与用餐者沟通，多渠道掌握客户需求，即时反馈投诉处理，缩短整改周期，提升用餐体验度，提高用餐满意度和获得感。

3. 安全生产管理

（1）确保设备设施安全：厨房设备有加工设备、加热设备、冷藏设备、包饼制备设备、排风设施、清洗设备等，种类繁多，匹配的供电、供水、供气系统，应注重日常维护保养，专人负责，确保设备设施处于安全的运行状态。

（2）消防安全：食堂大功率设备设施较多，厨房有燃气和明火，电气故障易引发火灾，是医院消防管理的重点部门之一。食堂工作人员须熟练掌握食堂内部设置的固定消防设施设备使用，并定期检查和记录，加强演练。

（3）安全保卫：医院食堂是重要场所，需做到人员安全、食物安全、环境安全，加强对进出人员的管理，在出入口和重要区域加装门禁和视频监控，控制无关人员进出，临时出入和来访人员做好身份确认和登记；食堂工作人员应相对稳定，经过政审，确保无犯罪记录、无精神病史；确保食物安全，做到食品原料可追溯，加工过程有监管，配送餐流程合规。

4. 服务质量管理

（1）卫生管理要求：建立并执行从业人员健康管理制度，建立健康档案，每年进行健康检查，取得健康合格证明后方可上岗，操作人员应当保持良好的个人卫生；用于餐饮加工操作的工具、设备必须无毒无害，标志或者区分明显，并做到分开使用，定位存放，用后洗净，保持清洁；接触直接入口食品的工具、设备应当在使用前进行消毒；做好环境防蚊、防蝇、防蚁、防鼠工作，按照垃圾分类相关规定做好垃圾分类及餐厨垃圾清运工作；保证餐具餐前消毒，做到无水垢、无油垢；在食品加工区域加装摄像装置，实现明厨亮灶，接受监督。

（2）建立操作规程：制定操作规程标准化操作，制定粗加工管理制度、烹调加工管理制度、专间食品安全管理制度、食品留样制度、餐厨废弃物管理制度、食品及相关物品定位存放制度、病媒生物预防控制制度、餐厅卫生管理制度、面食糕点制作管理制度、预防食品安全事故制度等。

（3）原材料供应管理：每天检查原料或成品留样保存，向原材料供应商索证索票，查验标签与货物是否相符，并督促检查每日的食品采购记录表和食品进货台账记录表；对回收、退还食品和生产的不合格食品进行登记，并记录销毁处理数量、时间、方式和流向等。

（4）过程与结果管理：在食品验收、摆放、加工、清洗、烹饪、开餐服务、餐具餐厅清洁与环境卫生方面实行全过程管理，落实责任人；严格执行食品卫生法要求和国家规定的有关法律法规，做好食堂各类菜肴的留样工作，保证食品进货渠道的安全可靠，做好相应的食品货源登记工作和供应方的食品卫生许可证的索取工作，严防食物中毒发生。

（二）成本管理

食堂餐饮成本管理是一项重要的工作，餐饮成本主要构成元素包括：原材料、人工、能源消耗、维修和房屋设备等固定资产折旧成本及其他成本等。

1. **原材料成本**　包括食品材料、辅料、调味品。

2. **人力成本**　包括各类人员的工资、福利、各类缴金、培训等支出。

3. **能源成本**　包括水、电、燃气、燃油等费用。

4. **维修成本**　包括房屋维修、设备维护保养、设备安全性检测等。

5. **房屋和设备等固定资产折旧**　包括房屋折旧、单价大于1000元且使用周期1年以上的固定资产折旧。

6. **其他成本**　包括通信费、管理费等。

医院管理者应关注餐饮的成本核算，对采购成本和采购环节进行有效控制，降低采购、储存、加工、管理（包括人员管理）过程中的成本。通常采取以下措施：①建立采购计划，明确采购审批流程；②确定供应商遴选机制，通过招标方式公平、公正、公开选择性价比高的供应商，同时对于肉类、蔬菜等价格变化大的品种明确价格调整机制；③建立严谨的采购验货制度，采购人与验收人分开。

（三）考核管理

1．营养食堂餐饮服务考核标准，参见表5-3。

表5-3　营养食堂餐饮服务考核标准

序号	考核内容
1	有明确的岗位责任制度和考查制度，并备录在案
2	工作人员持有效健康证与食品法卫生知识培训合格证上岗
3	验收制度完整，每天有验收记录并存档备查

续 表

序号	考核内容
4	做好成本核算，月盈亏 ±<5%，年盈亏 ±<1%，并记录在案；及时报告设备、设施、工具的使用状况
5	食品加工、烹调及食具清洗严格按规范操作
6	菜肴做到24小时留样
7	个人卫生：严格执行“三白”“四勤”，佩戴工号牌上岗
8	内环境卫生：窗明地洁，厨房、餐厅清洁无害，泔脚桶上有盖、外清洁、日日清，冰箱每月清洗一次
9	服务态度做到“四热”“三保”，确保病员第一顿就餐
10	餐前90分钟开始饭菜装盘，确保病员准时用餐
11	供应菜肴品种符合精神文明考核标准
12	管理人员每周两次听取患者意见和要求；订餐人员及时反馈患者意见和要求，有整改措施，并有记录
13	确保服务质量，尽量降低患者投诉率
14	满意度考核评价

2．餐饮服务送餐考核标准，参见表5-4。

表5-4　餐饮服务送餐考核标准

序号	考核内容
1	工作人员穿着规范服装，挂牌上岗
2	必须经过专业培训，持证上岗
3	分发饭菜或开饭前必须洗净双手，戴口罩、帽子、袖套，带好菜单
4	个人卫生整洁，不戴戒指，不戴耳环，不留长指甲，不涂指甲油，保持服装整洁
5	严格执行查对制度，按照预约单领、发饭菜，保证新患者用餐需求
6	提高服务质量，对饭菜质量问题及时反馈给膳食保障科
7	按时回收餐具，每餐倾倒泔脚，做好交接工作，保持饭车整洁，做到无油腻、污垢，如有损坏及时报修；餐盘数量齐全，缺一罚一
8	气温低于规定温度，饭车必须充电，保证患者吃到热饭热菜
9	每周两次听取患者意见和要求，及时反馈信息；出现问题有整改措施并记录在案
10	满意度考核评价

3．职工用餐服务考核标准，参见表5-5。

表5-5　职工用餐服务考核标准

序号	考核内容
1	有明确的岗位责任制度和考查制度并备录在案
2	工作人员持有效健康证与食品法卫生知识培训合格证上岗
3	验收制度完整，每天有验收记录并存档备查
4	做好单品种成本核算，每月上报后勤管理部门并记录在案；做好日报表、月报表
5	食品加工、烹调及食具清洗严格按规范操作
6	菜肴按24小时规定留样
7	个人卫生：严格执行“三白”“四勤”，佩戴工号牌上岗
8	内环境卫生：窗明地洁，厨房、餐厅清洁无害，泔脚桶上有盖、外清洁、日日清；餐厅环境卫生：整洁
9	服务态度做到“四热”“四保”
10	供餐价格须经核算后经管理部门确认，不得随意提价
11	保证菜肴色、香、味
12	窗口有明确的菜肴品种及价格标识，准时开饭，并要适时调整菜品种
13	不得有穿职工制服或病员制服的人员在餐厅内用餐
14	满意度考核评价

第四节　陪护服务

陪护服务是指住院患者无法自己完成生活日常，家属又无暇顾及，患者或家属直接雇用的人员，可协助护士对病员进行日常护理和帮助的工作人员，通常称为护工。

护工相比一般的保姆具有更专业的护理知识和技能，经过护理学会或其他专门机构培训后上岗，能够对术后患者、植物人、瘫痪卧床的患者等进行专业的康复护理。他们一般学习基本护理、康复护理及特殊患者的生活护理等知识和技能，其中包括观察血压、脉搏、体温、呼吸等生命体征和口腔、会阴、皮肤、压疮的护理，为患者进行营养配餐、患者在床上肢位摆放、对患者进行心理辅导及一些常用康复器械的使用等一整套专业知识。

一、职责

医院的护工基本上由第三方专业公司承担管理服务，医院通过和护工管理公司签署委托管理合同，护工和管理公司签署用工合同，病家和护工管理公司之间签署护工雇用协议。通过这三种合同明确医院、护工管理公司、护工以及患者各自的权利及义务，使法律关系明确，责任清晰，避免法律风险。

护工只提供患者的生活照料，不可取代护士，护工工作范围与职责如下：

（1）病床单元卫生：更换床单、被套、枕套等，保持床单元整齐、清洁、无杂物。

（2）生活照料：负责照顾患者的生活起居、生活照顾（不包括洗衣服）；协助患者进餐、洗脸、漱口、擦浴、倒水、修剪指（趾）甲；做到礼貌、关怀、体贴。

（3）患者陪同：协助患者大小便、扶助患者上厕所及陪同患者行走、推轮椅推车床、过床时保障患者安全，不损伤、不跌倒患者，陪同期间不随意离开患者。

（4）陪护安全：保持各种管道的通畅，位置合适，防止脱落。

（5）操作规范：晨晚间护理、擦身、洗头、喂食、卧床患者大小便的护理。

（6）其他协助：对待患者如亲人，态度诚恳、举止稳重、同情、关心和体贴患者，做到解释耐心、听取意见虚心、让患者家属放心，不出现冷、硬、顶、推现象。

二、岗位管理

护工的聘用，根据患者病情及患者家属需求而确定，一般有一对一陪护（1名护工负责1名患者），一对多陪护（1名护工负责2~3名患者），集体陪护（一个区域用1名或多名护工）等，护工人力配置必须满足患者需求，总量一般不超过总床位数的15%，要求在患者或家属提出需求的12小时内安排到位。

护工人员管理有两方面工作：

（一）培训

做到岗前培训、定期培训和不定期培训结合，确保每一位护工接受完整的体系培训。

1. 岗前培训 每位护工上岗前都要通过专业培训和考试，取得上岗资格证后方能上岗；对护工进行规章制度、管理制度等方面的培训等。

2. 定期培训 每季度组织技能培训，由医院护理部门派出相关人员，熟悉新的护理要求，更新自身护理技能。

3. 不定期培训 请专业培训老师进行集中讲课，内容包括患者的特点、护理时需要注意的事项等，不断提升护工的陪护能力。

（二）考核

明确对护工及公司的考核标准，每月考核，考核综合得分作为年度供应商评价依据。

本章小结

医院生活服务涉及方方面面，只有做到了统一管理，才能更方便开展工作，更好地为患者服务。院内生活服务包括保洁、运送、餐饮、陪护等，与其他公共场所物业服务不同的是医院有消毒卫生标准，感染控制要求，预防跌倒措施，住院患者陪送陪检，病员膳食营养等特殊要求。本章主要讲述了医院生活服务内容区别于其他场所的生活服务管理概念、管理重点及考核要求。

（陈　梅　顾向东）

第六章　通用设备设施管理

> **学习目标**
>
> 1. 掌握　医院主要通用设备设施管理的内容、范围、定义及运行管理要求，能源管理涵盖内容。
> 2. 熟悉　医院通用设备设施管理的工作原理及日常运维的实施要点。
> 3. 了解　医院通用设备设施技术基础、能源管理手段及节能改造技术。

医院通用设备设施主要包括空调与通风系统、给水排水系统、电梯系统以及配电系统等。因医疗行业特性，还包括医用气体系统。通用设备设施是保障整个医院工作正常开展的重要支撑，供给水、电、气、暖等，同时为患者治疗提供气源支持和电梯便利运送，具有保障医疗安全的特殊性、专业性、不间断供应的持续性等特点。

医院通用设备设施管理是医院后勤工作的重要职能之一，做好通用设备设施管理，不仅可以为医院医疗活动的正常运转提供保障，还可以为患者提供安全、舒适的就医环境，提高设备设施的管理效益和后勤综合服务质量。

为确保通用设备设施安全运行，同时降低能源消耗，必须明确通用设备设施管理的范围及特点，加强通用设备设施的运行维护管理，强化相应制度建设与落实，为医疗、教学、科研、保健工作提供“安全、可靠、高效、舒适、节能”的后勤服务保障，促进医院高质量发展。

第一节　空调与通风系统管理

一、空调与通风系统简介

（一）定义

空调与通风系统是指采用空气调节和通风技术，对空气进行处理、输送、分配，并控制其参数的所有设备、管道及附件、仪器仪表的总和。

空调又称空气调节，是指实现对某一房间或空间内的温度、湿度、洁净度和空气流动速度等进行调节和控制，并提供足够量的新鲜空气（新风）。

通风是指用自然或机械的方法向某一房间或空间送入室外空气，和由某一房间或空间排出空气的过程，送入的空气可以是经处理的，也可以是不经处理的。换句话说，通风是利用室外空气来置换建筑物内的空气，从而改善室内空气品质的建筑环境控制技术。通风功能主要有：①提供人呼吸所需要的氧气；②稀释室内污染物或气体；③排除室内工艺过程产生的污染物；④除去室内多余的热量（称余热）或湿量（称余湿）；⑤提供室内燃烧设备燃烧所需的空气。建筑物的通风系统可能只完成其中的一项或几项任务。

（二）系统分类

由于控制对象不同、要求不同、所用的方法不同、承担的冷热负荷的介质不同等，空调与通风系统可以分成很多形式。

1. 按对建筑环境控制功能分类

（1）以建筑热湿环境为主要控制对象的系统：主要控制对象为建筑物室内的温湿度，属于这类系统的有空调系统、采暖系统。

（2）以建筑内污染物为主要控制对象的系统：主要控制建筑室内空气品质，属于这类系统的有通风系统、建筑防排烟系统等。

2. 按对特殊的建筑环境为控制对象的空调系统分类

（1）洁净空调系统：为了使洁净室内保持所需要的温度、湿度、风速、压力和洁净度等参数，通过向室内不断送入一定量经过处理的空气，以消除洁净室内外各种热湿干扰及尘埃污染的空调系统。

（2）恒温恒湿系统：通常把对室内温、湿度波动和区域偏差控制要求严格的空调称之为恒温恒湿空调，它是工艺性空调的一种类型，又称为精密空调。例如机械工业中高精度刻线机要求20℃ ±（0.1~0.2）℃。

（3）除湿系统：对室内湿度控制要求较高，对室内温度控制不那么严格或不需要进行控制的空调系统。除湿系统的主要方法有：冷却除湿、吸收式除湿、吸附式除湿、空气压缩式除湿和通风除湿。

（4）低温空调系统：一般温度范围在-5~15℃，相对湿度在40%~70%，对室内温度有一定低温精度要求的空调系统。

3. 按承担室内热负荷、冷负荷和湿负荷的介质分类

（1）全水系统：全部用水承担室内的热负荷和冷负荷。当为热水时，向室内提供

热量，承担室内的热负荷，目前常用的热水采暖即为此类系统；当为冷水（常称冷冻水）时，向室内提供制冷量，承担室内冷负荷和湿负荷。

（2）蒸汽系统：以蒸汽为介质，向建筑供应热量。可直接用于承担建筑物的热负荷，例如蒸汽采暖系统、以蒸汽为介质的暖风机系统等；也可以用于空气处理机组中加热、加湿空气；还可以用于全水系统或其他系统中的热水制备或热水供应的热水制备。

（3）全空气系统：以空气为介质，向室内提供冷量或热量。目前常用的使用场所有门诊大厅、宴会厅、歌剧院等高大空间。全空气系统按送风参数的数量来分有单参数系统和双参数系统；按送风量是否恒定来分有定风量系统和变风量系统；按所用的空气来源来分有全新风系统（又称直流系统）、再循环式系统（又称封闭式系统）、回风式系统（又称混合式系统）。

（4）空气–水系统：以空气和水为介质，共同承担室内的负荷。例如以水为介质的风机盘管向室内提供冷量和热量，承担室内部分冷负荷或热负荷，同时有一新风系统向室内提供部分冷量和热量，而又满足室内对室外新鲜空气的需要。目前常用的使用场所有住院病房、行政后勤办公用房、酒店客房等独立房间。空气–水系统习惯上称为风机盘管加独立新风系统。

（5）冷剂系统：以制冷剂为介质，直接用于对室内空气进行冷却、去湿或加热。目前常用的分体空调、变制冷剂流量系统（多联机空调）、精密空调机组即为此类系统。

4. 按空气处理设备的集中程度分类

（1）集中式系统：空气集中于机房内进行处理（冷却、去湿、加热、加湿等），而房间内只有空气分配装置。目前常用的全空气系统中大部分都属于此类系统。

（2）半集中式系统：对室内空气处理（加热或冷却、去湿）的设备分设在各个被调节和控制的房间内，而又集中部分处理设备。目前常用的全水系统、空气–水系统、水环热泵、变制冷剂流量系统都属于此类系统。

（3）分散式系统：对室内进行热湿处理的设备全部分散于各个房间内。如家庭中常用的房间空调器（分体空调）、电采暖器等都属于此类系统。

5. 以建筑内污染物为主要控制对象的通风系统分类

（1）按用途分类：分工业与民用建筑通风、建筑防排烟、事故通风。

（2）按通风的服务范围分类：全面通风、局部通风。

（3）按空气流动的动力分类：自然通风、机械通风。

（三）空调与通风系统的基本构成

一般来说，一个完整的空调与通风系统由三大部分组成，即冷热源、供冷与供热管网、暖通空调用户系统（末端）。冷热源指根据条件需要能够提供冷量、热量的机械设备。供冷与供热管网是输送冷媒与热媒的大动脉，将冷热源制备的冷、热媒输送到用户（末端）。暖通空调用户系统（末端）也是由管路系统与末端装置组成冷量或热量的分配系统，按负荷的大小合理地将冷量、热量分配到各个房间，以创造出舒适而健康的室内环境。

由此可见，冷热源与管路系统是空调与通风系统中的重要部分，冷热源与管路系统设计的合理与否将会直接影响空调与通风系统是否能正常、经济运行。

1. 冷热源 目前，国内大、中型中央空调冷源的形式很多，大致可分为四种。

（1）按驱动方式分类：电动冷水机组和热驱动的吸收式冷水机组。其中电动冷水机组按压缩机形式分为：有活塞式压缩机冷水机组、螺杆式压缩机冷水机组、离心式压缩机冷水机组等。

（2）按冷却方式分类：水冷式冷水机组和风冷式冷水机组。

（3）按结构形式分类：模块式冷水机组、整装式冷水机组和多机头式冷水机组。

（4）按冷热源合一分类：直燃式吸收式冷热水机组、空气源热源冷热水机组等。

医院热源多采用锅炉、热泵、换热站等供热装置采暖，大致可分为两种。

（1）按热媒形式分类：热水采暖系统和蒸汽采暖系统。其中热水采暖系统是以水作为热媒传递热量的采暖方式，也是目前最广泛使用的一种采暖系统；蒸汽采暖系统是以蒸汽作为热媒传热热量的采暖方式。

（2）按热源装置分类：有锅炉设备、热泵机组等。锅炉设备主要有用于采暖和生活热水的热水锅炉，以及用于采暖和医院蒸汽的蒸汽锅炉；热泵机组按驱动方式可分为电驱动热泵、燃气驱动式热泵和吸收式热泵，按热源种类又可分为空气源热泵、水源热泵和地源热泵等。

在选择空调冷热源时，应该注意使用能源的种类、占地面积、环境保护、安全、初始投资和运行费用等问题。

2. 供冷与供热管网 一般来说，在一座建筑物内可能采用多种空调形式，如空气-水系统、全空气系统、冷剂系统等。除了冷剂空调系统外，建筑物的冷负荷和热负荷大多由集中冷、热源设备制备的冷冻水和热水（有时为蒸汽）来承担。因此，大型建筑物内的空调水系统庞大而复杂。

空调水系统也就是空调供冷与供热管网，按其功能分为冷冻水系统（输送冷量）、热水系统（输送热量）和冷却水系统（排除冷水机组的冷凝热量）。

空调水系统按输送冷水和热水的管道配置，分为两管制、三管制和四管制。

（1）两管制：两管制的空调箱只是一组盘管，一供一回共两根管道，按季节输送冷水或热水，同一时刻只能供给冷水或热水的一种。系统中冷热源是独立的，但输送管道是共用的。夏季开启冷水阀供冷，冬季开启热水阀供热，这一系统不能同时供冷和供热，只能按不同时间进行供冷或供热。因此，对于全年运行的空调系统，仅要求按季节进行供冷与供热转换时，宜采用两管制水系统。两管制系统简单，施工方便，但不能用于同时需要供冷和供热的场所。与四管制相比，它省下了一套水系统，所以它的标准相对较低，成本也低。

（2）三管制：分别设置供冷管路、供热管路、换热设备管路三根水管，两供一回共三根管道，其中冷水与热水的回水管共用，可以同时供给冷水和热水。系统中冷冻水、热水同时接到末端设备，这样可以使末端独立供暖或制冷，但所有末端设备的回水都通过一条管路混合后，分别回到冷冻机房和换热站。三管制系统能够同时满足供冷和供热的要求，管路系统较四管制简单，但比两管制复杂，投资也比较高，且存在冷、热回水的混合损失。

（3）四管制：空调箱同时装有冷盘管和热盘管，每组盘管一进一回，两供两回共四根管道，两组水管分别接入冷水和热水，而不相互干扰。四管制系统一年四季不管什么时候，制冷制热都可以随时切换，可以实现一些房间供热的同时，另一些房间供冷，并且配合末端设备能够实现室内温度和湿度精确控制的要求。系统由于冷水和热水在管路和末端设备中完全分离，有助于系统的稳定运行和减小设备的腐蚀，所以它的标准高，成本也高。因此在全年运行过程中，供冷和供热工况频繁交替转换或需同时使用的空调系统，宜采用四管制水系统。它较适合于内区较大或建筑空调使用标准较高且投资允许的建筑中。

课堂讨论

在医院机电设施配置当中，空调系统设备和管路的选用最为复杂。需先了解医院各部门对空调功能需求，再根据需求挑选适宜的空调系统和机型。如医院病房、办公区业务时间要求长；手术室、检验科、实验室等对洁净度、温湿度等要求严格……

【讨论】讨论后回答以下问题：

1. 对于空调水系统，二管制和四管制分别适用于医院哪些部门或科室？
2. 医院洁净手术室对空调功能有何要求？空调水系统宜如何配置？

3. 用户系统（末端） 由于一座建筑物内可能采用多种空调形式，如空气–水系统、全空气系统、冷剂系统等，同时由于用户对室内特殊的建筑环境（温湿度、压差）

的需求不同，用户系统（末端）也有繁多的形式。一般来说，常用的用户系统（末端）有：

（1）空气处理机组：作为全空气系统的主要使用设备，根据是否带回风又可分为回风式和直流式机组。回风式空气处理机组是指除室外新鲜空气外，室内空气也同样需经过回风装置回到空气处理机组进行热湿处理，目前常用的使用场所有门诊大厅、候诊区、报告厅等公共区域或高大空间场所；直流式空气处理机组是指室内空气不循环（回流）到空气处理机组，室外新鲜空气经空气处理机组热湿处理后直接送入室内，这种机组适用于要求室内空气品质高，防止污染物互相传播的场合。此类机组一般设置于独立机房内。

（2）风机盘管机组：作为空气-水系统的主要使用设备，一般同时配置新风处理机组，新风处理机组属于直流式空气处理机组的一种。与空气处理机组相比，风机盘管机组体积小，占用建筑空间小，一般直接放置于空调房间内。这种机组主要适用的场所有住院病房、行政后勤办公用房等独立房间。

（3）洁净层流（净化）机组：空气处理机组的一种，其主要区别在于还对空气中浮游粒子、微生物的粒子浓度进行严格控制，此类机组的空气过滤器过滤级别高于常规空气机组，既要保证室内的洁净度，满足相应洁净等级的要求，还需保持室内所需的风速、压差、温湿度等主要参数。这种机组主要适用的场所有手术室、重症监护室、药物配剂室等有洁净度要求的区域。

（4）恒温恒湿（精密）空调机组：多采用独立的冷剂系统，通过室内外机对室内温、湿度波动和区域偏差进行严格的控制，这种机组主要适用于数据中心机房、磁共振成像设备等。

二、系统运行管理

（一）总体要求

近年来，随着医院的快速发展，越来越多的医院采用舒适性空调与通风系统，对空调与通风系统的依赖性越来越强。空调与通风系统安全运行直接影响到医院的环境安全，为加强空调与通风系统管理，须规范相关工作人员的行为，建立系统运行管理程序，防止由空调引发的医院感染和消防隐患，提高设备和系统的安全运行能力，保证人身和设备安全。

医院应严格按照国家及行业相应标准的要求，规范医院对空调与通风系统运行的管理，达到尽可能避免和减少空调与通风系统使用引发的交叉感染和消防安全问题，提高医院安全保障程度。

1. 建立管理机构

（1）应明确空调与通风系统主要负责人，根据空调与通风系统的规模、复杂程度和管理工作量的大小配备管理人员。

（2）空调与通风系统主要负责人、管理人员应经过专门的安全培训、考核，持证上岗。应掌握防火、灭火的基本技能；应掌握中央空调的管理知识和技能；应接受医院感染控制、消毒知识的培训，掌握防止空气生物污染物传播和空调系统二次污染的基本知识与技能。

（3）管理人员宜为专职人员，应熟悉中央空调系统的工作原理和运行特点，具有安全意识、节能意识和应急指挥能力。管理人员应定期检查人员的工作情况和系统的工作状态，对检查结果应进行统计和分析，发现问题应及时处理，还应对系统运行和管理提出意见和建议。

（4）宜建立空调与通风系统的运行班组，配备相应操作人员、检测仪表和维修设备。操作人员应经过专门的安全培训、考核，取得《中华人民共和国特种作业操作证》后方可上岗。制冷剂充装人员应接受专门的安全培训、考核，持证上岗。

2. 建立管理制度 应根据系统实际情况建立、健全空调与通风系统管理的相关规章制度，管理人员应定期检查规章制度的执行情况，并在实践工作中不断完善。

空调与通风系统管理的相关规章制度主要包括：

（1）人员管理类制度：包括岗位职责、值班、交接班要求、应急管理、安全管理、作业人员教育与培训等。

（2）空间管理类制度：包括机房管理、消防管理、动火管理等。

（3）设备管理类制度：包括设备档案管理，设备操作，高危作业，设备巡视检查，设备维修保养，空调系统卫生检测评价及清洗消毒，防止二次污染，压力容器、安全装置、仪表定期检查，器具及防护用品、安全工具管理，储备零部件管理，水质管理等。

3. 建立档案管理 空调与通风系统的档案包括技术档案、管理档案和运行档案。档案资料应详实，全面反映空调与通风系统运行基本情况和安全管理情况，附有必要的图表，并根据变化及时更新。管理档案与技术档案应与在用空调与通风系统同期保存。空调与通风系统废止后原技术档案应继续保存≥5年，原管理档案保存≥2年。

（1）技术档案：包括设备明细表，主要材料和设备的出厂合格证明及检（试）验合格证明，设计图纸及变更，竣工图（含更新改造和维修改造），使用说明书和校正记录报告，隐蔽工程检查验收记录，设备、风管和水管系统安装及检验记录，管道试验记录，设备试运转及调试记录，设备使用、维护手册等内容。

（2）管理档案：包括人员培训和考核，安全管理，应急预案演练记录管理，承包商管理，配件及耗材使用管理等内容。

（3）运行档案：包括值班记录，报修服务记录，设备和系统部件的维修和更换情况记录，空调系统及空气过滤器清洗、消毒记录，空调末端房间温度、湿度、二氧化碳浓度记录，事故分析处理记录，外来人员进出登记，交接班记录，设备运行记录，巡回检查记录，维护保养记录，运行工作日志，系统运行总结和分析资料，能源消耗和分析记录等内容。

（二）空调与通风系统运行管理

空调与通风系统的运行应按照所有设备的操作规程执行，空调与通风系统常用的操作规程包括:《空调与通风系统操作规程》《净化空调机组管理规程》《空调与通风系统维修管理规程》《空调与通风系统巡检规程》《空调与通风系统安全管理规程》《空调与通风系统应急管理规程》等。

1. 日常维护保养　日常计划性保养工作一般由院内员工或第三方服务商维修单位承担。空调与通风系统运行管理人员应按照需求及生产厂家提供的常规巡检要求，制定空调与通风系统设备的巡检时间、路线、检查内容，安排人员进行巡视检查，发现故障和隐患及时处理，并如实填写相关记录。

冷热源机组、空调机组、风机、水泵和冷却塔等设备应定期维护和保养。对于空调与通风系统中的温度、压力、流量、热量、耗电量、燃料消耗量等计量监测仪表，应定期检验、标定和维护，仪表工作应正常，失效或缺少的仪表应更换或增设。锅炉属于特种设备，如管理不善易发生事故，锅炉管理还应满足国家对特种设备管理的要求。对空调与通风系统的设备进行更换更新时，应选用节能环保型产品，不得采用国家已明令淘汰的产品。在有冰冻可能的地区，新风机组或新风加热盘管、冷却塔的防冻设施应在进入冬季之前进行检查。机房出现制冷剂大量泄漏，值班人员应该立即开启通风设备，并撤离和远离，在主机房门外设立警示标识，并向上级汇报。

2. 空调与通风系统卫生要求　空调与通风系统在运行期间，应合理控制新风量，空调房间内CO_2浓度应小于0.1%。系统冷水和冷却水的水质应由具有检测资质的单位进行定期检测和分析。空调与通风系统中的风管和空气处理设备，应定期检查、清洗和验收，去除积尘、污物、铁锈和菌斑等，风管检查周期每2年不少于1次，空气处理设备检查周期每年不少于1次，洁净设备清洁程度检查时间间隔和范围应符合《空调与通风系统清洗规范》《空调与通风系统运行管理规范》等的规定。

医院空调与通风系统的管理部门和医院感染控制部门要建立沟通机制、制定防止空调与通风系统二次污染的规章制度，并应明确医院感染重点防范区域，定期监测。过滤网、过滤器、净化器每6个月至少清洗更换1次，空气处理机组、表冷器、加热（湿）器、冷凝水盘、冷凝塔等每年至少清洗1次，送风口、回风口、新风口定期清洗，风管每3年至少清洗1次。

第二节 给水排水系统管理

一、给水排水系统简介

医院给水排水系统是指院内的各种冷水、热水供应和污水排放工程设施的总称。

（一）生活给水系统

医院内生活给水系统分为市政给水系统和加压给水系统。

1. 市政给水系统 由市政自来水管网主干管接入，在院内形成环状管线，供低区生活给水及室外消火栓给水。

2. 加压给水系统 由市政自来水管网主干管接入院内无负压加压给水泵房，经水泵加压后供至全院高区给水管道系统，并向设在医院高层屋顶的生活、消防水箱供水。无论是高区供水还是低区供水，进入主楼之前均设置相应阀门，便于控制。

（二）医院热水系统

医院设置集中热水供水的系统，热水机房一般集中设置在锅炉房。纵向与生活给水系统相同分区供水。管道根据使用功能、不同区域及供水要求分为不同的系统，便于运行管理维护。医院生活热水系统处于24小时供水状态，热源一般采用燃气热水锅炉、燃气蒸汽锅炉、太阳能热水器、空气源热泵热水机、电热水器等。

（三）消防供水系统

医院消防供水系统供给医院建筑内各类消防设备的用水，应独立设置。医院的消防供水系统应配备市政管网双路供水及加压泵供水。供水系统由市政进水管系统、水池、泵组、泵组前后组件、控制检修阀等构件组成。消防供水系统需保证充足的水量、水压。

（四）医院排水系统

排水系统是将院内污（废）水以及降落在屋顶上的雨水，通过室内排水管道排到室外排水管道中去。医院排水系统通常为分流排水系统，其将不同性质的污水采用不同的排除和处理方式，用各自的沟道系统分别收集。

根据排水性质的不同，排水系统可分为生活污水系统、生活废水系统、医疗废水系统、冷凝废水系统和雨水系统。

1. 生活污水系统　日常生活中排泄的粪便污水通过排污立管排入室外污水管道，再经化粪池进行初步处理后排放至市政排污管道。

2. 生活废水系统　日常生活中淋浴、洗涤、洗衣房等非粪便的排水系统。多层建筑一般不单独设置生活废水系统，大多采用“污废合流”方式将废水进行排放，即将废水和粪便污水合为一个系统，通过污水立管排出，同样进入化粪池处理后排入市政排污系统。此外，高层建筑的生活废水系统也有单独排入地下室收集，经处理后进行循环使用，用水泵提升至高位水箱供厕所便器冲洗等，通常称为中水系统。

3. 医疗废水系统　指医院内医疗废水的排水系统，包括一般医疗废水、放射性医疗废水、感染性医疗废水等。此类废水与生活污水排水方式类似，单独排出室外，再经局部处理达到排放标准后进入市政污水管道系统排出。

4. 冷凝废水系统　用以收集空调机、冷冻机排出的冷凝废水，采用立管贯穿上下的方式直接进入室外雨水管道系统和市政雨水管道系统排出。当水量大时，也可以进入中水系统处理后以二次利用的方式进行处置。

5. 雨水系统　收集高层建筑屋面上的雨水或融化雪水后，通过雨水管直接排入室外雨水系统，汇集后再排入市政雨水系统。将雨水系统和生活污水系统分流，主要是为防止雨水管道满水后倒灌到生活污水管并破坏水封造成污染并影响污水排出；而且雨水和污水合流还会导致化粪池及污水处理厂内设备的污水处理量增加，使处理设施投资加大，造成不必要的浪费。

以上各类排水系统的污水和废水，应该各自进行单独处理，决不能混在一起给处理造成困难，例如：由大小便器排出的污水应该首先进入化粪池进行沉淀分解；由浴室、洗脸盆排出的污水则不应该进入化粪池，而是应该与化粪池处理后的污水管相连接；含有毒、有害以及放射性同位素、重金属的污水，则必须经过单独处理；一般的雨水系统，只要没有被污染则可不必进行处理就可通过市政管道或地面排放。

二、系统设备设施

（一）给水设备设施

给水设备设施主要包括水箱、给水泵、水表、阀门、供水管网等。

（二）排水设备设施

排水设备设施主要包括室内排水管道、污水处理装置、通气管、清通设备、抽升设备、室外检查井和排水管道等。

（三）用水设备

各类卫生器具用水设备，主要包括洗脸盆、浴盆、便器、喷泉喷头及各种绿化洒水设备等。

（四）热水供应设备

热水供应设备设施主要包括淋浴器、供热水管道、循环设备、热水表、热交换器、温度调节器、减压阀等。

（五）消防设备

消防设备主要包括消防箱、供水箱、各式消防喷淋头、消防栓、消防水泵等。

三、系统运行管理

医院给水排水系统的管理与普通民用以及商用建筑的管理明显不同。给水系统除要求随时能够提供安全、充足的水之外，还在部分区域需要提供特殊要求的用水。给水排水系统作为医院装备系统中的基础环节，应当满足安全性、可用性、节能环保、流通性、消防安全等要求。给水排水系统的运行管理需保证生活供水系统正常、高效、安全运行，满足生活、医疗和消防用水的需求；同时确保生活供水水质符合国家《生活饮用水水质卫生规范》质量要求标准，对于特殊类型的污水处理要严格按照国家标准要求处置，在排出前进行无害化处理，防止医院特有的废弃物污染环境，导致细菌、病毒的传播，以及防止化学物质和放射性物质污染环境。

（一）总体要求

给水排水系统运行管理主要针对给水排水系统中涉及的各种设备及管道等的日常运行、维护等的管理活动。包括医院后勤所管辖区内给排水系统的计划性养护、零星维修和改善添装。例如检查井、化粪池的定期清掏；消防泵定期试泵；为防出现阻塞、水质腐臭等现象，消防水箱定期进行调水放水等。

给水排水设备设施管理主要包括：①建立给水排水设备设施管理原始资料档案和设备维修资料档案；②建立合理的运行制度和运行操作规定；③建立日常检查巡视制度，负责机电设备的运行；④对设备进行日常养护和维修更新，处理一般性故障；⑤负责设备房的安全管理工作，保持值班室、设备及水泵房等清洁有序；⑥确保给水排水设备设施良好运行，协助维修组人员进行设备设施的维修保养工作；⑦制订并掌握应急处理措施，遇突发事故，采取应急措施，迅速通知相关人员处理；⑧对给水排水设备设施的运行操作、使用进行文明安全管理，定期检查操作人员、维修人员的安全操作，并进行安全作业训练，建立安全责任制和对用户进行安全教育。

（二）日常维护保养

1. 要建立给水排水系统设施设备日常检查巡视制度，防止设施设备跑、冒、滴、漏现象，保持高位生活水箱、水池清洁卫生，防治二次水质污染，定期为水箱、水池进行消毒。严防生活用水、中水和污水系统串管混流。

2. 定期进行全院水质检测，保证水质安全。

3. 制定给水排水系统设备年度保养计划，按保养计划对生活水泵、热水泵、消防水泵、污水泵、排水泵、水箱等设备及各设备机房的照明设备、通风设备等进行维护保养。

4. 消火栓系统一般应定期检查消防水泵、水泵接合器、消防水池取水口、室外消火栓及闸阀等主要设备是否方便使用，有无正确的明显标识，有无外观损坏及明显缺陷。检查中，应注意查看系统中各常开或常闭闸阀的启闭状态是否符合原设计要求。如把消防系统正常方式的闸门开、关状态直接在阀门处挂牌标识，将使管理更加规范。

（三）污水处理

医院或医疗机构排出的污水可能带有病菌、病毒、化学污染物及放射性有害物质，如不加消毒处理直接排入水体，会引起水体污染或传染病的暴发流行。为防止水域被污染，国家制订了相关标准。目前，医院污水的排放由当地的环保部门进行监测，每年进行不定期的抽查。对放射性污水宜采取衰变处理的方式，处理后的污水应符合《电离辐射防护与辐射源安全基本标准》。

第三节　医用气体系统管理

一、医用气体系统简介

医用气体系统是医疗行业特有的支持保障系统，随着医院的快速发展，越来越多的医院采用集中供应的医用气体系统，医院对医用气体系统的依赖性越来越强。医用气体的供应情况与患者生命安全息息相关，因此医用气体系统被视为“生命支持系统”。

医用气体是用于麻醉、治疗、诊断或预防用途，作用于患者或医疗器械的单一或混合成分气体，包括提供医疗用的氧气、压缩空气、真空吸引、氮气、二氧化碳等气体。

（一）管道系统

医用气体管道系统包含气源系统、监测和报警系统，设置有阀门和终端组件等末端设施的完整管道系统。其作用是从气源位置开始通过管道集中供应各种医用气体至使用终端，用于患者的治疗、诊断和驱动医用设备工具等。图6-1为医用气体系统图。

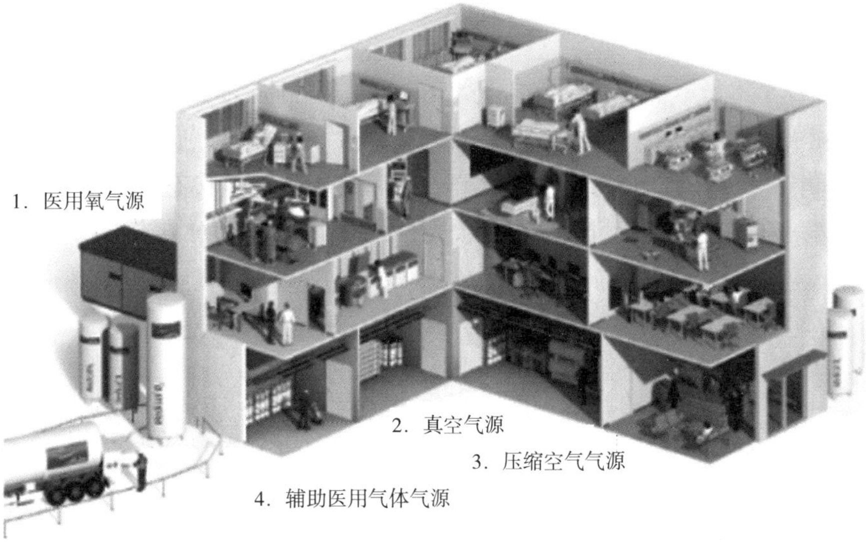

图6-1　医用气体系统图

（二）气体种类

1. **医用氧气**　采用深冷分离法将大气中氧气分离以供应医疗救治患者使用的气体。

2. **医用富氧空气**　通过医用分子筛制氧机从环境空气中分离氮气后产生的浓缩含氧气体。

3. **医用空气**　在医疗卫生机构中用于医疗用途的空气，包括医疗空气、器械空气、医用合成空气、牙科空气等。

4. **医疗压缩空气**　经压缩、净化、限定了污染浓度的空气，由医用管道系统供应作用于患者。

5. **医用真空**　为排除患者体液、污物和治疗用液体而设置的使用于医疗负压吸引动力。

6. **医用氮气**　主要成分是氮，主要作为外科工具的动力载体或与其他气体混合用于医疗用途。

7. **医用二氧化碳**　按药典标准二氧化碳浓度不得少于99.5%，主要用于子宫、腹腔和肠道充气，以便辅助进行子宫、腹腔镜和纤维结肠镜等医疗检查及治疗。

8. **医用混合气**　由不少于两种医用气体按医疗卫生需求的比例混合而成，作用于患者或医疗器械的混合成分气体。

9. **麻醉废气排放**　将麻醉废气接收系统呼出的多余麻醉废气排放到建筑物外安全处的系统。

10. **医用氧化亚氮**　俗称笑气，主要成分是氧化亚氮，为吸入麻醉镇痛药物。

11. **医用氦气**　主要成分是氦，并限定了污染物的浓度，与氧气混合用于呼吸扩张等。

二、系统设备设施

医用气体系统每个供气系统一般由气源、输气管道、监控报警装置和用气终端四部分组成。

（一）气源

主要形式有医用液氧储罐供氧、瓶装供氧设备、制氧机供氧设备、医用压缩空气系统和负压吸引装置，气源一般设在中心供氧站。

（二）输气管道

输气管道主要是指医疗用的集中供给、排放和配管系统。医用气体设置的区域有普通病房、手术室、监护病房、抢救室、急诊、观察室、高压氧舱、妇科人流室、口腔科等医疗场所。

（三）监控报警装置

按监测类别可分为气源报警和区域报警。气源报警是对气源设备上的报警信号的监测，目的是在气源设备出现任何故障时，通过气源报警通知相关人员至现场处理故障。区域报警是对某一病区的气体压力进行监测，目的是当该区域气体压力出现异常时，采取应急措施确保患者的用气安全。同时，维护人员及时处理气体故障。

（四）用气终端

用气终端的主要形式为医用气体设备带，是指固定安装在病床床头墙壁，向病床区域提供医用气体、负压、电力、通讯（电话或呼叫系统等）、数据传输、照明或医用液体或麻醉气体净化系统的装置，又称床头治疗带。

医用气体设备带的主要结构组成包括外壳、医用气体和真空终端及管路、电源插座、电线及端子、等电位接地端子、呼叫系统、网络接口、照明灯等。

三、系统运行管理

（一）管理制度和记录

管理部门应结合单位自身所有医用气体系统及相关设备，建立一套健全的管理制度和记录，其中应包含：①日常设备设施巡检：确定巡检人员、时间、路线及检查内容和要求；②设备定期维护保养：按照设备维护保养要求制定年、季度、月维修保养计划；③安全管理：医用气体操作人员的资质审核管理；④工作人员值班：确定值班室的管理和工作人员交班管理；⑤气瓶管理：制定从气瓶采购、运送、储存和使用中的管理流程；⑥应急预案及演练：制定应急情况下的处理流程和应急预案演练的组织、人员、项目及周期；⑦消防管理：重点位置及机房的消防安全管理；⑧安全教育、培训等：制定相关医用气体安全培训计划。

（二）档案管理

管理部门平常工作中应将收集的资料、制度、记录和图纸等进行档案分类管理，档案资料应齐全详实，全面反映全院医用气体系统的布局与工作情况，最好有图表标准，并且根据变化及时更新，可分为：①管理性档案：包括医用气体系统相关文档、图纸、记录的管理、设备维修、维护及保养管理、气瓶贮存和运输管理、人员培训管理、安全管理、应急管理等；②技术性档案：包括医用气体系统整体平面图、设备房建筑图纸、医用气体系统设计说明、医用气体系统中心供气流程图、医用气体系统设备竣工图、医用气体管道系统图等；③运行记录档案：包括日常巡检记录、医用气体系统设备运行记录、医用气体设备维护保养记录、设备维修记录、交接班记录、医用气体危险品巡查记录等。

（三）人员管理

医用气体从业人员应经过安全技术、操作和维修等岗位的学习，并根据其职责进行相应的培训和考核，分别取得压力容器安全管理人员证书和压力容器操作人员证书后方能上岗。医用气体从业人员应经过消防安全培训，熟练掌握防火和灭火基本技能。医用气体从业人员应熟练掌握医用气体设备和系统的工作原理和特点，具有安全意识和紧急处理能力。医用气体运行操作人员应定期接受医用气体专业应急操作培训，熟练掌握应急方法。

第四节　电梯管理

一、电梯简介

电梯是指服务于建筑物内若干特定的楼层，其轿厢运行在至少两列垂直于水平面（垂直电梯）或与铅垂线倾斜角小于15°的刚性轨道运动（自动扶梯、自动人行道）的固定运输设备。随着医院规模的不断扩大，电梯已经成为医院建筑中不可或缺的交通工具，为医院提供安全、舒适、便捷的服务，对于提高医务人员的工作效率，缩短来院患者的就诊和抢救时间，都起到了积极的推动作用。

（一）医院电梯按用途分类

按照用途分为乘客电梯、货物电梯、医用电梯、污物电梯、手术专用电梯。

由于关系到患者的生命安全、临床救治及感染控制需要，医院电梯管理要充分考虑其医疗特性。既要考虑安全性，又要考虑时效性，还要对医院电梯的输送能力和提升速度有一定的要求。如医用电梯是特殊的电梯，需要进入各种仪器和病床等，电梯的开门净空尺寸需满足推床、ICU转运病床等尺寸要求；同时医用电梯对平层、震动和噪音都有特殊要求，不可以用普通乘客电梯代替。

（二）按速度分类

电梯按速度可分为：①低速电梯，常指速度低于1.00m/s的电梯；②中速电梯，常指速度在1.00~2.00m/s的电梯；③高速电梯，常指速度大于2.00m/s的电梯；④超高速电梯，是指速度超过5.00m/s的电梯。

（三）按驱动方式分类

电梯按驱动方式可分为：①交流电梯；②直流电梯；③液压电梯；④齿轮齿条电梯；⑤螺杆式电梯；⑥直线电机驱动电梯。

（四）按操纵控制方式分类

电梯按操纵控制方式可分为：①手柄开关操纵电梯；②按钮控制电梯；③信号控制电梯；④集选控制电梯；⑤并联控制电梯；⑥群控电梯。

二、设备设施概述

电梯设备是高层建筑中垂直方向的有效运输设备，电梯结构总体上可分为建筑结构、机械、电气三大部分。电梯系统一般由五部分组成：井道和机房、传动设备部分、升降设备部分、安全装置、控制部分。

（一）井道和机房

井道和机房是电梯正常运行所要求的房屋建筑部分。井道由围壁、顶板及底坑围成一个容纳电梯轿厢和对重的有限空间，在每个层站开有出、入口。机房用来安装曳引机、电控屏、限速器等。机房可以设置在井道的顶部，也可设置在井道底部，机房必须有足够的面积、高度、承重能力及良好的通风条件。顶板都是封闭型的，将井道与机房完全隔离。底坑一般深入地面，用于安装缓冲器、限速器钢丝绳张紧装置。井道底部因深入地面要求有排水设施。

（二）传动设备部分

传动设备部分即曳引机，主要由电动机和钢索组成，是电梯的曳引装置。一般安装在机房的顶部，通过钢丝绳牵引轿厢及对重。曳引机由涡轮减速箱、绳轮、电机、靠背轮、抱闸、底座等组成。

（三）升降设备部分

升降设备一般包括轿厢、对重、平衡链、导轨和门厅。轿厢是运送乘客和物体的箱体，是电梯的工作部分，由轿厢架和轿厢体组成；对重是用来平衡轿厢重量的；平衡链是用于连接轿厢与对重的，通过平衡曳引绳及随行电缆的重量，对电梯的运行起到平衡作用；导轨是轿厢上下移动所走的轨道；门厅是每一层楼的电梯门口装的门，门上有机械锁和电气接点。客梯多采用自动开关门，是由轿厢门上的开门刀带动厅门上橡皮轴辘来完成，轿厢门由轿厢门上的开关门装置驱动。

（四）安全装置

安全装置一般包括降速装置和电气安全设备。降速装置安装在电梯井道底坑内，位于轿厢和对重的正下方。它主要有限速器和缓冲器，限速器是控制轿厢速度的设备，缓冲器是电梯的最后安全保护。电气安全设备是指电梯控制系统中实现安全保护的电气元件。电气安全装置通常包括：①设置在机房内的电梯主开关，可切断轿厢照明和通风、轿顶电源插座、火灾报警、机房和滑轮间照明及井道照明等全部供电电路；②熔断器和热继电器用作曳引电机的短路及过负荷保护；③相序继电器作断相和错相保护；④称重装置可作电梯的超重保护；⑤行程开关是电梯运行端站减速及端站限位保护；⑥电梯门安全触板带动连锁开关或光电传感器、感应式近门传感器，控制开关门电机，防止电梯夹人、夹物；⑦电梯所有金属设备外壳接地，以防触电事故。

（五）控制部分

控制部分主要指电气控制设备和必要的线路，对电梯的运行实行操纵和控制，包括控制柜、励磁柜和选层器等。

三、运行管理

电梯是一种对人身和财产安全有较大危险性的特种设备，它的机构设置、运行、检修、保养工作等均须遵从国家颁布的有关特种设备的相关规定。电梯设备的运行管理是保障电梯良好运行所实施的管理活动。

（一）安全管理机构

医疗机构使用30台以上（含30台）电梯，应设置电梯安全管理机构，实行主要负责人负责制，配置电梯安全管理员，根据特种设备有关法律、法规和安全技术规范及标准，负责组织、落实、监管本单位电梯安全管理工作。

（二）安全管理制度

管理部门应结合单位自身所有电梯设备及服务特性，建立安全管理制度，包括：①作业人员岗位职责；②电梯安全操作规程；③电梯巡检巡修制度；④电梯维保管理制度；⑤定期报检制度；⑥电梯钥匙使用管理制度；⑦电梯机房管理制度；⑧作业人员、运营服务人员培训制度；⑨电梯意外事故及故障应急救援预案及演练制度；⑩电梯档案管理制度等。

（三）档案管理

建立电梯档案，电梯的档案包括：电梯相关文档、图纸、记录的管理；设备维修、维保运行管理；电梯技术档案等。

（四）电梯设备运行巡视监控管理

巡视监控管理，是由电梯机房值班人员实施的，定时对电梯设备进行巡视、检查，发现问题及时处理的管理方式。医院电梯机房值班人员每日对电梯进行一次巡视，根据巡视情况填写《电梯设备巡视记录》。

（五）电梯设备维修管理

建立《电梯维修保养标准》及相应的电梯维修管理制度，对电梯进行经常性的维护、检查和修理。电梯工程部和电梯机房值班员负责电梯发生故障时的紧急维修工作，单位主管负责电梯故障维修的组织监控工作，并负责建立电梯维修管理制度，包括日维修保养制度、周维修保养制度、月维修保养制度、年维修保养制度、电梯故障处理制度、不定期保养维修制度等。

四、电梯应急管理

医院应建立健全电梯应急处置机制，保障电梯在发生意外事件和事故时能及时得到有效处置，及时救出伤员及被困人员，抢修受损设备，迅速消除事故源，最大限度地控制事态发展，减轻事故的损失。

（一）建立电梯应急处置机制

成立电梯应急处置工作机构，成员应包括主管职能部门、临床急救部门及维保单位。根据电梯运行安全特点，建立电梯应急预案，配备相应应急救援、抢修工具材料（照明灯具、对讲机、安全带、安全帽、缆绳、担架等），组织应急培训、演练。定期组织电梯意外、事故应急救援演习。电梯轿厢内应张贴24小时值班电话。加强轿厢内呼救通话、视频监控设施管理，确保设施正常有效。

（二）电梯应急处置

电梯设备发生安全事故后，应在第一时间确认有无涉及人员被困、受伤情况，及时向上级主管报告，及时开展救援抢修工作；如发生特别重大事故、特大事故时，应立即拨打“110”“119”电话报警，并报质量技术监督局。报告应包括：事故发生的时间、地点、设备名称、人员伤亡、经济损失以及事故概况。

1. 发生火灾时的应急处置 当楼层发生火灾时，电梯的机房值班人员应立即设法按动“消防开关”，使电梯进入消防运行状态。电梯运行到基站后，疏导乘客迅速离开轿厢。井道或轿厢内失火时，应立即停梯并疏导乘客离开，切断电源后用干粉灭火器灭火。应及时拨打“119”电话报警。

2. 电梯遭到水浸时的应急处置 电梯的坑道遭水浸时，应将电梯停于二层以上；当楼层发生水淹时，应将电梯停于水淹的上一层，然后断开电源总开关并立即组织人员控制水源，水源堵住后进行除湿处理，如热风吹干。用摇表测试绝缘电阻，当达到标准后，即可试梯。试梯正常后，才可投入使用。

3. 发生地震时的应急处置 地震时应该尽快让乘客安全撤离电梯。震级在4级以下，应把运行中的电梯继续移动到最靠近的楼层，让乘客安全撤离电梯后关门待机。震级在4级以上，应把运行中的电梯继续移动到最靠近的楼层，让乘客安全撤离电梯后停止运转，必须等专业技术人员进行各种机器的安全检查后，才能恢复运转。

4. 停电时自备发电机的使用制度　电网电源中断时，电梯可能停在楼层与楼层之间。乘客悬在半空中，电梯门不能开启。自备发电机在此时发电，自动按照预定的工作步骤传送电力给电梯，以便它能抵达避难的楼层后打开电梯门，让乘客安全撤离。

第五节　配电系统管理

一、配电系统简介

（一）配电系统负荷分级概念

将电力系统中从降压配电变电站（高压配电变电站）出口到用户端的这一段系统称为配电系统。配电系统是由多种配电设备（或元件）和配电设施所组成的变换电压和直接向终端用户分配电能的一个电力网络系统。电力负荷是根据供电的可靠性要求及中断供电在人身伤害、政治、经济上所造成的影响进行分级。

医院内涉及一级负荷的有：重要手术室、重症加强护理病房（intensive care unit，ICU，又称“重症监护室”）等涉及患者生命安全的场所、消防电源、急诊、产房、新生科、血透室、病理室、DSA、血库、高压氧舱、直线加速器机房、培养箱、低温冰箱、恒温箱、百级手术室净化空调系统等；医院内涉及二级负荷的有：电梯，MRI、CT及X线扫描室，手术室净化空调系统等；医院内涉及三级负荷的有：除了上述一级、二级负荷外均属于三级负荷，例如照明用电、动力用电、设备用电等。

（二）高压配电系统

按照中国现行标准规定，高压配电系统是指采用1000V以上电压等级的配电系统。高压供电系统配电的连接母线有单母线和双母线两种，配电系统的基本连接方式有放射式、树干式和环状式三种。

医院的高压配电系统以采用双回路放射式方案、电气主接线以采用单母线分段为宜，便于倒闸与检修；接地宜采用中性点不接地方式，可提高供电可靠性；继电保护以带时限速断、过流、接地保护为主；变压器宜采用干式变压器，便于维护，可靠性高。

（三）低压配电系统

低压配电系统由配电变电所（通常是将电网的输电电压降为配电电压）、高压配电线路、配电变压器、低压配电线路以及相应的控制保护设备组成。根据《城市电网规划设计导则》的规定，380V、220V为低压配电系统。

（四）备用电源系统

备用电源系统原主要指柴油发电机、汽油发电机、不间断电源（uninterruptible power supply，UPS）等，在UPS未出现时，柴油发电机、汽油发电机在市电中断时作为备用的电力设备。UPS具有动态响应迅速，稳定调节输出，更可消除吸收电源外在不良影响，保护电器设备等更多优点，所以当代备用电源中UPS逐渐占据了较大的比例。备用电源是相对主电源而言的，要求备用电源引自于主电源相对独立的电源，当主电源消失时，备用电源应当能够自动或者手动启动，保证用电的可靠性。

课堂讨论

随着医疗水平的提升和设备技术的发展，医院医疗设备越来越多，电气化程度也越来越高，医院配电系统的安全运行关系着临床医疗工作和患者生命安全。对于医院而言，一旦发生断电情况，手术室、分娩室等处的医疗工作将被迫中断，严重威胁患者生命安全。因此，要求医院必须要有备用电源，一般手术室、重症监护室等处若遇到突发事件时，多通过自备的柴油发电机完成持续的供电工作。

【讨论】讨论后回答以下问题：

1. 医院一级电力负荷主要对应哪些医疗区域？其配电系统有何要求？

2. 为防止医院意外停电带来医疗风险，医院哪些电力负荷需采用应急电源供电？宜配置哪种应急电源设备？

二、系统设备设施概述

配电设备主要有高压配电设备、低压配电设备、变压器等。

（一）高压配电设备

1. 高压隔离开关　又称高压闸刀开关，主要结构特点是在检修时用于隔离电源。

2. 高压负荷开关　主要结构特点是可通、断正常的负荷电流和过负荷电流，检修时也可用于隔离电源。但不能配以短路保护装置来自动跳闸。

3. 高压断路器　主要结构特点是可通、断正常的负荷电流、过负荷电流和一定的短路电流。

4. 高压熔断器 主要用于电路的短路保护。RN型的熔断器具有较强的灭弧能力，可在电路短路电流达到最大值之前断开电路。

5. 电流、电压互感器 主要用于扩大仪表的量程，使高电压大电流的电路和测量仪表、继电保护电器隔离，保障观察人员的安全。电压互感器，使用中副边不允许短路，如果短路则被烧毁。

（二）低压配电设备

1. 低压刀开关 有灭弧罩的低压刀开关可通断负荷电流，没有灭弧罩的低压刀开关只能作隔离电源用。

2. 低压刀熔开关 低压刀熔开关是低压刀开关和低压熔断器组合成的开关电器，可作短路保护和隔离电源用。

3. 低压负荷开关 低压负荷开关是带灭弧装置的刀开关与熔断器串联而成的。低压刀熔开关具有刀开关和熔断器的双重功能。

4. 低压断路器 低压断路器既能带负荷通断电路，又能在短路、过负荷和低电压（失压）时自动跳闸，其功能和高压断路器相似。

5. 低压熔断器 低压熔断器在低压电路中起短路保护作用，也能实现过负荷保护。RTO型熔断器可在短路电流达到最大值以前断开电路；RM型熔断器则不能。

（三）电力变压器

电力变压器的功能是对电能的电压进行变换。

三、系统运行管理

（一）操作管理

在变配电操作中，倒闸操作必须遵守操作顺序；倒闸操作必须由两人执行，一人操作，一人监护；每操作一项做一个记录，全部操作完毕进行复查；停电拉闸必须按照开关、负荷侧刀闸、母线侧刀闸的顺序操作。送电合闸顺序与此相反，严防带负荷拉合刀闸；装设接地线应先接接地端，后接导体端，必须接触良好。拆接地线的顺序与此相反，装拆接地线应戴绝缘手套。

工作巡视中，值班人员按规定的线路、时间巡视设备运行状况，做好各项记录；巡视高压设备时，不得进行其他任何工作；高压设备发生接地时，不得接近故障点4米以内；巡视配电装置，进出高压室，必须随手将门锁好；各种事故信号和报警装置，必须进行定期测试；为保证备用设备能正常使用，必须对其进行定期切换使用。

（二）人员管理

配电系统人员的管理主要包括人员职责分配、安全管理、出入管理、卫生管理、交接班管理、培训管理等方面。配电系统人员分配要按国家规定，特种人员需取得相应作业证书，并且每项工作责任到人；定期开展安全培训工作，定期做好配电房电试测定工作和测电工具以及绝缘垫、手套等的测试工作；配电所除配电房工作人员外，其他人员进入，一律要登记记录；配电系统定期开展卫生检查；按规定时间交接班，严禁未进行交接班手续而擅自离开值班岗位；建立人员培训规章制度，加强专业技能培训，定期进行考核。

（三）设备设施维护保养

1．主要设备设施维护保养 医院配电系统主要设备一般包括高低压配电设备和不间断电源机组。

高压配电系统主要巡检高压电缆、高压熔断器、高压隔离开关及负荷开关的固定触头与可动触头、翻线柜、进线柜、计量柜、三相电流、温湿度等。低压配电系统主要巡检低压电缆、低压配电屏、三相负荷、三相电压、低压电容补偿器等。

医院发电机组使用率低，要定期进行试车和维修保养。定期进行发电机试车，试车中发现的故障及时处理；定期更换机油、滤芯等耗材，维持机组的良好状态。

定期检查不间断电源机组的主机状态，定期清理主机散热风扇滤网积尘，保持良好的散热状态。在巡检过程中，要定期测量每块蓄电池的电压情况，定期对蓄电池组进行放电，使其保持良好的运行状态。

2．常见故障及应对措施 医院供配电系统的常见故障一般有市电外网单相接地故障、配电设备故障、线路故障。

（1）市电外网单相接地故障：市电外网单相接地发生故障时，高压配电系统采用中性点不接地方式，配电系统线电压依然对称，不影响机电设备的正常运行。应该及时与供电公司沟通，确认停电倒闸时间，降低对临床工作的影响。

（2）配电设备故障：医院配电设备一般主要是机械故障和电气故障。机械故障多为设备老化、零件松动、锈蚀、卡塞等问题，应平时加强机械零件的保养，保证其正常使用，不影响正常工作。电气故障多为过流、短路、二次回路等问题，发生故障时应立即将故障设备与配电主回路隔离，恢复其他回路的供电，平时巡检发现故障时应及时处理。

（3）线路故障：常见的有线路缺相、断路、短路、接地线带电等问题。线路缺相故障主要原因是断路器老化破损、线路断路、用电负荷三相不平衡等，因此要定期检查断路器及监控三相负荷电流情况，发现三相严重不平衡时要及时调配负荷线路，达到三相基本平衡。接地线带电故障主要原因是火线、零线、地线紧密依靠，互相产生感应电压或零线与地线共用，零线断线导致火线对地线形成回路。对于感应电压可重复接地解决，零线地线共用，零线断线导致火线对地线带电可采用三相五线制接线方式，即零线跟地线分开。

第六节　能源管理

能源管理是指对能源的生产、分配、转换和消耗的全过程进行科学的计划、组织、检查、控制和监督工作的总称。医院具有人员密度大、用能系统复杂、医疗电气设备多、基础设备运行时间长、环境要求特殊等特点，比其他公共机构能源消耗水平高，因此，能源管理要求更高。

医院通过加强日常管理，应用智慧化管理系统（见第八章）以及通过节能改造技术应用等方式，均能有效提高医院能源利用效率，本节重点介绍常用节能改造技术。

一、空调冷源系统节能改造技术

（一）高效冷源设备替代传统冷源设备

目前医院空调冷源在使用中存在的主要问题是冷热源设备容量配置偏大，这既增加了初始投资，又降低了日常运行的能效，增加了运行费用。常用冷源包括溴化锂机组、定频离心冷水机组、定频螺杆冷水机组等，为保证特殊区域（如病房、手术室、ICU等）的室内环境负荷要求，整个系统都必须以这些特殊区域的参数来设定系统的媒介和温度，这样会造成能量很大程度的浪费。

空调冷源系统节能改造常用的技术路线为采用高效冷源设备替代原有的低效冷源设备。可使用高效磁悬浮离心式冷水机组、高效变频螺杆冷水机组替代传统低效冷源设备。基于已实施节能改造的医院建筑采用的冷源改造技术种类及实施改造后获得的节能效果，高效制冷机组替代吸收式或直燃式溴化锂机组供冷，单项措施节能率可达40%~60%；高效磁悬浮离心冷水机组或变频冷水机组替代传统低效定频冷水机组，单项措施节能率在20%~30%。

（二）常用高效冷源设备介绍

磁悬浮离心式冷水机组作为一种新型离心式冷水机组，与传统离心式冷水机组的运行原理基本相同，不同的是磁悬浮离心式冷水机组采用的是磁悬浮离心压缩机，机组没有润滑油路。磁悬浮离心式冷水机组作为一种新型离心式冷水机组，可以实现从15%~100%的无极调节，并具有较高的部分负荷性能系数，远超普通冷水机组。此外，磁悬浮离心式冷水机组还具有日常维护费用低、性能衰退慢、机组故障率低、启动电量低、运行噪声低等优点，被广泛于酒店、医院、地铁站点等场所。

变频螺杆式冷水机组作为一种新型的螺杆式冷水机组，与传统螺杆式冷水机组不同的是机组配有变频器，可以根据建筑负荷的变化调节压缩机转速，有效地提高了机组在部分负荷下的运行效率。螺杆式冷水机组适用于高压缩比场合，高温工况下螺杆式冷水机组运行能效要优于其他类型冷水机组。变频螺杆式冷水机组作为一种新型螺杆式冷水机组，因其高能效、调节方便、节能环保等优点，广泛应用于酒店、医院、学校、办公楼、地铁站点等场所。

二、空调热源系统节能改造技术

（一）高效真空热水机组替代燃气锅炉、风冷热泵机组替代溴化锂机组

医院常用的空调热源设备为燃气蒸汽锅炉、燃气热水锅炉等。医院供热系统通常需敷设庞大的蒸汽管网，供热平衡性差，调节困难，对负荷扰动的反应滞后；使用灵活性较差，需要以较大的代价来满足个别部门的特殊要求。热媒输送过程中动力损失和热力损失较大，普遍存在滴、冒、漏现象，这部分能耗不容忽视。

空调热源系统节能改造常用的技术路线为采用高效真空热水机组替代燃气锅炉供热，或采用风冷热泵机组替代溴化锂机组供热。基于已实施节能改造的医院建筑采用的热源改造技术种类及实施改造后获得的节能效果，采用高效真空热水机组替代传统燃气蒸汽锅炉，单项措施节能率可达40%~60%；采用风冷热泵机组替代溴化锂机组供热，单项措施节能率在50%左右。

（二）常用空调热源设备介绍

超低氮真空热水锅炉是利用水在低压下低温沸腾产生蒸汽，通过汽水凝结换热方式将热量输出原理工作的，机组内部是密闭的真空腔，燃烧使热媒水在真空腔中沸腾汽化产生负压水蒸汽，蒸汽在换热器管外凝结，将管内冷水加热升温并通至用户，水蒸汽凝结后形成水滴流回热媒水重新被加热汽化，完成整个循环。最新一代的真空热水机组除具有负压运行，安全可靠，免常规锅炉年检，可放置楼顶、地下室，不结垢，使用寿命长等特点外，在机组能效、控制精度和NO_x排放（排放浓度可降至30mg/m³以下）等方面性能有了较大提高。

风冷热泵机组是由压缩机、换热器（空气侧换热）、节流器、换热器（水侧换热）

等装置构成的一个循环系统。制冷时，冷凝器采用风冷，省去了水冷冷水机组所需的冷却水系统；制热时采用热泵运行方式，从空气中吸取热量，且无使用锅炉造成的对环境的污染；机组安装、布置方便，可置于屋顶而无须专门设置机房。风冷热泵机组能源利用率较高，一次能源利用率可达90%，但机组容量相对较小，适用中小型建筑物。此外，风冷热泵机组为户外安装，占地空间小，施工便利，与传统的空调系统相比，无需冷冻机房和锅炉房，同时也省去了冷却塔、冷却水泵和管路，减少了初始投资，投资回收期更短。风冷热泵机组因其高能源利用率、占地空间小、安装便利、投资经济性好等优点，被广泛应用于医院、高端商场、高级办公楼等建筑。

三、空调输配系统节能改造技术

空调输配系统在整个空调系统中也是耗能大户。目前空调输配系统存在的不合理使用情况有：①水泵的容量、扬程配置偏大，致使系统处于大流量、小温差的工作状态。水系统流量过大导致水系统电耗增加；②供暖水泵定流量运行，输送系数（单位水流量的水泵能耗）高于现行标准规定。其所配电动机功率也大，使能耗增多，运行不经济；③空调水系统水力不平衡，温控阀失控，导致系统冷热不均、变流量系统运行失调、能耗增加。针对以上问题，常用的节能技术手段有输配设备变频、更换成高效节能产品等。

（一）更换高效节能设备

高效输配的核心在于根据输配系统实际运行功率，量身定制水泵的特性曲线，确保水泵的最高效率点与实际运行点重叠，使得输配设备的实际运行效率达到该输配设备效率曲线的最高值。根据输配设备轴功率计算公式，提高输配设备效率，即意味着在相同流量和扬程下，降低输配设备的轴功率，从而达到节能效果。

（二）设备变频运行

输配系统变频是指通过采用变频技术改变集中空调系统水泵和风机转速，调节管道流量，以取代阀门调节及旁通方式。空调冷水泵、热水泵都是根据最大流量设计选型的，同时还留有一定的余量。建筑实际运行工况，由于天气变化、客流量变化、使用情况变化等引起冷负荷、热负荷需求变化，存在“大马拉小车”的现象。风机、水泵等设备传统的调节方法是通过调节入口或出口的挡板、阀门开度来调节给风量和给水量。在没有使用变频调速的系统中，水泵全年在定频状态下全速运行，其输出功率大量地消耗在挡板、阀门的截流过程中，效率低下，造成电能的大量浪费。长时间处于低负荷运行的水泵和风机适合采用变频控制技术。设备轴功率P与频率f成正三次方关系，通过对空调系统水泵和冷却塔风机变频控制，合理降低水泵转速，可以大幅度减少水泵轴功率，减少能耗。

四、生活热水系统节能改造技术

目前医院常用的生活热水系统设备为燃气锅炉，在使用中存在以下主要问题：大部分锅炉容量配置偏大，锅炉长期处于低负荷运行，单台锅炉本体年平均运行效率低于80%；同时蒸汽（或热水）管道及附属设备（如分汽缸、蒸汽换热器、减压阀等）的设备保温措施较差，且输送管道距离远，存在较严重的热损现象，这些均会导致蒸汽锅炉系统效率降低，据相关项目现场检测，锅炉系统年平均使用效率低于50%。

（一）空气能热泵热水器替代燃气锅炉

医院生活热水系统改造常用的技术路线为采用空气能热泵热水器替代燃气锅炉。与传统燃气锅炉相比，空气能热泵热水器制取生活热水效率更高，热效率可达3.0以上。基于近年的电价与燃料价格，采用空气能热泵热水器制取生活热水比燃气锅炉节约运行费用50%或以上。当存在分时电价时，空气能热泵热水器可搭配水箱供应生活热水，充分利用谷电进行蓄热，可以发挥出更大节能优势。此外，空气源热泵热水器还具有运行安全、全自动控制、无须人员值守、运行费用低、投资回收快、无任何燃烧排放物、安装灵活等优点，被广泛应用到许多公共建筑中，特别适用于医院、酒店类建筑。

（二）空气能热泵热水器

空气能热泵热水器是指以环境空气为热源的热泵热水器。空气能热泵热水器是一种可以替代锅炉且不受资源限制的热水供应装置，采用环保的冷媒，吸取空气中的热量，通过压缩机做功，生产出50℃以上的生活热水。目前市面上大部分的空气能热泵热水器设计的正常工作温度在0~40℃，因此，当环境温度比较高时，空气能热泵热水器有较好的使用效果；而当冬季气温低于-10℃时，空气能热泵热水器则较难达到设计效果。

五、蒸汽系统节能改造

医院蒸汽主要用于供应室消毒、厨房蒸煮及洗衣房等。其主要使用特性是间歇性、非连续使用。医院主要由集中蒸汽锅炉提供蒸汽。集中蒸汽锅炉热效率低，长距离输送热量损失较大，且医院往往蒸汽用量不稳定，锅炉配置较大，锅炉频繁启动，整体热效率大大降低。

目前蒸汽系统节能改造的技术路线为采用高效蒸汽发生器替代集中蒸汽锅炉供应蒸汽。新型高效蒸汽发生器产生蒸汽速度快，从开机到正常供应蒸汽只需3分钟，是常规燃气蒸汽锅炉启动速度的10倍，节省了启动能耗。热效率高，热量不流失，适用于医院建筑间歇性用汽。基于已实施节能改造的医院采用的蒸汽系统改造技术种类及实施改造后获得的节能效果，采用高效蒸汽发生器替代集中蒸汽锅炉供应蒸汽，单项措施节能率可达20%~30%。

蒸汽发生器将热管技术、水冷预混燃烧技术及蒸汽发生的技术巧妙结合研制而成。它没有常规锅炉的锅、筒体和烟管等结构，整个炉体是由一根管子盘绕而成的。软化水高速通过盘管，燃烧火焰的热量直接加热盘管内高速流动的水，水流动过程中吸收热量快速变成蒸汽。蒸汽发生器采用水冷预混燃烧技术超低氮排放，燃烧效率高，平均排烟温度仅110℃，远低于常规蒸汽锅炉250℃的排烟温度，设计热效率达92%以上；设计的水容积小于30L，不属于锅炉安全监察范围，不用报批、不用年检，可不要设置专业持证司炉工与独立锅炉房，从而节省了用地面积及人力成本；机组全变频运行，采用变频控制，根据蒸汽使用情况变频调节燃烧与给水，智能控制，更具节能效果。

本章小结

医院通用设备设施的安全运行不仅影响着医院的正常运营，更关系到医患的生命安全。本章从医院通用设备设施特点及管理需求出发，主要介绍了医院各类通用设备设施的定义、分类和管理重点，对主要设备设施的运行管理提出要求，并对医院能源管理范畴、现状及节能改造技术进行了概述。随着医院建筑规模的不断增加，新设备、新技术的不断应用，医院后勤通用设备设施的管理需综合运用管理和技术手段，更好地为医疗活动提供保障。

（祁少海　虞　涛　马　进）

第七章 安全与应急管理

学习目标

1. 掌握 医院安全管理概念和管理体系架构，安全风险识别、防范重点及应急处置，公共卫生事件应急救援后勤保障体系，灾难事件紧急医学救援重点工作。

2. 熟悉 消防系统、安防系统构成及各系统功能点，消防、治安和危险化学品等日常安全管理要点，公共卫生事件的基本概念、特征和分类。

3. 了解 医院安全智能化管理技术及相关内容，公共卫生事件卫生应急救援组织体系。

随着社会发展与卫生改革的深化，医院安全与应急管理工作已经不仅局限于消防、治安等，已扩展至危险化学品管理、公共卫生事件应急救援、灾难事件紧急医学救援等领域。

面对新形势下医院安全管理风险要素的不断变化，迫切需要安全管理人员转变管理理念、创新管理模式，打造人防、物防、技防三位一体的平安医院安全防范管理体系。

第一节 消防安全管理

一、管理概述

医院作为人员密集场所，人流量大，如果发生火灾，人员疏散逃生困难，容易造成较严重的生命与财产损失。有效开展消防安全管理，可以预防和减少火灾事故、降低火灾危害。

医院消防管理应贯彻“预防为主、防消结合”的消防工作方针，落实“政府统一领导、部门依法监管、单位全面负责、公民积极参与”的消防工作原则，提高自防自救能力，保障消防安全。

（一）概念

火灾是指时间和空间上失去控制的燃烧所造成的灾害。消防管理的主要目的是预防和控制火灾的发生发展。

火灾燃烧的发生和发展必须具备三个条件，也称为燃烧三要素：可燃物、助燃物、点火源。凡是能与空气中的氧或氧化剂起燃烧反应的物质均称为可燃物，可燃物分为气体、液体、固体三类。与可燃物相结合能导致燃烧的物质称为助燃物，一般指氧气。点火源指能引起可燃物和助燃剂发生燃烧反应的能量来源，如电火花、化学反应热等。火灾三要素是燃烧的必要条件。

灭火的基本方法：在火灾防治中，如果能够阻断火灾三要素的任何一个要素就可以扑灭火灾。灭火的基本方法包括冷却灭火法、隔离灭火法、窒息灭火法、抑制灭火法等。

耐火等级：指建筑物在火灾高温持续作用下的综合参数，是衡量建筑物抵御火灾能力的综合指标，不同类别的高层建筑耐火等级不同。

防火间距：指两栋建（构）筑物之间保持适应火灾扑救、人员安全疏散和降低火灾时热辐射的必要间距，国家规范对各种建筑物、储藏设施之间的防火间距有明确的规定。

消防车道：供消防车灭火时通行的道路。如果发生火灾，可确保消防车畅通无阻，迅速到达火场，为及时扑灭火灾创造条件。

（二）医院消防安全风险识别分析

医院消防安全风险因素众多，情况相对于其他人员密集场所更为复杂，有效开展医院安全风险评估和分析有利于消防管理工作的开展。

1. 人员相对密集　医院具有人员密集、流动性大的特点，同时人员结构复杂。除医护人员外，大部分由来院就诊治疗的患者和陪护人员构成。当发生火灾时，人员的疏散逃生尤为重要，从医院患者角度来看，就诊患者由于疾病等原因，自救互救能力较差，又不熟悉医院的内部情况，逃生速度慢，容易导致人员拥挤、踩踏等伤亡事故的发生。

2. 各种设备设施火灾风险高　医院配电室、锅炉房、氧气站、各类设备机房等保障医院运行的重点设备设施，一般都处于24小时不停运转的状态。一旦日常管理不到位，设备发生故障或老化引起火灾事故，不仅会使设备损坏、运行瘫痪，而且在这类重点部位中火灾往往会引发爆炸事故，造成巨大的损失。

3. 电器设备多 医院由于日常工作的需要，诊疗、护理和日常办公必需的电器设备非常多。随着医院的发展，大型医疗设备和各类医疗电器都在不断增加，违规用电、超负荷用电、电器线路老化过载等因素，在日常的安全管理中也不容易被发现和及时消除，这也是电器火灾占所有火灾中比例最高的原因。

4. 危险化学品较多 医院在日常医疗服务和科研教学中，经常使用各类药品试剂。医院实验室、药房、病房中也都使用和存放各类危险化学品，如病房普遍使用的酒精、手术室使用的乙醚，大量的易燃易爆化学试剂不仅燃烧速度快，而且能够产生大量的烟气，甚至有爆炸的危险。这些危险化学品在保管、使用中任何一个环节发生问题都会造成严重的后果。

5. 环境复杂 医院一般高层建筑较多，发生火灾蔓延速度快，病案室和财务处存放有大量的单据票据，各类库房中也存有大量的易燃物品。更危险的是，这些可燃物存在环境内还同时使用电器设备，例如实验室的化学试剂经常同加热设备、酒精灯等同时使用，这也进一步加大了医院环境中的火灾风险程度。

6. 疏散逃生风险大 医院的门诊楼、病房楼一般多为高层建筑，逃生通道较为复杂，尤其对于不熟悉医院环境的就诊患者和陪护人员来说，发生火灾后逃生较为困难。而且发生火灾时在电梯无法运行的情况下，大多行动不便的患者疏散难度高，而危重患者、手术室患者甚至根本无法疏散。

7. 用火情况多 在配有餐饮设备设施的环境中，日常需要用火用气，另外在施工改造时也需要使用火源进行操作，这些环境中一旦发生违规操作和不安全行为，非常容易引发火灾。

（三）医院消防安全重点部位

根据《机关、团体、企业、事业单位消防安全管理规定》，住院床位在50张以上的医院为消防安全重点单位。消防重点单位需建立消防档案，明确消防重点部位，并开展有针对性的管理工作。对医院环境内易发生火灾的部位和风险评估分析，将下列区域列为消防安全重点部位：①容易发生火灾的部位，包括药品库房、实验室、供氧站、高压氧舱、胶片室、锅炉房、厨房、被装库、变配电室等；②发生火灾时危害较大的部位，包括住院部、门诊部、急诊部、手术部、贵重设备室、病案资料库等；③对消防安全有重大影响的部位，包括消防中控室、固定灭火系统的设备房、消防水泵房、发电机房等。

消防安全重点部位应设置明显的标志，标明“消防安全重点部位”及其消防安全责任人，落实相应管理规定，并根据实际需要配备相应的灭火器材、装备和个人防护器材，制定和完善事故应急处置操作程序，按照消防重点部位要求开展安全管理。

二、管理体系与职责

医院消防安全管理按照“党政同责、一岗双责、齐抓共管、失职追责”的原则，建立逐级消防安全责任制，明确各级、各岗位消防安全责任人的职责。根据医院自身情况设立消防安全管理部门，配备安全管理人员。

消防安全责任人：医院的法定代表人是医院的消防安全第一责任人，对单位的消防安全工作全面负责，掌握本单位消防情况，履行开展消防安全管理、实施消防工作计划、组织专题会议、提供经费保障、建立奖惩制度并开展考评等职责。

消防安全管理人：一般由单位分管消防安全或安全生产的领导担任，对医院消防安全责任人负责，组织实施日常具体的消防管理工作。

部门消防安全责任人：医院各科室负责人，科室根据需要设立科室内部安全员，落实属地化的安全管理责任。

医院与外包服务单位签订服务合同时，应签订消防安全责任书，依照有关规定明确各方的消防安全责任。

三、消防设施及功能

消防设施是指依照国家、行业或者地方消防技术标准的要求，在建筑物、构筑物中设置的用于火灾报警、灭火、人员疏散、防火分隔、灭火救援行动等防范和扑救建筑火灾的设备设施的总称。消防设施的主要作用是及时发现和扑救火灾，限制火灾蔓延的范围，为有效地扑救火灾和人员疏散创造有利条件，从而减少由于火灾造成的人员伤亡和财产损失。

根据《中华人民共和国消防法》和其他相关规范要求，消防设施每年至少进行一次全面检测，消防器材需要定期检验维修。单位应建立消防设施相应的巡查、维修、保养制度及记录，确保消防设施及器材保持在良好有效状态。

（一）火灾自动报警系统

火灾自动报警系统主要包括火灾探测报警系统、电气火灾监控系统。

火灾探测报警系统由火灾探测触发装置（感烟、感温、红外探测器等）、火灾报警装置（手动报警按钮、消防电话）、火灾警报装置（声光等）及具有其他辅助功能的装置组成。报警系统通过火灾探测器感应到报警信号，传输到火灾报警控制器，显示火灾发生的部位、时间等，使人们能够及时发现火灾并采取有效措施。

电气火灾监控系统属于先期预警报警系统，由电气火灾监控器、电气火灾监控探测器和火灾声音警报器组成，能在电气线路及线路中的配电设备或用电设备发生电气故障并产生一定电气火灾隐患的条件下发出报警信号，在真正发生火灾前，提醒专业人员排除电气火灾隐患，实现电气火灾的早期预防，避免电气火灾的发生。

（二）消防应急照明和疏散指示系统

医院老旧建筑中一般使用蓄电式的应急照明灯和安全出口指示标识。新的消防规范中要求，消防应急照明系统应将楼宇内所有的应急照明设施和疏散指示系统建立智能终端，同火灾自动报警系统联动工作，在发生火灾时辅助人员安全疏散。其主要功能是在火灾等紧急情况下，为人员的安全疏散和灭火救援行动提供必要的照度条件及正确的疏散指示信息。新建的医疗建筑物都设计有集中控制型消防应急灯具。

（三）防火门监控系统

防火门监控系统是用于监控建筑物内常开防火门与常闭防火门状态的智能监控系统，能够及时发现状态错误的防火门。消防管理人员可根据报警点位信息，及时整改防火门错误的状态，确保防火门在发生火灾时能够起到有效作用。

（四）消防设备电源监控系统

消防设备电源监控系统是用于监控火灾自动报警系统、消防广播、应急照明、消防电梯、防排烟风机、防火卷帘等消防设备电源是否良好有效的一套智能监控系统，可实施监测消防设备是否能够有效运行，消除安全隐患。

（五）防烟排烟系统

火灾发生后，烟气对于生命的危害最大。建筑中设置防烟排烟系统的作用是将火灾产生的有毒有害烟气及时排出，防止和延缓烟气的扩散，保证疏散通道内不受到烟气的侵害，确保建筑物内人员顺利疏散避难。同时将火灾现场烟和热量及时排出，减弱火势的蔓延，为扑救火灾创造有利条件。建筑火灾烟气控制分为防烟和排烟两个方面。防烟采取自然通风和机械加压送风的形式，排烟包括自然排烟和机械排烟两种形式。

建筑的防烟设施分为机械加压送风的防烟设施和可开启外窗的设施。建筑的排烟设施分为机械排烟设施和可开启外窗的自然排烟设施。建筑机械防烟、排烟设施由送排风管道、管井、排烟防火阀、排烟阀、排烟口、送排风机等组成。

（六）气体灭火系统

气体灭火系统是指灭火剂以液体、液化气体或者气体状态存储于压力容器内，触发灭火时以气体状态喷射灭火器介质的灭火系统。气体灭火系统主要用在不适合设置水灭火系统的环境中，如计算机机房、图书馆、档案馆、移动通信基站（房）、UPS室、设备间、配电室和柴油发电机房等。常见的气体灭火系统药剂包括七氟丙烷、二氧化碳、气溶胶、干粉等。

（七）室内消火栓系统

室内消火栓系统是建筑消防设施中重要的灭火工具，是目前建筑物中应用最广泛的一种消防设施，由水枪、水带、消火栓、消防管道和水源等组成。室内消火栓分布在建筑物的各层之中，布置在明显的、经常有人出入、使用方便的地方。

（八）自动喷水灭火系统

自动喷水灭火系统由洒水喷头、报警阀组、水流报警装置（水流指示器或压力开关），以及管道、供水设施组成。

（九）室外消火栓及水泵接合器

室外消火栓系统的任务是通过室外消火栓为消防车等消防设备提供消防用水，或通过进户管为室内消防给水设备提供消防用水。室外消火栓点位一般设置在建筑物周围，1个点位的室外消火栓保护半径不应大于150米。

消防水泵接合器是供消防车向消防给水管网输送消防用水的预留接口。既可用于补充建筑物内消防水量，也可用于提高消防给水管网水压。在发生火灾的情况下，当建筑物内的消防水泵发生故障或室内消防用水不足时，消防车从室外取水，通过水泵接合器将水送到室内消防给水管网，供灭火使用。

（十）移动式灭火器材

移动式灭火器材是相对固定式灭火设施而言的，即可以认为移动的各类灭火器具，如灭火器、灭火毯、消防水桶、火灾逃生面具等。一般根据灭火剂的不同可分为：干粉灭火器、二氧化碳灭火器、水基型灭火器、D类灭火器、泡沫灭火器等，干粉灭火器可扑灭一般火灾，还可扑灭油、气等燃烧引起的失火。二氧化碳灭火器可扑灭图书、档案、贵重设备、精密仪器、600V以下电气设备及油类的初起火灾。

按照《建筑灭火器配置设计规范》，医院每50平方米应至少配置2具5千克干粉灭火器。

（十一）智能化消防管理系统

近年来，随着信息技术与消防的深度融合，“智慧消防”应运而生。国内智慧消防利用信息化技术，基于物联网、大数据、地理信息技术、建筑信息模型（building information modeling，BIM）、射频识别（radio frequency identification，RFID）等技术对智慧消防建设不断进行探索研究，在很多医院开展了有效的应用，提高了消防安全管理水平。

1. BIM消防管理系统 绘制建筑物三维立体图形，搭建高度可视化的系统图形平台，快速定位消防设施及器材位置，查看管理消防设备信息，与视频监控系统或楼宇自控平台联动。

2. 火灾视频智能分析系统 利用视频监控系统，通过图像智能识别分析，实现发现起火点后自动报警的功能。

3. 远程物联网消防系统 远程物联网消防系统是地区消防救援机构与管辖区域重点单位火灾自动报警系统相连接的系统。能够对联网用户的建筑消防设施进行实时状态检测，实现对联网用户的火灾自动报警系统的火警、故障、反馈等信息的接收、查询和管理。有助于消防救援机构实时了解联网用户的建筑信息。

四、管理要求

医院应根据实际情况，建立日常消防安全管理规章制度，制定消防巡查、检查计划，组织开展医院内部各级培训演练，做好施工改造的安全监管，定期开展消防巡查、及时消除安全隐患。

做好建筑防火管理，确保医院建筑符合耐火等级要求，消防布局、防火间距、防火防烟分区、防火分隔符合要求，电气线路敷设、建筑装修材料燃烧性能等级应符合规范。

消防中控室必须实行24小时专人值班制度，每班不应少于2人，值班人员需持证上岗，熟悉医院各类消防应急处置流程，能够熟练操作火灾自动报警系统及相关联动设施。

（一）日常巡视检查

医院应根据制度要求开展日常巡查，并根据工作情况填写防火巡查、消防中控室值班记录、消防系统运行情况等各类记录档案。主要包括以下内容：①日常防火巡查：

住院部及门诊区在白天应至少两次，住院部及急诊部在夜间应至少两次，其他部位每日应至少一次，巡查中发现的问题应当场处理或及时上报；②国家法定节假日、重大活动期间应开展医院安全全面检查，消除隐患；③消防中控室：及时做好火警、故障记录；④消防设备维护、保养：建立日常消防设施维护保养制度，定期开展消防设备联动测试，及时进行维护保养，做好工作记录；⑤消防隐患台账及整改情况：在日常检查中发现的消防安全隐患建立台账，注明检查时间、地点、具体情况等，并将整改情况进行记录。

（二）消防隐患巡查检查重点

巡查检查重点内容包括：①用火、用电、用气情况；②确保疏散通道和安全出口畅通，检查消防设施是否被遮挡、消防设施设备是否完好有效；③电气线路、电器设备及UPS设备安全情况；④防火门是否处于正常状态，防火卷帘部位是否被占用；⑤医院重点部位和施工区域的安全情况等。

（三）消防重点部位管理

消防安全重点部位应设置明显的防火标识，根据重点部位情况设立消防安全制度及专项消防应急预案，严格管理。主要包括以下内容：①药品库房由于储存大量物资、危险化学品和毒麻药，应由专人进行管理，各类物品按相应要求存放，可燃物应及时清理，不能堵塞疏散通道、安全出口；②实验室要严格执行危险化学品管理制度，严格按照操作规程进行实验设备操作；③氧气站、高压氧舱应明确岗位职责，规范安全操作规程，远离明火或火花散发点；④锅炉房应做好定期检修，锅炉周围禁止堆积可燃物，电气线路敷设符合相关规定；⑤厨房应保持清洁，油烟管道定期清洗，工作人员进行加热、油炸时不得离开岗位，定期检查燃气燃油管道和管道接头，下班后切断电源，严格按规程操作；⑥配电室应定期检修变压器和配电盘，察看线缆接头等部位的接触或温度情况，做好防护措施；⑦电动车充电站应符合相关建设标准。严禁在楼内停放电动自行车和充电，应避免长时间对电动自行车进行充电，禁止私拉乱接电线、飞线充电，严禁使用不合格充电器和破损的充电器；⑧医院住院部、门诊部、急诊部、手术部、贵重设备室、病案资料库等区域应落实好日常防火巡查检查制度。

（四）消防安全培训

医院应按照院级、科室、应急人员、新员工、外包服务人员等开展分级培训，灭火和应急演练至少每半年组织一次，科室培训至少每年组织一次，培训率应达到100%。

培训内容应包括单位整体情况、医院火灾风险、消防安全相关制度、应急预案内容及分工。

（五）微型消防站

微型消防站是原公安部消防局（现应急管理部消防救援局）于2015年发文要求消防重点单位组织建立，以救早、灭小和“3分钟到场”扑救初起火灾为目标的组织单元。医院应设立微型消防站，按照不少于6人的编制配备人员，建立值守制度确保人员24小时在岗在位。接到火情信息后，按照“3分钟到场”要求赶赴现场处置。微型消防站应纳入属地消防救援调动指挥体系，接受消防救援部门的调派指令，参与周边区域灭火处置工作。

微型消防站设置值守用房，配备一定数量的灭火器、水枪、水带、破拆工具等器材，配置外线电话、手持对讲机等通信器材，配备个人防护装备，根据需要配备消防车辆及车辆驾驶人员。定期开展日常业务训练，训练内容包括体能训练、灭火器材和个人防护器材的使用等。

五、消防应急预案

为最大程度地减轻火灾事件造成的人员伤亡、损失和社会影响，加强医院的消防事故应急处置能力，应制定医院总体火灾应急预案。

火灾应急预案是医院重要专项预案之一，应制定培训演练计划，并定期更新完善。各科室在医院总体火灾预案的基础上，建立对接的《各科室火灾应急标准操作程序SOP（火灾子预案）》，并且对科室员工全员培训，达到全体工作人员均能熟悉火灾应急流程的程度。

（一）火灾应急预案内容

火灾应急预案中应涵盖应急组织及指挥协调机制；明确火灾现场通信联络、灭火、疏散、救护、信息沟通等职能小组的负责人、组成人员及各自职责；应急物资准备和存放地点；火灾应急处置各项流程措施等。

（二）火警处置程序

1. 报警 按照消防安全重点单位1、3分钟应急处置流程（1分钟内附近人员、3分钟内微型消防站人员到场），到场确认火情。确认火情后，向消防机构和医院值班人员报火警，报警人员在报警时应说清着火地点、部位、燃烧物品、火灾状况等。以北京市应急管理局下发的1、3分钟应急处置流程为例，见图7-1。

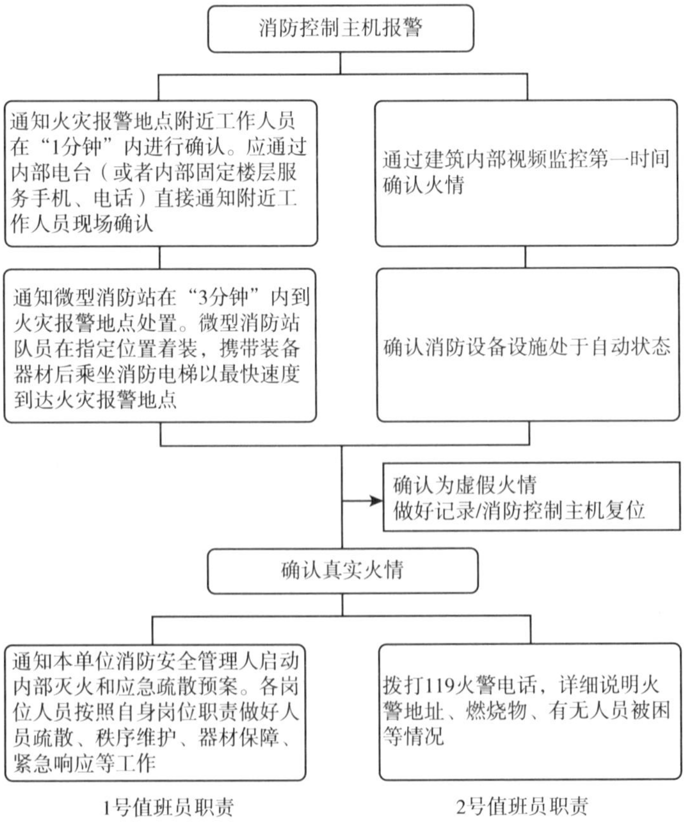

图7-1　消防安全重点单位应急处置流程图

2. 处置　医院启动灭火和应急疏散预案，组织人员采取措施扑救火情。消防中控室按要求启动消防联动设施。在消防救援人员到达之前，应急组织人员指挥各职能小组开展灭火和应急疏散等工作，消防救援人员到场后，医院应急组织人员汇报现场情况，协助做好警戒、疏散、灭火、配合、救护等工作。

3. 疏散　应急预案中应设计有院内各楼宇疏散方案，方案中标明各楼层疏散路线及院内应急疏散地点。

当火情较大需要疏散时，可启动消防系统的应急广播稳定人员情绪，防止惊慌拥挤。由疏散小组组织患者和现场人员疏散、转移，对于能够自主行动的患者，应引导其按确定的路线疏散；对于不能自主行动或者由于病情严重不能移动的患者，由医务人员和救护组人员按方案疏散、转移。在疏散、转移过程中采取必要的防护、救护措施。

（三）应急救治及物资储备

火灾发生后，根据灾情严重程度，由医务人员组建火灾检伤分类小组，按照伤情提供必要的医疗救治。做好应急救治医疗物资和应急物资的储备，定期检查。

（四）火灾应急预案的培训和演练

应急预案的培训和演练作为医院重要工作纳入医院安全工作规划中，制定应急演练工作计划并确保按计划定期开展培训演练活动。

各科室应按照科室火灾子预案定期开展培训演练，熟悉职责分工以及与医院总体预案对接内容，通过组织开展培训和演练活动，不断增强应急预案的有效性和操作性，不断完善预案的效果。

课堂讨论

某医院综合楼地下室设置机房和急诊区域，1层设有食堂及日常诊疗功能区（收费、药房等），2~4层为门诊区域，5~8层为病房区域。请列举楼宇内消防重点部位，并讨论下列消防系统在各重点区域的适用性和优缺点：①火灾探测报警系统；②电气火灾监控系统；③消防应急照明和疏散指示系统；④防火门监控系统；⑤消防设备电源监控系统；⑥气体灭火系统。

第二节　治安安全管理

一、治安工作特点

医院治安管理是构建社会治安防控体系的基本层面之一。医疗机构须坚持和完善治安安全管理相关制度，教育内部人员共同遵守制度，以制度规范行为，将办事规程制度化、标准化，通过治安管理确保医院秩序安宁，维护社会稳定。

医院由于自身特点，造成了复杂的综合治安问题，为医院的治安管理工作提出了更高的要求，医院治安安全管理应涵盖医院治安安全责任、治安管理行为、治安隐患排查和安全预防控制体系四个主要方面，涉及医院环境内秩序安宁因素的人、地、物、事。

（一）复杂性

医院人员结构复杂、流动频繁，服务对象具有不可选择性，盗窃、诈骗、医托、号贩子等影响医院正常医疗秩序以及损害患者利益的问题时有发生。

（二）开放性

医院是面向社会的开放式机构，通常医院内各种通道出口数量多、人流量大，人员密集。医院人员流动性大，急诊等区域需要全天24小时，全年365天不间断地开放服务。

（三）纠纷多

医疗纠纷发生后，不少患者选择通过法律手段解决，也有患者选择与医院协商解决，双方不能达成一致意见时，极易发生治安事件。

二、安全防范系统建设

（一）人防系统建设

1. **保卫队伍建设**　一定规模以上医院，应设立专职保卫机构，根据医院实际情况，配备专职安保人员和聘用足够的保安员，确保安全防范力量满足工作需要。保安员数量应当遵循“就高不就低”原则，按照不低于在岗医务人员总数的3%或20张病床1名保安或日均门诊量的3‰的标准配备。

2. **安保人员培训**　医院要加强安保人员和保安员的培训、管理，每年至少开展2次专门培训和考核，切实提高安保人员的业务素质和工作水平。

3. **守护巡查管理**　医疗机构应当建立门卫、巡查制度，重点要害部位24小时专人值守，加强治安防范动态管理，组织巡查，发现可疑人员、可疑物品要进行先期处置，对违法犯罪行为要及时制止，并立即报警，做好现场保护措施，配合公安机关开展相关工作。

4. **安全宣传教育**　开展全方位、多形式的宣传教育工作，针对不同岗位，开展有针对性的安全防范教育，提高医务人员安全防范意识和技能。

（二）物防系统建设

1. **防护器材装备**　医院应当配备必要的通信设备和钢叉、抓捕器、防刺背心、防爆围栏等治安防护器械。根据情况，在诊疗区配备安检设备，加大对携带管制刀具等危险物品进入医疗机构的查缴力度。

2. **安全防护设施**　医院的供水、供电、供气、供热、供氧中心，计算机数据中心、安全监控中心、财务室、药品和易燃易爆物品存放点等区域，应当按照相关标准安装防护门等安全防护设施。

3. **安全保险装备**　按照有关规定，严格落实“毒、麻、精、放”药品（即麻醉药品、精神药品、毒性药品、放射性药品等特殊管理的药品）、易燃易爆物品和财务安全管理制度，存放符合安全防范标准的专用库房和保险柜实行双人双锁管理。

（三）技防系统建设

1. 完善四个系统建设 医院要以技术为支撑，按照行业规范，建设入侵报警系统、视频监控系统、出入口控制系统和电子巡查系统，实现四个系统的互联互通，实现安防智能化。

2. 设置安全监控中心 医院须设置安全监控中心，对技防系统集中统一管理。安全监控中心要实行双人24小时值班制，要配备通讯设备和不间断电源，保证断电后入侵报警系统工作时间不少于8小时，视频监控系统工作时间不少于1小时。视频监控图像保存不少于90天，系统故障要在24小时内消除。

3. 加强重点部位监控 医院的供电、供气中心、计算机数据中心、安全监控中心、易燃易爆物品库房等重点要害部位，各出入口和主要通道均要安装视频监控装置。门卫值班室和投诉调解室要安装视频监控装置，此外，投诉调解室还应安装拾音器用来记录声音信息。

4. 一键式报警装置 传统的一键式报警装置一般设置在护士站、分诊台等区域，北京市实施《北京市医院安全秩序管理规定》中要求，医院应在急诊室、诊疗科室、医生办公室、护士站、安检口等重点部位配备一键报警装置，与安全监控中心和警务工作室联网，并且接入属地公安派出所，确保发生突发事件时安保人员能及时到场处置。

（四）医患纠纷协调处置机制建设

1. 投诉管理工作 医院应设立医患关系办公室等专职部门，建立畅通、便捷的投诉渠道，在第一时间受理患者投诉，疏导理顺患者情绪，从源头上妥善化解医患矛盾。

2. 定期梳理医患纠纷 医院定期对医患纠纷进行摸排，建立台账，及时研判。对有可能引发治安事件的人员，主动介入沟通，充分发挥医疗纠纷人民调解的作用，及时化解纠纷或矛盾。

3. 建立涉医事件防范联动机制 医院各职能部门要建立涉医事件联动机制，对矛盾隐患及时会商研判，制定有针对性的防范措施，进行预警和处置，严防治安事件发生。

三、治安管理风险应对

（一）现行违法犯罪

1. 制止犯罪 根据实际情况，对正在进行的违法犯罪行为可以采取多种措施进行制止，例如迅速封锁通道、关闭大门、切断电源等，必要时使用抓捕器、钢叉、盾牌等治安器材，果断制服、抓获犯罪嫌疑人。

2. 及时报警 受法律规定职责权限和武器配备等方面限制，安保人员应对现行违法犯罪的能力有限，遇到违法犯罪行为时，在先期处置的同时及时报警。

3. 保护现场 安保人员应保护违法犯罪现场，及时向公安机关提供线索。

（二）群体性治安事件

1. 查明情况，及时上报 要迅速查明事件原因、涉及人员规模、组织策划人员，及时报告医院和公安机关。

2. 维护秩序，正确引导 设置警戒线，控制事件范围，维护现场秩序。引导通过合法途径反映问题、解决问题。

3. 提前布防，控制事态 对支持、附和人员，劝阻其停止不当行为，退出事件；对核心人员明确要求停止其违法行为，限时离开现场。在警方未到达现场前，安保人员应制止违法犯罪行为。

（三）冲闯类事件

医院内部常见的冲闯类事件主要有无证件冲闯，不配合或拒绝接受安检，不服从疫情防控工作要求等。对于此类事件不要激化矛盾，应妥善处置。处置主要包括：①对此类人员陈述利害关系，告知其遵规守法、配合工作；②对于拒不配合，甚至有违法犯罪嫌疑的人员，及时呼叫其他工作人员到场协助处置，必要时报告公安机关。

（四）醉酒、吸毒和精神疾病类患者事件

醉酒人员、吸毒人员和精神疾病患者症状发作时，神志不清、暴躁易怒、辨别能力下降，行为难以控制而滋生矛盾冲突较多。安保人员应要早发现、早识别，及时制止不当行为，并开展必要的束缚、救助工作，果断处置违法犯罪行为。

（五）一般扰序事件

医院常见的一般扰序事件主要为诉求无法满足发生言语冲突，甚至扬言威胁恐吓、直至有推搡行为。遇有此类情况发生时，就近执勤安保人员迅速赶赴事发地点，劝解、引导当事人到相关部门协调解决，全程执法记录仪录像取证。劝解、引导无效，有事态升级趋势的，立即报警。在警方未到达现场前，组织安保人员赶赴现场，全力保护医务人员和医院财产安全，控制违法嫌疑人。公安人员到场后配合公安机关工作。

四、医院安全秩序防范要点

（一）治安秩序日常管理

医院建立制度、方案和巡查检查机制，落实属地化管理责任制和24小时巡查机制，

巡查内部重要部位和易发生案件事故的场所，发现安全隐患及时处理或上报。

（二）保安队伍管理

1. 工作职责 保安队按照保安公司与医院签订的合同内容，履行合同要求，完成医院安排的工作内容。做好保安队伍管理工作，努力提高业务素质，按照规章制度对保安队员进行招聘、培训、教育、考核和奖惩。

保安队员履行岗位职责，完成日常巡逻、门卫和守护任务。保障所管辖责任区内的安全，做好防火、防盗、防破坏工作，维护责任区的治安秩序。对责任区内发生的刑事治安案件，要保护好现场，及时上报上级主管部门和公安机关处理，并积极予以协助。

2. 管理制度 保安队必须建立24小时值班制度。值班队长、值班人员必须坚守岗位，履行职责。在岗期间接报的各类事件应如实记录在值班记录本上，并安排开展巡逻、处置工作。应建立健全请示报告、岗位巡查、交接班登记、保安队员培训、考核等制度，并制定公开、公正的奖惩机制。

（三）矛盾纠纷隐患排查

1. 排查矛盾风险 医院应定期开展安全风险排查，尤其是重点时段、重点人群、重点区域，及时梳理安全防范的薄弱环节，建立台账，定期会商，查找短板漏洞，剖析问题原因，形成风险和问题清单，动态调整，逐一化解。

2. 化解矛盾和医疗纠纷 建立医疗纠纷多元化解渠道，加强医患沟通，规范投诉处理流程，力争把医疗纠纷化解在萌芽状态和初始状态，对于医院内调解无法解决的，积极引导至当地医疗纠纷人民调解委员会等人民调解组织解决。对经过以上途径无法解决的，通过人民法院进行诉讼解决。对于易引发矛盾激化，甚至引起治安案件、刑事案件的纠纷，应及时向公安机关和卫生行政部门上报，有效开展沟通、教育和稳定工作，有效化解矛盾。

3. 疏导管控重点人员 对于久治不愈、偏执，与医院或医务人员长时间、深层次、反复纠缠的重点人员，应及时上报，推动患者属地社会治安综合治理部门、公安机关、社区等单位，开展帮扶救助、心理疏导、法律援助，落实管控措施，严防发生个人极端行为。对于潜在暴力倾向的严重精神障碍患者，及时上报，相关部门做好管控。一旦在医院及周边滋事、扰乱秩序的，报属地公安机关迅速处置，严防发生恶性案件。

对威胁他人人身、财产或者公共安全，扰乱医院安全秩序的醉酒、吸毒、精神障碍患者等高风险就诊人员，公安机关或者医院可以依法对其实施保护性约束措施或者保护性医疗措施。同时，医院应对相关医务人员进行风险提示，安排医院安保人员陪诊，直至高风险就诊人员离开医院；必要时可以安排相关医务人员回避诊疗，并报告公安机关，由公安机关进行预防处置。

（四）医警联动模式

医院内设立警务工作室由属地派出所安排民警驻守。医院应加强安保力量，强化与属地公安部门的协同配合，共同加强警务工作室的建设，不断建立完善医警联动机制，保障医院安全稳定运行。

1. 明确工作职责

（1）警务工作室负责先期接待、受理和处置医院内群众的报案及医院内部110警情，依法处置发生在医院内部的各类轻微违法犯罪及扰序事件等。

（2）初步审查现场抓获或者群众扭送的违法犯罪嫌疑人，保护好现场，及时收集相关证据。

（3）全力防范、妥善处置医院内发生的危害公共安全或者公民人身及财产安全的个人极端行为。遇有危害公共安全或公民个人人身及财产安全的突发事件时，迅速出警，果断处置，并立即向上级公安机关报告。

（4）负责对医院内发生的治安纠纷问题依法进行调解。对于由医患矛盾引发的治安问题，要积极配合院方及时处理；对于无理取闹故意采用极端方式制造事端、扰乱正常医疗办公秩序的，坚决依法果断处置。

（5）督促指导和组织医院安保部门、辅警力量维护医院急诊、门诊、病房等公共区域的医疗办公秩序，会同有关部门对发生的治安问题进行有效打击、整治。

（6）根据工作实际情况，建立不安定事端登记表、受理案件登记表、治安纠纷登记表、接待群众登记表、民警工作日志等工作台账，认真登记，建立治安管理档案，定期进行统计和分析，找出发案规律，制定工作方案和预案，采取相应措施和方法，有效遏制发案率。定期开展安全大检查，督促整改各类安全隐患。

（7）督促、指导、完善医院内部物防和技防设施建设，保证各项设备正常运转。定期对医院的安保人员进行业务培训，提高治安保卫工作能力；在医院高发案区域和时段加强巡逻防范，利用物防和技防手段，加强治安秩序的维护，从而有效预防各类案件的发生。

（8）对于公安机关职责范围内的群众求助，民警应及时帮助解决，确实不属于职责范围内的，应向群众说明情况或联系有关部门处理。

（9）接到报警后，警务工作室民警立即出现场，根据警情妥善处置。安保人员配合民警处置医院内发生的事件和案件。

2. 医警联动机制　在处置治安秩序和纠纷事件时，应建立相应的工作处置措施，可按照事件风险等级采取预警分级（图7-2），不同级别采取不同应对措施。

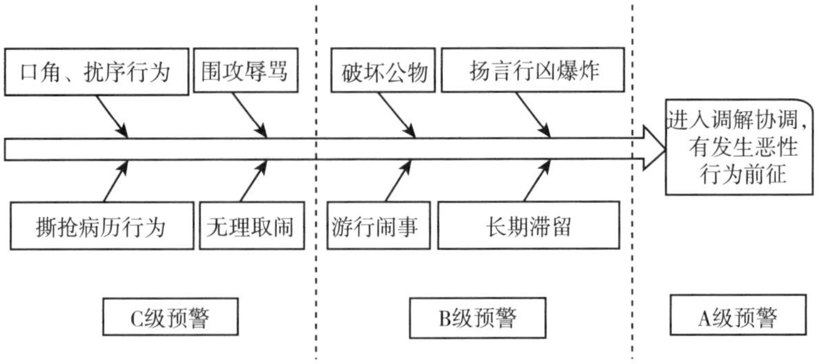

图7-2　治安秩序纠纷事件分级处置流程图

总体上，应本着提前沟通、统一部署、协同作战的原则，将各类治安事件控制在发展初期。

（1）当发生低级预警时，现场安保人员及时采取有效措施进行处置控制，如发生事件涉及医院其他相关部门时，应提前建立相关院内联动机制。

（2）当发生中高级预警时，医院保卫部门通知警务工作室民警，及时启动警务工作室相应预案进行处置，对于拒不听从劝阻的，医警联合坚决依法处置。

（3）当发生治安案件、刑事案件时，立即与警务工作室民警沟通，配合公安机关开展侦查工作，及时打击违法犯罪行为，准确定位并有效围捕犯罪嫌疑人。

（4）对于长期扰序人员，医院保卫部门可以协同警务工作室共同建立黑名单库，利用人脸识别、技防系统、公安机关身份核查等多种手段联防联控，杜绝此类人员再次扰乱医院治安秩序。

五、制定突发治安事件应急预案

定期组织相关人员熟悉预案流程，进行应急演练，强化应急能力。

（一）一键报警流程及应急预案

一键式报警装置作为医院内有效快捷的报警手段，当医务人员遇到突发事件时，能够第一时间通过一键报警系统将报警信息及时传递到中控室、警务工作室。接到一键报警信号时，相关人员应确定准确的事发位置，第一时间到达现场，视情况启动相应应急处置流程，为医务人员提供安全保障。

（二）其他应急处置流程

针对医院常见治安秩序事件类型，应结合实际情况，建立并不断完善工作流程和应急预案，当应急情况发生时，各有关部门按处置方案有条不紊地处理和控制事态发展，尽量把事态影响控制在最小范围内，最大限度地减少人员伤亡和财产损失。定期对应急流程组织演练，持续优化改进。

知识拓展

为了加强北京市医院安全管理，维护医院安全秩序，惩治涉医违法犯罪行为，保护医务人员安全和社会公众利益，经北京市第十五届人大常委会第二十二次会议表决通过，《北京市医院安全秩序管理规定》自2020年7月1日起正式实施。

为进一步提升医院安检工作质量，北京市卫生健康委员会与北京市公安局共同制定并于2021年4月15日发布了《北京市医院禁止、限制携带物品目录》，明确禁止携带管制器具、危险物质等五类物品，限制携带菜刀、棍棒等六类物品进入医院。http://www.beijing.gov.cn/zhengce/zcjd/202104/t20210416_2360010.html

第三节　危险化学品管理

一、概述

危险化学品具有易燃、易爆、腐蚀、有毒、有害等特性，近年来危险化学品事故频发，造成了巨大的损失和危害。医院在临床及科研工作中危险化学品使用量较大，危险化学品的安全管理尤显重要。危险化学品在医院内管理使用部门较多，涉及采购、存储、使用、废弃物处置环节众多，因此，建立危险化学品管理体系，规范管理、消除隐患，确保安全。

（一）危险化学品相关定义

1. 危险化学品　危险化学品是指物质本身具有某种危险特性，当受到摩擦、撞击、震动、接触热源或火源、日光暴晒、遇水受潮、遇性能相抵触物品等外界条件的作用，会导致燃烧、爆炸、中毒、灼伤及污染环境等事故发生的化学品。在不同的法规、标准中对危险化学品定义略有差异。

《危险化学品目录（2015版）》和《危险化学品重大危险源辨识》将危险化学品定义为：具有毒害、腐蚀、爆炸、燃烧、助燃等性质，对人体、设施、环境具有危害的剧毒化学品和其他化学品。

《危险化学品安全管理条例》将危险化学品定义为：是指具有易燃、易爆、有毒、有害等特性，会对人员、设施、环境造成伤害或损害的化学品。

2. 剧毒化学品 剧毒化学品是指具有剧烈急性毒性危害的化学品。

3. 易制毒化学品 易制毒化学品是指国家规定管制的可用于制造毒品的前体、原料和化学助剂等物质。

4. 易制爆危险化学品 易制爆是指化学品可以作为原料或辅料而制成爆炸品的性质。

（二）危险化学品的危险特性

危险化学品的危险特性归纳起来主要有燃烧性、爆炸性、毒害性、腐蚀性、放射性，在其生产经营、储存、运输、使用及废弃物处置的过程中，如果管理、操作、防护不当，当受到外界条件作用时，可能导致危险化学品泄漏、火灾爆炸等事故，造成人员死伤、健康受损、财产损失、环境污染、生态破坏等严重后果。

（三）危险化学品的分类

《危险化学品名录》是由国务院安全生产监督管理部门会同相关主管部门，根据化学品危险特性的鉴别和分类标准确定、公布的名录，是开展危险化学品管理的重要依据，最新修订的《危险化学品目录（2015版）》中收录了2828项危险化学品。

1.《危险化学品目录（2015版）》按照危险化学品物理危害、健康危害和环境危害的特性，分为3大类28项。

（1）物理危险：爆炸物，易燃气体，气溶胶，氧化性气体，加压气体，易燃液体，易燃固体，自反应物质和混合物，自燃液体，自燃固体，自热物质和混合物，遇水放出易燃气体的物质和混合物，氧化性液体，氧化性固体，有机过氧化物，金属腐蚀物。

（2）健康危害：急性毒性，皮肤腐蚀/刺激，严重眼损伤/眼刺激，呼吸道或皮肤致敏，生殖细胞致突变性，生殖毒性，特异性靶器官毒性（一次接触），特异性靶器官毒性（反复接触），吸入危害。

（3）环境危害：危害水生环境，危害臭氧层。

2. 按照国家技术监督局发布的《常用危险化学品的分类及标志》，危险化学品按照危险性一般可分为8类，这种分类方式在医院危险化学品管理中具有较高的适用性。

（1）爆炸品。

（2）压缩气体和液化气体。

（3）易燃液体。

（4）易燃固体、自燃物品和遇湿易燃物品。

（5）氧化剂和有机过氧化物。

（6）毒害品和感染性物品。

（7）放射性物品。

（8）腐蚀品。

（四）危险化学品的分布

医院在日常临床、科研和教学工作中广泛使用危险化学品，如乙醇等易燃化学试剂，多用于医疗消毒和标本染色，主要分布在门诊处置室、手术室、病房、检验科和病理科等区域。科研和教学工作中常使用易燃易爆、有毒害及腐蚀性危险化学品，如过氧化氢、二甲苯、硫酸、盐酸等化学试剂，主要分布于实验室。

（五）化学品安全技术说明书和化学品安全标签

“一书一签”：是指化学品安全技术说明书和化学品安全标签。《危险化学品安全管理条例》中要求，危险化学品生产企业应当提供与其生产的危险化学品相符的化学品安全技术说明书，并在危险化学品包装（包括外包装件）上粘贴或者拴挂与包装内危险化学品相符的化学品安全标签。

二、安全管理要素

危险化学品管理主要包括管理组织架构、采购与发放、储存和使用、危险化学废弃物处理等环节。

（一）管理组织架构

医院应建立危险化学品管理体系，统筹开展危险化学品采购、存储、使用和废弃物处理等各个环节的安全管理，各使用部门制定危险化学品管理制度、各类突发事件应急预案，负责相应危险化学品的申报、领取、储存、发放、废弃物处理等危险化学品的日常安全管理工作，最终形成科学的危险化学品安全管理体系。

（二）采购和发放

危险化学品采购和发放部门必须对危险化学品的用量进行严格管控，制定采购和发放流程，严禁科室或个人私自购买、接收或转让危险化学品，加强源头管理。

（三）储存和使用

医院使用危险化学品应建设危险化学品储存场所，包括专用仓库、专用储存室、气瓶间和专柜。危险化学品储存场所不应设置在地下或半地下建筑物或构筑物内。危险化学品储存场所内不应设置员工宿舍和休息室。危险化学品储存场所应由专人负责管理。储存场所内应张贴安全责任人、应急电话、急救室电话等信息。根据危险化学品性质的不同，必须分类存放于隔离、通风、耐腐、防爆等区域。

当危险化学品由原包装物转移或分装到其他包装物内时，转移或分装后的包装物应及时重新粘贴安全标签；危险化学品安全标签脱落后应确认后及时补上，如果不能确认，则按废弃危险化学品处置。

危险化学品存储使用的环境应注意可燃物堆积和电器设备使用，在实验室中需要将日常工作区和实验区分开，大功率加热设备和长时间使用电器设备操作时不能离人。此外，应在危险化学品存放使用环境配备防爆柜、防腐柜、灭火器材（灭火器、灭火毯、火灾逃生面具）等设施，定期进行消防设施设备检测、检查，做好防火工作。

（四）废弃物处理

实验室产生的危险化学废弃物包括废弃的危险化学品及使用危险化学品过程中产生的废液、固体废弃物等，不能随意倾倒或丢弃，应交由具备专业处理资质的公司进行统一回收和处理。

（五）人员培训

危险化学品的管理人员和从业人员必须掌握专业的危险化学品常识，学习相关法律法规、规章制度、安全规范操作流程、实验室防护措施、应急处置措施等。危险化学品从业人员需持证上岗。

（六）安全巡查及隐患排查

建立常态化的安全巡查及隐患排查机制。按照属地化安全管理原则，危险化学品使用部门设立安全管理员，安全管理员必须按照规定查验危险化学品的使用和储存的安全状态，并做好记录。医院的相关部门在日常安全检查中，从危险化学品使用人员培训、管理制度、危险化学品储存和使用、环境设施和应急演练等方面展开巡查及隐患排查。

三、事故处置与应急预案

（一）事故类型

医院使用和暂存的各种化学试剂包括易燃、有毒、有腐蚀性或易爆炸的化学试剂。实验过程中可能发生的事故包括：

1. 危险化学品（或废物）的实验室污染事件 危险化学品（或废物）溢出、遗撒在实验室内；工作人员受到实验室内危险化学品（或废物）侵害；危险化学品（或废物）被泄漏出实验室事件；由于停电、火灾等不可预测因素所引起的实验室其他污染事件。

2. 火灾　火灾导致有毒烟气产生或泄漏。火灾蔓延会导致其他区域材料起火，甚至引发爆炸；火灾蔓延至实验区域外；使用水或化学灭火剂可能产生被污染的水流。

3. 爆炸　存在发生爆炸的危险，并可能因产生爆炸碎片或冲击波导致安全风险；存在发生爆炸的危险，并可能引燃院区内其他危险废物；存在发生爆炸的危险，并可能导致有毒材料泄漏。

4. 中毒　科室（实验室）工作人员通过接触、吸入、食用等途径接触危险化学品（或废物）引起中毒反应。

（二）应急处置及救援

1. 应急处置　危险化学品事故发生后现场人员首先进行个人防护，然后按照不同级别事故分别采取相应的现场处置措施，并报告应急救援值班人员。

（1）化学品泄漏：易燃、有毒气体泄漏：现场人员首先切断电源，佩戴个人防护用具，然后迅速开门窗通风，并按照危险程度通知邻近实验室或整座建筑人员撤离至上风区，可以在保证自身安全的情况下对泄漏源进行控制处理。

处理泄漏物时，如果是少量泄漏用不可燃的吸收物质包容和收集泄漏物（如沙子、泥土），并放在容器中等待处理；如果是大量泄漏可采用围堤堵截、覆盖、收容等方法，等待专业的应急队伍处理。

泄漏处理应注意进入现场人员必须配备必要的个人防护器具，严禁携带火种进入现场，应急处理时不要单独行动。

（2）化学品火灾：当发生化学品火灾时，应迅速移走一切可燃物，切断电源，关闭通风器，防止火势蔓延。如果是酒精等有机溶剂泼洒在桌面上着火燃烧，用湿抹布、砂子盖灭，或用灭火器扑灭。如果衣服着火，立即用湿布蒙盖，使之与空气隔绝而熄灭。衣服的燃烧面积较大，可躺在地上打滚，使火焰不致向上烧着头部，同时也可使火熄灭。

毒害品和腐蚀品的火灾，使用低压水流或雾状水，避免腐蚀品、毒害品溅出；酸类或碱类腐蚀品最好调制相应的中和剂稀释中和。

易燃固体、自燃物品可用水和干粉灭火器扑救。氧化剂和有机过氧化物的灭火比较复杂，由各实验室负责人针对本实验室具体物质制订相应的扑救预案。

（3）化学品爆炸：混合性爆炸发生后，现场和周边实验室人员应开门窗通风，切断电源，熄灭所有点火源，避免发生二次爆炸，尽快通知消防部门进行扑救。

（4）化学品中毒：发生急性中毒应立即采取急救措施，提供中毒的原因、毒物名称等。急救处理时将吸入中毒者迅速脱离中毒现场，向上风向转移至新鲜空气处，松开患者衣领和裤带。口服中毒者，应立即用催吐的方法使毒物吐出。有毒物质落在皮肤上时，要立即用棉花或纱布擦掉，除白磷烧伤外，其余的均可以用大量水冲洗。如果皮肤已有破伤或毒物落入眼睛内，经水冲洗后，应及时采取治疗措施。

2. 救援 当发生危险化学品事故时，应组织人员紧急疏散和撤离。如出现人员伤亡，应组织受伤人员现场救护及医院救治。根据医院医疗行为的便利性，第一时间将伤亡人员抬至安全区域，并启动紧急救治预案。如患者情况危急，应在医护人员引导下，送至相应抢救区域进行紧急救治。

（三）应急响应分级

具体的应急响应分级取决于所处理危险物品的类型，发生火灾、爆炸或泄漏等事故的可能性，事故对人体健康和安全的即时影响，事故对外界环境的潜在危害等一系列因素。

事故的实际级别与响应级别密切相关，但可能有所不同。按照《国家突发环境事件应急预案》分为特别重大环境事件（Ⅰ级）、重大环境事件（Ⅱ级）、较大环境事件（Ⅲ级）和一般环境事件（Ⅳ级）。

（四）应急演练

医院应定期组织涉及危险化学品运输、使用、管理的人员进行相关知识、技能的培训。定期组织关于危险化学品事故处置的应急演练，提高危险化学品事故的应急能力，通过演练逐步完善应急预案。

案例讨论

【案例】某医院实验室日常存放镁粉十余桶、实验药剂若干（磷酸、氢氧化钠、酒精等）、日常箱物若干，实验室内设置有搅拌机、水浴锅、实验台、酒精灯等设备。某日，实验员在使用搅拌机对镁粉和磷酸搅拌、反应过程中，料斗内产生的氢气被搅拌机转轴处金属摩擦、碰撞产生的火花点燃爆炸。

【讨论】讨论后回答以下问题：

1. 全面分析实验事故过程中存在的安全隐患和违规操作？

2. 该实验室日常安全管理中应配备哪些安全设施，并讨论发生事故后应采取的应急措施。

第四节　公共卫生事件应急救援

一、概念

公共卫生事件一般指突然发生、造成或者可能造成社会公众健康严重损害的重大传染病疫情、群体性不明原因疾病、重大食物和职业中毒及其他严重影响公众健康的事件。

重大传染病疫情是指某种传染病在短时间内发生、波及范围广泛，出现大量的患者或死亡病例，其发病率远远超过常年的发病率水平的情况。

群体性不明原因疾病是指在短时间内，某个相对集中的区域内同时或者相继出现具有共同临床表现的患者，且病例不断增加，范围不断扩大，又暂时不能明确诊断的疾病。

重大食物和职业中毒是指由于食品污染和职业危害的原因而造成的人数众多或者伤亡较重的中毒事件。

其他严重影响公众健康的事件包括动物疫情、化学中毒、饮用水污染、环境污染、核与辐射，以及因自然灾害、事故灾难等引发公共卫生危害的其他突发事件。

突发公共卫生事件通常具有以下特征：①突发性：发生突然，难以预测；②群体性：往往同时波及大量人群；③危害严重性：突发公共卫生事件涉及面广，损失巨大，易引起社会极大关注甚至恐慌；④处理复杂性：事件发生原因在初期多不明确，对医学救治、事件控制非常不利；事件处理通常涉及多系统、多部门，协调处理难度大；⑤影响深远性：突发公共卫生事件易对公众的心理和社会生活产生长期的负面效应。

根据突发公共卫生事件的性质、范围和危害程度，对突发公共卫生事件实行分级管理。突发公共卫生事件可划分为特别重大（Ⅰ级）、重大（Ⅱ级）、较大（Ⅲ级）和一般（Ⅳ级）四级。

二、应急救援组织体系

国家卫生计生委发布的《关于进一步加强公立医院卫生应急工作的通知》指出，公立医院作为突发公共事件医疗卫生救援应急处置的专业技术机构，是突发公共事件所致伤病员应急医疗救治的主体力量，其应急工作充分的准备、快捷的反应、专业的水平和妥善的处置直接关系到人民的生命健康，关系到应急医疗救援工作的成效。

各地卫生行政部门要指导、督促二级及以上公立医院建立健全卫生应急工作组织机构，成立由院领导为组长的卫生应急工作领导小组，统筹协调全院的应急管理；医院要内设或指定处室（科室）具体负责日常卫生应急管理，明确医院内各有关处室（科室）的卫生应急相关工作职责，根据需要组建本单位卫生应急专家组和卫生应急现场救援队伍。公共卫生事件应急救援组织机构一般包括卫生应急领导小组、卫生应急管理办公室、卫生应急专家组、医学救援队、感染防控管理部门、新闻宣传部门和后勤保障部门。

三、应急救援后勤保障体系

应对突发公共卫生事件时，医院后勤保障应急能力直接关系到医疗救治场地的条件、医用物资的供应、医务人员的基础生活保障等各个方面，成为影响医疗救治效能发挥的重要因素。因此，应高度重视后勤保障工作，构建完整、科学、高效的公共卫生事件应急救援后勤保障体系（图7-3），以应对各类突发公共卫生事件，保障医疗服务的连续性，确保医院职工及患者的健康和生命安全。

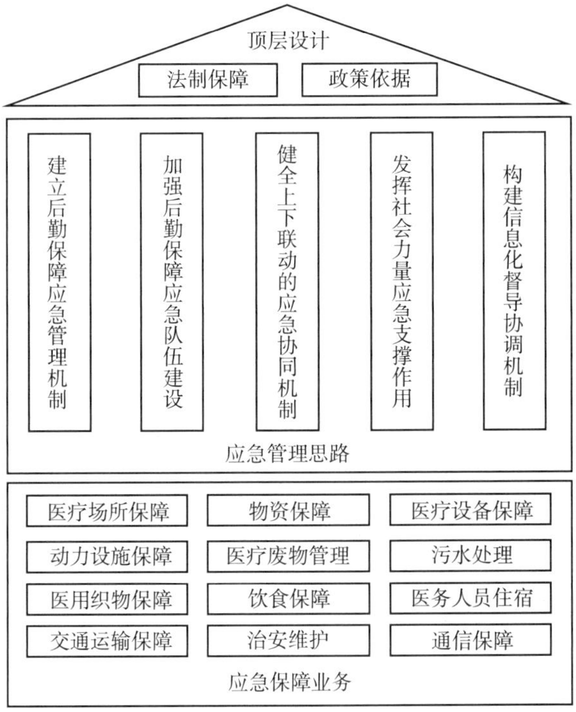

图7-3　公共卫生事件应急救援后勤保障体系

（一）顶层设计

我国颁布了有关传染病防治、食品卫生、动物防疫等公共卫生事件类应急法律、法规和规章制度，保障了公共卫生事件应急处置工作有法可依、有章可循。公共卫生事件应急救援后勤保障体系应以国家法律、法规及政策为依据，进行系统性、可操作性的顶层设计，搭建起多层次的预案体系，明确应急管理机制和各部门的职责，注重可操作性，将重点放在细致的实施要点和行动计划的制订上，以指导后勤部门和员工沉着应对、部署行动，有效应对突发公共卫生事件，确保医疗救治工作顺利进行。

（二）应急管理思路

1. 建立后勤保障应急管理机制 坚持“预防为主、常备不懈”的应急工作方针，针对性地制定突发传染病疫情、不明原因疾病、中毒和核辐射损伤等各类突发公共卫生事件后勤保障应急预案，如应急床位紧急保障方案、设备调配应急预案、卫生应急装备物资管理制度、应急采购管理办法等，明确启动、响应、报告、处置等流程，通过开展常态化培训和应急演练，事后进行演练总结，修订完善各项应急预案，确保预案的实用性和可操作性，提高医院处置突发公共卫生事件的能力。

在实际应急响应工作中，根据医院总体应急部署和医疗救治需求，建立“大后勤、大保障”的联动协调机制，统一思想、统筹协调、科学管理各项后勤保障工作，构建系统化的后勤保障应急管理机制，提高应对突发公共卫生事件的防范意识，落实各项防范措施，做好人员、技术、物资和设备的应急储备工作，为患者和医务人员提供全方位、高可靠度的保障服务。

2. 加强后勤保障应急队伍建设 重视传染病防控、职业病防治、放射卫生防护等知识与技能培训，提高员工自我防护意识和应急处置能力，确保能够满足突发公共卫生事件应急处理的人力及业务技术的要求。应对突发公共卫生事件时，根据事件紧急情况、保障重点、人员缺编情况等因素合理动态调配人员，增进部门间的交流与合作，针对不同保障业务选择专业能力和应急能力较强的人员组建应急处置小组，充分发挥人员优势和潜能，形成统筹协调、分工负责、高效有序的后勤保障应急队伍，随时为医疗救治工作的开展提供支持和保障。

加强后勤保障应急队伍建设，不能忽视对后勤社会化服务公司的应急能力建设。一旦发生公共卫生事件，为确保必要保障业务的持续性，对社会化服务公司的服务质量和服务能力管理显得尤为重要。一方面，通过有计划、有组织、有系统的业务培训，加强社会化服务人员专业理论知识和实践技能培训，减少心理恐慌，提高自我防护意识，确保医疗环境安全；另一方面，适当增加对社会化服务公司的资源倾斜，帮助缓解社会化服务公司用人难题，协同调配人员，满足医院特殊时期运行需要。

3. 健全上下联动的应急协同机制 我国突发公共卫生事件应急处置由政府主导，各级人民政府、卫生行政主管部门、其他医疗机构和医药、医保系统等主体相互协调配合，形成组织有序、行动高效的应急管理体制。后勤保障部门应充分利用应急管理体制优势，健全上下联动的应急协同机制，畅通与政府相关职能部门的沟通渠道，充分整合各种应急资源，争取政府政策和资源支持，健全卫生应急物资快速调运机制，形成应急处置强大合力，提升应急保障与处置能力。

4. 发挥社会力量应急支撑作用 在中国特色社会主义“集中力量办大事”制度优势的背景下，广泛动员医疗救治相关的一切社会力量主动参与、共同应对突发公共卫生事件产生的巨大医疗压力。整合利用多方社会资源和应急力量，建立应急志愿服务机制，发挥社会群体联接广泛、专业性强、机动灵活的特点，为医务人员和住院患者提供物资与生活应急志愿服务；建立社会力量公益捐赠机制，规范捐赠行为，依法有序开展捐赠物资筹集工作。

5. 构建信息化督导协调机制 突发公共卫生事件情况下，医院从常时状态转为战时状态，要保持信息渠道的畅通和后勤服务的持续，建立线上互动沟通机制和信息发布机制，做好相关信息收集、处理、分析和汇报发布等，利用信息化手段提高工作效率，保证临床服务的及时性和高质高效，实现精准保障。依托后勤“一站式”服务的信息化平台实现后勤保障需求的信息归集和整合共享，推动信息资源的开放式流动，强化监测预警与快速响应，掌握应急物资和设备出入库追溯与动态库存管理，提升数据准确性和调取便捷性，采取分级保障原则，利用信息化辅助决策，提升应急管理与处置水平。

（三）应急保障业务

1. 医疗场所保障 医院建筑作为突发公共卫生事件中患者救治的场所，是医疗服务得以进行的主要硬件设施。医院建筑在规划设计时，应具备“平战结合”的规划布局，在门诊和医技科室设计时预留空间场地及设备管线条件，为以后快速改扩建、转运等提供基础条件，以应对突发公共卫生事件医疗救治需要。应急医疗场所改扩建应结合医院现有资源，因地制宜，采用合理的技术方案对现有的建筑布局、给水排水、暖通系统等硬件设施进行快速改造，对具有感染、污染、放射性、易燃易爆及有毒危险品源等风险的医疗功能区，采取相应隔离与防护措施。应急医疗场所交付使用后，需做好院内环境物表清洁消毒、出院患者终末消毒、医疗废弃物和生活垃圾的收集处置等工作，为患者提供安全、清洁的就医环境。

2. 物资保障 充足的应急物资配备是避免突发公共卫生事件事态扩大、减少人员伤亡和经济损失的重要基础，也是提高公共卫生应急救援能力的关键因素之一。应建立健全应急物资储备、调拨及紧急配送体系。一是储备合理数量的应急物资，包括紧急医疗救援物资、应急队伍保障物资、疫情防控类物资及化学品泄漏紧急处置物资等，并加强对物资储备的监督管理，及时予以补充和更新。二是完善应急物资分配保障机制，确保应急物资的及时供应，将物资的防护级别与发放科室的风险等级相对应，以物资“先进先出、分级发放”原则，确定物资发放周期，优先发放周期靠前的物资，避免发放混乱、过期浪费现象。三是科学合理设置物资配送线路，避免造成物品或运送人员交叉感染。高风险区域可以运用智能机器人及无人传送系统运送物资。

3. 医疗设备保障　医疗设备作为医务人员救治患者不可缺少的重要工具，做好其应急保障工作是有效开展诊疗活动的首要保证。建立科学有效的医疗设备应急保障体系，收集突发公共卫生事件应急救援所需医疗设备信息，进行整合和综合预判，做好应急重点设备的需求配置工作。建立设备共享中心，整合全院各科室应急设备资源，运用信息化手段将应急医疗设备高效利用起来，及时向诊治病区调配相关应急设备，提升设备流转率，满足突发公共卫生事件中医疗设备使用需求。

4. 动力设施保障　动力设施保障医院的能源和运输，主要包括配电、电梯、供氧吸引、中央空调、锅炉热力和生活供水，对医院核心工作起到重要的支撑作用。动力设施保障的基本原则有：做好人员准备、物资准备、预防性维护保养工作，制定突发公共卫生事件运行保障制度及应急处置预案，保障临床一线水、电、气、暖、设施、设备正常运行和供应。

5. 医疗废物管理　《医疗卫生机构医疗废物管理办法》规定，医疗卫生机构收治的传染病患者或者疑似传染病患者产生的生活垃圾，按照医疗废物进行管理和处置。医疗卫生机构废弃的麻醉、精神、放射性、毒性等药品及其相关的废物管理，依照有关法律、行政法规和国家有关规定、标准执行。突发公共卫生事件的紧急情况下，医疗废物日产量陡增，可能超过医疗废物转运处置单位转运和处置能力，造成医疗废物积压，需在政府环保管理部门的引导下寻求更多的医疗废物转运处置合作模式，如投用医疗废物焚烧炉、医疗废物微波消毒设备和新建医疗废物处置中心，缓解医疗废物转运处置压力。

6. 污水处理　医院污水在进入市政排水管网前需进行处理，处理后的污水指标应符合GB18466—2005《医疗机构水污染物排放标准》。发生公共卫生事件时，污水处理运营人员应采取必要的防护措施，对各类废水按照国家规定严格消毒，对各类特殊排水应单独收集并进行处理，达到国家规定的排放标准后方可排入污水处理系统。传染病房隔离的传染病患者或者疑似传染病患者产生的具有传染性的排泄物，应设专用化粪池，收集经消毒处理后的粪便排泄物等传染性废物。放射性废水应经衰变池处理。含汞废水应进行除汞处理。含油废水应设置隔油池处理。各种固体传染性废物、化学废液不得倾倒排入下水道，应根据使用化学品的性质单独收集，单独处理。

7. **医用织物保障** 是临床科室运转中不可或缺的一部分，其保障重点在于洗涤和消毒质量的控制，以及织物供应的及时性。国家卫生行业标准《医院医用织物洗涤消毒技术规范》（WS/T508—2016）对医用织物的收集、运送、储存、洗涤、消毒等环节均有明确规定。医用织物保障人员应熟练掌握织物洗涤消毒技能，了解消毒隔离与感染控制基础知识、职业防护知识，并在医院感染管理部门的指导和监管下，确保各项工作流程由污到洁，不交叉、不逆行，避免因医用织物供应造成医院感染风险。

8. **饮食保障** 突发公共卫生事件应急响应期间，后勤保障部门要积极做好医院工作人员和住院患者的餐饮保障，改善提升饮食品质，预防食源性疾病的发生，坚持控制院内交叉感染和安全生产并重，在医院感染管理专业人员指导下进行食堂流程的梳理优化设计。配餐员进入医疗区配送病员餐时，应按照医院感染管理要求的流程线路及防护等级进行。根据突发事件应急处理的需要，可在临床营养科指导下对患者开具针对性的治疗饮食，必要时可对食物和水源采取控制措施。

9. **医务人员住宿保障** 整合医院已有房屋资源，重视职工宿舍的环境建设、软硬件设施建设，储备战时可用的住宿资源，以应对公共卫生事件时的医护人员住宿保障。制定突发公共卫生事件时标准化的宿舍卫生消毒标准，入住管理规范。根据医护人员排班，及时调整住宿房源，对房源、人员的信息进行共享与监控，满足医院各类职工的住宿保障需求。

10. **交通运输保障** 根据应急处置需要，开设应急救援“绿色通道”，保障医院医疗、行政等公务用车、医疗防护物资的运输、医务人员上下班通勤等，保证应急救援工作的顺利开展。传染病突发公共卫生事件期间安排车辆时应根据人数安排合适座位数的车辆，尽量控制车内乘车人数不超过核定座位数的50%，同时提醒乘车人员乘车时保持安全距离，减少交流。

11. **治安维护** 做好流程通道管理，配置安保人员进行通道设备、秩序等事项的维护看守。加强对重点科室、重点人群、重要物资和设备的安全保护，必要时依法采取有效措施，控制事态，维护社会秩序。完善紧急疏散管理办法和程序，明确各级责任人，确保在紧急情况下公众安全、有序转移或疏散。

12. **通信保障** 医院通信保障包括座机电话、手机、模拟对讲机等，主要由基础电信运营企业提供。后勤保障部门负责现场通信保障的沟通协调工作，及时将应急通信需求通报给相关基础电信运营企业，建立健全应急通信系统，确保通信畅通。

第五节　灾难事件紧急医学救援

一、概念

（一）突发公共事件的概念

根据国务院发布的《国家突发公共事件总体应急预案》中的论述，突发公共事件是指突然发生，造成或者可能造成重大人员伤亡、财产损失、生态环境破坏和严重社会危害，危及公共安全的紧急事件。根据突发公共事件的发生过程、性质和机制，突发公共事件主要分为自然灾害、事故灾难、公共卫生事件和社会安全事件四类。

（二）灾难的概念

世界卫生组织将灾难定义为：任何能引起设施破坏、经济严重受损、人员伤亡、健康状况恶化的事件，如其规模已超出事件发生社区的承受能力而不得不向外部寻求专门援助时，可称其为灾难。灾难是危害重、涉及面广、而不得不调用灾难区域外的各种资源进行援助的突发公共事件。突发公共事件的范畴较灾难更广。

（三）紧急医学救援的概念

紧急医学救援是指应对突发公共事件所实施的紧急医学救治、疾病预防和卫生保障。此概念包含三重含义：①“紧急”是强调时效性和紧迫性；②“医学”指紧急医学救援的范围是医疗卫生相关，在突发公共事件的应对过程中，需要政府、社会、警察、消防、医疗卫生乃至军队等部门通力协作，而紧急医学救援仅仅是医疗卫生相关的那部分应对过程；③“救援”说明紧急医学救援的核心是救治与援助，尤其“援助”表示在突发公共事件的应对过程中，需要“外界”的援助，这说明发生突发公共事件的区域本身已经不能完成应对而需要外援。

紧急医学救援的实施包括三个阶段：灾难发生前的备灾工作，灾难发生时的紧急医学救援和灾难发生后的恢复重建。

二、备灾工作与后勤管理

备灾指突发事件的应对准备工作。主要包括在突发事件发生之前所做的预案、法制、体制、机制建设，管理指挥机构建设，通信保障，避险场所准备，救援物资设备储备，人员培训与演练，救援技术创新与推广，以及专项经费的计划与管理等。

后勤保障方面，除了要做好以上工作，还需注意做好城市水电气供应受影响时的替代方案。具体替代方案根据自身具体情况而定。例如，四川大学华西医院针对大型突发事件的备灾安排了水电气的后勤保障工作：①四川大学华西医院自来水供应建成9路市政进水的环网供水系统，任何一路市政供水中断，都不会影响医院正常供水。另外，还建成了深井地下水源应急保障系统，在停水或自来水污染时，深井水立即切换进入供水环网系统，保障医院重点部门的用水需要。即使在突发事件出现市区大面积停水时，后勤可立即启动深井水应急，以保障临床供水的需要；②电力供应方面，采用双路电源供电，任何一路失电均可在5分钟内切换另一路电源，保障电力供应。如出现双路电源同时停电，柴油发电机仍可保障手术室、ICU、急诊科、应急照明等的电力供应；③蒸汽供应在设计时也采用了油气两用技术，停气时可使用柴油供给蒸汽。氧气供应采用分子筛制氧机，只要水、电不断就可以源源不断地制造氧气；同时还备用了部分氧气瓶，可供临时应急使用。

三、紧急医学救援与后勤管理

目前我国在灾难发生时的紧急医学救援分为三级救援，一级是现场救援，主要包括现场搜救和紧急救命的医学救治，在灾难事件现场出现批量伤员的情况下，现场主要由消防官兵搜救，医务人员只是辅助。现场救援后，将患者转至“伤患集中区”。二级是伤患集中区救援，伤患集中区常常为较安全的空地，可以是较坚固的建筑物，也可以是移动医院或临时搭建帐篷，用于临时救治伤患的地区，主要目的是在灾区短时间检伤分类，稳定伤员，决定和计划转诊，最终将伤员转运到安全的医院。三级是医疗机构救援，经过我国汶川地震和芦山地震的救援经验，并根据我国目前医疗体系的实际情况，我国又将医疗机构内救援分为前方医院救援和后方医院救援。

灾难发生时的紧急医学救援包括以下重点工作。

（一）灾难侦测

灾难情况的侦测是紧急医学救援的首要环节，清晰的灾难侦测可为以后的紧急医学救援工作提供有利的信息，为紧急医学救援决策提供依据，以便更有效、科学地实施紧急医学救援。虽然伤员数量、伤情、灾难性质、灾难范围等是灾难侦测的重点，但不同性质的灾难又有其独特之处。

（二）应急管理

灾难发生后，应根据预案迅速建立应急管理指挥所。我国在依托现有的卫生应急管理、医疗救治体系、疾病预防控制体系的基础上，形成由国家级、省级、地市级、县级、社区、乡镇基层医疗卫生力量共同组成的突发事件紧急医学救援体系。包括政府主导、多部门参与的突发事件紧急医学救援指挥协调机制，医学救援信息指挥系统，院前医学救援力量，院内应急医疗救治力量，突发事件公共卫生应急处置力量，核辐射、化学中毒事件应急处置力量。

在后勤支持方面，需要采用多种通信方式满足各种情况下的通信障碍导致的应急指挥失效。对于区域内大型综合医院，即使在灾难事件所致通信全面中断的情况下也能启用日常对讲机成为应急通信平台，应急通信平台成为应急指挥的关键技术条件，在维持医院稳定中发挥着重要作用。

具体来说，需要做到以下工作：①建立后勤领导小组。领导应急机构制定、审核、落实应急方案。确定并发布启动应急方案启用的命令，组织协调后勤应急小组按应急方案实施。提供行政支持，统一调度医院设备、后勤人员，保证在人、财、物各方面调配落实。全面领导并监督医院应急方案制定及准备情况，组织应急方案的演练；②建立后勤技术小组。发生故障时，及时做出判断，排查故障原因，协调软件开发商与设备供应商，并及时向后勤领导小组或更高级的领导团队汇报请示，召集技术组其他成员。对于灾难性的问题，及时向后勤领导小组汇报并建议是否启动相应的应急计划。对于某区域或部门级的故障，及时给予指导，并建议是否启动应急计划。指导各部门完成故障排除后的数据完整性工作；③建立后勤应急小组。检查各科室应急备用的手工操作物品，如发票、处方、病历纸、各种检查治疗报告单、收费价格表、病历纸质文档和模版等，备用物品应保证一天的用量。负责对应急计划的组织实施，协调部门内的工作，及时向后勤领导小组汇报并与后勤技术小组沟通。

后勤部门的应急管理必须建立在日常基础工作之上。通过总结经验，提高医疗机构应对突发事件的意识进而有计划有组织地制定应急预案、进行模拟演练、技能训练及硬件设施的准备，形成一个全面覆盖各类危机的完整应急机制，从而提高综合医院在应急状态下的资源协调能力，加快应急处置的响应速度，以及提高综合医院后勤保障对突发公共事件的应对能力。

（三）安全保障与危险评估

在紧急医学救援队到达灾区后，后勤团队应对安全和危险情况进行评估，对于已知的安全问题首先应得到安全保障，包括驻扎地的选址、军队警察的安全保障协调、传染病的防护等。医院需要立即评估医院建筑物的安全情况以免发生建筑物倒塌或社会安全事件等意外情况所致人员伤亡。

此外，后勤团队还需做好危险评估。危险评估任务主要是评估救援队员工作时可能会出现的风险，常常包括是否存在次生灾害（如火灾、堰塞湖等）的危险，是否存在社会安全事件的风险，是否存在道路垮塌、山石滚落、楼房倒塌等情况，是否存在工厂污染物或毒物泄露所导致的风险等。

（四）资源支持

紧急医学救援物资供给配置是紧急医学救援后勤管理的重点内容，其总体方向是种类齐全、数量适宜、分层配置。种类齐全、数量适宜应是在灾难救援过程中，以当时灾种灾情为基本点，以灾难救援实际需求为出发点，在灾难情况侦测前根据既往经验进行经验化配置，在灾难情况侦测同时不断调整装备配置，在灾难情况了解后，进行针对性配置。

此外，在应对灾难时，收治批量伤员或患者的医疗机构也需要对资源进行重新配置，包括医疗机构的空间、人员、物资的配置以及相关制度体系的保障。以火灾应对为例，后勤部门除了平时排查火情隐患，在火灾发生时还需建立接警处置组、灭火救援组、后勤保障组等功能模块，迅速开展火情上报、现场灭火救援疏散、传达突发事件应急处置指令、现场警戒及物资保障等。其中物资保障工作具体包括：常用易损件的准备、应急事件中的物资准备，保障自动火灾监控及喷淋系统处于正常运行状态。

（五）检伤分类

针对大批量的伤病员，医疗人力资源严重不足，因此检伤分类（triage）是一种非常重要的将患者进行轻重缓急分类的技术。此项技术主要用于在医疗资源紧缺的情况下拣选出有治疗价值的危重伤员得到优先救治的机会。

常用的检伤分类方法主要有START（Simple Triage And Rapid Treatment，即简单分类和快速治疗）检伤分类程序、SALT（Sort，Assess，Life-saving，interventions，Treatment/transport，即分类、评估、拯救生命、治疗/转运）检伤分类程序、MASS（Move，Assess，Sort，Send，即移动、评估、分类、转移）检伤分类程序，以及多种医学评分方法等。目前随着床旁超声技术的应用，国内外均有利用超声在现场进行检伤分类的报道。

（六）紧急救治

1. 现场和伤患集中区的紧急救治 大型灾难后伤病员情况复杂，其紧急救治与日常医疗行为相比更为困难。不同的突发公共事件的紧急救治又有各自的特点。

以地震救援为例，地震后常有多发伤、挤压伤、复合伤等多种情况，尚有资源问题、多部门学科协调问题和社会矛盾。现场处理的技术主要是止血包扎、骨折固定、抗休克、血气胸的处理以及整体搬运等。现场稳定后立即疏散转运。另外在灾区还有非伤员，一些灾民由于地震后缺少日常药品而致慢性病急发（如高血压、心脏病、糖尿病、慢性支气管炎等）；由于住宿条件恶劣而致皮肤病、急性上呼吸道感染等；由于饮食条件差而致消化道疾患等，在对既往的灾后伤情统计中了解到在震后7天之内就诊者主要为地震所致批量伤员，7天之后就诊者主要为内科疾患。在医学救援队治疗伤员的同时也需照顾此类患者。区域内的大型医院在保障本医院的紧急医学救援队伍外，同时很可能作为区域抗震救灾省外医疗队后勤物资供应中心，以及地震医疗救援队物资保障的工作。其主要职能是接受和库存卫生行政部门调拨（含社会捐赠）的抗震救灾医疗及相关后勤保障物资向省外医疗队提供物资供应，同时医院也向社会公布省外医疗队的各类需求信息。采购人员从生产厂商源头直接采购，及时补充库房的设备物资。根据地震后医院收治伤病员的特殊性进行合理安排，如地震后外伤病员的急救耗材、手术物资需求量大，为最大限度保证一线物资的需求保障医务人员人力投入，后勤部门采取库房前移的措施，例如直接在急诊大厅手术室及骨科等重点区域设立医疗物资发放点，实行24小时开放供应等措施。

2. 医疗机构内的紧急救治　我国幅员辽阔，在突发事件的紧急医学救援时，医院内救援将医院分为前方医院和后方医院。前方医院是指距离灾区较近，在灾难后基本保持急诊功能和住院功能的地市级医院，在灾后主要功能为初步院内检伤分类，诊治轻伤员，对危重患者的病情稳定，对一线救援的人员和物资支持供给，组织转运后送，信息汇总中转。后方医院是指距离灾区有一定距离，在灾难后的功能基本完整的区域性大型综合医院，其主要功能是再次检伤分类，针对危重患者的集中诊治，对一线救援和前方医院的支持供给，容纳各地专家及专家医疗队进行会诊，信息汇总上报等。根据灾难性质、地点与破坏情况的不同，对于前方医院和后方医院的划分可能会有所不同。应根据当时具体情况由应急指挥部做出判断与决定。

医院机构内批量伤/病员激增的应对能力是危重伤员集中诊治的关键。因此在灾难高发地区的医院应在平时积极准备：包括可扩展的空间、人力资源、物资资源和制度保障四个方面。目前我国大型医院床位紧张，可以学习国外经验。如以色列为应对恐怖袭击，大型突发事件的应对体系发展较为完善，如其最大的医学中心——海法医学中心在地下车库内墙安装了供氧供电供负压系统，备用临时扩展病床，可以短时间将地下车库扩展为一个容纳100名伤病员的综合病房。

四、灾后恢复重建与后勤管理

目前对于恢复和重建的内涵界定，学术界尚未形成一致的观点。一般对于灾后恢复重建的理解是：在卫生应急的预防与准备、响应与处置工作结束后，对受损组织机构、法律、社会秩序、公共设施等进行物质层面、社会层面的恢复与重建，同时对受损的人员进行精神层面的恢复与重建。恢复包括人的管理以及物和系统的恢复两个方面，重建主要针对生活环境和社会环境。此观点认为恢复是指在灾害事件结束之后，遭受灾害的地区和人们向灾前正常生活和生产秩序的回归。但也有学者认为“恢复”是一个动态的过程，并不存在明确的界点，也不是简单地回到灾前水平，成功的灾后恢复重建应该具备对未来灾难的一种抵抗和重塑的能力。国际上倡导的“重建得更好”（Build Back Better，BBB）理念就是对恢复重建的更高层次的定义，它视重建为机会，重新创造一个更安全、更可持续性、更有韧性和应变力的社区，即灾后重建不是恢复常态，而是建立新常态。总之，概念之间的差异未精确阐述，需进一步研究界定。恢复重建的内容是根据不同灾难所造成的不同后果而定的，一般来说，恢复重建的基本内容包括组织机构、法律和社会秩序、生产生活设施、精神心理等方面。

自汶川、玉树地震发生以来，有关部门一直将后勤保障的重点放在灾后紧急医学救援阶段，比如伤病员紧急救治与后送的保障工作、应急救援物资的调配与转运等。对于恢复重建的研究大部分侧重于损毁房屋、基础设施、公共设施、生产设施、城镇和生态环境的恢复与重建等。恢复评估也主要聚焦在基础设施、生态和经济方面。在医疗卫生方面，重点在医院、疾控机构、社区卫生服务中心等硬件的恢复重建上，以及救援装备和救援力量的建设等方面。对于灾害对人群健康的中长期危害、恢复阶段的卫生资源优化配置、不同特殊人群的卫生服务需求及措施等尚未进行系统研究。减灾法律制度政策、灾民医疗卫生服务需求、灾后不同阶段卫生资源优化配置、灾后疾病谱变化规律以及依据疾病谱进行救援物资的配置、救灾物资的开发与利用、救援力量的拓展、灾区恢复力的提升以及“整体性”与“可持续性”灾后恢复重建等将是未来的研究重点。

第六节　安全防范系统

一、系统概述

（一）安全防范的概念

满足安全需求所采用的方法是安全防范。显然，安全是目的，防范是手段，通过防范的手段达到安全的目的，就是安全防范的基本内涵。由于安全主体的多样性，安全防范的作用范围也就多种多样。本书所提及的安全防范隶属医院安全防范的范畴，它是基于医院安全的角度，通过事先采用防备、防守、防护、防御等措施手段，及时发现甚至制止危害发生、蔓延和发展，消除或减弱限制危害医院治安的不安全因素所带来的影响，达到避免或者降低风险的目的。防范的手段从来就不具有唯一性，它通常是当时社会、政治、经济和工业、技术发展的综合体现。

（二）安全防范的基本手段

安全防范是社会公共安全的一部分，安全防范行业是社会公共安全行业的一个分支。安全防范系统的使用通常是保卫工作的重要组成部分，它的科学配置和良好使用在客观上可以增强保卫力量。为了保证及时发现、制止、减少各种社会治安危害的发生、蔓延和发展，安全防范系统从逻辑上或者从对应的执行主体上，所采用的基本手段通常有三种，可简单划分为人力防范（personnel protection）、实体防范（physical protection）和电子防范/技术防范（electronic protection/technical protection）。

1. 人力防范　具有相应素质的人员有组织的安全管理和防范、处置行为，简称人防。

2. 实体防范　利用建（构）筑物、屏障、器具、设备或其组合，延迟或阻止风险事件发生的实体防护手段，简称物防。

3. 电子防范/技术防范　利用传感、通信、计算机、信息处理及其控制、生物特征识别等技术，提高探测、延迟、反应能力的防护手段，又称技防。

（三）安全防范系统基本设计要素

安防系统基本设计要素包括探测、延迟、反应。探测是指系统设计时，应考虑系统的风险感知能力，风险感知能力是人防、物防、技防相结合的综合体现。延迟是指设计的系统，应具有足够的延迟风险进程的能力。反应是指系统设计时，应考虑相关警情信息及时送达处置人员，以保证处置人员具有足够的处置响应时间。

系统设计要素之间有时序要求：探测时间+反应时间<延迟时间。

图7-4表示了安防系统设计三要素的具体内容。

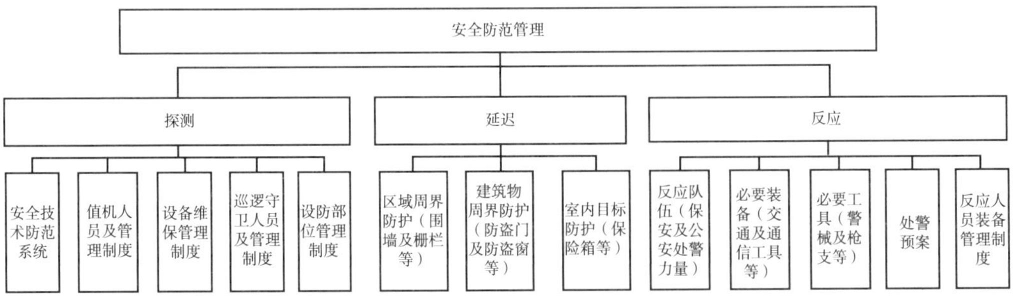

图7-4　基本设计要素示意图

二、标准体系

（一）标准类型

我国的标准按照适用范围分为四级，分别是国家标准（GB）、行业标准（如公共安全行业代号为GA）、地方标准（如陕西省代号为DB61）和企业标准（Q）。

1. **国家标准** 是指由国家标准化主管机构批准发布，对全国经济、技术发展有重大意义，且在全国范围内统一的标准（技术要求）。对需要在全国范围内统一的技术要求，应当制定国家标准。

2. **行业标准** 是指在全国范围内各行业统一的技术要求。行业标准是对国家标准的补充，是在全国范围的某一行业内统一的标准。

3. **地方标准** 是指在国家的某个地区通过并公开发布的标准，又称为区域标准。对没有国家标准和行业标准而又需要在省、自治区、直辖市范围内统一的工业产品的安全、卫生要求，可以制定地方标准。

4. **企业标准** 是对企业范围内需要协调、统一的技术要求，管理要求和工作要求所制定的标准。企业标准由企业制定，由企业法人代表或法人代表授权的主管领导批准、发布。

（二）医院相关安防标准

2015年国家颁布了《医院安全技术防范系统要求》（GB/T 31458—2015）。标准规定了医院安全技术防范系统的基本要求、防护对象及防护要求、系统技术要求和检验、验收、运行、维护要求。适用于二级（含）以上医院（包括综合医院、中医医院、中西医结合医院、民族医院、专科医院、康复医院、妇幼保健院等）新建、改建和扩建的安全技术防范系统。

在此前后，全国多个省市，包括北京、上海、天津等陆续推出了医院安全防范的地方标准。2017年上海申康医院发展中心也推出了《市级医院安全技术防范系统建设指导意见》。

相关标准都明确了医院防护区域、部位和相应技术防范要求；技术防范要求明确了系统设备、功能和性能指标要求，以及多院区时的监控中心和联网管理要求；上海申康医院发展中心的《市级医院安全技术防范系统建设指导意见》还提出与属地派出所联动、移动端协同管理和处警的要求。

截至2021年2月，公安部全国安全防范报警系统标准化委员会（SAC/TC100）归口发布的相关安全防范标准已达237项。其中国家标准67项，公安部行业标准170项。

三、系统组成

（一）基本构成

安全技术防范的结构模式经历了一个由简单到复杂、由分散到组合再到综合集成的发展变化过程：从早期单一小规模的电子入侵报警系统，到后来的报警联网系统、报警—监控系统，发展到入侵报警—视频监控—出入口控制综合安全防范系统，以及目前正在广泛建设的更大规模的、跨地域的、技术复杂度更高的、应用内容更丰富的安全防范系统。

现阶段安全防范系统较常见的子系统主要包括：入侵和紧急报警系统、视频监控系统、出入口控制系统、电子巡查系统、消防系统等。

（二）主要子系统的基本配置及功能要求

从信息流的观点看，安全防范系统构成通常包括前端、传输、信息处理/控制/管理、记录、显示多个单元。不同（功能）子系统中各单元的具体内容有所不同。

1. 入侵和紧急报警系统　医院安全防范管理系统的重要子系统，可实现医院重点区域和部位的入侵探测和紧急/突发事件发生时的报警。主要包括前端探测装置（紧急报警按钮、红外、双鉴等探测器等）、传输链路、控制指示设备（网络型/电话型报警主机）等。有关入侵和紧急报警系统技术的国家标准有《入侵和紧急报警系统技术要求》（GB/T 32581—2016）、《安全防范工程技术标准》（GB 50348—2018）等。

2. 视频监控系统　医院安全防范管理系统的重要子系统，可实现医院重点区域和部位的实时视频监控、记录及案（事）件的追溯等。一般由视频监控前端设备、传输链路、处理/控制设备和记录/显示设备四部分组成。

3. 出入口控制系统　医院安全防范管理系统的重要子系统，可实现医院重点区域和部位的出入口、通道等的出入进行放行、拒绝、记录和报警等操作控制。主要包括目标信息/凭证（如：钥匙、门禁卡、指纹、人脸、密码等）、前端识读装置、管理控制装置、传输链路、执行装置（如：锁具、闭门器等）等构成。有关出入口控制系统技术的国家标准有《出入口控制系统技术要求》（GB/T 37308—2018）、《安全防范工程技术标准》（GB 50348—2018）等。

4. 电子巡查系统　安全技术防范系统重要子系统之一，是对保安巡查人员的巡查路线、方式及过程进行管理和控制的电子系统。适用于一切需要针对预定的场所、部位，进行定时、定点巡查的场所。主要有信息标识、数据采集、数据转换传输及管理软件等部分组成。有关电子巡查系统技术的国家标准有《安全防范工程技术标准》

（GB 50348—2018）等。

5. 消防系统 医院消防安全管理的重要系统，其设计与建设必须遵循国家有关标准规范、政策等。主要的参考标准包括《中华人民共和国消防法》《建筑设计防火规范》（GB 50016）、《建筑消防设施的维护管理》（GB 25201）、《消防控制室通用技术要求》（GB 25506）、《医疗机构消防安全管理》（WS 308）等，以及国家卫生健康委员会于2019年发布的《医疗和疾控机构消防安全管理指南》。

随着安全防范数字化技术和物联网技术的快速发展，安消一体化管理已成为趋势。消防系统作为一个子系统接入安全防范管理系统，以实现安防与消防的统一规划和处置管理，是安全防范管理系统设计与建设需要考虑的。

四、医院重点风险部位划分及防护设备（系统）配置和要求

以上海市的《市级医院安全技术防范系统建设指导意见》为例，该意见在《医院安全技术防范系统要求》（GB/T 31458—2015）国家标准及其他行业与地方标准的基础上，进一步细化，划分了29个重点部位和防护区域，不同的重点部位和防护区域对技防设施的配置要求也不同，相关要求见表7-1。

表7-1 医院重点风险部位划分及防护设备（系统）配置

序号	重点部位和防护区域		技防设施	配置要求
1	门（急）诊部区域	公共走道、楼梯口、电梯口	视频监控装置	应
		护士站工作台	紧急报警装置	应
		门（急）诊预检处	人脸、人流量数据采集装置	宜
2	住院部	公共走道、楼梯口、电梯口	视频监控装置	应
		病区护士站	视频监控装置	应
3	人工挂号（缴费）处	收费窗口	紧急报警装置	应
			视频监控装置	应
		出入口	视频监控装置	应
			出入口控制装置	宜
		内部	入侵报警装置	应
4	自助挂号（缴费）设备处		视频监控装置	应
5	化验采（抽）血处		视频监控装置	应
6	手术室、重症监护室	与外部连接的主要通道	视频监控装置	应
		出入口	视频监控装置	应
		手术室、重症监护室出入口	出入口控制装置	应

续　表

序号	重点部位和防护区域		技防设施	配置要求
7	产房、新生儿室、儿童病房、精神疾病、传染性疾病病房	产房出入口	视频监控装置	应
			双向出入控制装置	应
		与外部连接的主要通道	视频监控装置	应
		出入口	视频监控装置	宜
			双向出入口控制装置	应
8	药房、药库、静脉药物配置中心	周边	实时电子巡检装置	应
		与外部连接的主要通道	视频监控装置	应
		出入口	视频监控装置	应
			出入口控制装置	应
		取药窗口	视频监控装置	应
		内部	入侵报警装置	应
9	消毒供应室	与外部连接的主要通道	视频监控装置	应
		出入口	视频监控装置	应
			出入口控制装置	宜
10	大型医用设备检查区域	周边	实时电子巡检装置	应
		与外部连接的主要通道	视频监控装置	应
		出入口	视频监控装置	应
			出入口控制装置	应
11	实验室、动物房	出入口	视频监控装置	应
			出入口控制装置	应
12	致病微生物、血液、人体标本集中存储场所	周边	实时电子巡检装置	应
		与外部连接的主要通道	视频监控装置	应
		出入口	视频监控装置	应
			出入口控制装置	应
		内部	入侵报警装置	应
13	麻醉药品、精神药品、医疗用毒性药品、放射性药（物）品、危险化学品等集中存储场所	周边	实时电子巡检装置	应
		与外部连接的主要通道	视频监控装置	应
		出入口	视频监控装置	应
			出入口控制装置	应
		内部	入侵报警装置	应

续 表

序号	重点部位和防护区域		技防设施	配置要求
14	医患纠纷接待室（处）		视频监控装置	应
			声音采集装置	应
			紧急报警装置	应
			录音录像提示标志	应
			人像数据采集装置	应
			人员身份	宜
15	涉及现金业务的财务室、银库	周边	实时电子巡检装置	应
		与外部连接的主要通道	视频监控装置	应
		出入口	视频监控装置	应
			出入口控制装置	应
		内部	紧急报警装置	应
			视频监控装置	应
			语音对讲装置	应
16	档案室（含病案室）	周边	实时电子巡检装置	应
		与外部连接的主要通道	视频监控装置	应
		出入口	视频监控装置	应
			出入口控制装置	应
		内部	入侵报警装置	应
			视频监控装置	应
17	医院行政办公楼区域	各楼出入口	视频监控装置	应
			出入口控制装置	宜
18	安防监控中心（含消防）、计算机网络管理中心、楼宇智能化管理中心、数据存储交换设备机房	周边	实时电子巡检装置	应
		与外部连接的主要通道	视频监控装置	应
		出入口	视频监控装置	应
			出入口控制装置	应
		内部	入侵报警装置	应
			视频监控装置	应
19	供水、供电、供气（含氧气等医用气体）、供热（冷）、物流传输系统等重要设备机房	周边	实时电子巡检装置	应
		与外部连接的主要通道	视频监控装置	应
		出入口	视频监控装置	应
			出入口控制装置	应
		内部	入侵报警装置	应
			视频监控装置	应

续 表

序号	重点部位和防护区域		技防设施	配置要求
20	医院行政办公区域电梯	电梯轿厢内	视频监控装置	应
		电梯厅		应
		自动扶梯		应
21	膳食加工配置区域	出入口	视频监控装置	应
			出入口控制装置	宜
		内部	视频监控装置	宜
22	太平间门外区域		视频监控装置	应
23	医疗废物集中存放场所	出入口	视频监控装置	应
			出入口控制装置	宜
24	运钞车停放、现金交接区域及押运路线		视频监控装置	应
25	医院院区周界	围墙、栅栏	实时电子巡检装置	应
		各出入口	视频监控装置	应
			机动车号牌自动识别装置	宜
			语音对讲装置	应
		各出入口设置的门卫室	紧急报警装置	应
26	医院室外主要道路、人员密集场所			
27	机动车停车场（库）	出入口	视频监控装置	应
		内部	视频监控装置	应
			实时电子巡检装置	应
28	非机动车集中存放处		视频监控装置	宜
29	其他自行确定的重点防护部位和区域			

五、系统运行与维护

（一）系统运行

1. 故障处置与管理 故障处置管理流程见图7-5。故障受理方式一般可分为：人工受理和自动受理。人工受理是通过语音、图像、文字等形式接受故障报告。自动受理是系统对其运行的设备进行自动监测所产生的故障告警信息。收到设备发来的告警信息时，监控中心应有信息提示。应判断是报警信息、故障信息或是其他信息，如遇报警信息，应直接转报警响应处置流程，如遇故障报警信息，应直接转入相应的故障处置管理流程。接收到故障报告后，应根据故障信息对故障现象进行复核。故障复核应采用人工复核。

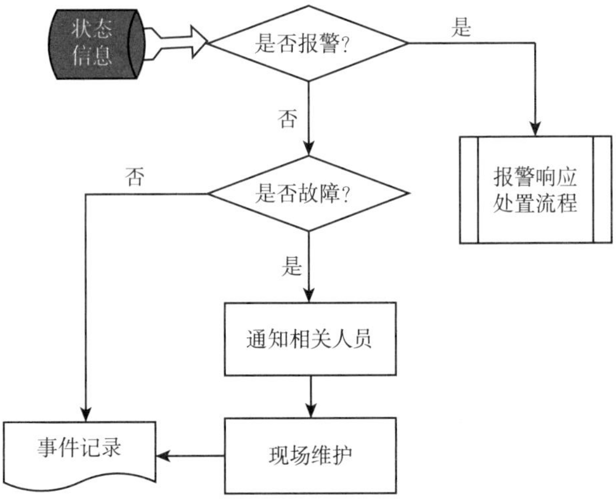

图7-5　故障处置管理流程图

故障处置一般采用人机结合进行故障定位。应根据设备故障类型及时通知相关人员远程或到现场对故障进行处理。同时应记录故障处置的经过和结果。故障处置记录应至少包括：信息报告时间、事件类型、故障地点、维护人员、处理时间和处理结果、分析报告等内容。故障记录至少保存一年，应支持时间和类型的检索。

2. 报警响应与管理　报警响应管理流程见图7-6。

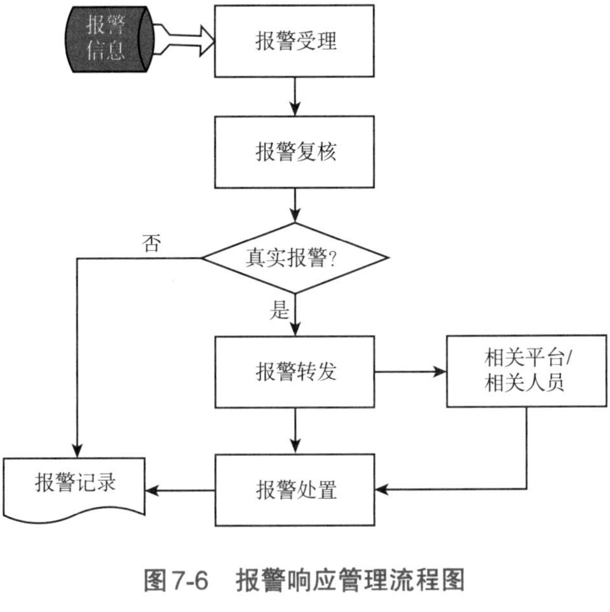

图7-6　报警响应管理流程图

报警受理方式可分为人工接警和自动接警。人工接警主要是指系统外的人工报警或电话报警；自动接警是指系统主机收到的系统内的紧急报警或探测器触发的报警。报警受理的优先级应高于其他事件的处理。系统在接收到报警信息后，监控中心应有报警显示。监控报警中心系统应能区分探测器触发报警、紧急按钮触发报警及视频侦测触发报警等报警事件类型，并能根据警情的紧急类型进行警情复核或立即派警处置。

监控中心在接收到报警信息后，应根据警情类别对需要复核的报警信息进行复核。报警复核应采用系统自动复核和人工复核相结合方式。报警复核可包括声音复核、图像复核或其他复核方式。监控中心接收到报警信息后，应能自动启动声音复核装置或/和图像复核装置。监控中心核实报警信息后，值班人员应能知道报警点具体位置。应能根据现场的具体情况，判断出报警类型和紧急程度。

报警信息经过核实后，应按照预案及时转发到相关部门（如110、119、122等）和相关人员。报警转发可采用自动转发和人工转发两种方式，自动报警转发按照预案执行；人工转发可采用值班人员电话、手持对讲机等报告或手动触发紧急报警装置等方式。报警信息转发后，值班人员应根据相关指令或预案采用手动或自动方式对报警现场进行录像。

监控中心值班人员应采取手动或自动方式对报警事件的整个过程进行记录（录音或/和录像），记录内容包括但不限于报警时间、地点、报警类型、报警接收者信息、处理过程和处理结果。对误报警信息应记录误报警类型和误报警的原因。对真实报警信息应长久保存，并满足安全管理需求。应提供按时间、类型和事件检索的报警记录。应对报警记录进行分析，统计并生成报表。

（二）系统维护的内容及要求

安全防范系统维护保养一般包括但不限于检查、清洁、调整、测试、优化系统、备份数据、排查隐患、处置问题等工作。

1．检查设备时，应对设备进行物理检查、运行环境检查、电气参数与性能检查等。

2．清洁设备时，应根据设备类型使用吸（吹）尘、刷、擦等方法对设备表面或内部的灰尘、污物等进行清理。

3．调整设备时，应按照标准规范、技术手册和使用/管理要求对设备的安装位置、防护范围、电气参数、运行模式等进行设置与校正。

4．测试设备/系统时，应按照标准规范、技术手册和使用/管理要求对设备/系统的功能/性能进行测量试验。

5．优化系统时，应按照标准规范和使用/管理要求对系统的参数、设置等进行合理配置。

6. 备份数据时，应根据使用/管理要求对重要数据进行转存、转录，并确保数据和存储介质的安全。

7. 排查隐患时，应对可能造成系统不稳定运行、系统设置/功能/性能等不满足标准规范和使用/管理要求的情况进行详细检查与记录。

8. 处置问题时，应根据检查、测试及隐患排查过程中发现的问题，提出处置建议，经建设/使用单位同意后，采取相应的措施进行解决。

六、系统发展趋势

随着犯罪暴力化、复杂化、团伙化、智能化和隐蔽性，社会治安综合治理的任务更加艰巨，大大促进了安全防范技术手段的变革，使得安全防范系统不论是在器件上，还是在功能上都有了飞速的发展。随着科学技术突飞猛进的发展，各学科的相互促进与渗透，尤其是光电技术、微电子、微计算机和数字视频技术的发展，以及多媒体技术的广泛应用，安全技术防范系统和产品已由传统的模拟式走向高度集成的小型化、数字化、智能化、网络化。将防盗报警、视频监控、出入口控制和楼寓保安对讲等系统相互集成，融为一体，使之成为复合型综合系统，并与智能建筑控制系统有机结合，已成为安全技术防范系统发展的必然趋势。

（一）智能化

智能一般具有以下特点：①具有感知能力，即具有能够感知外部世界、获取外部信息的能力，这是产生智能活动的前提条件和必要条件；②具有记忆和思维能力，即能够存储感知到的外部信息及由思维产生的知识，同时能够利用已有的知识对信息进行分析、计算、比较、判断、联想、决策；③具有学习能力和自适应能力，即通过与环境的相互作用，不断学习积累知识，使自己能够适应环境变化；④具有行为决策能力，即对外界的刺激作出反应，形成决策并传达相应的信息。具有上述特点的系统则为智能系统或智能化系统。

随着安全技术防范系统向数字化、网络化发展，组成安全防范系统的各种安全技术防范产品也向着多功能综合化方向发展。智能化的系统不是孤立地反映各种物理量和状态的变化，而是全面地从它们之间的相关性和变化过程的特征去分析和判定，从而得出更加合理有效的探测结果。

（二）集成化

系统集成是通过计算机网络技术，实现各个分离的设备、功能和信息等集成到相互关联的、统一和协调的系统之中，使资源达到充分共享，实现集中、高效、便利的管理。安全防范系统的集成化，包括单一系统的集成化，也就是由一个系列的产品所组成的一套系统，如入侵和紧急报警系统、视频监控系统、出入口控制系统等。同时还有多系统集成，多系统集成既有由众多的单一系统所组成的一整套大的系统，也有不同安防系统的集成。安防系统集成既可作为一个独立的系统集成项目，也可作为一个子系统包含在城市应急指挥系统、智能建筑系统、工业监控监测管理系统等集成中。

随着科技不断进步，安防行业应用领域的不断扩大，从入侵和紧急报警、视频监控、出入口控制、防爆安全检查等几个大类传统产品和工程服务，发展到报警运营、中介、资讯等专业化服务，随着业务融合以及数据挖掘和分析的技术发展，基于大数据、面向信息整合的智慧城市共性集成平台是必然方向。因此，随着数据时代、信息时代的到来，系统集成化发展大势所趋。

（三）规模化

安全技术防范市场发展速度决定了安全技术防范系统的规模化。近年来，逐渐加大的安全技术防范资本投入是其规模化的条件，而安防行业社会化是其规模化的保障。随着安全技术防范的社会化，它已由单位、个人，向小区、社区转为区域化。因此，也可以说，技术防范的社会化亦是其规模化发展的过程。当然，安全技术防范的网络化也拉动了其规模化的进程，由于网络技术的支持，使安全防范行业的综合服务功能得以实现。

本章小结

医院安全管理是保障医院正常运转、健康发展的重要因素。随着社会形势的变化，医院安全管理正经历着从经验管理向科学管理的转变。医院管理者应充分认识到安全管理的重要性，熟练掌握相关的知识技能，不断探索新领域中新问题、新风险的防范应对方法，建立标准化安全管理模式，依法依规做好医院安全管理工作。本章主要介绍了医院安全与应急管理内容，包括消防系统、安防系统功能介绍，消防、治安和危险化学品等的日常安全管理要点以及公共卫生事件应急救援后勤保障体系和灾难事件紧急医学救援的重点工作。本章需要学生掌握相关医院安全管理概念和管理体系架构，了解医院安全智能化管理技术及相关内容，熟悉消防系统、安防系统构成及各系统功能点和管理要点。通过本章的学习，学生需掌握医院安全与应急管理的基本理论及工作内容。

（李树强　唐锦辉　赵　欣）

第八章　智能化管理系统

学习目标

1. 掌握　医院后勤智能化管理的基本概念、范围；智能化管理系统的顶层规划原则、方案设计和实施模式。

2. 熟悉　医院后勤智能化管理系统的架构与功能；实施要点。

3. 了解　医院后勤智能化管理系统技术基础；维护与升级工作内容；未来发展趋势。

第一节　系统概述

一、概念及范围

医院后勤智能化管理是智慧医院的重要构成部分，是随着数字化、网络化、智能化发展而出现的概念，也是一种面向应用实践的提法，目前并没有统一的定义。随着信息技术的发展，相关联的概念也在不断变化，如后勤管理信息化、数字化后勤管理、智慧后勤管理等。有关信息化、数字化、智能化和智慧化等概念，以下例举相关基本解释。

（一）信息化

中共中央、国务院印发的《2006—2020年国家信息化发展战略》提出："信息化是充分利用信息技术，开发利用信息资源，促进信息交流和知识共享，提高经济增长质量，推动经济社会发展转型的历史进程。"2018年，国家卫生健康委员会印发了《全国医院信息化建设标准与规范（试行）》。

（二）数字化

全球知名信息技术咨询公司Gartner认为"数字化是通过数字技术改变商业模式，提供新的营收点与价值创造的机会”。2020年，国务院印发的《关于加快国有企业数字化转型工作的通知》中“将数字化转型作为改造提升传统动能、培育发展新动能的重要手段”。

（三）智能化

通常和行业领域结合，例如智能制造和智能建造等。工业和信息化部、财政部印发的《智能制造发展规划（2016—2020年）》文件中认为“智能制造是基于新一代信息通信技术与先进制造技术深度融合，贯穿于设计、生产、管理、服务等制造活动的各个环节，具有自感知、自学习、自决策、自执行、自适应等功能的新型生产方式”。

（四）智慧化

以智慧医院为例，欧盟认为，智慧医院是“基于流程优化、自动化而建立的资产互联互通的信息和通讯技术环境，尤其是基于物联网技术，以改善现有患者的医疗流程，并引入新的功能”。2021年，国家卫生健康委员会发布了《医院智慧管理分级评估标准体系（试行）》。

虽然以上概念都建立在信息技术基础之上，在实践中也经常被互用，但仍然有本质差别。以医院后勤管理应用场景看，信息化强调业务信息管理，数字化强调管理对象的数据化和数据利用，智能化强调管理活动的智能支持，而智慧化则是更高级的综合能力。医院智能化管理是建立在信息化和数字化基础上，以实现后勤的智能化和智慧化管理，在现阶段，智能化和智慧化具有一定语意上的重合。

后勤智能化管理系统的功能范畴与后勤管理的范围相一致，即包括后勤服务、建筑管理、能源管理、安保管理、资产管理、基建管理、医用设备管理、物流管理等。但由于后勤管理也是一个开放和不断延伸的概念，因此后勤智能化管理系统的应用范围也在不断扩大，例如医用设备和医疗辅助管理系统、智慧医院、智能建筑和智能设施管理的不断发展都会拓展后勤智能化管理系统的范围。

二、技术基础

医院后勤智能化管理系统的建设涉及多个方面的技术基础，既有硬件技术也有软件技术，既有成熟技术也有新兴技术，总体上可以概括为以下几个方面。

（一）信息基础设施

信息基础设施是实现智能化管理系统的基础支撑，涉及通用型信息通信网络以及以第五代通讯技术（5G）、云计算等新兴技术为代表的新型信息通信网络。由于医院信息通信网络的特殊性，一般包括内网、外网和智能化专网三套物理独立的部分，其网络用途、网络架构和网络安全都有不同的要求（表8-1）。

表8-1　医院后勤智能化通用型信息基础设施特征

网络	医院内网	医院外网	智能化专网
网络用途	用于医院信息管理系统、电子病历系统、临床信息系统、医学影像系统、放射信息系统、医疗辅助智能化系统等	用于医院办公自动化、门户网站、对外发布和互联网医学资料查询等	用于医院内建筑管系统、能耗管理系统、后勤物业管理系统和安防系统等
网络架构	基于TCP/IP协议的以太网技术构建，采用星型拓扑架构，根据医院建设规模及业务量，可选择两层（核心–接入）或三层（核心–汇聚–接入）网络架构。对于多楼栋的院区管理，建议采用三层网络架构。考虑主干选用万兆骨干，千兆到桌面		
	采用双汇聚、双核心的模式；接入–汇聚、汇聚–核心物理链路全部采用双链路链接；数据中心单独配置服务器交换机，双链路万兆接入核心交换机	/	为了避免实时任务在优先权竞争中发生堵塞，建议采用VLAN划分各接入的弱电子系统段，并预留带宽
网络要求	高宽带、大容量和高速率，并具备扩容和宽带升级条件。核心、汇聚交换机配置时考虑冗余	稳定性和保密性低于内网	要求类似内网
网络安全	在满足相应等级安全物理环境、安全通信网络、安全区域边界、安全计算环境、安全管理中心及管理要求基础上，最大程度发挥安全措施的保护能力		

新型信息通信网络架构基于5G等广覆盖/点覆盖、智能物联网络、云计算、边缘计算实现医院内局域网和终端设备的连接以及信息的交互处理。通过5G网络、智能物联网络，并在医院内部署边缘计算，即可实现医院信息传输的本地分流；同时通过云计算进行信息处理，能高效满足院内设备互联，信息交互的需求，保证信息安全的同时节约骨干网带宽资源。

随着无线查房、移动护理、输液监控等移动医疗技术在医院的大规模应用，以及医院在提高患者的便捷、舒适度方面的重视，医院无线网络覆盖作为应用的基础，在网络规划时，无线内网、外网应物理独立，且保证全网范围内的无缝漫游，用户负载均衡管理，并实现各业务的逻辑隔离。

（二）专业化系统

包括建筑、设备与医疗专项设施管理系统、安全防范管理系统与安全设施系统、医疗辅助智能化管理系统及医学装备系统等。其中，建筑与设备管理系统包括暖通空调、公共照明、供水、排水、锅炉、变配电、电梯、建筑空间等管理系统；医疗专项设施管理系统包括净化工程、医用气体、冷冻冷藏、物流、污水处理等系统；安全防范管理与公共设施系统包括消防、视频监控、入侵和紧急报警、出入口控制、电子巡更系统等；医疗辅助智能化管理系统包括ICU探视、视频视教、候诊呼叫、护理呼应、实时定位等。

（三）数字化技术

包括建筑信息模型（building information model，BIM）技术、地理信息系统（geographic information system，GIS）技术、大数据、云计算、人工智能、区块链、虚拟现实（virtual reality，VR）与放大现实（augmented reality，AR）、图像识别等，这些技术大多为新兴技术，为智能化、智慧化管理提供了关键基础。例如基于BIM和GIS的空间管理、空间定位和室内导航，基于数据驱动的主动维修和预测性维修，基于人工智能的安防预警和应急管理，基于大数据的能耗和环境管理，基于VR和AR的维修管理等应用。在后勤智能化管理系统的数字化技术应用中，也遇到了技术和标准的统一性问题，例如数字化模型、数字化设备和数字化传输等相关技术标准的建立和应用，以实现系统的协同性和集成性。

三、应用价值及挑战

（一）后勤智能化管理系统的应用价值

随着医院后勤管理对象越来越多、要求越来越高，复杂性挑战也越来越大，传统管理模式和管理手段很难满足现代医院后勤管理需求，运用智能化管理系统辅助医院后勤管理成为必然趋势，其具有以下价值：

1. 医院后勤管理更安全 医院是安全性和敏感性要求较高的场所，安全管理是医院管理的底线，而后勤管理是支撑医疗服务安全和医疗服务连续性的保障，具体涉及设备运行安全、能源供应安全、消防安全、危化品安全、感染安全、公共安全、应急响应等各个方面，任何微小的安全隐患都可能都会酿成重大医疗事故或者公共安全事件，因此需要更高水平的安全管理。通过智能化管理系统，可以使医院后勤安全管理更精细、更主动、更前瞻，响应也更及时。

2. 医院后勤管理更高效 医院运维成本高昂，仅能耗费用方面每年就可能达到上千万甚至数千万元，而基建和改造成本则更高，如何降低医院的运营成本以支持可持续发展成为高质量医院后勤管理的关键挑战和压力。另一方面，随着管理内容、外包服务和合作单位的增多，医院后勤管理的组织协调也越来越复杂，高效成为医院后勤管理的重要目标。通过智能化管理系统，可以使医院后勤管理更精益和更可持续、成本管理更精细、组织协同更高效，管理效能也更高。

3. 医院后勤管理更韧性 随着外部环境的不确定性增加，大规模突发事件日渐频繁，医院受到外部不确定性事件冲击的威胁也越来越多。例如2020年初新冠肺炎疫情的暴发，地震等自然灾害的影响，都对医院的连续正常运行产生了根本性影响，也对医院应对意外挑战的适应能力和韧性能力提出了新的挑战。通过智能化管理系统，可以使医院后勤管理具有更敏捷的反应能力、更快速的响应能力、更高效的恢复能力，复杂性环境的适应能力也更强。

4. 医院后勤管理更人性化 医院即服务，人性化是医院管理的使命。医院的服务对象包括患者和医护人员，即医院需要为医患双方提供更人性化的医疗服务和医院管理。但随着需求水平的不断提升，医院的人性化管理也越到了更高的挑战，例如高质量的诊疗环境要求、更及时和更多样化的需求响应、更高效的就医服务等。通过智能化管理系统，可以使医患后勤管理具有更快速的需求响应能力、更个性化的需求满足以及更便捷化的医疗服务提供，医院服务和管理的人性化程度更高，用户的医疗服务体验也更好。

（二）后勤智能化管理系统的应用挑战

2020年，上海申康医院发展中心组织了后勤智能化管理系统的应用调研，调研表明，后勤部门负责人对智能化管理系统的满意程度还不高，部分专业化系统还不完善，智能化管理系统的建设还存在难点和痛点，如子系统众多、数据不一致和管理繁杂等。医院智能化管理系统的应用挑战主要体现在以下几个方面：

1. 信息交互、数据对接与系统集成程度不高 由于后勤智能化管理子系统众多，供应商众多，涉及各项技术较多，建设时序不同，从而导致数据格式、数据接口和数据标准等不一致，系统间集成困难，进而带来系统繁杂、功能重叠、应用效率低下等问题，给系统建设、维护管理和迭代升级带来了巨大挑战，需要通过技术创新、建设与运维管理模式的创新加以解决。另外，后勤管理缺少统一的指挥和管控平台，形成了后勤智能化管理的“孤岛”现象和“烟囱”效应，为进一步实现智能化和智慧化管理带来了阻碍。

2. 管理理念、管理模式与管理组织落后 目前，医院后勤管理在整个医院管理中的地位和价值还没有得到充分认识，重视程度不足，管理理念落后，以人为本、精益思想、预防性维护、全生命周期集成管理、设施管理、数据驱动的智慧管理等还没有得到全面应用。管理模式和管理组织还较为传统，管理的职能化割裂还比较严重，对外包服务的管理也较为粗放，管理流程还不通顺。这些问题给后勤智能化管理系统价值的充分发挥形成了障碍。

3. 一次性和经常性投入不足，迭代升级跟不上技术进步 一方面，后勤智能化管理系统投入一次性成本较高，这给医院院方带来较大压力，一些医院为了节省开支，初始投入不足；另一方面，由于后勤智能化管理系统无法为医院直接创造价值，因此往往缺乏持续性、经常性投入，从而给系统的迭代升级带来了影响。信息技术发展的摩尔定律使得后勤智能化管理的相关技术在飞速发展，要使后勤智能化系统跟上技术进步，既需要充分的初始投资，更需要经常性投入。

4. 缺乏专业化的后勤管理和智能化管理人才　医院后勤管理是一项专业性较强的工作，但由于专业培养、待遇和职业发展等各方面影响，目前医院较为缺乏专业化的后勤管理人才队伍。而随着新兴技术的飞速发展，后勤智能化管理系统的建设、维护和应用管理需要更为专业化和复合型人才，而目前我国对智能化后勤管理的人才培养和教育支持还不足。

5. 信息交互和信息安全问题　医院是信息安全要求较高的专业服务场所，建筑信息、设备设施信息与控制、医患人员隐私等都有较高的信息安全要求，例如手术室、新生儿病房等重要场所和敏感部位的外部访问控制。如何在数据开放和集成的基础上确保数据的物理安全、访问安全、控制安全、知识产权保护、公共安全等，是医院后勤管理智能化系用应用的一大挑战。

第二节　系统架构与功能

一、系统架构

系统架构体现了后勤智能化管理系统的总体建设内容、功能范围和各组成部分之间的关系，也体现了系统设计的技术理念和技术应用。系统架构具有不同的描述方法，例如总体架构、功能架构、技术架构等，通常以层次化和模块化方式进行体现。在分层上，有的将系统架构分为信息基础设施、专业系统层、集成中台层和应用服务层，而有的则分为信息基础设施、业务应用层、平台信息交互层、平台信息资源层、平台服务层、平台应用层和平台门户层等更多层次。随着技术的不断发展，后勤智能化管理系统架构也在不断演化。

除上一节介绍的信息基础设施外，以下是其他常见的各层次简要介绍。

（一）专业系统层或业务应用层

该层为智能化管理系统的应用基础、功能基础和数据基础，一般包括建筑、设备与医疗专项设施管理系统、公共安全设施系统、医疗辅助智能化系统和医学专备系统等。由于医院间需求的差别，专业系统部署的功能会有所差别。另外，这些系统可能有独立的系统，需要和智能化管理系统进行对接和数据交互。

（二）数据信息处理与服务层或集成中台层

中间件集成平台简称集成中台，主要为整个系统提供数据存储和管理、数据集成与处理、信息协同与共享、系统服务等功能，具有承上启下作用，一方面对接底层各类智能化、信息化子系统，另一方面为上层应用层提供数据服务和系统服务。由于能更敏捷地适应应用需求变化，将业务之间的复杂交互进行解耦，以避免功能重叠和重复建设，集成中台逐渐成为大型智能化系统的一种技术模式。

（三）应用服务层

主要面向后勤管理人员的交互应用，包括后勤服务管理系统、资产管理系统、基建项目管理系统、应急响应及公共安全管理系统、能效监管系统、医学装备运行管理系统，以及其他公共服务管理系统等。医院可以根据实际需求，灵活开发和配置各类后勤管理服务应用或进行功能扩展。另外，为了更方便地服务不同用户对象，使用户个性化获取信息，可以构建系统的门户应用。

图8-1为一种典型的系统架构。该系统在信息通信基础设施的基础上，构建了三层架构，尤其是采用了集成中台模式，以满足数据和系统的基础需求和更灵活的功能扩展需求。

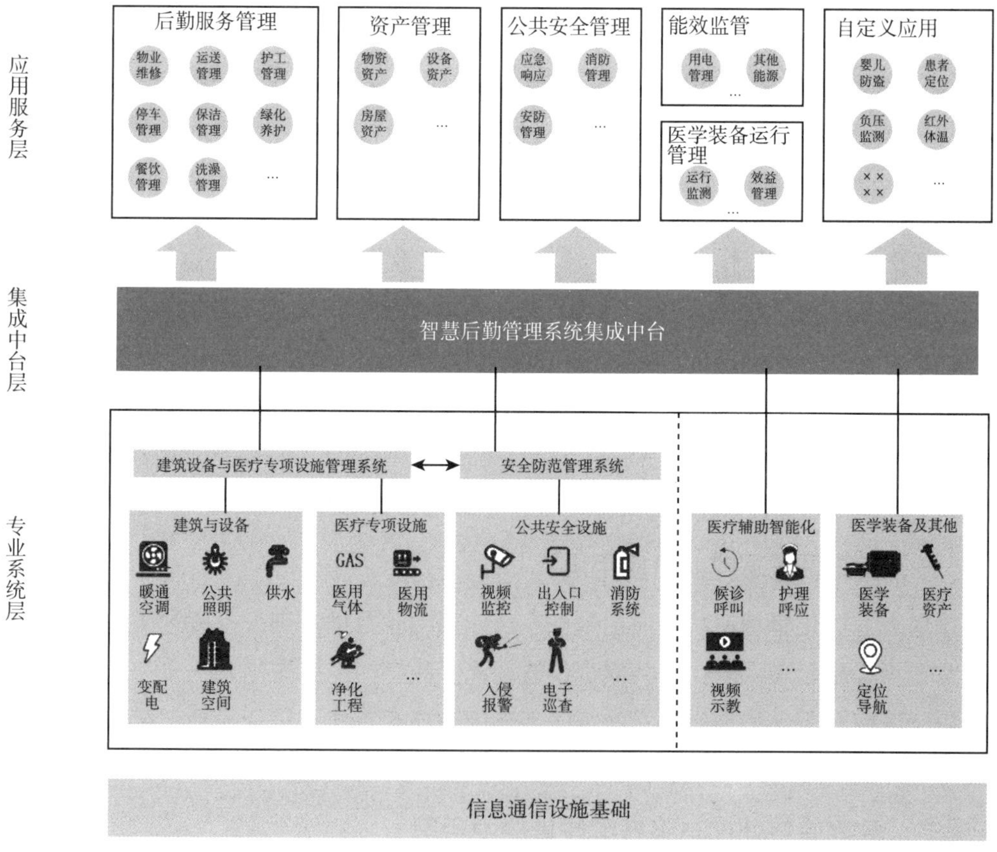

图8-1　一种典型的系统架构

智能化管理系统的设计、构建和运行是一项系统工程。系统架构的设计一是要考虑层次化、结构化和模块化；二是要考虑医院的实际需求、实际投入和未来的发展规划；三是要考虑技术的成熟度和未来的发展趋势。另外，系统运维管理体系、安全管理体系以及国家、行业和医院相关标准规范等也是保障系统高效运行的组成部分。

二、系统总体功能

智能化管理系统的功能既要满足国家规范和智慧医院建设要求，也和医院自身等级类别、建设条件和建设需求相关。由于医院运行需求的特殊性，其智能化系统也和通常建筑的智能化系统具有很大区别。表8-2为典型的智能化管理系统的主要功能构成。

表8-2　医院后勤智能化管理系统的主要功能构成

<table>
<tr><th></th><th colspan="3">功能分项展开</th></tr>
<tr><td rowspan="8">应用服务层</td><td>后勤服务管理系统</td><td colspan="2">物业维修管理、停车管理、运送管理、保洁管理、餐饮管理、绿化养护、护工管理、洗涤管理、医废管理、会议管理、其他</td></tr>
<tr><td>资产管理系统</td><td colspan="2">物资资产管理、设备资产管理、房屋资产管理、其他</td></tr>
<tr><td rowspan="4">基建项目管理系统</td><td>新建项目管理</td><td rowspan="4">或按照项目管理职能和流程展开，如前期手续、招标管理、合同管理、进度管理、造价管理、质量安全管理、文档管理等</td></tr>
<tr><td>大修项目管理</td></tr>
<tr><td>零星维修管理</td></tr>
<tr><td>其他</td></tr>
<tr><td>应急响应及安全管理系统</td><td colspan="2">消防管理系统、安全防范管理系统、其他</td></tr>
<tr><td>能效监管系统</td><td colspan="2"></td></tr>
<tr><td rowspan="4">应用服务层</td><td>医学装备运行管理系统</td><td colspan="2"></td></tr>
<tr><td>物流管理系统</td><td colspan="2"></td></tr>
<tr><td>BIM运维管理系统</td><td colspan="2"></td></tr>
<tr><td>其他</td><td colspan="2"></td></tr>
<tr><td>集成中台层</td><td>系统集成中台</td><td colspan="2"></td></tr>
<tr><td rowspan="6">专业系统层</td><td rowspan="2">建筑设备与医疗专项设施管理系统</td><td>建筑与设备系统</td><td>暖通空调系统、公共照明系统、供水系统、排水系统、锅炉系统、变配电系统、电梯系统、建筑空间管理系统、其他</td></tr>
<tr><td>医疗专项设施系统</td><td>净化工程系统、医用其他系统、冷冻冷藏系统、物流系统、污水处理系统、其他</td></tr>
<tr><td>安全防范管理系统与公共安全设施系统</td><td colspan="2">消防系统、视频监控系统、入侵和紧急报警系统、出入口控制系统、电子巡查系统、其他</td></tr>
<tr><td>医疗辅助智能化系统</td><td colspan="2">病房（ICU）探视系统、视频示教系统、候诊呼叫系统、护理呼应系统、婴儿防盗系统、室内定位等其他系统</td></tr>
<tr><td>医学装备管理系统</td><td colspan="2"></td></tr>
<tr><td>其他专业系统</td><td colspan="2">公共广播系统、信息发布系统等</td></tr>
</table>

此外，作为建筑智能化管理的信息设施系统也是后勤智能化管理系统的重要基础支撑，例如布线系统、移动通信室内信号覆盖系统、用户电话交换系统、信息网络系统、有线电视系统、公共广播系统、信息导引及发布系统、数据存储设备设施等。

机房工程与控制中心是智能化管理系统的设施基础，包括信息接入机房、有线电视前端机房、信息设施系统总配线机房、智能化总控室、信息网络机房、用户电话交换机房、消防控制室、安防监控中心、智能化设备间、应急响应中心及机房监控系统等。统一的集成监控中心和无人值守机房也是重要发展趋势。

三、专业系统功能

（一）建筑设备与医疗专项设施管理系统

建筑设备管控方式应与建筑设备的运行工艺相适应，实现对各建筑设备系统的远程集中监控、故障报警实时监测，同时还可以对机电设备系统进行优化控制，提高机电设备系统的运行效率，在满足医院运营生产需要的同时，达到节能降耗的目的。建筑与设备管理系统还应具备建筑空间管理能力，可以从系统上查看各建筑空间的使用状况、环境状况和设备系统运行状况。BIM技术为建筑设备及空间管理提供了可视化和数字化基础。

医疗专项设施系统主要是更好地为医院医疗运营生产提供服务，包括净化工程、医用气体、冷冻冷藏、医用物流、污水处理等。医疗专项设施各子系统可以通过专项软件或者硬件接口接入到医院后勤智能化管理系统中。表8-3为医疗专项设施管理系统的主要监控对象和内容。

表8-3　医疗专项设施管理系统的监控对象和内容

内容	监控对象和内容	
净化工程	环境	室内空气品质、噪声、温湿度等
	空调机组	风机运行状态、故障报警和远程控制；新风、回风和送风的温度湿度和风阀开度；滤网压差；水管、蒸汽管和加湿管阀门开度等
	送排风系统	风机运行状态、故障报警、启停控制、手自动状态
医用气体	氧气系统	末端流量、压力和报警
	压缩空气系统	空压机的运行状态、故障报警、启停控制、手自动状态；压力罐的流量、压力和报警
	负压吸引系统	负压吸引泵的运行状态、故障状态、启停控制、手自动状态；负压罐的流量、压力和报警

续 表

内容	监控对象和内容	
冷冻冷藏	环境	温度、温度高报警、温度低报警
	送风系统	风机运行状态、故障报警、手自动状态
物流系统	气动物流系统	主站的当前排队情况、运送队列、运行状态、故障报警；分站的运行状态、故障报警
	轨道物流系统	系统的当前排队情况、运送队列、运行状态、故障报警；小车的当前位置、运行状态、故障报警
	机器人物流系统	系统的当前排队情况、运送队列、运行状态、故障报警；机器人的当前位置、运行状态、故障报警
污水处理	设备	运行状态、故障报警、手自动状态
	排放指标	余氯、逐时逐天排放量

（二）安全设施系统与安全防范管理系统

安全防范是综合运用人力防范、实体防范和电子防范等多种手段，预防、延迟或阻止入侵、盗窃、抢劫、破坏、爆炸和暴力袭击等时间的发生。安全防范管理系统主要是利用传感、通信、计算机、信息处理及控制和生物特征识别等技术，提高对风险事件的感知、延迟或阻止风险事件发生进程的能力，以及提升风险事件处置的能力。安全防范管理系统建立在公共安全设施系统之上。图8-2为安全防范管理体系和要素。

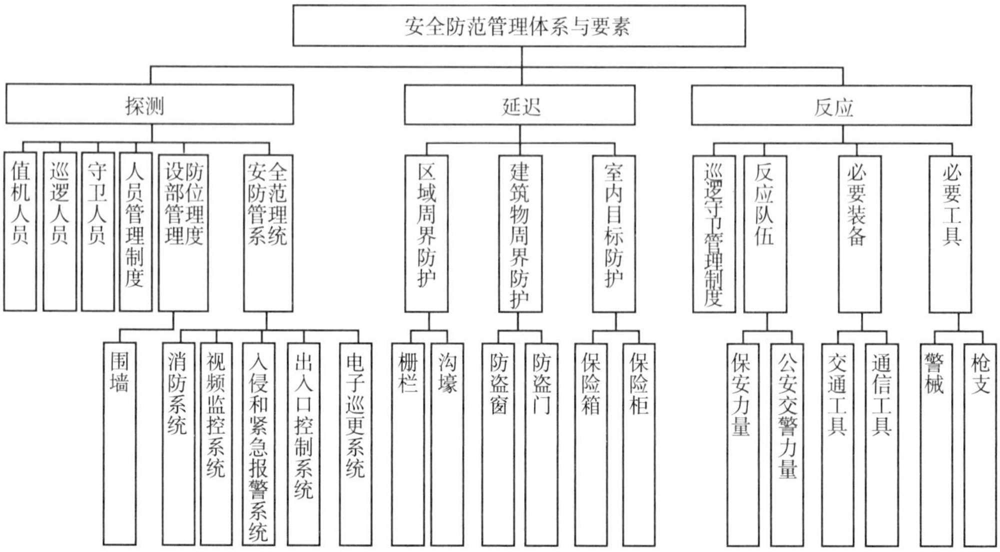

图8-2　医院后勤安全防范管理体系与要素

（三）医疗辅助智能化系统

病房探视系统、视频示教系统、候诊呼叫系统和护理呼应系统等是常用的医疗辅助智能化系统。其中，病房探视系统可方便患者和家属的探视沟通；视频示教系统有助于帮助医院完成学员培训等教学任务；候诊呼叫系统或称排队叫号系统有助于改善医院候诊区的秩序和服务质量，净化医院医疗环境，减轻医护人员工作压力，提高服务效率；护理呼应系统可以方便患者求助与咨询，降低医护人员来回奔走病房频率，提高工作效率，降低工作压力，同时也减少医护人员和患者的直接接触，降低交叉感染概率；实时定位系统中院内导航方便患者和来访人员的院内寻路，患者定位可更好地为其提供医护服务，也有助于防范特殊患者离开病区，员工定位可协助快速定位及紧急求助定位，例如暴力事件发生时的精确定位，移动设备定位可方便资产管理、设备查找、维修与应急影响等。医疗辅助智能化系统宜采用全网络架构，并能通过软件接口接入到职能化管理系统。这些系统的功能和设备组成见表8-4。

表8-4　医疗辅助智能化系统的功能和设备组成

系统名称	系统功能	系统设备组成
病房探视系统	实现病房患者与家属之间的探视对讲功能	包括管理主机、家属探视主机和病房分机等
视频示教系统	帮助实现视频教学功能，常用的是手术视频示教系统，包括手术直播、手术点播、手术录播等功能	信号采集设备、多媒体录播服务器、网络存储、信号接收和显示设备、控制台和管理平台等
候诊呼叫系统	多种类型排队服务、号票编辑打印、出票打印、显示屏显示和语音提示、其他扩展功能等	包括自助签到机、叫号显示屏、二次候诊屏、虚拟叫号器和叫号广播功放等
护理呼应系统	呼叫接受和显示、多路同时呼叫、优先呼叫和紧急呼叫、双向通话、现场图像显示、故障自检等功能	包括护士站主机、病房门口机、病床分机、走廊显示屏和防水按钮等
婴儿防盗系统	婴儿安全状态判断、报警提示、追踪信号等	包括标签和腕带、信号接收器、出口监视器、门禁报警器、录入器、网关和终端管理软件等
实时定位系统	包括院内导航、患者定位、员工定位和移动设备定位等功能	包括穿戴设备、带有定位功能的工卡、定位标签和定位管理系统等

（四）医学装备管理系统

医学装备或称医疗装备是指医疗卫生机构中用于医疗、教学、科研、预防和保健等工作，具有卫生专业技术特征的仪器设备、器械、耗材和医学信息系统等的总称。随着医疗技术的发展，现代医疗服务越来越依赖医学装备，医学装备已占医院固定资产的一半左右，因此对设备的管理、维护和保养需要也越来越高。医学装备系统宜通过软件结构集成接入医院智能化管理系统中。医学装备管理系统主要涉及供应和管理两大方面，具体包括设备申购和论证管理、设备资产管理、设备维护和维修管理、高值耗材管理等功能，与资产管理系统紧密关联。医学装备的全生命周期管理以及基于云端的第三方服务管理成为医学装备管理的重要理念和创新方式。

四、集成中台系统功能

集成中台能较好满足医院后勤智能化管理系统的易拓展、易重构的灵活性需求。集成中台通过中间件技术解耦了集中中台与众多子系统、系统设备的耦合关系，对医院后勤管理服务应用平台提供统一的数据接口和数据模型（包括设备模型和空间模型），让服务应用平台集中于应用功能的开发。集成中台系统功能包括数据采集和数据可视化管理等功能。数据采集要具有符合要求的响应能力，而数据管理是集成中台系统的核心功能，包括数据存储、元数据管理、智能实体管理、知识图谱和流数据管理等，简要介绍见表8-5。

表8-5　集成中台数据管理系统功能

系统功能	功能定位或内涵	功能描述
数据存储	整个中台的数据基础	经采集程序过滤清洗的数据、系统配置的数据、系统的资料数据均存储于系统中台的数据库。数据存储应具有数据分类和大数据处理能力，应具有千万级、亿级数据量的快速响应查询能力
元数据管理	系统中用于描述数据的数据	应包含常用管理对象的数据模型描述，如空调设备、给水排水设备、计量表具和医用气体设备的数据模型等
智能实体管理	智能实体是设备设施的数字孪生	包括智能化系统设备设施的数字化模型、相关联的智能化设备以及各设备属性状态等内容定义和配置
知识图谱管理	提供图形化的数据管理服务	具备设备ID号、类型、空间位置、自身属性、相关联的设备等内容查询功能
流数据管理	带有时间戳且时序性强的数据，如传感器数据、报警数据、视频监控数据等	流数据的时间戳和数据本身同时做记录管理，以供平台后续做的统计分析
消息订阅服务	/	中台一方面提供系统应用层的数据消息订阅服务，另一方面也提供子系统之间数据交互功能，如后勤服务子系统与能源管理系统、设备监控系统等系统之间的数据交互
智能分析服务	/	提供包括建筑能效分析、空调系统能效分析、设备故障预警、配电故障预警等功能接口，系统应用层可生成相应的分析诊断界面

续　表

系统功能	功能定位或内涵	功能描述
系统健康度分析	/	可定时检测设备在线状况、通信状况、故障状态等信息，以供系统诊断维护
身份认证和安全监测	/	对外提供的数据接口，都应具有身份认证的功能，并采用安全协议进行数据传输

五、应用服务功能

（一）后勤服务管理系统

使用对象主要为医院总务科的工作人员，主能功能包括：

1. **物业维修**　提供医院后勤日常报修维修管理，包括电话和移动终端报修、监控中心调度、维修进度监控、维修成本统计、满意度评价、维修绩效分析等。

2. **维保管理**　指医院后勤管理部门年度制定的各类机电设备、后勤基础设施维修保障计划的管理，如空调冷水机组的保养、末端风机盘管的清洗、电梯的安全检测等内容，系统可以制作或录入年度、季度、月度的维保计划，生成相应的工作计划日程表，并记录各维保的实施效果和评价建议，以供后续工作的改进。

3. **巡检管理**　将二维码或者RFID标签作为医院后勤设备设施识别标识，巡检人员通过手持移动终端扫取二维码或者RFID标签，自动识别获取设备设施相关台账信息，并与BIM链接。巡检人员将现场的巡检结果通过文字或图片的形式上传至医院后勤智能化管理系统。

4. **运送管理**　包括运送申请、中央运送管理、循环运送管理、运送排班、工人绩效管理及相关的统计分析等。

5. **保洁管理**　包括医院保洁计划的制定、保洁计划的执行记录、执行效果的满意度评价等。

6. **餐饮管理**　可通过移动App的形式，提供线上的点餐服务。

7. **护工管理**　包括护工的需求用工申请、用工计划、用工结果及满意度评价的记录等。

8. **洗涤管理**　采用RFID标签形式，记录衣物的科室和具体使用对象；洗涤交接时，通过RFID扫描设备，自动识别衣物数量、类别、来源等内容。

9. **医废管理**　记录医废收集时间、重量、类别、产生科室、收集人、科室确认人等信息，并可通过室内定位技术记录医疗收集车的轨迹；出入库信息通过移动端App和电脑端录入，保存出库记录和痕迹，确保交接信息留存；形成各类统计报表；对出入库异常等进行预警，跟进处置结果。

10. 绿化养护管理 主要包括医院绿化养护计划的制定、绿化养护的执行结果记录及执行效果的满意度评价等。

（二）资产管理系统

此功能应与建筑空间管理系统及BIM运维系统相结合，主要功能包括：

1. 物资资产管理 是对医院后勤工作中所涉及的机电设备、备品备件及运维耗材进行管理，包括物资资产的采购申请、采购审批、台账管理、进出库管理、借用管理、物资盘点管理、货位管理等。

2. 医学设备资产管理 包含医疗设备台账管理、库存管理、条码或者RFID标签管理，以及折旧、转科、报废等功能，同时具备医疗设备的采购申请、采购审批、采购合同管理、维保合同管理、数据统计分析等功能。在此基础上，对一些移动式的医疗设备，如呼吸机、轮椅等，可以采用室内定位技术和BIM技术对设备进行查找和盘点管理。该模块可以与专业系统功能共享。

3. 医院房屋资产管理 包括医院房屋资产的使用申请、房屋分配、科室房屋信息变更、建筑图纸资料、BIM管理等功能。

（三）基建项目管理系统

主要面向新建项目、大修和零星维修项目的全过程管理，以及投资、进度、质量、合同、文档等全方位管理。由于技术发展较快，需求也在不断变化，系统功能也在不断拓展，主要功能包括：

1. 前期管理 用于维护项目前期手续申报的信息维护，记录各类前期手续的申请时间、办结时间、核发文件等信息，可从前期手续中提取项目基本信息。

2. 投资控制 对项目概算投资的管理。可维护概算项，记录各投资项的概算金额；支持概算多版本的维护；并汇总各投资项的计划与实际情况对比，实现投资控制目标与完成投资的动态对比管理。

3. 进度控制 对项目的各级进度计划、进度执行情况、进度报告等进行管理，实时掌控进度以及对进度的预警分析。

4. 质量和安全控制 从设计和施工等全过程进行质量和安全控制，包括设计图纸管理、设计问题管理、施工质量计划、施工质量检查报告、施工质量统计与分析等。可结合BIM技术，进行设计和施工的质量安全动态可视化控制。

5. 合同管理 实现全方位的合同信息管理与查询。包括合同基本信息管理、合同招投标信息、合同支付管理、合同完成投资管理、合同变更管理、合同执行计划等；通过对单个合同的全方位管理，最终实现投资控制的动态管理。

6. 资金管理 实现从财务角度汇总各项目的用款计划、支付情况及现金状况，并支持相关财务凭证的查询。

7. 沟通管理 提供对项目过程中各类信息的共享和交流功能，包括信息沟通、会议、通知公告等的共享，可方便查询到所需信息；项目流程协同，如变更审批、现场问题处理审批、验收流程等。

8. 文档管理 应从管理文档与工程文档角度提供专业的文档集中管理功能，符合竣工档案和医院文档管理要求。

9. BIM管理 模型可视化浏览、漫游、测量及模型资源集管理等。能进行多个版本的记录、比较和管理。

（四）应急响应及安全管理系统

应急响应及公共安全管理系统一般设置于医院安防监控中心，24小时人员现场值守。该模块可以与专业系统功能共享。作为全院安全管理和应急响应指挥调度中心，主要功能包括：

1. 基于GIS地图报警管理 可以通过GIS查看报警位置，并可联动相关系统，进行报警追踪。

2. 联动视频监控系统 自动读取报警前后若干时段的视频，作为报警分析依据，方便安全事件查看。

3. 事件追踪 根据圈定的人物，自动分析其在指定时间段内的行为轨迹，以便可疑行为的查找。

4. 应急预案管理 根据医院具体应急预案要求（如火灾报警应急预案、突发停电应急预案、集中供氧故障应急预案、污水处理故障应急预案等），配置生成自动化的应急预案流程。

5. 报警级别分类和报警升级功能 定义不同紧急程度的报警，并根据报警事件的紧急程度，升级报警级别，以做相应的应急响应处理。

6. 报警事件统计分析与报告生成功能。

（五）能效监管系统

能效监管系统又称能耗管理系统，可与BIM结合，进行可视化和数字化管理，主要功能包括：

1. 能耗分项计量 医院常用能源包括水、电、天然气、蒸汽等。医院用水计量包括市政进水总管、水箱进水管、各大楼层的分水管，用水计量可形成医院用水流量的拓扑图，从而实现医院水网漏水报警；医院用电计量可分为三个层级，即医院配电进线计量、低配间馈电柜各抽屉回路计量、楼层科室用电的计量；天然气计量主要为锅炉房和厨房用气的计量；医院蒸汽计量主要包括厨房用汽、中心供应室用汽、洗衣房用汽、生活热水用气等。

2. 能耗统计分析 具备计量能耗拆分功能，可根据医院后勤管理实际的使用需求对计量能耗进行拆分，形成不同形式的能耗统计结构树，如分项能耗结构树、科室能耗结构树、机电设备系统能耗结构树，并可在能耗结构树的基础进行同比、环比、平米能耗、能耗排序等。

3. 能耗报表 具备自定义能耗报表功能，可根据医院的需求生成各类月度、年度能耗报表，供管理部门统计分析使用。

4. 用能及机电设备运行状态的智能诊断 具备用能效率诊断、机电设备运行诊断等算法引擎，并能生成相应的诊断分析结果。

（六）医学装备运行管理系统

该模块可以与专业系统功能共享，主要功能包括：

1. 设备定位管理 移动医疗设备的定位管理，可采用平面图和BIM形式，实时定位各设备的位置，并可根据设备编号进行查找。

2. 设备运行监测 大型医学装备（包括MRI、CT、直接加速器等）的运行状态监测，通过配电监测，监测设备开机次数、电流情况、电能质量（如仪表具备）等。

（七）物流管理系统

根据不同物流系统选型，物流管理系统具有不同的功能，主要功能包括：

1. 中型箱式物流系统 包括路径的分配和计算，根据起始科室和设备状态，系统自动分配最优的行进路径；与设备信号的交互，可将调度信号发送给设备，同时接收设备的运行状态和任务执行情况；任务数据的查询，可通过系统查询物品承载箱在设备上的运行情况，到达情况，当前位置；业务数据报表，可分析统计各个发送科室和接收科室的数据统计情况，流量分析；设备的可视化监控，可通过系统监控设备的运行状态，故障情况，提供精准的故障文字提示；设备运行情况分析报表，统计分析设备运行情况，故障统计情况，生成设备维护计划表，生成备件采购建议表。

2. 机器人物流仓储系统 包括封闭式搬运机器人、箱式接驳机器人、二维码仓储机器人、多层箱式分拣机器人、被服收集清点机器人和医废收集机器人等。机器人物流管理系统主要功能包括：具有一个接收上位业务数据的接口，用于接收业务系统的数据，可以对接口数据进行查看和修改，并将执行情况返回给业务系统；具有将业务系统的任务数据转换成机器人识别的数据信息，发送给机器人的功能；设备运行的可视化监控，包括机器人定位、运行轨迹、设备状态、报警定位和故障提示。

3. 轨道小车系统 包括系统监控可图形化显示整个系统运行状况，可实时监控整个系统的运转状态；可记录所有收发送记录，做出统计数据，可实时打印或存储打印，有各种报表和统计等功能；具有自动报警功能并可显示区域及故障代码，若某一车站、换向器、隔离门有故障，可关闭此设备，不影响整个系统的运行；可实现故障分析查询功能；可与医院局域网连接，具有远程在线故障诊断功能。

4. 气动物流系统 包括可图形化显示整个系统运行状况，可实时监控部件的运转状态；可记录所有接收发送记录，并可以形成统计数据，以图表等方式显示；具备异常自动报警功能并可定位具体部件；可实现故障分析查询功能。

（八）BIM运维系统

利用BIM的可视化、参数化、性能化和集成化特征，形成基于BIM的运维管理，是目前的一个重要趋势。BIM运维系统需要和既有专业管理子系统进行融合和集成。主要功能包括：

1. 模型的转化、更新、操作与维护管理 包括运维信息集成与存储，建立BIM与运维信息系统的关联，集成建筑运行、维护、维修、更新、改造信息，形成建筑全生命期数据。

2. 空间的可视化管理与分析 包括空间分配、空间定位、空间统计、空间单元模型管理（如手术室、实验室、病房等）、物理空间实时监测数据呈现和空间改造分析等。可借助平台进行应急响应和平战结合的弹性转换分析，以及空间导航等。

3. 设备运行的可视化管理与分析 包括建筑设备和大型医用设备的定位、展示、拓扑结构、实时监测数据呈现和报警定位、可视化检修等。可基于BIM，查看设备的维保信息；设备检修可借助VR、AR和二维码技术等实现智慧辅助可视化和智能化检修；也可借助平台进行培训和应急演练等。

4. 建筑能耗的可视化管理与分析 包括不同空间的能耗可视化分析、预警及特殊空间或设备设施的能耗监测等。

5. 应急响应与安全的可视化管理 包括安防与消防设施的定位及报警定位、基于模型的信息调用、突发事件的定位等，也可基于模型进行安全预案分析、模拟演练及应急处置等。

（九）可视化数字化孪生门户系统

随着BIM技术、物联网技术等快速应用，基于BIM的数字孪生医院建设成为后勤智能化集成管理重要方向。采用数字孪生系统，既可以可视化展示、监控设备设施、空间和人员实时状态，也可以进行趋势预测、预警和模拟演练，为智慧医院建设提供了重要支撑。数字孪生既可以针对整个园区，也可以针对专项设备设施或特殊空间，包括智能物流系统、机器人、医用气体以及手术室、ICU等。图8-3为面向整个院区和全科病房的数字化孪生系统实例。

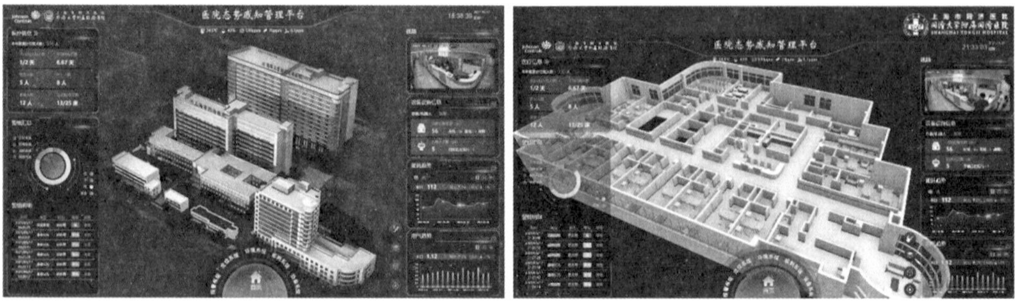

图8-3　面向整个院区和全科病房的数字化孪生系统实例

第三节　系统设计与实施

一、顶层规划

信息化建设是一项长期任务，涉及面广，投入大，需要进行整体规划并分步骤实施。需求分析是顶层规划的基本前提和信息化建设的起点；基准对标则能充分借鉴现有经验，是避免建设失败的有效方法；而架构设计是顶层规划的关键成果，也是后续信息化实施的主要框架。

（一）需求分析

需求差异决定了不同医院智能化管理系统建设方案和建设路径的差异。医院后勤管理智能化系统建设应以运营需求为中心，针对每个医院后勤运营的实际情况进行规划设计。但在实际工作中，后勤团队一开始对于具体需求往往不清晰，同时不同运营团队的角色对于管理系统的需求也不尽相同。为了梳理医院后勤运营需求，并在一定范围内达成共识和一致理解，应由医院不同角色（包括医院管理人员、后期运维人员、医护人员、项目设计咨询人员，以及信息、人事、财务等人员）举行需求分析研讨会。通过系统建设及运营挑战分析、解决方案讨论、关键场景及应用实例定义等，逐步形成医院不同角色对于医院后勤智能化管理系统的愿景、挑战、解决方案的一致理解和优先级排序，为后勤管理系统技术路线规划打下坚实基础。

医院后勤智能化管理系统建设需求评估包括以下几个方面的内容：

1. 战略需求分析 随着智慧医院等医院数字化转型战略的实施，信息化成为医院提高服务效能和战略竞争力的重要支撑。但不同医院由于自身发展定位、学科定位、服务定位等差异，对信息化的需求也不尽相同。后勤管理部门在医院总体需求分析的基础上，应更深入地分析后勤智能化管理的系统性需求。

2. 业务需求和挑战分析 通过头脑风暴、归类排序、陈述投票等一系列过程确立医院后勤建设运营的主要挑战，帮助医院后勤运营团队梳理后勤管理工作中的主要障碍。

3. 解决方案讨论 围绕已经定义的主要挑战，探讨如何借鉴以往经验或通过创新的方式、方法，利用技术、运营等不同手段应对挑战。从对运营效率的影响、对医护服务质量的影响，以及技术可行性等方面综合评价各种解决方案的优劣，确立医院后勤智能化管理核心解决方案。

4. 关键场景及应用实例定义 关键解决方案的具体实现往往不是依赖于单一的技术或运营手段，而是一系列技术、流程和管理方式等的组合。应根据不同医院后勤管理的不同特点，定义不同医院后勤管理的关键场景及应用实例。关键场景及应用实例设计打破了传统上以技术为导向设计模式，将其转变成为以关键场景为导向的整体规划。

医院可自行开展需求分析与评估，也可委托专业的信息化咨询单位开展此项工作。业务需求应形成正式报告，并作为信息化开发和验收的重要依据。信息化需求分析报告应包括现状、功能需求与非功能需求分析（包括性能需求、用户角色需求、易用性需求、可靠性需求、安全性需求和可维护性需求等）、数据需求描述、系统实施和验收要求等。需求分析尽量采用结构化表格、逻辑图或流程图等方式。但由于组织架构、业务内容和管理流程等本身存在多变性，因此业务需求也会不断变化。

（二）基准对标

智能化和信息化建设需要在共性化的基础上实现个性化，而共性化的形成主要来源于标准规范的要求和行业学习的最佳实践经验。

1. 标准规范对标 对于医院建设而言，除了一般建筑的要求外，还需遵循医疗建筑专项标准和各类医院评审标准。医院后勤管理智能化系统建设前期应针对具体建设内容对相关标准规范进行梳理，明确建设最低基准和应具备的最低功能技术要求。

2. 系统建设对标 应借鉴已有的成熟经验和教训，针对国内外医院后勤智能化管理系统最佳实践进行对标，分析建设内容、建设投资、具体收益及经验教训，为系统建设精准定位打下基础。

（三）架构设计

在建设需求评估后，应将需求评估中达成一致理解的主要解决方案、关键场景及应用实例设计转化为可以实施落地的技术描述（包括但不限于系统组成、系统集成应用逻辑关系、系统集成信息流、关键集成应用实例、整体集成架构、子系统设计要求、造价估算等），并始终以医院后勤管理建设愿景及应对主要挑战为目标，来设计医院后勤智能化管理系统。

传统设计由于技术和市场的限制（不同系统、品牌的产品很难进行交互），往往只能首先确定希望采用的系统，再由设计人员针对每个系统进行设计，最后通过系统集成获取有限的交互功能。这种由下而上的设计方式往往导致系统与系统之间设计理念不一致、集成功能差强人意等问题。

系统顶层架构设计应采用场景还原和自上而下的设计理念，根据需求及规范要求，探讨各种功能的具体实现技术。随着物联技术的发展和多功能智能化产品的不断涌现，传统设计理念往往导致重复的功能设置和无效的系统集成。顶层技术规划可以很好地解决这一问题，打破系统之间的界限，不断寻找最优技术实现手段。另外，顶层架构设计还需要考虑投入产出比和技术的不断进步，在完成技术规划的同时对成本造价及投资收益进行评估，区分基础同步建设内容、同步可选建设内容、后期可选追加建设内容以及未来升级、扩容空间预留等，以保证后勤管理系统建设整体规划超前、逐步实施落地、持续改进升级。

二、方案设计

（一）方案设计的主要原则

在顶层规划的指导下，需要进行系统的方案设计，方案设计需要考虑的主要原则是：

1. 实用性和先进性的平衡　在具体方案设计时，需要考虑信息化的投入规模和需要解决的具体问题，系统设计以实用、易用为导向。过于复杂的系统功能往往是系统失败的根源。但同时，由于信息化的不断发展，更先进的技术往往具有更高的效率，因此合理使用经验证的先进技术也是系统设计需要考虑的因素。

2. 个性化和标准化的平衡　用户需求往往是个性化的，但个性化的系统设计往往具有较高的开发建设成本，运行稳定性差，系统之间的集成难度也较高。而模块化、标准化的系统设计有助于提高系统开发效率和子系统之间的集成，也有助于未来的系统功能拓展。

3. 集成化原则　医院后勤管理业务多，子系统也较多，受系统建设时序、系统专业化需求和供应商能力的影响，后勤智能化系统不可避免地存在多个子系统，因此功能整合、数据融合和系统集成就成了系统建设的关键问题。数据和接口标准化、中台建设以及门户技术等都是解决集成化的重要技术路径。

4. 可视化原则 随着数据和信息的日益增多，如何将海量的信息进行有效展示，以高效支撑后勤管理决策和业务应用，成为系统实用性和易用性的关键。可视化包括功能状态可视化、数据展示可视化、系统配置可视化、系统服务监测可视化、管理对象可视化等，例如图形技术、BIM技术的应用等。

5. 安全性原则 医院是重要而敏感的服务场所，对数据安全性和系统运行安全性具有较高的要求。随着子系统逐渐增多，系统的复杂性也越来越高，如何防止外部攻击、误操作、提高系统响应能力和稳定性以支撑后勤管理和医疗服务，是系统建设的底线要求。另外，后勤管理涉及大量的设备设施、医患用户等敏感数据，系统和数据安全管理也是系统的安全底线。

6. 前瞻性和可拓展性原则 智能化系统建设受到需求变化、技术发展和政策标准等多重影响，不可避免地不断拓展和升级。因此，系统设计需要具有良好的可变性架构，考虑适当的冗余和预留。

（二）方案设计的主要内容

系统的方案设计主要包括总体架构设计以及各层功能和技术实施方案设计，具体功能和本章第二节具有一致性。以下主要介绍各部分主要设计要点：

1. 总体架构设计 以应用功能为导向，包含系统组成、系统集成应用关系、系统集成信息流、整体集成架构等，实现有目的地设置系统、规划集成功能和集成方式。架构设计包括功能架构、技术架构、数据架构、安全架构和用户架构等。

2. 信息基础设施设计 包括通用型信息通信网络设计，即内网、外网和专网的网络类型、网络架构和网络安全设计，以及新型信息通信网络设计，例如5G、智能物联网、云计算和边缘计算等。

3. 专业系统层设计 包括本章第二节介绍的建筑设备与医疗专项设施管理系统、安全防范管理系统与公共安全设施系统、医疗辅助智能化系统和医学装备管理系统等，这些系统在不同的医院可能具有不同的建设需求。

4. 集成中台层设计 集成中台层需要解决以下问题：网络和通信设备设施通信的可拓展性；系统与设备之间的互操作性；原始数据的采集、过滤、建模、存储及语义解释；子系统的功能应用更新及技术更新；新技术应用系统的接入；定制化的应用分析平台。另外，集成中台层设计还需要考虑数据标准化和对接要求，例如建筑设施和智能设备属性的定义方式、数据上传接口标准定义等。

5. 应用服务层设计 在具体设计时需要考虑医院的实际需求、用户特征与功能权限、各应用之间的功能协调和集成、应用的可拓展性、与上级部门或外部机构的对接等。应用服务层的设计应灵活和高可用，可采用组件化、自治化的“微服务”（microservices）搭建模式。

三、实施模式

（一）设计、施工单独发包模式

指医院方将医院后勤智能化管理系统建设的设计开发和项目实施部署分别发包。项目设计阶段，由医院方规划项目建设内容，对系统设计开发单位进行招标，招标确定好设计开发单位后，由中标单位进行系统设计和开发，同时负责编制项目实施需求，包括必要的实施部署要求、施工图纸、施工招标文件等。项目施工阶段，通过招标来确定施工单位，由施工单位完成实施、调试和交付，最终交付医院方上线运行。

（二）设计开发、实施部署一体化发包模式

指医院方在项目立项后，将项目的设计开发、实施部署发包给一个项目承包单位，由其负责项目的设计、施工、配套设备设施采购和系统安装调试的全部工作，最后向医院方交付达到上线运行使用条件的完整项目。该模式也称为“交钥匙工程”“总承包”或“一揽子”模式。这种模式医院方和项目承包商只需要签订一份承包合同即可。

（三）总集成商模式

是指通过招标方式确定一家具有设计、施工相关资质，技术开发能力，项目管理能力，资源整合与协调能力及医院后勤管理系统运维能力等综合实力较强的公司，根据项目立项书要求，统一负责规划、设计开发、实施部署、上线运维、系统升级和系统改造的系统建设模式。对医院方而言，总集成商是为医院后勤管理系统提供全生命周期服务的承包商。

（四）购买服务模式

是指医院方向具有丰富运营实践经验的公司直接采购基于硬件提供的后勤管理服务及应用，取代单独采购传感器、控制器、服务器等硬件采购模式。

（五）物业外包代建代运维模式

是指物业外包服务企业不但为医院提供后勤物业管理服务，同时也提供医院后勤管理系统，在医院现有的后勤智能化设施设备基础上，根据医院后勤智能化管理的具体需求，为医院定制设计开发后勤管理系统或子系统。后勤智能化相关管理系统建设，作为物业外包服务的子项，不再另行设立项目。

课堂讨论

列表讨论以上各种实施模式的优缺点，并讨论以下情形较适用哪种实施模式，以及实施这种模式可能存在的风险：①报修服务管理系统；②云平台服务；③后勤智能化集成系统；④消防管理系统；⑤弱电智能化项目。

四、实施要点和工作内容

智能化管理系统的实施可划分为项目准备阶段、项目建设阶段、部署测试阶段、上线试运行阶段、数据上报测试阶段和验收交付阶段，各阶段的实施要点见表8-6。

表8-6 后勤智能化系统实施要点和工作内容

阶段	要点	工作内容
项目准备阶段	基础数据准备	包括医院基础信息、医院基建信息、医院能源账单信息、医疗业务信息、后勤人员基础信息、设备基础信息、第三方系统对接信息等
	知识库数据准备	包括后勤制度和后勤业务知识
	现场施工准备	包括前准备工作和施工进场准备工作
项目建设阶段	信息基础设施建设	包括机房建设、网络及安全基础建设、5G网络建设、云计算平台建设、智能物联网设备管理中台建设等
	专业系统建设	包括监测点建设、采集系统建设、传感器配置、计量装置配置、直接数字控制器（direct digital controller，DDC）选型、数据采集软件选型等
	集成中台建设	包括子系统驱动程序及支持协议建设、数据存储及可视化管理建设、应用服务接口管理、系统兼容性和安全性管理等
	应用服务建设	包括应用服务需求调研、各应用服务建设等
部署测试阶段	测试环境测试和正式环境复测	包括测试计划编制、需求文档测试、编写测试用例、测试与跟踪分析、质量跟踪与验证
上线试运行阶段	上线运行计划	包括实施进度检查、实施情况评估、制定上线运行方案等
	上线实施	包括软硬件环境检查、组织培训、制定实施方案手册、问题整改等
	上线检查	包括运行结果检查、记录和跟踪处理、定期检查及组织召开分析会议
	上线验收及总结	包括硬件部署、功能完善测试、验收测试、总结归纳、实施复盘等
数据上报测试阶段	数据准备	按上报的内容要求、路径要求、频率要求和填报规范进行数据准备
	数据审核及上报	包括自动校验、专员检查及复核、数据复查等
验收交付阶段	验收	包括验收准备、验收和验收结论等
	交付	包括实体移交和文档移交等

第四节 系统维护与升级

一、维护管理

系统维护主要针对不同软硬件内容进行技术维护，工作要点见表8-7。

表8-7 后勤智能化系统维护管理要点

对象	内容	分项	要点
信息基础设施	机房及设备维护	院内机房维护	包括主机设备、监控设备、空调与配电设备、消防设备、供水水路、电路、照明、机房基础设施维护等
		院内机房主要设备及安全维护	包括服务器维护及安全、空调等其他物理设备维护等
	云服务管理维护	有线网络运维	包括网络测试诊断、启动实时网络监控、问题解决等
		交换机安全	包括启用VLAN技术、调整网络配置等
		路由器安全	包括安全漏洞修补、口令加密等
		5G网络运维	包括基站维护、例行维护、5G设备维护等
专业系统	基础管理		包括文档维护等
	日常作业维护		包括日常作业计划制定、设备定期检查、调整调整维护、备份管理、应急预案制定等
	安全管理		包括定期安全评估、对安全漏洞及时整改、全面监测和调整等
集成中台	中台运维	数据检查	包括源数据和生产数据检查等
		定长数据检查	包括所有模块转定长情况、是否存在运行中止或假死情况等
		源数据检查	包括数据仓库每日定时触发加载
		下游系统数据检查	包括数据库每日运维、中台ETL运维、系统及数据备份运维、事件触发运维等
	台数据库运维	系统诊断	包括调整服务器内存分配、调整硬盘I/O问题、调整运行程序结构设计、优化系统参数和检查数据库等待事件等
		空间及安全管理	包括定期检查数据库存储结构、进行碎片重组和数据分布及容量规划、安全性检查等
		调优数据库	包括调整数据库语句执行效率等
		运维培训	包括数据库管理、备份恢复、后期系统保护、数据库巡检等培训

续 表

对象	内容	分项	要点
应用服务	配置管理和变更管理		包括配置和变更管理
	发布管理		包括归纳综合、测试与存档
	服务运维		包括服务磨合阶段和主动服务阶段（更新测试和安全管理）的服务

二、持续改进与迭代升级

（一）周期性回顾分析

在系统正式运行过程中，为确保系统的有效应用及稳定运行，建议开展周期性回顾工作，这类回顾性工作不同于以上提到的运维管理工作，它更偏重于对于系统应用结果的分析和回顾，用来推进系统持续运行改进。

1．月度抽取导出系统关键数据，抽样分析数据完整性、及时性、准确性。数据完整性，主要抽查一个连续周期内，自动采集或人工填写的数据是否存在缺失情况；数据及时性，主要抽查人工填写数据是否和实际业务开展时间相对吻合，是否存在补填类情况；针对准确性，则需要找到系统外相关其他载体的数据进行核对，例如和手工类台账数据、第三方其他渠道获取数据等进行核对。此项工作的主要目的是为了验证数据质量，通过定期的验证手段来持续推进系统应用的数据质量提升，为后续数据分析应用保障数据基础。

2．月度汇总查看相关统计分析报表及指标类数据汇总计算情况，形成月度报表分析机制，寻找是否存在异常的数据，例如异常的数据波动；针对异常数据进行挖掘分析，发现是否存在系统应用问题或者是实际的业务处理问题，利用数据发现管理上的潜在风险或问题，来推进医院后勤精细化管理的持续改进。同时如果没有异常数据，也可就月度数据和历史数据进行对比分析，分析数据规律及和实际业务开展的数据关系，为相关管理工作提供数据支撑。

3．季度开展系统应用需求改进沟通会，听取实际应用人员的应用问题，汇总收集针对系统功能及应用流程上的优化建议，并组织评估相关优化建议的可行性、重要性，形成针对平台系统的正式改进需求，委派相关服务单位进行改进落实，并在落实后跟踪改进效果情况。对改进效果明显的，可针对建议提出人实施激励措施。

4．年度开展一次集中性应用情况评估，组织相关业务负责人，院领导评估系统推进运行是否达成预期设想，存在哪些重点问题，并针对重点问题进行处理落实；评估后重新设定下一年度系统建设规划设想和目标，并制定后续改进计划。

（二）与外部管理绑定

由于医院后勤各类一线业务落地大多为外包服务企业实施，为有效落实平台应用，建议将外包服务单位绩效评估部分权重和医院后勤智能化管理系统应用水平进行关联捆绑，具体捆绑采用的方式可遵循以下几个原则。

1. 依据外包服务范围和系统对应板块的应用质量进行绑定 和外包服务单位的管理绑定需要依据外包服务单位的服务范围配匹系统功能板块，在配匹范围内的系统后续应用质量和外包服务单位管理绩效评估结果绑定。

2. 系统应用质量的目标事先约定 在绑定绩效评估前，需要明确系统应用质量的可量化目标，比如应用填写系统的数据完整率、准确率、及时率，还可以包括针对系统改进的建议提出数量等。确定具体的阶段目标值以后，再进行正式绑定约定，来实现对外服服务单位系统应用的约束作用。

3. 绩效评估的绑定模式 在实施管理绩效绑定时，也需要明确具体绑定方式算法，包括具体的绑定权重、绑定基数，还可以包括具体单项的奖励和惩罚的条件，为全面的系统应用质量和外包单位业务管理水平建立关联，实现多个团队的聚力发展促进。

（三）数据二次应用及知识库建设

1. 针对平台中数据的二次分析与应用。其中对于数据分析应用，建议遵循以下准则：

（1）数据分析不仅仅是数据统计汇总，而是进行多种数据的组合加工，形成具有指导具体业务工作的评估数据，例如针对设备运行健康类评估的指标数据。

（2）数据分析必须客观，不能加入主观的臆断和修正。当发现数据分析后所得到的信息和实际业务展现的结果有偏差时，首先考虑的是数据获取的准确性、及时性，然后再考虑分析维度或加工计算模型的完整性或科学性。

（3）数据分析应用必须形成闭环。不能只是做完分析，得出一些建议就结束了，必须将相关决策建议付诸于实践验证，来确认数据分析方法的有效性，同时不断完善数据分析体系，实现真正的数据分析驱动管理持续改进。

2. 技术类知识库的持续建设。知识库的持续建设环节，建议遵循以下准则：

（1）应该建立知识书架，而不是盲目的收集知识。依据特定的知识分类方式先建立好知识书架，才能有规划地去获取知识并进行信息化的存储和调取应用。

（2）知识采纳需要进行评估和筛选。需要形成特定的知识入库评审流程，不同类型的知识可指定不同专业评估人员；评估主要针对知识的严谨性、时效性以及和现有知识的重复性进行评估。

（3）库知识需要方便获取并持续关注知识被应用的情况。知识进入知识库只是知识库建设的开始阶段，后续重点工作是对知识应用的管理，不仅要确保知识能随时被所需要的人员获取，还要持续关注知识的更新，对于长期没有被应用的知识需要重新评估其价值和有效性，来持续提升知识库的含金量。

（4）最后需要利用运行数据来形成知识图谱。把复杂的知识领域通过数据挖掘、信息处理、知识计量和图形绘制而显示出来，揭示知识领域的动态发展规律，为学科研究提供切实的、有价值的参考。如何能利用系统平台的海量数据来帮助形成更多的知识，是知识库进一步升级建设的核心。

（四）异常问题处理机制

为确保平台持续稳定运行，在运行过程中需要设立专项异常问题处理规则文件，覆盖的异常问题包括：数据异常问题、系统运行功能异常问题、网络通信异常问题、相关硬件设备设施异常问题等。

1. 数据异常问题 在系统运行过程中发现的数据异常（数据缺失、数据不匹配、数据不合理等），可按图8-4处置。

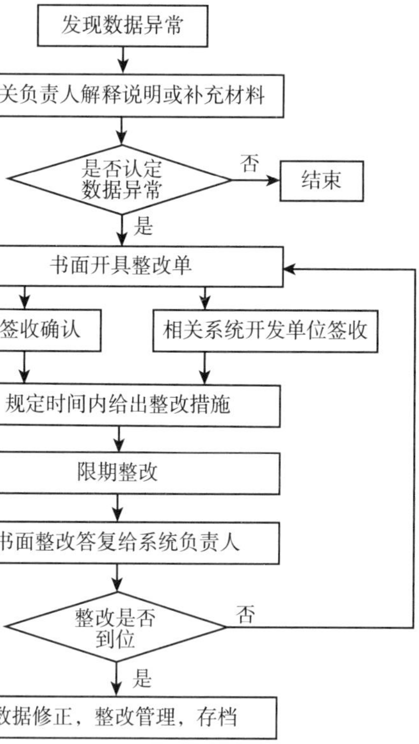

图8-4 数据异常处理流程

2. 系统运行功能异常问题　相关用户如遇到系统运行功能异常，可按图8-5处置。

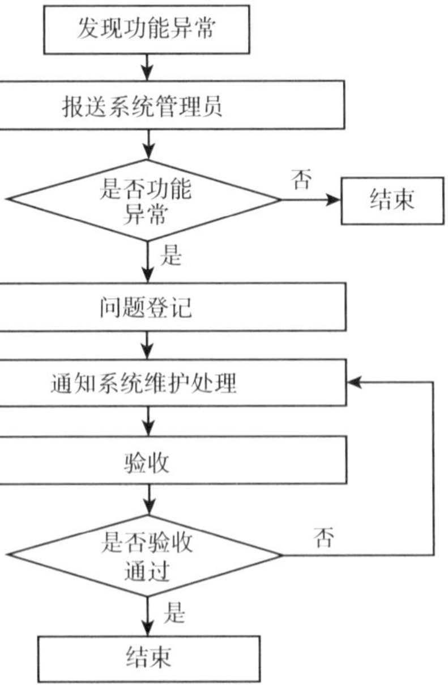

图8-5　系统运行功能异常处理流程

3. 网络通信异常问题　当发现网络通信异常时，可按图8-6处置。

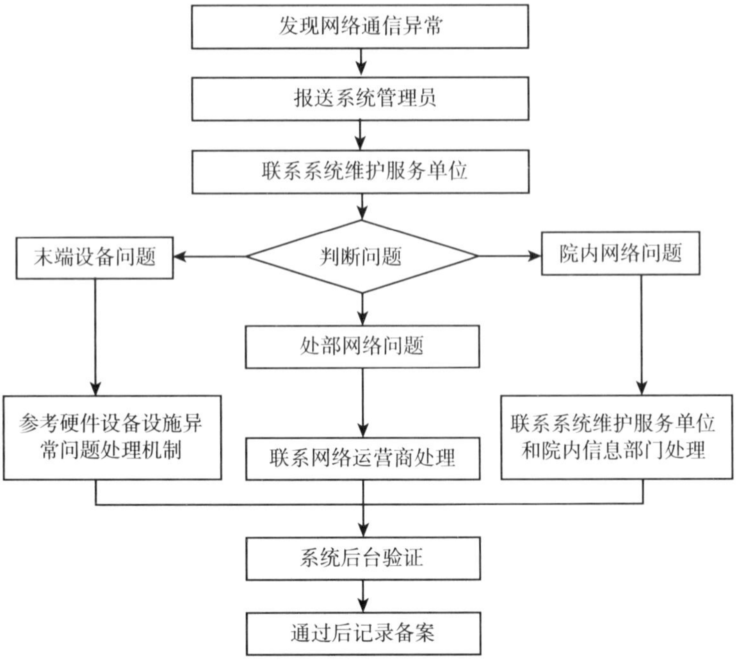

图8-6　网络通信异常处理流程

4. 相关硬件设备设施异常问题 相关用户如遇到硬件设备设施异常，可按图8-7处置。

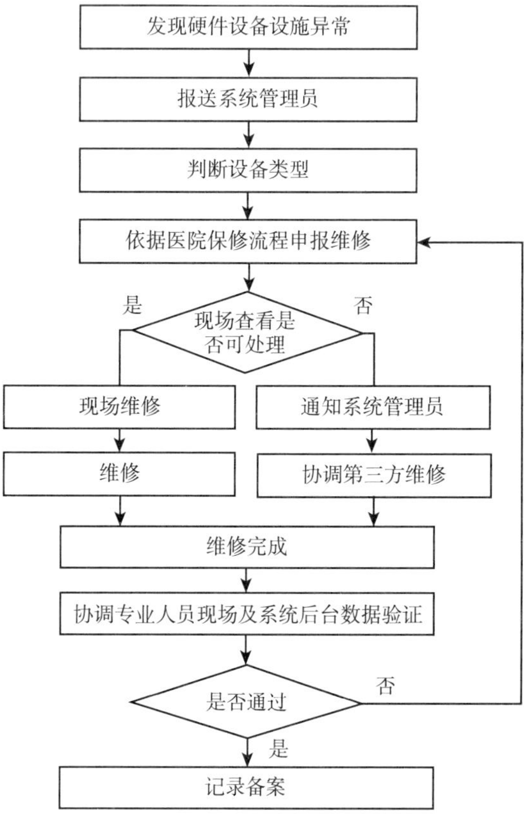

图8-7 硬件设备设施异常处理流程

（五）迭代升级管理机制

为确保医院后勤智能化管理系统始终能满足业务管理发展需求，系统必须满足能在不影响其连续稳定应用的前提下开展迭代与升级工作。

针对迭代工作，一般需要在发生相关技术领域的重大变革时，进行技术评估，考虑是否对系统所涉及的相关技术进行迭代更新。评估时需要邀请相关领域专家及平台相关实施服务公司一起开展。

针对平台升级工作，应在每年度开展评估分析，主要源于医院后勤管理运内容和模式的变化、后勤岗位设计及组织分工的大调整及相关外部要求和标准的变化（特别包括信息系统安全方面的要求），同时在技术层面还必须确保在2~3年的周期内至少进行一次较大程度的系统升级，以确保系统的技术兼容性和运行效率优化。系统升级的具体管理流程建议如下：

1. 系统升级的触发 一种情况是由系统管理员需要负责跟进系统相关服务厂商发布的系统版本升级或相关系统补丁的信息；另一种情况是由用户管理团队依据自身发展需求提供升级需求。

2. 平台升级的准备 在升级前，必须做好系统数据的备份工作，同时还需要进行升级后历史数据的兼容性问题及各类对外接口的同步升级匹配问题的验证工作，确保在升级后不会导致系统运行异常。

3. 系统升级的实施 系统必须支持“热升级”，即升级过程不得影响系统正常应用使用需求（如必须停止系统，建议不得超过4小时，并安排在特定时间进行）；系统升级同时也需要做好新版本系统的培训导入工作，确保在应用层面不会带来较大的用户不适应情况。

4. 升级后的验证 系统升级后，需要进行一段时间的试运行，来验证其升级是否顺利完成并达成预期目的，当发现有不满足情况，应及时进行系统版本回滚恢复，重新进行升级评估、改进和实施。

三、运维评价

运维评价包括医院内部的运维评价和医院间的运维标杆评价。

（一）医院内部运维评价

评价的目的主要是考察医院后勤管理的运维态势和持续改进水平，以客观评价医院后勤管理质量和系统运行质量。

1. 系统运行质量方面 例如：智能数据采集点位的在线率、故障率；智能采集点位的数据连续完整率；智能采集点位的各系统的覆盖率；系统相关核心设备的宕机次数和累计时间。

2. 后勤运维态势方面 对于后勤运营的结果类数据，可以从安全、成本、效率三大维度设计，例如：智慧管理对象的设备宕机累计时间、维修成本；后勤服务的时效性数据；后勤服务的人力及物资成本；后勤运行异常事件发生次数。

（二）医院间的运维标杆评价

医院之间评价的目的是建立标杆基准，评价的范围既可以是一个医院集团，也可以是一个城市或一个地区，甚至整个行业。标杆评价需要建立一套能通过客观数据进行分析评价的指标体系，这些评价指标需要遵循可采集、可量化、可对比的基本准则。

评估指标从导向上来说主要围绕医院后勤的核心目标，即安全、成本、效率。然后按管理层级进行分层展开，既需要有宏观层面的结果评估指标，也需要包括后勤服务业务的具体结果指标。同时在指标设计上还需要考虑去规模化处理，确保在不同体量和类型的医院间能开展对比衡量，例如平均面积类、平均服务量类或平均人数类结果指标。通过大数据采集，构建运维标杆分析平台，可进行医患后勤运维态势监测、预测分析和基准比较。图8-8为上海申康后勤运维评价与促进平台，通过该平台可进行上海市级医院后勤管理的对标管理和决策管理。

图8-8　上海申康后勤运维评价与促进平台

案例讨论

【案例】上海申康医院发展中心构建了上海市级医院后勤运维评价指标，该指标涵盖家底概览、能耗管理、运行保障、服务效率和安全运营五大维度指标，并细分为96个结果性指标。相关数据通过市级医院智能化管理平台上传至申康后勤运维评价与促进平台，为市级医院评价和管理决策提供了重要支持。具体指标内容参见《上海市级医院智慧后勤管理系统建设与运维指南》。

【讨论】讨论后回答以下问题：

1. 指标去规模化的目的是什么？有哪些方法？
2. 开展运维标杆评价的价值是什么？

（三）基于协同标杆网络的运维评价

协同标杆网络（benchmarking collaborative network，BCN）方法是指通过对研究对象成立基准协同小组，基于信息平台收集小组内各成员的资源等数据，制定针对性的绩效提升战略，最终实现战略目标。最开始BCN的提出主要是针对中小企业，因为中小企业的数据短缺、知识和技术的获取以及融资能力有限，成为其可持续发展的重要障碍。在医疗背景下，BCN同样具有重要的价值。以医院为例，参与基准协同网络的各家医院实施共享竞争分析，因而每个成员医院都会收到在设施管理绩效领域进行有效提升的可能性信息；另一方面，这些信息又是由每个网络成员所提供的。因此，基准协同网络既保证了每个网络成员的个性，即竞争战略的独立选定，又利用了收集各家医院数据的技术平台所发挥的协同作用。图8-9为基于BCN的医院后勤管理评价应用方法。

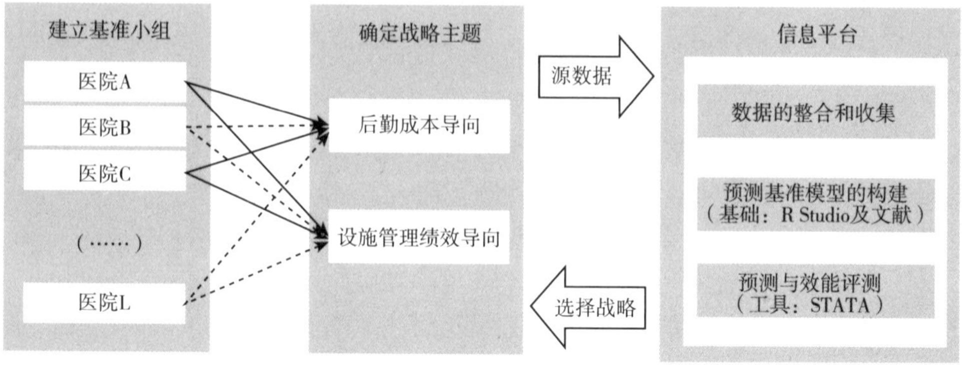

图8-9　基于BCN的医院后勤管理评价方法

第五节　医院智能化发展趋势

一、智慧医院与智慧后勤

（一）智慧医院的提出和发展

智慧医院（smart hospital）是智慧地球（smart planet）的衍生概念，最初是由IBM于2008年11月提出。随后，IBM又提出了该理念在中国智慧城市、智慧医疗、智慧电力、智慧交通、智慧供应链和智慧银行等六大领域中推广的设想。通常认为，智慧医院是智慧医疗的重要组成部分。迄今，有关智慧医院还没有统一的、权威的定义，不同的组织和企业都尝试给出智慧医院的定义。

1. 国家卫生行政主管部门对智慧医院的范围进行了界定，主要包括面向医务人员的电子病历、面向患者的“智慧服务”和面向管理者的“智慧管理”。

2. 欧盟在《智慧医院》报告中指出，智慧医院是基于流程优化、自动化而建立的资产互联互通的信息通信技术（information and communications technology，ICT）环境，尤其是基于物联网技术，以改善现有患者的医疗流程，并引入新的功能，主要包括远程护理系统、网络医疗设备、识别系统、网络设备、移动客户端设备、互联临床信息系统、数据、建筑和设施等八个方面。

3. 互联网医疗产业联盟认为，智慧医院是基于移动通信、互联网、物联网、云计算、大数据、人工智能等先进的信息通信技术，建立电子病历为核心的医疗信息化系统平台，将患者、医护人员、医疗设备和医疗机构等连接起来，通过丰富的智能医疗应用、智能医疗器械、智能医疗平台等，实现在诊断、治疗、康复、支付、卫生管理等各环节的高度信息化、自动化、移动化和智能化，为人们提供高质量的医疗服务。

4. 咨询机构麦肯锡发表报告认为，未来智慧医院的内涵应包括以下五大要素：跨机构互联互通、自动化高效运营、全流程重塑体验、大数据驱动决策、持续创新机制。

因此，智慧医院是一个非常宽泛和开放的系统性概念，是建立在物联网、大数据、人工智能、移动通信等新兴技术上，通过跨机构互联互通、流程重塑和医患体验提升、决策机制变革等，以实现智慧服务、智慧医疗和智慧管理。由于医院功能、诊疗技术、服务模式及信息技术的不断变化与发展，智慧医院是一个不断进阶和演化的过程。

从智慧医院的研究发展趋势来看，国际上以医疗技术研究为重点，阶段性变化不明显，国内智慧医院建设则明显分成三个阶段：信息化建设、医联体建设和智能化建设。国内医院在第一阶段（2009—2014年）以电子病历为核心，不断完善医院信息化建设；第二阶段（2015—2017年）重点工作是人口健康信息平台建设和医联体建设，进一步加强院内外信息系统的互联互通和数据共享；第三阶段（2018年至今）进入智能化的全面升级阶段，将云计算、大数据、人工智能、物联网等技术应用于医疗服务领域，围绕患者就医、临床诊疗、医院管理三方面，不断提升患者体验、提高医疗质量、优化医疗体系运行效率。

在政策方面，国家及地方智慧医院相关政策不断出台和落实推动了我国智慧医院的发展。2015年11月，国家卫生计生委发布《智慧医院综合评价指标》，首次提出了智慧医院评价指标体系。2017年12月，发布了《医院信息化建设应用技术指引》，规范了二级以上医院的信息化建设，以促进和提升医院信息化技术应用水平。2019年3月和2021年3月，国家卫生健康委员会分别发布了《医院智慧服务分级评估标准体系

（试行）》和《医院智慧管理分级评估标准体系（试行）》，以指导医疗机构科学、规范开展智慧医院建设。

（二）智慧医院的范围

智慧医院的最终目标是以患者为中心，实现卓越的医疗服务，这一最终目标可以分解为不同的方面，例如上述提到的欧盟《智慧医院》报告中的八个方面，以及国内提到的智慧医疗、智慧服务和智慧管理三个方面。以下以国内提出的智慧医院的三个方面为例，简要介绍智慧医院实现的功能范围。

1. **智慧医疗** 即面向医护人员的“智慧医疗”，以电子病历为中心，包括医疗业务、医技业务、医疗协同、移动业务、护理业务等。

2. **智慧服务** 即面向患者的“智慧服务”，以患者服务为中心，包括线上预约挂号、线上支付、线上排队查询、智能导诊、线上报告查询、线上咨询、健康管理等内容，以及院内各类医疗空间的智慧化服务，让患者就诊更便捷。

3. **智慧管理** 即面向医院管理层面的“智慧管理”，以精细化管理和大数据处理为核心，包括医疗管理、科研管理、教学管理、人事管理、财务管理、后勤管理、安全生产管理等内容的智慧化管理。

（三）医院智慧后勤管理

随着医疗卫生体制改革工作的不断推动、智慧医院建设的不断推进以及医患需求的不断变化，对医院后勤管理工作提出了更高的要求。智慧后勤管理成为智慧医院建设的重要内容。

在后勤信息化和智能化建设的基础上，目前医院后勤管理智能化系统基本覆盖了能耗监管、设备管理、资产管理、服务管理、项目管理、空间管理、安保管理、成本与预算管理等后勤业务领域，并开始逐步探索与BIM、物联网、5G、人工智能、数字孪生、大数据等新兴技术结合，向智慧后勤管理系统发展。设施管理领域的设施管理信息系统（facility management information system，FMIS）、集成工作场所管理系统（integrated workplace management system，IWMS）以及智能建筑领域的智能建筑管理系统（intelligent building management system，IBMS）的发展也为智慧后勤管理提供了技术支撑。

医院智慧后勤管理系统的建设是一个复杂工程，随着新技术的不断涌现，医院管理模式的不断变革，以及管理需求的不断变化，给系统建设带来了更大挑战。这就需要医院智慧后勤管理系统在技术框架、实施模式和运营维护上进行创新，突破传统后勤管理信息系统建设的“惯常轨迹”，以达到医院后勤管理更安全、更高效、更韧性和更人性化的目标。

二、智能化管理的新兴技术

新兴技术是一个相对概念，随着技术创新速度的加快，新技术不断涌现和迭代。全球知名IT研究与顾问公司Gartner每年根据分析预测将新兴技术发展阶段绘制在一条曲线上，被称为“Gartner新兴技术成熟度曲线”（The Gartner Hype Cycle for Emerging Technologies）。图8-10为Gartner公司2020年发布的新兴技术成熟度曲线。

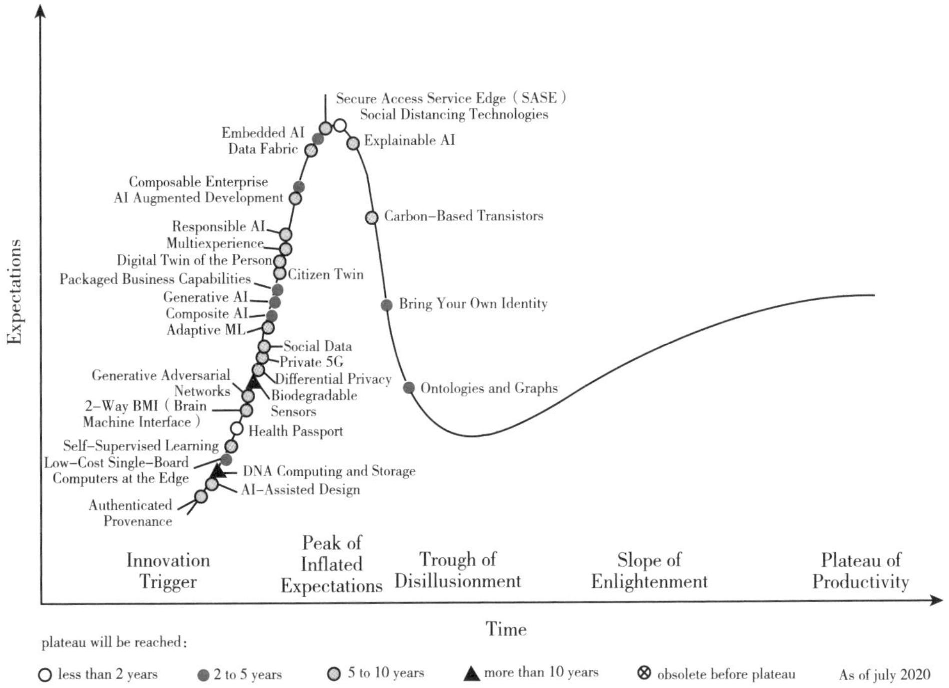

图8-10　2020年度新兴技术成熟度曲线

知识拓展

Gartner公司成立于1979年，是第一家信息技术研究和分析公司，总部在美国。Garter成熟度曲线又叫炒作曲线、炒作周期、技术循环曲线等。Garter公司将技术成熟度分为创新推动期（innovation trigger）、炒作顶峰期（peak of inflated expectations）、泡沫低谷期（trough of disillusionment）、新启发爬坡期（slope of enlightenment）和高生产率稳定期（plateau of productivity）5个阶段。通过该曲线可以从一个角度来分析技术的商业驱动趋势，减少技术投入决策风险。

有关Garter新兴技术、成熟度曲线的具体内容以及每年的发布情况，可访问https：//www.gartner.com/en/research/methodologies/gartner-hype-cycle（2021.05.28）

以下简要介绍医院后勤智能化管理中的相关新兴技术。

（一）物联网

物联网（Internet of Things，IoT），即通过射频识别技术、全球定位系统、激光扫描器、红外感应器等传感设备，按照约定好的协议，将人、物、控制器、传感器等连接在一起，实现“人–物”相联、“物–物”相联，进行信息的传输、交换与通信，以实现识别、定位、跟踪、监控与管理，形成可以信息化、智能化的网络。物联网是“物物相联”的互联网，是在以互联网为核心的基础上延伸和拓展形成的网络，其包含了互联网内的所有资源，兼容互联网的所有应用。

一般来说，物联网的整体框架体系包括三个部分：感知层、网络层和应用层。感知层通过各类传感器，感知环境、物体、行为等“物”的状态，进行数据采集、加工及转换，并将处理完成的数据传输至网络层。网络层在整个物联网框架体系中处于中间的位置，起到承上启下的作用，通过长距离传输，对从感知层获得的数据进行传输和交换，最终将数据信息传输至应用层，为各大物联网应用服务提供有力的支撑。应用层处于物联网框架体系中的顶层，面向用户，为用户提供着大量、丰富、实用的服务。应用层从网络层接收数据后，将根据具体应用场景，对数据进行有针对性的处理，使得数据与具体的应用相结合，并为之服务。目前，较为成熟的物联网应用主要包括：智能物流、智能制造、智能医疗、智慧建筑、智能家居等。除此之外，用户也可以在终端定制自己所需要的服务，实现应用层的“私人定制”，同时为物联网应用拓展出更大的可能性。

（二）人工智能

人工智能（artificial intelligence，AI）是研究和开发理论、方法、技术及应用系统，旨在模拟、延伸和扩展人的智能的一门新的技术科学。同时，它是一门涵盖数学、计算机科学、语言学、心理学和哲学等多个学科领域的交叉学科。该领域的研究包括机器人、语言识别、图像识别、自然语言处理和专家系统等。

人工智能的基本原理是将大量数据、强大的运算处理能力和智能算法三者结合起来，针对特定问题建立模型，运行程序以自动地从数据中学习潜在的模式或特征，从而实现接近人类的思考方式，完成人类所认为的智能任务。以卷积神经网络为例，该网络由输入层、输出层和各种隐藏层组成，它模拟了人类和其他动物大脑视觉皮层的一些动作。在日常生活中的AI典型应用包括识别图像、视频、语音、音乐等。在目前的深度学习系统中，AI已经不再依赖于通过人工标记大量有效数据完成知识输入，而是通过运行海量数据，实现了神经网络的自我学习，2018年谷歌发布的Alpha Zero就是最好的例子。AI可能对金融、医疗、制造、零售、供应链、物流和公用事业等行业的生产力、决策和绩效等产生巨大影响，如医疗领域的癌症、神经病学、心脏病学等相关疾病的早期发现、诊断、治疗、结果预测和预后评估等。

（三）大数据

麦肯锡认为，大数据（big data）是指其大小超出典型数据软件抓取、储存、管理和分析范围的数据集合。更多的定义认为数据量庞大不再是大数据的唯一特点。大数据的3V被广泛认为是大数据的典型特征，即数据量大（volume），数据种类繁多（variety），数据流动速度快（velocity）。

大数据的来源、应用需求和数据类型十分多样化，但基本的处理流程一致，可定义为在恰当工具的辅助下，对广泛异构的数据源抽取和集成，将结果统一存储，并利用数据分析技术对存储的数据进行分析，提取价值并最终将结果可视化呈现给终端用户。大数据价值的完整体现需要多种技术的协同，传统的数据分析技术往往不能满足大数据的需求，云计算、数据存储技术、数据挖掘和数据可视化都是大数据应用的关键创新技术。大数据在商业智能、智能电网、健康管理等各个方面得到了应用。例如，大数据技术可以将患者的影像数据、病历数据、检验检查结果、诊疗费用等各种数据录入信息系统，通过机器学习和挖掘分析方法，可获得类似症状患者的疾病机制、病因及治疗方案，这对于疾病的诊断和治疗方案的决策支持至关重要。

（四）5G通信技术

5G即第五代移动通信技术，是4G技术的延伸，是对现有通信技术的发展，与之前最大的区别在于不仅实现了人与人的联系，还将人与物、物与物也联系起来。同时，与前几代移动网络相比，5G的速率、时延、移动性及连接量等关键性能指标均有极大的提升。在速率方面，5G的峰值速率是10Gbps，特殊场景下是20Gbps，是4G的10（20）倍，5G的体验速率是0.1~1Gbps，是4G的10~100倍。在时延方面，5G时延的目标值是1ms，只有4G的1/10。在连接方面，5G每平方千米可连接100万台终端，是4G连接量的10倍。

5G除了传统的峰值速率指标要求外，与之前的移动通信的不同之处在于还提出了包括体验速率、频谱效率、空间容量、移动性能、网络能效、连接密度和时延等八大指标。为实现上述性能指标，5G在无线传输技术和网络技术方面有了新的突破。5G的

“零时”延接入速率、超高流量密度及超高连接数密度等将使信息突破时空限制，同时推进万物无缝连接，为用户提供极佳的使用和交互体验，同时将为网络带来超百倍的能效提升和超百倍的比特成本降低，最终实现“信息随心至，万物触手及”的愿景。5G在车联网、智能制造、远程医疗、智慧城市等多个领域得到了应用。

（五）云计算

云计算（cloud computing）之所以被称为“云计算”，是因为所访问的信息是在云或虚拟空间中远程找到的。云服务提供商使用户能够将文件和应用程序存储在远程服务器上，然后通过网络访问所有数据。这意味着不需要用户在特定的位置来访问它，从而允许用户进行远程工作。美国国家标准及技术研究所（National Institute of Standards and Technology，NIST）认为，云计算是一种模式，能够随时随地，通过网络存取设定好的共享计算资源池（如网络、服务器、存储、应用程序等）。

云计算的基本原理是，由云计算服务提供商通过整合数据中心规模化的服务器集群资源，在云端构建起一个庞大的“虚拟资源池”，然后再通过云计算平台统一调度和管理，基于互联网为用户提供各类硬件服务、基础设施服务、平台服务、软件服务以及存储服务等。NIST认为，云计算的原理主要体现在五大基本特征、四大云部署模型和三大云服务模式等方面，其中五大基本特征包括按需自助服务、广泛网络访问、计算资源池化、弹性释放资源和计算资源监测；四大云部署模型包括私有云、公共云、社区云和混合云；三大云服务模式包括基础架构即服务（LaaS）、平台即服务（PaaS）和软件即服务（SaaS）。云计算的价值在于云计算所拥有的成本低廉、服务全面、弹性扩展和部署简便等特点。各种类型、规模和行业的组织都将云用于各种使用案例，例如数据备份、灾难恢复、电子邮件、虚拟桌面、软件开发和测试、大数据分析以及面向客户的Web应用程序等，应用领域包括政务云、医疗云、交通云和电信云等。

（六）虚拟现实和增强现实

虚拟现实（virtual reality，VR）技术通过借助电子计算机、跟踪器和各种显示与接口设备，进行数字化建构，对使用者的视觉、嗅觉、触觉和味觉等多种感官进行作用，让使用者处于一个具有沉浸感的、能够实时交互式的三维虚拟可视化环境中。增强现实（augment reality，AR）是通过计算机实时演算，将三维对象、多媒体内容或文本信息等虚拟合成元素叠加到真实世界中，将虚拟数字信息和使用者周围的真实环境有机融合，为现实世界的用户提供显著而有用的信息，并且能够让使用者与之交互，从而实现超越现实的感官体验。与VR相比，AR不需要对现实环境中的所有对象建立完整的三维模型，部分对象来自真实世界，因此减少了需要实时生成和传输的信息。

VR的应用价值主要体现在：能够让用户获得比记忆和想象等方式更高的自我反思

水平，增强用户的感知和认知程度，启发使用者的创造性思维；在虚拟世界中用户可以基于自己的视点，自主浏览和交互考察虚拟客体，实现“高级的人机交互”；使用者在虚拟环境中突破空间和时间等客观限制，获得在现实环境中不可能实现的变革性主观体验，甚至可以干预和改变历史，并且虚拟环境更加安全可控。VR技术在游戏、心理治疗和教育培训等领域具有很大的应用潜力。

AR技术的应用价值主要体现在：能够在物理世界和电子信息之间创建直接、自动和可操作的联系，创建出一个增强场景，使得虚拟世界与现实世界的联系得到改善，同时保持了虚拟世界的灵活性；同样具有沉浸感和交互性，也允许使用者进行自主探索和协作，增强使用者获得的体验；通过在真实世界中添加作用于不同感官的虚拟信息，可以用来增强或替代使用者缺失的感官能力。如果将AR与物联网结合，使用者能够与物理对象进行交互，传统的可视化增强现实系统就演变为了能够与物理对象关联的智能和交互式增强现实。

（七）区块链

区块链（blockchain）是分布式数据存储、点对点传输、共识机制、加密算法等计算机技术的新型应用模式，它实质上是一种新型数据库技术。区块链是以共享的方式使各组织之间形成一个网络，网络中的每个节点以点对点方式进行交流或交易，无须任何中介，实现了去中心化。

区块链系统由数据层、网络层、共识层、激励层、合约层和应用层组成。与传统的集中式数据库相比，区块链具有以下三个优势：①透明性，区块链采用带有时间戳的链式区块结构存储数据，任何对数据的操作都会在系统中留下记录，使得数据难以被篡改，这种不可篡改性保证了区块链的透明性；②安全性，区块链依赖于加密，通过验证交易中涉及各方的身份来验证交易，这种设置能够确保在没有各方同意的情况下，无法将虚假交易添加到区块链，从而保证了每个交易的安全；③效率，由于分类账簿固有的去中心化特性，使得区块链在处理大量各方之间的分布式交易时特别有效。区块链为金融服务、智能电网、智慧城市、共享经济、供应链管理等提供了技术支撑。

本章小结

在信息技术时代，智能化管理系统从医院后勤管理的辅助和支撑功能，逐渐发展成为后勤管理的核心内容，伴随着智慧医院的快速建设，这一趋势将更加明显。本章从医院后勤管理和信息技术两方面的现实需求、发展现状与未来趋势出发，介绍了医院后勤智能化的基本概念和范围，提出了智能化管理系统的顶层规划原则、方案设计内容和实施模式，这也是该专业领域学生需要掌握的基础知识；同时，学生也要熟悉医院后勤智能化管理系统的架构、功能及实施要点，这对于策划和科学制定智能化管理系统的实施方案至关重要；最后，智能化管理系统需要信息基础设施支撑，需要不断维护和升级，需要关注未来的发展趋势，这些内容也是本专业领域学生需要了解的知识要点。总体而言，医院后勤智能化系统的建设和维护是一项系统性工程，全生命周期管理是实现智能化系统价值增加的关键，而医院管理者是整个系统实施的总策划者、总组织者和总继承者，学生应该具备本章所介绍的系统性专业知识。

（李永奎　赵海鹏　魏建军）

第九章　预算管理与成本控制

学习目标

1. 掌握　医院全面预算管理的基本概念与内容，后勤服务预算的内容，后勤服务成本核算的目的、流程与管理应用。

2. 熟悉　后勤服务预算的流程与实施要点，后勤服务预算编制的方法，作业成本法在后勤服务成本核算中的具体应用，成本控制手段。

3. 了解　后勤成本智能化管理的应用与发展方向。

第一节　预算管理

一、全面预算管理的概念

（一）医院全面预算管理

1. 医院全面预算管理的发展　全面预算管理是以战略目标为指引，在对未来经济运行活动进行充分、全面预测与筹划的基础上，以组织所能掌握的所有货币与非货币资源为管理对象进行的分配、使用、控制、考核等一系列管理活动的总称。

随着医疗卫生体制改革的不断深化，公立医院在规范化、精细化、科学化方面的管理需求逐渐凸显，全面预算管理也逐渐步入医院管理者的视野。财政部会同卫生部等有关部门于2010年发布的《医院财务制度》中，首次明确提出了“医院要实行全面预算管理、建立健全预算管理制度”的工作要求，成为医院引进全面预算管理的重要标志。2020年国家卫生健康委和国家中医药管理局联合发布的《关于印发公立医院全面预算管理制度实施办法的通知》，对医院全面预算的组织机构、基本内容、实施流程和管理要求提出了明确的规范性要求。经过十年发展，全面预算管理在组织和协调医院各项管理活动的顺利开展、推动战略目标完成等方面正在发挥越来越显著的作用。

2. 医院全面预算管理的内容　按照《关于印发公立医院全面预算管理制度实施办法的通知》要求，医院所有的经济活动均应纳入全面预算管理范围，并包含两方面内容：

（1）财政（部门）预算：医院作为预算单位，其经济活动均属于国家财政预算范围，因此医院所有的收支应当按照业务主管部门的要求全部纳入主管部门的预算管理范围。

（2）医院内部建立健全全面预算管理制度，以医院战略发展规划和年度计划目标为依据，充分运用预算手段开展医院内部各类经济资源的分配、使用、控制和考核等各项管理活动。具体又可细分为业务预算、资本预算、财务预算等内容，详见图9-1。

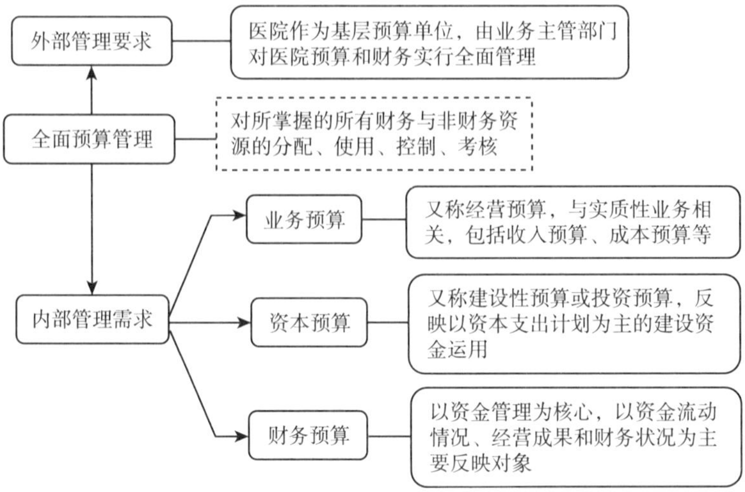

图9-1　医院全面预算管理内容

从外部管理要求出发所开展的全面预算管理，是按照上级业务主管部门的要求开展的一系列预算管理活动，属于国家财政预算管理的范畴，其管理要求由《中华人民共和国预算法》及其实施条例等上位文予以统一规范。从医院内部管理需求出发所开展的全面预算管理，则以医院自身制定的战略发展目标和年度工作计划为准绳，其管理制度一般由医院参照上位文结合实际情况自行拟定，其具体管理要求、实施流程、管理方式具备个性化特征，表现形式也更加具体和多样化。本节将要讨论的全面预算管理，即针对该内容开展。

3. 后勤服务预算与全面预算管理的关系　公立医院的主要任务是向社会提供基本医疗保障服务和公共卫生服务。后勤服务作为公立医院实现上述职能所不可或缺的支持保障系统，其内容主要是向员工、患者、科室等服务对象提供相应的服务保障与支持。

由此可见，以各项服务保障为主的运营费用是后勤服务的主要表现形式。因此，后勤服务所对应的预算隶属于医院业务预算范围，并构成业务预算中成本预算的重要内容。应当注意的是，后勤管理部门自身发生的人员薪酬、差旅交通、培训会议等费用性支出，以及可能涉及的包括锅炉改造、BIM系统建设等为代表的资本性支出，一般不作为后勤服务预算进行管理，而是参照医院预算管理要求，分别在其他费用化预算和资本预算中另行管理。

（二）后勤服务预算的概念

1. 后勤服务预算的划分 后勤服务预算项目的分类。参照《医院后勤院长实用操作手册（第2版）》、JCI医院评审标准对于后勤管理的具体描述，医院后勤服务预算一般可分为环境保护预算、设施设备预算、生活服务预算、安全管理预算、综合服务预算、能源管理预算六大部分，具体内容见表9-1。

表9-1 后勤服务预算项目分类

预算项目	具体内容
环境保护预算	为保障医院环境卫生、优美、整洁，各项环境指标达标，防范医院有害因素对院内外环境造成的污染，而产生的外包服务人员经费、物料费用及其他相关费用
设施设备预算	为确保医院水电气、供热、空调、电梯等系统设施设备安全运行，所需要支出的外包人员经费、设备设施维保费及零配件费
生活服务预算	为满足医院物资运送、患者与职工就餐、会务服务等工作生活需求，所需要支出的人员费及管理费等
安全管理预算	为保证医院职工及患者在工作与就医场所的安全，所需要支付的人员费及设备维保费
综合服务预算	指后勤智能化平台所产生的一站式服务人员的费用，以及由于应急等服务产生的支出
能源管理预算	指对医院能源的生产、分配、转换和消耗全过程进行合理计划、组织、控制和监督，而产生的生活能源费用和节能改造咨询服务费用

2. 后勤服务预算的内容 从后勤服务的分类和特点出发，可将其分为环境保护预算、设施设备预算、生活服务预算、安全管理预算、综合服务预算、能源管理预算六大部分。预算的具体分类和包括的具体内容见表9-2。

表9-2 后勤预算项目明细分类与预算内容

一级预算项目	代码	二级预算项目	预算内容
环境保护预算	01	保洁服务费	环境卫生保洁人员费等
	02	绿化服务费	绿化养护产生的人工和盆栽采购等
	03	污水管线养护费	院内污水管线定期清淤及疏通
	04	医疗废物收运费	院内医疗废弃物收运暂存的人工和物料等

续　表

一级预算项目	代码	二级预算项目	预算内容
环境保护预算	05	医疗废弃物处置费	医疗废弃物外运处置
	06	危险废弃物处置费	危险废弃物外运处置
	07	生活垃圾清运费	生活垃圾外运处置
	08	灭虫、灭鼠费	灭虫、灭四害人工和物料费
设施设备运行管理预算	09	电站运行管理费	电站设施运行管理人员费
	10	污水处理站运行管理费	污水处理设施运行管理人员费
	11	给水排水锅炉运行管理费	锅炉房运行管理人员费
	12	电梯运行管理费	电梯运行管理人员费
	13	医用气体运行管理费	氧站等运行管理人员费
	14	空调运行管理费	空调运行管理人员费
	15	物业维修服务费	物业报修服务产生的人工和五金配件物料等
	16	通用设施设备管理	除以上设施设备外的运行管理费
生活服务预算	17	运（配）送服务费	物资配送等运送服务人员费
	18	配餐服务费	患者餐食送配餐服务人员费
	19	餐饮服务费	职工食堂和患者餐饮服务人员费
	20	电梯驾驶服务费	乘梯秩序管理及服务人员费
	21	被服洗涤服务费	被服管理产生的人工、物料、管理费等
	22	会务服务费	会务服务人员费
	23	交通管理服务费	院内车辆指引及道路车辆秩序管理
	24	遗体处置费	安息厅运行管理人员、设施维护费等
安全管理预算	25	保安管理服务费	安全保卫管理服务的人员费
	26	消防安全管理服务费	消控设备维保费
综合服务预算	27	后勤智能化平台	医院一站式服务中心人员费
	28	应急服务费	应急情况下发生的服务费用
能源管理预算	29	能源成本	水电煤气能源费用
	30	节能管理	能源管理、咨询及能源设施设备维保费用

鉴于后勤管理模式的不同，因此在预算的具体表现形式上也有所差别。服务外包管理模式一般以经济合同为主要表现形式，并在合同签订时明确相应的要素和法律条款；自行保障模式则作为后勤服务的业务预算，通过采购、领用、发票报销等经济行为予以实现。因此，后勤保障部门应采取相应的服务管理模式，并将其合理分布在上表中的各项后勤服务预算中。

3. 后勤服务预算的管理流程

（1）预算循环：在预算管理流程中，预算编制是年度业务开展的起点，预算分析与考核则作为年度业务的终点，最终形成完整的管理闭环；同时预算执行过程中所反馈的相关信息和分析考核的最终结果，又将作为第二年预算编制的重要依据，从而形成预算管理的循环（图9-2）。

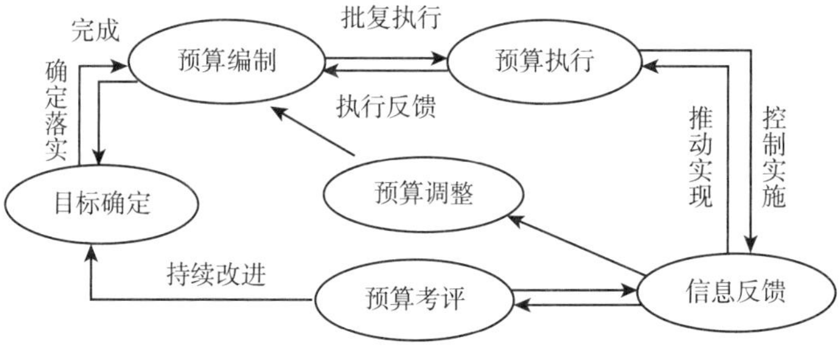

图9-2　预算管理循环流程图

后勤服务预算的整体流程同样具备预算循环的特征。预算循环中的任何一个节点都不是孤立的，而是应基于整体预算管理流程，充分考虑前后环节的有机结合，确保预算循环顺畅。

（2）管理流程：后勤服务预算一般涉及预算编制与批复、预算执行与调整、预算分析与考核等环节（图9-3）。

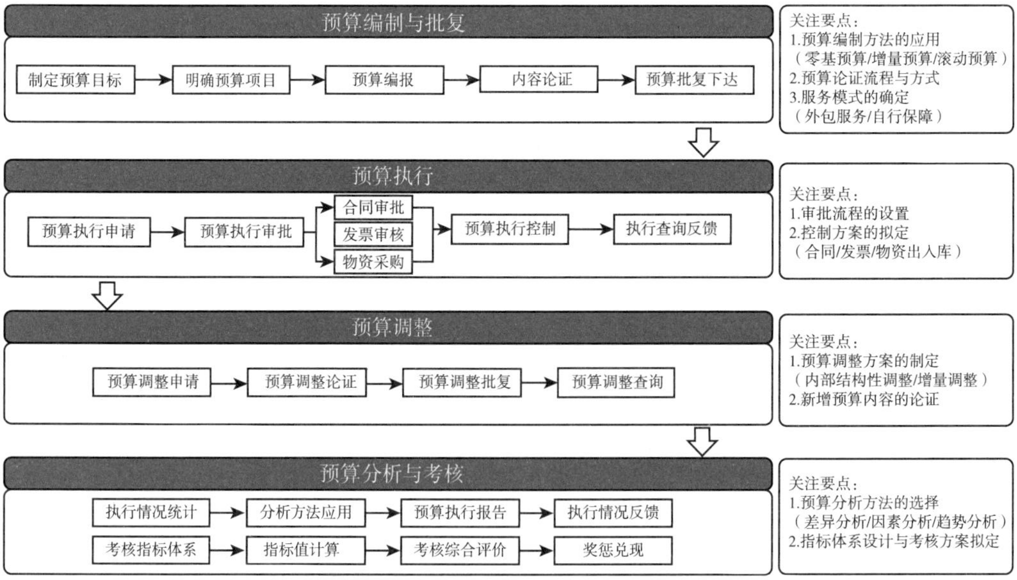

图9-3　预算管理基本流程

预算编制与批复环节涉及预算目标（或绩效目标）的制定、预算项目的确定、预算论证、预算汇总、分解下达等内容；预算执行与调整包括预算执行申请、预算执行审批、预算控制标准、预算调整规则等内容；预算分析与考核则包括预算执行情况比较、预算执行率、预算目标（或预算绩效目标）完成情况考核等内容。

4. 后勤服务预算的重点关注因素　后勤预算涉及内容较多、影响因素复杂，因此在开展后勤预算管理的流程中，应对后勤业务的特殊性给予足够关注，并在实施预算论证和预算考核时予以充分考虑。

（1）政策性因素：以医疗废弃物与危险废弃物处置、生活垃圾清运等为主要内容的环境保护预算，一般与国家、地方政策的制定紧密相关。在开展预算管理工作时，应关注预算期间内是否有国家相关政策的出台，以及相关政策对于环境保护类预算的刚性约束作用。

（2）市场性因素：后勤业务涉及大量的外包服务、配件物料、水电能源费用，部分预算内容通常受市场价格波动、地方最低工资标准变动影响，在预算编制、中期调整时应采取一定的方法，对该部分内容涉及的预算进行合理预估，并分别针对不同管理模式，对相应的服务外包方进行考核。

（3）其他因素：医院作为我国公共卫生医疗服务的提供主体，在公共卫生应急事件处置、对口支援与帮扶等方面承担了相应的工作职责。后勤业务作为开展医院医疗服务的重要保障，应拟定专门的应急预算或制定紧急预算的申报流程，从而满足公共卫生应急事件、抢险救灾、医疗队组建等方面对于后勤保障工作的具体要求。

二、预算编制与批复

（一）预算编制的影响因素

预算编制环节在整个预算管理流程中起到承上启下的关键作用。因此，在开展预算编制时，需充分考虑可能会对预算编制产生影响的因素（图9-4）。

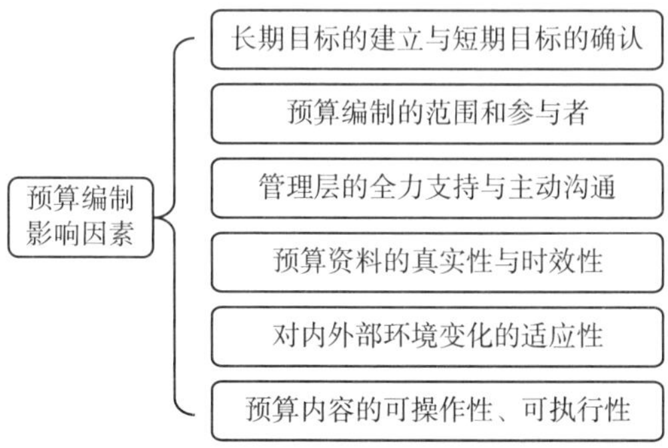

图9-4　影响预算编制的主要因素

影响预算编制的主要因素中，“长期目标的建立与短期目标的确认”主要是指预算编制内容必须与医院长期战略目标保持一致性，才能据此分解成详细的短期目标（如年度目标），指导预算编制；“预算编制的范围与参与者”是指需明确预算编制涉及的主要内容、预算编制的主体部门和覆盖面等要素；“管理层的全力支持与主动沟通”是指预算编制部门与分管领导之间需具备良好的协同性；“预算资料的真实性与时效性”是指历年预算执行情况、预算考核情况、预算年度工作目标等支撑材料必须具备的基本性质；“对内外部环境变化的适应性”指的是预算编制内容应预留相应尽可能考虑未来期间内包括外部政策环境、内部管理环境、其他部门预算计划的变化所带来的影响；“预算内容的可操作性、可执行性”是指需合理把控预算编制内容的细化程度，在颗粒度上既能满足预算执行、预算考评的要求，也不易过于细化，防止影响后续的可操作性。

（二）预算编制的测算依据

在开展预算编制工作时，除了要充分考虑后勤服务所具备的几个主要特点外，应当针对服务内容、服务项目或事项、工作任务、预算类型等维度，分别明确相应的编制依据，支撑预算编制工作。后勤服务预算应考虑的编制依据见表9-3。

表9-3　不同编制维度下的预算编制依据

编制维度	具体定义/体现形式	应考虑的编制依据
按服务内容	医院维持日常运行必须开展的后勤保障服务工作/保洁服务、电梯运行管理、通用设施设备管理等	应考量相应服务所涉及的区域分布、面积、工作量、岗位设置、市场平均水平等因素
按工作任务	医院按实际管理需求开展的专项服务工作/防疫消杀、供热系统改造、油烟管道清洗、新楼宇开荒保洁等	应考量实施必要性、具体工作要求、技术参数要求、工作频次、轻重缓急程度等因素

后勤服务作为医院正常医疗业务开展的支持与保障系统，应针对不同的管理需求，确定相应的编制依据。如按照保洁服务、电梯运行管理等为代表的日常服务内容进行编制，则可考虑将相应的区域面积、工作量及岗位设置数量等作为编制依据开展论证工作；部分工作内容作为专项工作任务开展，一般应采用项目制管理的方法，需按该工作任务实施的必要性、轻重缓急程度、具体管理要求和相应技术参数等为维度开展论证与编制。无论按照何种方式编制预算，均需明确相应内容所需投入的资源和拟达到的效果。

课堂讨论

后勤的日常工作如何与预算编制相结合，后勤的维修报单系统中包含了报修原因、维修类型、报修频次、修复次数、报修紧急程度、维修工时等要素。讨论：后勤维修报单系统中的业务数据可从哪些维度（比如重复报修率）进行大数据分析和梳理？分析结果与预算编制之间存在怎样的关系？

（三）预算编制方法及应用

预算编制的方法可按照预算编制基础、预算编制的状态、预算编制的时间属性等进行划分。正确选择预算编制方法，不仅可以有效提高预算的编制效率，而且对于提高预算编制的准确性能起到至关重要的作用。

1. 按照编制基础进行划分 可以将预算编制方法分为增量预算法和零基预算法。这两种预算方法的差异表述见表9-4。

表9-4 增量预算法和零基预算法的对比分析

项目	增量预算法	零基预算法
编制依据	假定基期预算合理性基础上，以此为基础，对未来预期费用进行调整	从实际需求出发，分析预算期经济活动的合理性，并经综合平衡后形成预算方案
工作量	计算简便、工作量少、耗时较短	工作量较集中、耗时较长
主要优势	编制难度较低、利于同期比较与后续分析、易于进行预算平衡	不受基期不合理因素影响，利于提高预算管理水平，提升精细化程度
主要劣势	受原有费用项目限制，成本较难控制	管理成本较高、主观性较强，易关注短期利益
适用范围	原有业务活动具备刚性、延续性且基期预算相对较为合理的项目	产出难以辨认的新增项目或相比以前预算基础发生较大变化、基期不合理性较突出的项目

在具体应用过程中，增量预算法往往应用于以保洁服务、设施设备运行管理等日常运行保障为主的后勤服务预算编制，费用标准一般较为明确，预算资料较为齐全。零基预算法则更多地应用于后勤服务的各类专项工作任务或突发性工作任务。

2. 按照预算编制的状态进行划分 可分为固定预算法和弹性预算法。这两种预算编制方法的差异性见表9-5。

表9-5 固定预算法和弹性预算法的对比分析

项目	固定预算法	弹性预算法
性态	静态、相对固定，又称“静态预算法”	动态、变动，又称“变动预算法”
主要优势	简单易编、容易理解、工作量较少	适用范围广、适用性较强，数据客观可比，更易发挥控制作用
主要劣势	局限性较多，与实际复杂业务难以适应，不利于开展预算评价	编制工作量较大、计算烦琐
适用范围	业务量水平较为稳定的成本费用预算	适用于各项随业务量变化而变化的支出

在具体应用过程中，固定预算法一般应用于业务量水平较为稳定的后勤服务费用，比如按照开放床位数编制的医疗废弃物处理费用、按照房屋面积编制的灭虫灭鼠费等。弹性预算法一般应用于业务量变化波动较大且相关性较强的后勤服务费用，比如按照预计工作频次编制的污水管道养护疏通费等。

3. 按照预算编制的时间属性划分 可分为定期预算法与滚动预算法。这两种预算编制方法的差异性见表9-6。

表9-6 定期预算法和滚动预算法的对比分析

项目	定期预算法	滚动预算法
性态	静态、固定、片段式	动态、永续制
编制过程	定期编制预算，时间节点相对固定	动态持续编制、经常性修订
主要优势	有利于把握预算编制节奏，工作量相对固定，利于考核与评价	更好把握预算期内预算与内外部环境的一致性
主要劣势	连续性较差，存在滞后性、间断性和一定的盲目性	日常工作量较大、管理成本较高、难以评价与考核
适用范围	数额比较稳定、与内外部环境变化相关性较弱、远期预计把握较大的成本费用	受内外部环境变化影响较大、运营活动复杂多变、近期预计把握较大但远期预计把握较小的项目

定期预算法和滚动预算法主要以预算区间作为划分标准。按照目前医院的总体预算编制要求来看，这两种方法中，定期预算法是后勤服务预算主要的编制方法。一般情况下，医院后勤服务预算不采用滚动预算法的方式进行编制。

（四）预算批复

预算批复是指遵循预算“二上二下”的编制流程，在后勤管理部门（后勤管理委员会）、院预算管理委员会、党委会、职代会等各个层面均进行了充分的讨论和再平衡后，所最终达成的一致意见，并将成为第二年或后续期间预算执行的法定依据。具体流程见图9-5。

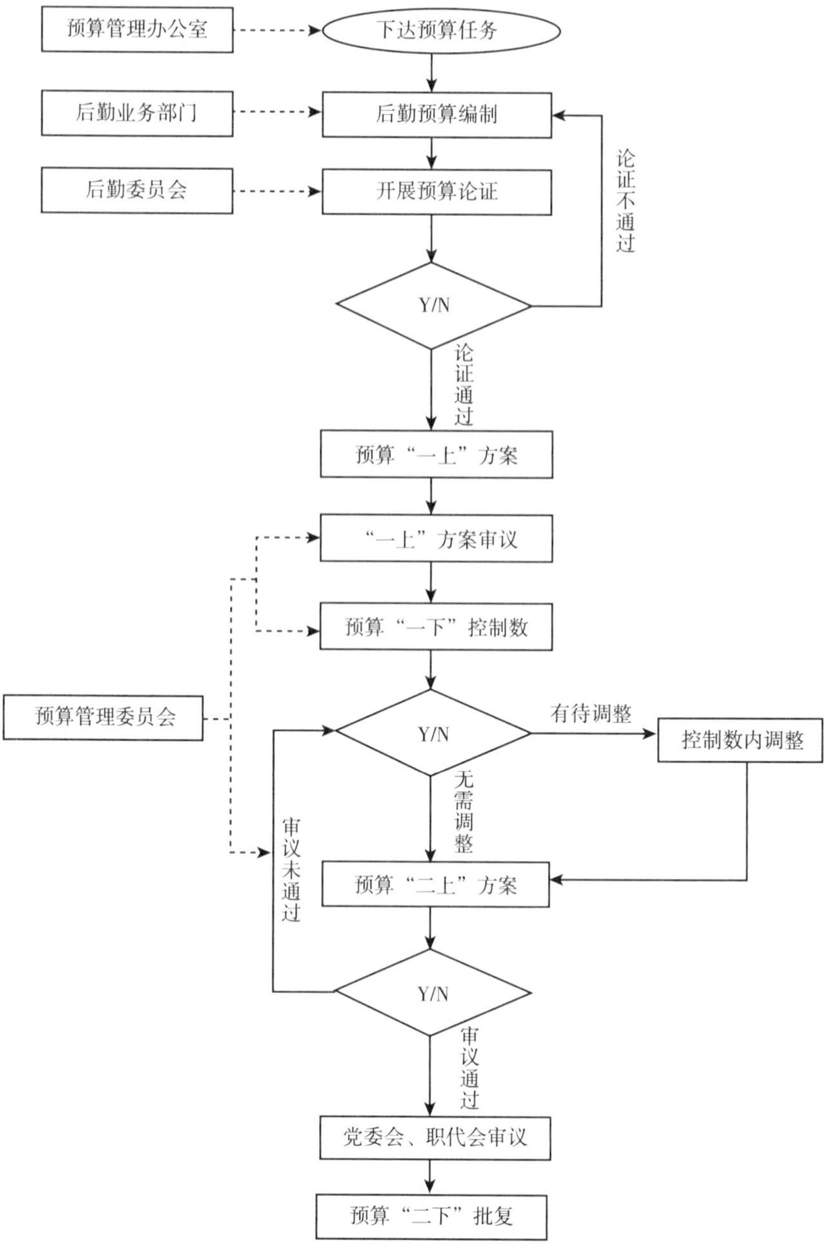

图9-5　后勤服务预算编制流程图

实施“二上二下”编报流程的原因在于医院层面的目标定位与后勤管理部门层

面的目标定位通常不尽相同。与医院战略层面的目标定位相比，后勤管理部门的预算目标通常定位于业务层面，并基于自身工作职能制定预算计划、开展预算论证；而医院战略层面通常以中长期管理目标为主，并结合医院经济运行情况、资金压力以及其他职能部门的目标定位进行通盘考虑。因此“二上二下”的意义主要体现在针对预算编制内容进行审批的过程中，医院决策机构与后勤管理部门之间可进行充分的沟通协商，及时、充分地交流有关预算信息，从而避免发生目标偏差，提高资源利用效率。

案例介绍

以后勤服务中的二级预算项目“保洁服务费”（表9-2）为例开展预算编制案例的相关介绍，用以描述预算编制的具体过程。该案例包括编报流程、编制内容确定、外包项目组成、预算方案、案例小结等环节。

三、预算执行与调整

（一）预算执行

1. 预算执行形式 预算执行是预算得以落实的具体环节，年度预算方案在经预算管理委员会、党委会、职代会逐层审议通过并予以批复后即可执行，而执行效果的好坏将直接影响到预算目标的实现。

由于后勤保障业务的复杂性，预算执行形式也较多样化（表9-7）。

表9-7 预算执行形式

主要表现形式	对应预算内容	执行节点	关注要点
合同	外包服务等	合同签订、合同付款申请	采购方式的确定、合同涉及服务期限的确定、合同内容与预算内容的一致性、是否满足合同的付款条件
物资领用	五金配件、物料	物资采购、领用出库	物资采购环节的控制（对应资金预算）、领用出库环节的控制
零星发票	日常性零星支出	付款申请	该经济业务与预算的相关性

由此可见，在不同的表现形式下，预算执行的反馈形式也不一样。以合同为例，至少涉及合同签订、对应的合同付款申请两个环节；物资领用环节则可通过物资采购

入库、物资领用出库两个环节对执行情况进行统计。因此，应当进一步明确关键执行节点和每一个节点需加以关注的要点，才能及时对预算的执行情况进行正确的统计和反馈。

2. 预算执行流程 预算执行过程涉及医院各个职能部门之间的协作，加之由于执行形式的多样性，预算执行过程中更应特别关注不同预算执行方式对应的审批程序，形成从预算发起到执行完毕的全闭环管理。以合同签订为例，见图9-6。

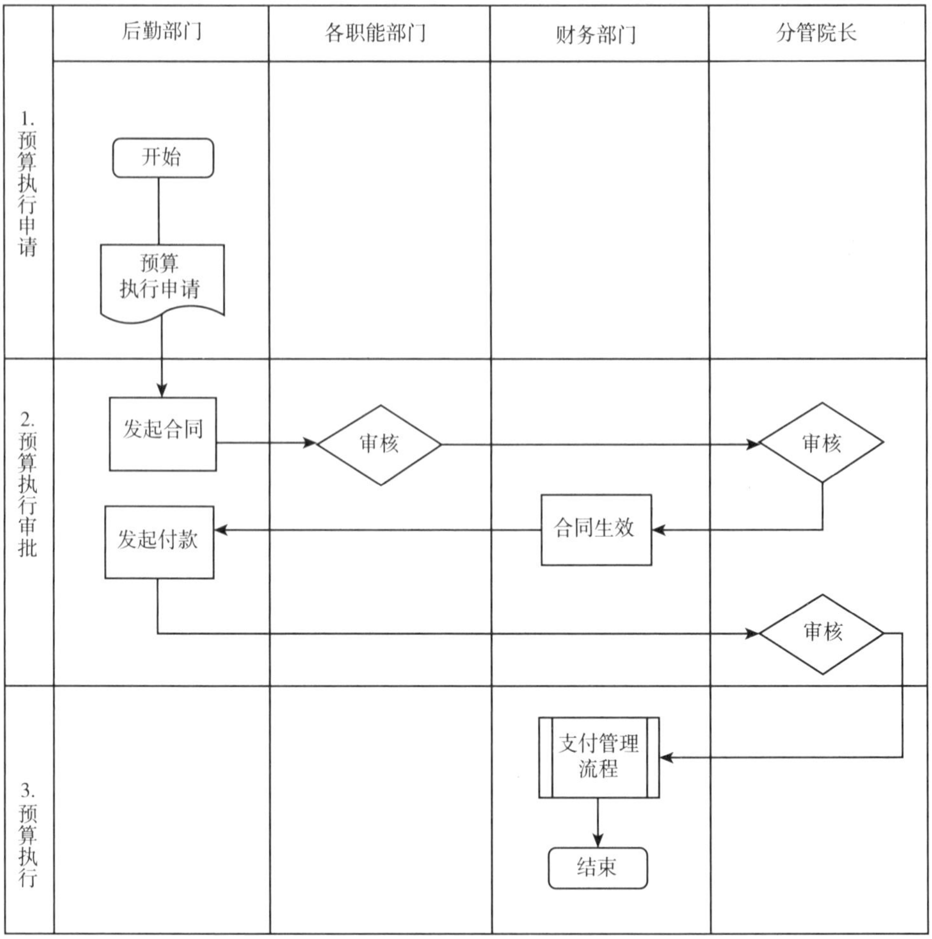

图9-6 预算执行流程（合同）

通常合同签订涉及的业务管理模式以外包服务为主，这就涉及合同的签订、合同内容及相关法律条款的审核、合同的生效、发起付款等多个环节，从而构成预算执行的完整闭环。其他预算执行流程，一般也必须符合闭环式管理的要求，从而构成完整的闭环式的预算执行全流程。

3. 预算执行要点 预算审批环节一般包括预算内审批、超预算审批、预算外审批等。在注重管理效率、优化流程的同时，预算执行环节还应重点关注预算审批环节的审批流程设计与风险防范。对于超预算预算审批事项，应在充分论证的基础上，执行独立的审批流程；预算外审批事项则应严格加以控制，注意防范风险，对于金额特别重大的预算外事项，理论上应作为“三重一大”内容履行相应流程和报告制度后方可予以执行。同时，鉴于医院的特殊性质，应针对公共卫生、对外支援、突发事件急救抢救等紧急情况，制订专门的紧急预算申请制度与审批流程。

医院还应建立预算报告制度。后勤部门作为预算归口部门，应定期报告预算的进展情况。对于预算执行中发生的新情况、新问题及出现偏差较大的预算项目，应及时查找原因，并向预算管理委员会提供预算的执行差异情况分析及其对预算目标的影响等信息，作为预算调整的重要依据。

（二）预算控制

1. 预算控制的概念与分类 预算控制是按照一定的程序和方法，确保医院及各预算执行部门全面落实和实现全面预算的过程。

按照控制的时间不同，预算控制可分为事前控制、事中控制和事后控制。这三种控制方式的比较见表9-8。

表9-8 预算控制方式比较（按控制时间）

控制方式	实现形式	主要特点
事前控制	分析预测	相应经济活动开展前，进行不同方案的选择和可行性研究
事中控制	动态控制	通过设置关键控制节点，具备逐级审核与控制功能，一般通过系统信息化控制实现
事后控制	执行分析与反馈	综合反映执行情况，全面反映执行偏差

按照预算控制的对象不同，可分为资金控制、费用支出控制、采购控制、存货控制。

（1）资金控制：是指在实现资金收付平衡的基础上，通过制定资金计划、实施严格的货币资金业务授权审批制度，对货币资金的支付进行控制的方式。

（2）费用支出控制：是指基于成本效益原则，针对可控变动成本进行控制，从而实现降本增效、避免浪费或囤积的目的。

（3）采购控制：是指通过制定合理的采购需求计划、完善相应资产采购制度、制定采购申请审批流程等方式，从而实现对物资采购进行控制的目的。

（4）存货控制：即通过合理确定存货最小周转期、安全库存量等手段，实现采购成本、订货成本、储藏成本和缺货成本在内的存货相关成本最优的管理目的。

除此以外，预算控制还可按照控制的手段不同，分为手工控制和线上控制；按照控制方法的不同，分为授权控制、反馈控制、调整控制、制度控制等。

2. 预算控制的具体应用

（1）事前控制：具体控制方式、控制内容见表9-9。

表9-9 预算控制（事前控制）

流程	控制方式	外包业务	自行保障业务
采购方式确定/预算编制等环节	事前控制	确定采购方式，拟定采购方案	
		后勤部门制定/遴选最优采购方案，通过招投标/内部询价/单一来源等方式确定供应商并确定服务期限，开展合同签订	需要签订合同的项目：后勤部门制定/遴选最优采购方案，通过招投标/内部询价/单一来源等方式确定供应商并确定服务期限，开展合同签订 不需签订合同的项目：依据成本效益原则和管理性价比，选择不同行动方案
		具体约束方式	完善采购制度/招投标制度；专委会或多部门参与方案论证与调研，选择最优方案

预算事前控制是指在总结历史期间预算执行情况的基础上，合理预测未来业务发展方向，对新的预算或新的业务进行可行性研究和综合平衡，从而形成具有广泛共识的、可实现的控制目标。事前控制一般发生在业务初始阶段，比如后勤服务某一经济业务采购方式的确定，就需要从业务类型（外包业务和自行保障业务）、签订合同与否等维度，履行相应的论证流程、确定采购方式方案或行动方案，并通过医院制度建设、专业委员会组织论证等方式加以约束。

（2）事中控制：具体控制方式、控制内容见表9-10。

表9-10 预算控制（事中控制）

流程	控制方式	外包业务	自行保障业务
预算执行环节	事中控制	合同条款审核、合同对应预算审核、资金付款计划审核、发票审核、物资领用审批、供应商准入审批等	
		具体约束方式	经济业务（如合同签订）的审批、资金计划的审批与支付结算审批（资金控制）、资产管理制度等

预算事中控制是为确保预算执行不偏离预算目标，对采购、入库、出库、合同签

订等各个经济活动，按照预算额度和内部管理流程进行逐级审批的控制行为。事中控制主要体现为对具体业务开展过程中的持续性控制，并在制度、流程、权限等各个层面予以约束，是最为主要的预算控制方式。

（3）事后控制：具体控制方式、控制内容见表9-11。

表9-11　预算控制（事后控制）

流程	控制方式	外包业务	自行保障业务
预算分析与考核环节	事后控制	合同执行进度、服务外包考核情况汇总、预算执行情况反馈、执行偏差及其原因分析；涉及绩效考核指标下达的，开展绩效中期跟踪与评价；对于偏离度较明显的预算内容进行预算中期调整准备	总结预算执行情况与执行结果，找出定性、定量差异以及产生的原因，落实责任。对于偏离度较明显的预算内容进行预算中期调整准备
		具体约束方式	执行情况反馈、差异原因分析、预算调整、预算考核、奖惩制度

预算事后控制实质上是一种结果控制，从具体经济业务层面而言，是一种控制效力较弱的预算控制方式。因此，预算事后控制并不单纯体现在经济业务层面，而是聚焦于医院预算管理流程或预算管理部门，并通过采取预算执行差异分析、预算考核、奖惩落实等相关举措，为下一个预算周期的预算标准修订、管理流程优化等内容提供支撑。

3. 预算控制的主要原则

（1）成本效益原则：即预算控制应当权衡实施成本与预期效益，避免为了控制而"控制"，影响到医疗业务的正常开展和医院管理的效率。

（2）重要性原则：预算控制应以符合"三重一大"定义的重点预算项目、敏感预算项目进行控制为主要任务，对重点预算项目和关键控制环节进行严格管理；对于其他项目则应尽量简化审批流程。

（3）归口控制原则：为提升控制效果和效率，对于类似后勤保障业务这样具备归口管理属性的预算项目，预算管理办公室可采取包括总量控制在内的方法进行控制，或赋予归口管理部门一定的调配和控制权限。

（三）预算调整

1. 预算调整的概念　是指在预算执行时，由各预算归口部门根据医院管理要求、内外部环境或政策变化，通过预算执行情况分析、预算论证等流程，向预算管理委员会提出对预算进行重新修订的过程。

当有下列情况之一时，可按规定程序申请预算调整：①外部环境的重大变化：结合医疗行业的特殊性来说，比如发生不可预计的大规模紧急公共卫生事件，导致医院正常医疗服务受到重大影响，或因药品、耗材等的价格政策发生明显变化，预期将对医院收支造成重大影响，以及医改政策产生重大变化，导致年初预算目标已不具备可行性等情况；②内部环境的重大变化：当医院内部管理模式发生变化、战略调整、组织机构重大变化，导致预算主体发生变动；或者主要工作任务发生变动，造成年初预算目标与工作目标存在明显偏离等情况；③预算委员会认定必须调整的其他事项。

2. 预算调整的方式及审批流程 预算调整按照程序不同，可区分为预算中期调整与预算临时性调整。预算中期调整频次一般为每年一次。预算临时性调整是指未在预算中期调整流程过程中发生了不可预计的重大事项，满足预算调整的具体要求时，针对特定的预算项目发起临时调整流程。具体预算调整管理流程见图9-7。

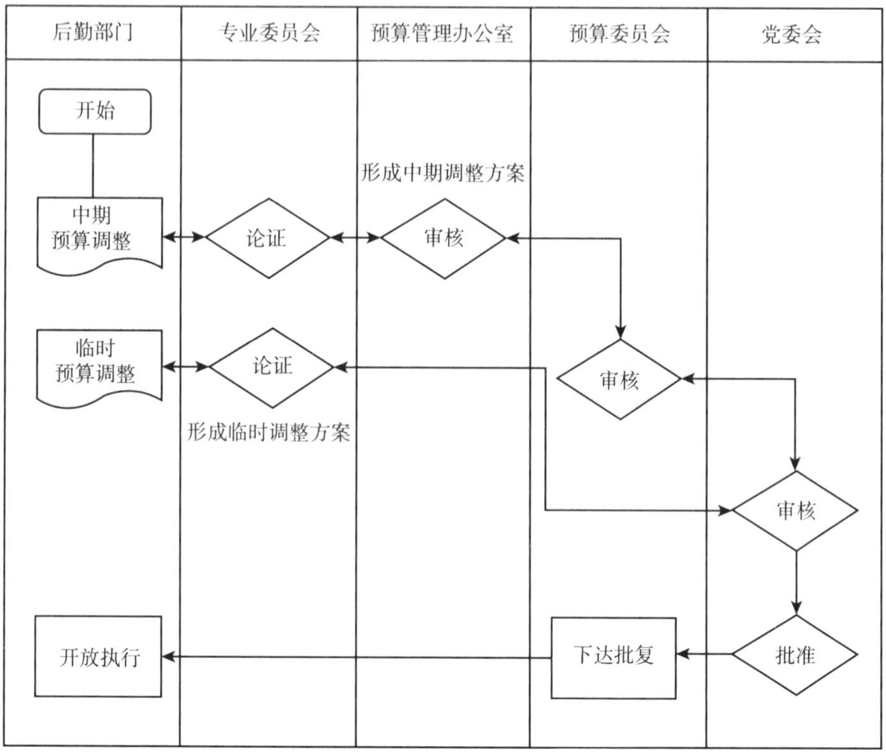

图9-7 预算调整流程图

应当注意的是，无论何种类型的预算调整，均应遵照医院预算中期调整流程，开展相应论证工作、履行相应报告手续，并报请预算委员会讨论、党委会审议。

四、预算评价与考核

（一）基本概念

预算评价与考核是指基于预算既定目标，对照相应的标准对预算执行的单位和责任人预算完成情况进行检查、分析和评估，并落实相应的激励约束措施，从而实现衡量全面预算实施成果的目的。作为预算管理循环中的重要环节，预算评价与考核就是要把预算的执行情况、目标的实现情况、工作效率、绩效考评情况和责任人、责任部门相挂钩，用以确保预算目标的实现。

预算评价与考核是建立预算绩效激励机制与约束机制的重要内容。在预算管理实施过程中，通过预算评价与考核工作，一方面，可以使部门目标与医院总体目标保持一致性，防止出现目标偏离的情况，并通过强化预算执行的力度，督促各责任部门完成预算指标；另一方面，通过合理的指标体系设计对各责任部门进行预算考评，可以科学评价各部门的工作业绩，并落实相应的奖惩措施，从而形成权、责、利相统一的责任共同体，最大限度调动医院各层级参与预算管理工作的积极性。

（二）实施要点

1．建立合适的考核评价指标体系 指标体系除了反映经济效益、成本控制、预算偏离度等内容外，更应在社会效益、工作效率方面予以考虑。尤其对于医院后勤业务而言，具体评价与考核不仅应该建立在财务指标上，更应结合业务特点，涵盖包括考勤、资质、服务态度、满意度（率）、精神文明等非财务指标。

2．建立合理的考核评价监督机制 在实际运行过程中，考核评价体系必须通过合理的监督机制予以监督，才能确保考评工作有效性、及时性、合理性，保证考评体系发挥其应有的功能和作用。

3．建立有效的考核奖惩机制 有的预算考核评价体系不能很好实施的原因是因为组织内部没有完善的奖惩机制，既不能充分调动相关部门和个人的主观能动性，也无法确保考核评价体系的有效落地。

（三）指标体系建立

针对后勤服务预算的评价指标，应在考虑预算管理层面相关常用指标的同时，结合后勤服务预算“安全、高效、低耗”的特点，建立起符合后勤服务预算管理实际的指标体系。

在指标体系的设计过程中，可将平衡计分卡与关键绩效指标法应用到预算考核评价指标体系中，通过有效地结合财务指标与非财务指标，同时兼顾内部业务流程的合理性，从而实现相应的管理效果。指标具体维度及指标设计见表9-12。

表9-12 指标维度及指标设计

指标维度		一级指标		二级指标
内容	参照平衡积分卡与关键绩效指标法进行设定	确定目标大类和评价方向		根据不同管理要求，设置相应的明细指标
具体分类	维度设置	指标大类	指标属性	明细指标设置
	财务维度	预算管理评价指标	数量指标	①预算报告数量；②预算执行率；③项目论证数量等
			质量指标	①预算偏离度；②中期预算调整率；③跨部门协同性；④项目论证有效性等
			时效指标	①预算报告及时性；②合同签订及时性；③项目按期完成率等
			合规指标	①国家强制性标准符合情况；②合同签订的规范性；③招标流程的合规性；④制度新订/修订情况等
	客户维度	服务评价指标	外包服务	①患者满意率；②投诉数量/投诉解决率；③环境卫生达标率；④劳动纠纷发生次数/处理及时性；⑤食堂服务满意度等
			自行保障服务	①物资采购/发放及时性；②临床科室满意度；③物资仓库盘点误差率；④全院消毒消杀次数；⑤紧急维修完成率等
	内部业务维度	安全性评价指标	安全评价	①安全隐患消除数；②无障碍设施覆盖率；③消防检查达标情况；④照明系统故障率；⑤安全事故发生次数；⑥安保巡检到位率等
		高效性评价指标	管理效率	①报修响应速度；②设施设备故障排除及时性；③每百元医疗收入耗费的能源成本等
		低耗性评价指标	能耗利用	①单位面积年能耗节约率；②电能利用效率（PUE）；③每床位能耗增幅
	学习成长维度	学习能力指标	员工培训	①员工技能提升情况；②培训计划（继续教育）覆盖率；③文献发表数量等
		发展能力指标	未来发展	①内部激励机制有效性；②关键岗位员工轮岗率；③技术改造与升级情况等

按照平衡计分卡的设计思路，指标可从财务维度、客户维度、内部业务维度和学习成长维度进行设计。财务维度主要体现的是预算管理层面的评价指标，并可从预算管理的角度出发，对与预算相关的数量、质量、时效、合规性指标进行评价；客户维度则可按照后勤服务模式的不同区分为外包服务和自行保障服务，并分别选取合适的指标予以表达；内部业务维度则结合后勤服务“安全、高效、低耗”三大管理目标出

发进行评价，实质上体现的是后勤服务业务层面的总体评价情况；学习成长维度体现的是员工或后勤部门的学习能力和发展能力。

预算评价与考核作为当期预算管理流程的终点和下期的起点，不仅起到承上启下的作用，更关系到医院整体运营绩效评价以及对医院全面预算管理实施结果的评价，是预算管理中不可或缺的重点内容。

第二节　成本控制

一、成本控制内涵

国务院办公厅于2021年发布的《关于推动公立医院高质量发展的意见》指出："公立医院发展方式要从规模扩张转向提质增效，运行模式要从粗放管理转向精细化管理。"加强后勤服务全面成本管理，努力降低后勤服务成本，无论对公立医院发展的提质增效，还是对提高公立医院的精细化管理工作，都是极为重要的。而要做好后勤服务全面成本管理工作必须首先从理论上充分认识成本的含义。

（一）概念

1. 后勤服务成本　广义的公立医院后勤服务成本是指围绕医院中心工作，为保障医疗、教学、科研、预防和保健等工作正常进行而产生的所有资源的耗费。

狭义的公立医院后勤服务成本专指对象化的耗费，也就是分配到后勤服务成本核算对象上的耗费。后勤服务成本核算对象是分配成本的客体，例如在核算保洁成本时，需要将资源耗费分配给保洁服务，这时保洁服务就是后勤成本核算对象，但后勤成本核算对象绝不仅仅局限于后勤服务项目，后勤服务成本核算对象可以是涉及后勤服务成本数据的任何事物，如患者、科室等。

2. 后勤服务成本控制　中国在改革开放初期，公立医院发生的所有资源耗费全部由政府给予财政补助来实现补偿，在此背景下，公立医院没有对后勤服务全面成本管理的思路与经验。随着医疗体制改革的不断推进，在医院收入补偿机制改变、后勤服务成本占医疗成本比重逐年刚性增长的背景下，医院管理层开始重视对后勤服务全面成本的管理。

后勤服务全面成本管理是公立医院后勤服务管理部门对成本从计划到发生的全过程的管控。事前要对后勤服务成本进行预测，编制成本计划，为公立医院有计划地进行成本管理提供基本依据。事中要严格审核和控制各项成本是否按成本计划执行，努力节约开支，不断降低成本。事后要开展成本分析工作，考核成本计划的完成情况。

（二）后勤服务成本控制的任务

后勤服务全面成本管理的任务，是公立医院相关的成本管理部门职能的具体化。

1. 成本核算 按照国家有关法规、制度的要求和公立医院管理层的需要，后勤服务成本核算要及时、正确地进行。公立医院的后勤服务成本核算的结果，首先要保证是真实、有用的成本信息，其次要与后勤服务项目、患者、科室等成本核算对象密切相关，这是公立医院后勤服务管理部门进行全面成本管理的基本依据。

2. 成本分析 成本分析是利用后勤服务成本核算的结果及其他有关资料，揭示影响后勤服务成本升降的各种因素及其影响程度，以便正确评价成本管理部门的工作业绩和在成本管理工作中的问题，从而促进后勤服务成本管理工作的改善，提高公立医院的经济运行质量。

3. 成本控制 成本控制就是针对成本分析工作中发现的成本管理问题，由成本管理部门提出成本控制举措并实施的过程。在实际工作中，成本控制措施要进行效果评价，以反映措施对成本控制的真实效果。

4. 成本控制效果评价 医院后勤服务成本项目众多，后勤服务如果为了成本控制而忽略服务质量，将会影响到医院正常开展业务活动，因此在进行成本控制效果评价时，医院需要结合诸如后勤服务成本、全生命周期过程管理、后勤服务的运营效果等多个维度，对后勤服务成本的控制效果进行评价。

（三）成本控制智慧化

公立医院的后勤服务具有点多、面广的特点，后勤服务成本又有着天然的刚性增长的特点，控制难度逐年增大。因此，医院后勤管理部门应有效利用“互联网+”技术，依托信息化技术提高管理工作效率，逐步建立业财一体化系统，对后勤服务成本进行线上全生命周期过程管理，以完成后勤服务成本控制的目标。

二、成本核算

（一）后勤服务成本核算要求

1. 外部管理者的要求 2021年国家卫生健康委员会下发了《公立医院成本核算规范》，要求医院建立健全成本核算与管理体系，在逐步实行医院全成本核算的基础上，满足内部成本控制、医疗服务定价、绩效评价等特定成本信息需求，促进管理模式从粗放式向精细化、规范化转变，优化资源配置、提高运营效率，保障公立医院健康、可持续发展，更好地满足人民群众的基本医疗卫生服务需求。

2. 内部管理者的要求 医院进行后勤服务成本核算的结果应当与后勤业务密切相关，并满足内部管理者的特定成本信息需求。一方面要为加强运营管理，促使医院合理控制医疗活动成本、优化资源配置、提升管理水平提供成本信息，以达到成本控制的目的。另一方面要为夯实绩效管理基础，为衡量医院整体和内部各部门的运行效率、核心业务实施效果、政策项目资金实施效益等提供成本信息，以达到绩效评价的目的。

（二）后勤服务成本核算的步骤

1. 确定成本核算对象 后勤服务成本核算对象是归集和分配成本的具体对象，即应承担后勤服务成本的客体，是正确归集和分配后勤服务成本的前提。

从医院级来看，公立医院整体就是一个后勤服务成本的核算对象，反映的是一定期间内所有后勤服务的资源总耗费；从科室级来看，临床科室、医技科室、医辅科室、行政科室也可以作为后勤服务成本的核算对象，反映的是一定期间内各类科室应承担后勤服务的资源耗费；从项目级来看，后勤服务项目作为核算对象反映的是一定期间内保洁费等具体服务项目在各个科室的资源耗费情况，患者或职工作为核算对象反映的是一定期间内各个科室每患者或每职工所发生的后勤服务的资源耗费情况（图9-8）。

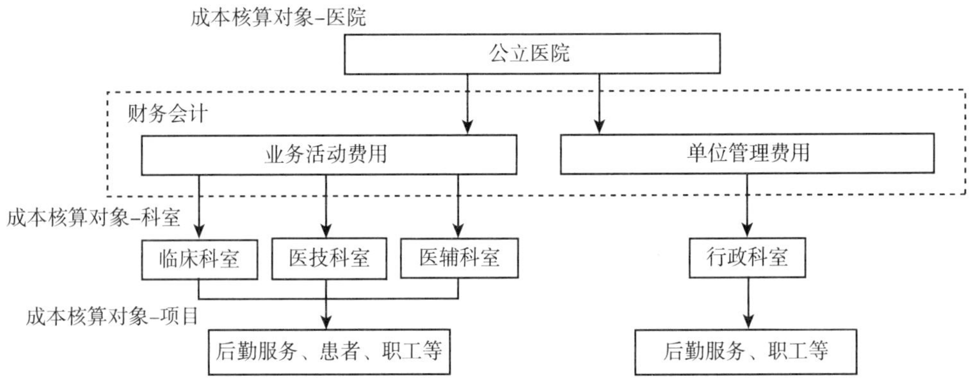

图9-8 成本核算对象关系图

后勤服务成本的核算对象可以按上述方法分类，但又不局限于上述几类，通俗的来讲，你想知道谁的后勤服务成本，谁就可以成为后勤服务成本的核算对象。

本节涉及的公立医院后勤服务成本核算对象，依据2019年实施的政府会计制度，为后勤服务项目的保洁费、保安费、医疗废弃物处置、生活垃圾清运、绿化费、污水处理费、能源成本等具体服务项目。

2. 确定成本核算项目

（1）传统后勤服务成本核算项目（表9-13）：医院应当根据后勤服务成本信息需求，按照其经济用途、成本要素等设置成本项目，并对每个成本核算对象按照其成本项目进行数据归集。成本项目是指将归集到成本核算对象的成本按照一定标准划分的反映成本构成的具体项目。

表9-13　传统后勤服务成本核算项目

后勤服务预算	成本核算项目	
服务类 保障类 运行类	后勤运营成本	保洁费、保安费、医疗废弃物处置、生活垃圾清运、绿化费、污水处理费、其他费用
	能源成本	水费、电费、煤气费

长期以来，医院传统后勤服务成本核算项目分为后勤运营成本核算项目和能源成本核算项目。由于各个公立医院财务工作人员的能力和素质不尽相同，上述成本核算项目设置的优点是简单明了，可以迅速在各个公立医院内推行后勤服务成本核算。但是因为设置上的简单，未涵盖后勤的所有业务，进而存在成本归集结果与后勤业务相关性不高，各个公立医院会计核算口径不一致导致成本归集结果横向纵向不可比的问题。

因此按照现代医院管理制度的要求，医院应对后勤服务成本进行标准化的核算。通过梳理后勤作业动因确定成本核算项目，明确后勤服务成本发生的业务源头，精细化归集后勤服务成本，目标是使后勤服务成本核算的质量得到提升。

（2）按作业动因确定后勤服务成本核算项目（表9-14）：作业动因是指后勤服务贡献于医院的方式与原因，是表示成本核算对象对于后勤服务需求的强度和频率的最恰当的度量标准，用来把后勤服务成本分配到成本核算对象，直接反映了资源耗费的情况。

医院后勤服务作为医疗业务活动开展的重要支撑点，从时间要求、操作流程、工作标准等方面都有详细的内部规章制度加以规定。较完善的服务流程管理为确定医院后勤服务作业动因奠定了基础。

表9-14　按作业动因确定后勤服务成本核算项目

作业动因		成本核算项目		
后勤服务预算	环境保护	后勤运营成本	保洁服务等8类	后勤服务成本
	设施设备		电站运行等8类	
	生活服务		运配服务等8类	
	安全管理		保安管理等2类	
	综合服务		后勤智能等2类	
	能源管理	能源成本	水电煤费等2类	

与传统后勤服务成本核算项目相比，一方面，实现了后勤业务与后勤服务成本归集结果的密切相关，真实反映了相关后勤业务的资源耗费情况；另一方面，如果按上述作业动因编制后勤服务预算，则可以实现预算与成本的密切相关，后勤服务成本归集的结果即是预算执行的直接体现。

3. 成本的归集与分配

（1）后勤服务成本的归集：医院后勤服务中，有些每天或每月都会发生，大部分体现为诸如保洁服务、医疗废弃物处置、生活垃圾清运等。上述后勤服务成本，应按权责发生制原则，每月对成本进行计提归集。如果后勤服务是按需要零星发生的，一般发生金额较小，为了便于成本的归集，可以一次性在发生当月计入当期损益归集。现阶段大部分医院均已实现后勤服务的外包，但少部分医院仍有自行保障的后勤服务，对于这部分后勤职工发生的人员经费（指医院聘用的从事后勤工作的在职职工），应先在后勤服务成本中归集，再结转至人员经费归集，使后勤服务成本包含所有的资源耗材情况。

（2）后勤服务成本的分配：

1）传统后勤服务成本分配：一直以来，医院后勤服务成本发生时，先在行政后勤类科室中归集。然后根据“谁受益，谁承担”的原则，按照分项逐级分步结转的方式进行三级分摊，最终将所有科室的后勤服务成本分摊到临床服务类科室，具体步骤如下：一级分配，行政后勤类科室的后勤服务成本分配。将行政后勤类科室的后勤服务成本采用人员比例、工作量比重等分摊参数向临床服务类、医疗技术类和医疗辅助类科室分配，并实行分项结转。二级分配，医疗辅助类科室费用分配。将医疗辅助类科室的后勤服务成本采用收入比重、工作量比重、占用面积比重等分配参数向临床服务类和医疗技术类科室分配，并实行分项结转。三级分配，医疗技术类科室费用分配。将医疗技术类科室的后勤服务成本采用收入比重等分摊参数向临床服务类科室分配，分配后形成临床服务类科室应承担的后勤服务成本（图9-9）。该方法的优点是分配路径清晰，比较容易理解，缺点是通过多次分配后，后勤服务成本的信息已经失真，无法回溯后勤服务成本发生的源头。

2）按后勤服务作业分配成本：后勤服务作业是指在医院内为了后勤服务而进行的耗费资源动作，按后勤服务作业分配后勤服务成本至各个科室，有助于改进成本控制，使后勤管理人员知道后勤服务成本是如何发生的，为医院的战略管理提供信息支持。

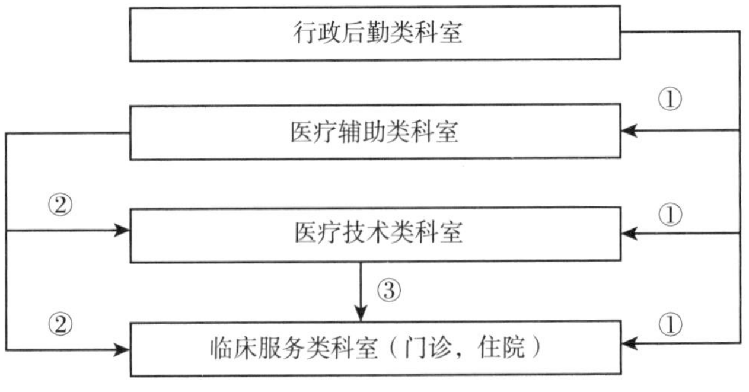

图9-9　后勤服务成本向科室三级结转分配

以保洁服务作业为例，以作业动因为起点，保洁服务作业可以追踪成本发生源至科室、病区、公共区域三个成本核算对象，在作业过程中，分别将所发生的成本归集入保洁服务成本，最后通过会计科目体现资源耗费情况（图9-10）。

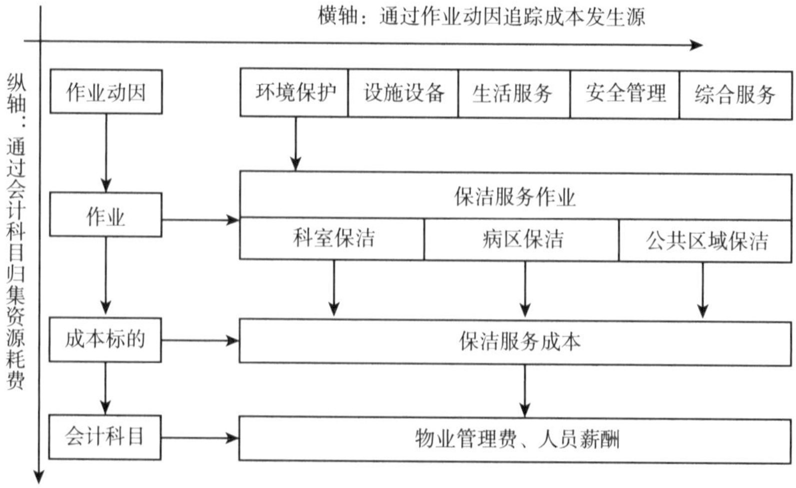

图9-10　按作业分配后勤服务成本

可以看出，按作业分配后勤服务成本至各个科室，有效解决了传统后勤服务成本分配方法过程中成本信息失真的问题，按上述方法分配后勤服务成本，可以有效追踪成本发生源，合理确定后勤服务成本的分配对象。

三、成本分析

（一）后勤服务成本分析的要求

医院后勤管理部门要对后勤服务成本核算的结果开展后勤服务成本分析，重点分析成本构成、成本变动的影响因素，为制订后勤服务成本控制措施提出改进建议夯实基础工作。医院同时要加强后勤服务成本数据和分析结果的应用，促进业务管理与经济管理相融合，提升运营管理水平，推进医院高质量发展。

（二）后勤服务成本分析的程序

1. 明确需要解决的问题　在进行成本分析前，要明确分析的目标、要求和范围，在此基础上进行工作安排，以提高成本分析工作的效率和质量。

2. 广泛收集成本的数据　要全面收集与成本分析相关的各类数据与资料，同时还要深入实际进行调查研究，掌握实际工作中的具体资源耗费情况。这是科学地进行成本分析、得出正确结论的前提条件。

3. 深入进行成本项目分析 要从总体分析入手，全面进行成本项目分析，确定各种影响因素及影响程度，以及重点应该解决的问题，为进一步分析指明方向。

4. 提出成本控制举措 要结合公立医院的内外部的实际，查明各因素变动的具体原因，提出有效的成本控制举措，解决问题。

5. 编写成本分析报告 在上述各方面的成本分析和全面客观评价公立医院成本管理工作的基础上，编写成本分析报告。

（三）后勤服务成本分析的方法

1. 对比分析法 对比分析法是根据实际成本指标与不同时期的指标进行对比，来揭示差异，分析差异产生原因的一种方法。

在对比分析中，可采取实际指标与计划指标对比，本期实际与上期（或上年同期，历史最好水平）实际指标对比等形式（表9-15）。通过对比分析，可一般地了解医院后勤服务成本的升降情况及其发展趋势，查明原因，找出差距，提出进一步改进的措施。

表9-15 对比分析法的应用

成本核算项目	实际或本期	计划或上期	增减额	增减率
环境保护	X万元	X万元	X万元	X%

在采用对比分析时，应注意本期实际指标与对比指标的可比性，以使比较的结果更能说明问题，揭示的差异才能符合实际。若不可比，则可能使分析的结果不准确，甚至可能得出与实际情况完全相反的结论。在采用对比分析法时，可采取绝对数对比，增减差额对比或相对数对比等多种形式。

2. 因素分析法 因素分析法是将某一综合性指标分解为各个相互关联的因素，通过测定这些因素对综合性指标差异额的影响程度的一种分析方法（表9-16）。

表9-16 因素分析法的应用

成本核算项目	本期	上期	增减额	影响程度
保洁人员成本	X元	X元	X元	—
因素：保洁人员	X人	X人	X人	+X元或-X元
人均薪酬	X元	X元	X元	+X元或-X元

在成本分析中采用因素分析法，就是将构成成本的各种因素进行分解，测定各个因素变动对成本计划完成情况的影响程度，并据此对企业的成本计划执行情况进行评价，提出进一步的改进措施。

3. 项目分析法 项目分析法是对某项后勤服务项目进行分析探讨对比，以此来决定是否进行选用的过程（表9-17）。

表9-17 项目分析法的应用

成本核算项目	成本计划
保洁人员成本	X元
A后勤服务公司	A万元
B后勤服务公司	B万元

在进行项目分析法时，要把机会成本作为重要的比较项目，因为不同的选择产生的成本支出也会不一致。如医院的后勤服务，既可以选择由医院自行保障，也可以选择购买外包服务，不同的选择下，资源耗费的大小也会不同。

四、成本控制

后勤服务成本控制的主体是公立医院的后勤服务成本管理部门和各级管理人员。后勤服务成本控制的对象是公立医院的运营过程中发生的后勤服务的资源耗费，其过程是一个发现薄弱环节，挖掘内部潜力，寻找一切可能降低成本途径的过程。

（一）重视成本的全面预算管理工作

后勤服务成本可以根据服务标准、服务人员配置、人员薪酬等确定，它是可以通过一定的方法进行计算的。医院在编制后勤服务成本全面预算时，应注意科学控制投入成本，而不能按经验制定。同时为了确保成本预算的实现，应对成本预算进行分解细化到执行者，这是成本预算执行的保证，并且做到任务清晰，时间节点合理有保障。在执行的过程中，要根据后勤服务成本的执行情况，及时进行成本分析，并将之与成本预算进行比较，主要分析其执行情况，结合实际情况及时进行成本预算的调整。

（二）持续提升后勤服务管理水平

要建立权责利相结合的管理体系，对后勤服务成本进行有效控制，将成本控制目标责任到人，设定奖惩绩效考核，权利与责任相适应。

完善岗位职责、奖罚措施、成本控制流程等管理制度，在管理中严格执行，提高工作效率的同时可以达到成本控制的成果。加强医院的文化建设工作，提高成本控制的意识。加强后勤管理部门团队建设，保证团队稳定性和凝聚力。

充分利用信息化技术手段，依托信息化技术手段，尽快建立后勤业务与财务的一体化系统，后勤管理者通过系统，实时了解后勤服务成本支出情况，对不合理增长的相关后勤服务成本进行控制。

（三）建立后勤服务成本标准化核算体系

以全流程管理为核心，按照成本动因对后勤业务进行梳理分类，以梳理分类的后勤业务编制对应预算并执行，同时建立与之匹配的会计科目进行成本归集，做到成本归集的结果与业务密切相关，为进一步的成本管控夯实基础（图9-11）。

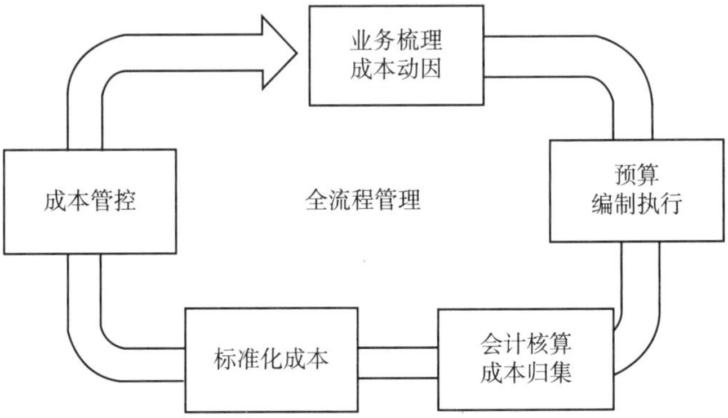

图9-11　后勤服务成本标准化核算体系

后勤服务成本标准化核算体系的建立，归集的成本结果与后勤业务密切相关，管理层可以对数据进行分析，通过数据评估成本支出情况以及成本控制措施的效果，逐步形成一批后勤业务的标准化成本，后续以绩效为导向，按"谁受益，谁承担"的原则计入各个科室，超支扣减节省奖励，使节约成本的理念深入每位医院职工的心里。

五、成本控制效果评价

医院后勤服务成本的组成项目众多，部分项目在评价成本控制效果时难以量化评价。而且如果为了控制成本而不重视服务质量，就会影响医院正常开展医疗业务活动。因此，在对后勤服务成本控制效果进行评价时，要综合管理水平等因素进行综合评价。

（一）成本控制影响因素与成本控制效果评价的关系

医院应全面分析影响后勤服务成本控制的因素，以及这些因素如何影响后勤服务成本的控制效果，进而形成相应的成本控制效果评价指标。它们之间的关系见图9-12。

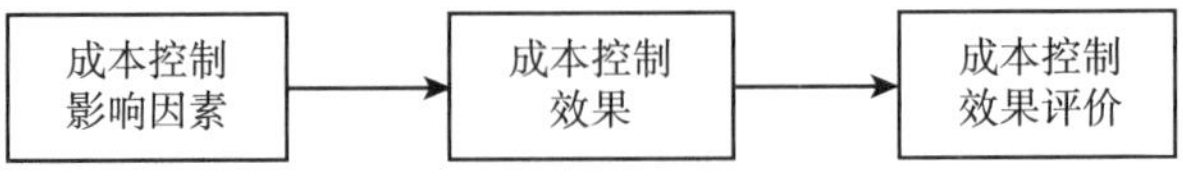

图9-12　影响因素与控制效果评价的关系

（二）成本控制效果指标的梳理

1. 后勤服务成本的项目组成　后勤服务成本的项目就是通常所说的料工费，其中人员成本占比最大，且降低空间较大，是影响后勤服务成本控制效果的重要因素，但过度降低也有可能引起服务质量的下降。

2. 医院内部运营管理水平　医院后勤服务部门的运营管理水平直接影响着后勤服务成本控制的效果。运营管理水平主要体现在各部门是否有效配合、信息充分、预算测算是否符合实际执行情况、成本目标是否分解、成本控制是否责任到人、全员的成本意识等。

3. 成本预算的编制质量　后勤服务成本预算编制人员的专业性、责任心和工作经验直接影响着后勤成本预算的编制质量。后勤成本预算编制的准确与合理，也给后期后勤成本控制效果带来很大影响。

4. 成本的全过程管理　在后勤服务成本控制的过程中，是否在过程中进行动态管理是关键。应对后勤服务成本进行全生命周期的管理，这关系着成本的控制效果。

（三）成本控制效果指标的确定

上述成本控制效果指标中，有些影响因素难以量化，有的影响因素具有相同或相近的作用效果。因此，需要通过德尔菲法（专家咨询法）对这些指标进行筛选，并最终形成如下后勤服务成本控制评价效果指标（表9-18）。

表9-18　后勤服务成本控制效果指标

类型	序号	后勤服务成本控制效果指标
后勤服务成本项目	1	人员成本
	2	耗材费
全生命周期管理	3	成本预算编制准确度
	4	成本预算编制合理性
	5	成本预算的调整
	6	成本控制是否形成闭环管理
后勤运营管理水平	7	管理制度是否齐全
	8	管理工作是否规范
	9	成本控制是否落实到位
	10	成本控制是否全员参与
后勤服务的运营效果	11	科室满意度
	12	后勤服务质量达标率

六、后勤服务成本核算的一体化

近年，医院信息化领域提出了整体运营管理的思想，称之为H-ERP或HRP，即医院资源规划（hospital resource planning）。追溯其源，乃是企业资源规划（enterprise resource planning，ERP）的一种跨行业延伸应用。

一般来说，ERP系统是一个以会计（此处的会计是指管理会计）为核心的信息系统，用来识别和规划企业资源，从获取客户订单、完成加工和交付、得到客户付款、最终获得收入和利润的整套电子化管理。HRP是由国内的几个知名厂商提出来的，在国际上并无明确的概念，它综合管理医院已有信息系统的资源，创建规范的财务管理系统、医疗物资管理系统，构建起以合理指标体系为主线的人力资源与绩效考评系统，提升医院的各条主要业务线的管理和综合运营管理，以及医院持续发展的动力与核心竞争力。

HRP信息系统的诞生，为后勤成本核算的业财融合带来了可行性方案。原有的后勤成本核算仅仅是在财务一端，难免产生信息孤岛的现象，后勤部门无法及时得知成本支出情况，财务部门无法追溯成本发生的业务情况。近些年，上海部分公立医院针对上述问题，利用HRP信息系统，实现了后勤成本核算的业财融合。

在HRP系统中，后勤服务成本核算在线上实现了全流程的管控，事前以后勤部门的预算编制为起点，事中对预算执行、合同付款、会计核算进行控制，事后对后勤成本数据进行分析并反馈给后勤部门，实现了后勤服务成本核算的闭环管理（图9-13）。

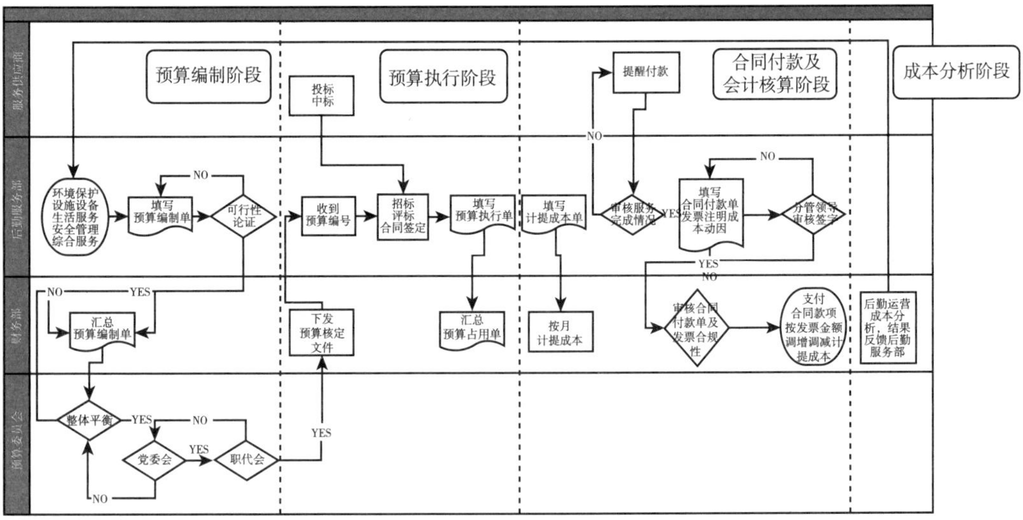

图9-13　HRP系统对后勤成本核算全过程管控

课堂讨论

医院的HRP与企业的ERP，两者的区别点在哪里？医院HRP的特点有哪些？你认为医院的HRP除了应用于后勤成本核算的全过程管控，还可以应用于后勤管理的哪些方面？

本章小结

医院后勤服务具备业务覆盖面广、复杂程度高、资源投入多、专业性技术性强等特点，其工作质量、管理效率和水平的高低，将直接影响医院各项核心业务开展的效率效果。后勤服务的全面预算和成本管理作为组织内部管理流程的起点和终点，共同作用、相互结合，为实现成本管控目标提供了保障。因此，对后勤服务的预算和成本进行科学地管理和控制，进而形成完整的管理闭环，才能不断提高资源利用效率和成本管控水平，助力实现医院后勤服务的科学化、规范化、标准化、专业化。

（程　明　徐　诚）

第三篇

基本建设

Part 3

第十章　医院基本建设概述

学习目标

1. 掌握　医院基本建设特征，医院基本建设程序阶段划分。
2. 熟悉　医院基本建设各个阶段的主要内容。
3. 了解　我国当代医院基本建设概况。

第一节　医院基本建设特征

医院是以诊治疾病、照护患者为主要目的的机构，医院建筑是以满足医疗、教学、科研功能为主，配套其相关设施的单体建筑或建筑群，拥有急诊部、门诊部、住院部、医技科室、科教用房、保障系统、院内生活等七类用房，同时配套设备设施、信息系统、物流系统、标识系统等。

医院建筑作为一切医疗活动最基本的空间载体，具有投资规模大，功能布局复杂，易变性强等特点，为政府部门、社会各界、研究机构及业内人士所重视。医院建设模式的演变，往往与国家或地方政策变化、医院管理模式变化等密切相关。

一、建设项目管理

（一）工程项目管理的国内背景

我国从20世纪80年代初开始引入建设工程项目管理的概念。1983年由国家卫生行政主管部门提出推行项目前期项目经理负责制。1988年开始推行建设工程监理制度。1995年建设部颁发了建筑施工企业项目经理资质管理办法，推行项目经理负责制。

2002年，人事部、建设部印发了《建造师执业资格制度暂行规定》的通知。2003年，建设部发布了《关于建筑业企业项目经理资质管理制度向建造师执业资格制度过渡有关问题的通知》。2004年，建设部颁布了《建设工程项目管理试行办法》，在我国开始了建设工程项目管理的试点。同年，为适应投资建设项目管理的需要，经人事部、国家发改委研究决定，对投资建设项目高层专业管理人员实行职业水平认证制度，印发了《投资建设项目管理师职业水平认证制度暂行规定》和《投资建设项目管理师职业水平考试实施办法》的通知。这一时期，各地发改委还印发了相应的政府投资建设项目代建制管理试行办法。

2006年住建部发布了国家标准《建设工程项目管理规范（GB/T 50326—2006）》，2008年中国建筑业协会工程项目管理委员会发文要求做好《建设工程项目管理规范》的宣传培训和实施工作。2017年《建设工程项目管理规范（GB/T 50326—2017）》进行修订，并于2018年1月1日起实施。

（二）工程项目管理的国外背景

现代项目管理起源于20世纪40年代的美国“曼哈顿计划”，经过持续发展，形成了关键线路法（critical path method，CPM）和计划评审技术（program evaluation and review technique，PERT）等相关工具与方法。随着项目管理的推广应用，国际上相继成立了项目管理协会，其中影响力最大的包括欧洲国际项目管理协会（International Project Management Association，IPMA）和美国项目管理协会（Project Management Institute，PMI）。其中，由PMI发布的《项目管理知识体系指南》（Project Management Body of Knowledge，PMBOK）具有较大影响。

20世纪60年代，美国、联邦德国、法国等国家开始建设很多大型、特大型工程，这些工程技术复杂、规模大，对项目建设的组织与管理提出了更高的要求。竞争激烈的社会环境迫使人们重视项目的管理工作。

20世纪60年代末期至70年代初期，工业发达国家在大学开设了与工程管理相关的专业。项目管理的应用首先在建设单位的工程管理中，而后逐步在承包商、设计方和供货方中得到推广。

20世纪70年代中期，项目管理咨询服务兴起，项目管理咨询公司的主要服务对象是建设单位，但也服务于承包商、设计方和供货方。

二、项目管理发展趋势

项目管理是一个学科，它不仅可应用于工程项目建设，还大量应用于信息技术、通信技术、研发制造、活动（文体、会展、市场、生活）策划和企业资源计划项目（enterprise resource planning，ERP）等。半个多世纪以来，项目管理在不断发展，传统的项目管理（project management）是该学科的第一代，第二代是项目集管理（program management），第三代是项目组合管理（portfolio management），第四代是变更管理（change management）。这些管理技术和方法都已在工程项目管理中得到了应用。随着《项目管理知识体系指南（PMBOK）》第7版于2021年发布，项目管理理论进入了一个新的阶段，并对工程项目管理产生重要影响。

知识拓展

《项目管理知识体系指南（PMBOK）》是美国项目管理协会（PMI）对项目管理所需的知识、技能和工具进行的概括性描述。从1996年PMI发布第1版PMBOK至今，PMBOK已经更新到了第7版。在结构上，第7版PMBOK的标准中增加了更多关于项目管理原则性的内容，首次提出了项目管理的12项原则，指南部分则提出了八大项目绩效域，目的是引导项目管理人员更加关注项目成果的实现。

随着患者就医需求的不断增加，医院基本建设成为资本投入的重要方向，近几十年一直保持着快速增长势头，随着医院建设投资强度、规模增大，建筑功能内容日益复杂化，对管理水平也提出了更高要求。医院建设项目管理沿着由单一的自行管理模式到社会第三方管理模式再到社会化的项目管理模式不断发展，目前有代建制、全过程咨询、建筑师负责制等建设管理方式。

第二节　中国医院基本建设

从建设速度、建筑形式、投资规模等综合因素考虑，中国医院建设大致可分为4个阶段。

第一阶段，20世纪50至60年代。其特点是为解决中华人民共和国成立之初医疗资源严重匮乏的问题，采取了以量为主的粗放型发展模式。这段时期国家投资建设了大量的公立医院，以西方医学为基础，以公立医院为主流的医院建设投资模式与格局初步形成，从而为下一步医院建设迈向现代化奠定了基础。但是，由于过分讲究“快”和“省”，造成建设质量不高的问题。2003年中国卫生统计年鉴开始公布医疗卫生类系统中的危房比例，绝大多数的危房建设于这一时期，这也成为进入21世纪我国医院进行大规模改扩建的主要原因。

第二阶段，20世纪60年代中期至80年代。医院建设资金投入严重不足，工程技术停滞不前，医院建设发展水平甚至出现倒退现象。同时，由于疏于维护和有效管理，既有建筑普遍出现破损老化问题。值得一提的是，这段时期，整体医学模式在全球范围内兴起并影响至国内。虽然这一时期医院新建及改造项目不多，但开始结合生物医学、心理学、社会学及建筑环境学的诸多要求，倡导建设人性化整体医学环境，相应建设理论也逐渐形成。

第三阶段，20世纪90年代。中国医院建设逐步由单一的政府主导转向政府推动与医院自我发展相结合，其特征是投资渠道由政府单一投资变为政府投入、医院自筹二元化，这一时期的医院建设开始强调总体规划与单体建筑的有机结合，各种设计、施工的法规、规范不断出台，医院建设行为渐渐步入了标准化、规范化的轨道。

第四阶段，21世纪初至今。伴随着经济的持续发展以及建设小康社会进程的不断加快，政府加大了对医疗行业的投入，使得医院建设进入一个空前的黄金发展时期。总体表现：一是数量多、总量大，根据国家统计局公布有关数据，截至2020年，全国医院总量约为35 000个，比2010年增加了67.3%，医院总体床位数约为713.4万张，比2010年增加了约374.7万张，医院的基建建设投入也增长迅速；二是标准要求高，1996年国家出台《综合医院建设标准》，2008年推出标准修订版，2021年颁布了最新版《综合医院建设标准》（建标110-2021），结合综合医院建设新时代发展需求和近年来建设经验，进一步强调规划引领的重要性，指导医院确实加强总体规划设计，充分利用现有资源和基础设施。标准的加速演进，反映出医疗发展变化不断加速，医院建设的主要任务，由保障人民群众基本医疗需求，全面拓展到满足医疗、教学、科研同步发展的层面；三是建设质量高，一方面国家及地方各种建设规定（规范）逐步配套完善，另一方面市场主体也逐步成熟，设计、施工、监理等队伍的专业化程度不断提高，一些最新的工程技术和管理理念相继引入，促使医院建设总体水平实现了质的飞跃。

知识拓展

《综合医院建设标准》是由国家卫生行政主管部门组织编制的适用于综合医院新建、改建和扩建工程项目的建设标准，其他医院类工程亦可参照执行。主要用于综合医院科学决策，合理确定建设水平；作为编制、评估及审批、核准综合医院建设项目的项目建议书、可行性研究报告和项目申请报告的主要依据；是审查项目工程初步设计及监督检查工程建设全过程的重要尺度。

医院基本建设管理是跨学科的，它是医学、建筑学、工程学、社会学、管理学、经济学及计算机科学相结合的综合性学科，是医院管理的重要组成部分。改革开放四十多年来，随着我国国民经济的快速发展，医疗卫生事业得到了长足的发展。近十多年来，我国医院基本建设进入了一个新的发展时期，新医院建设、老医院改建、扩建项目正在规划和建设，医院建设任务繁重。如何建设好医院是负责医院后勤基建院领导的重要职责之一。

医院基本建设管理是一项综合性很强的管理工作，具有政策性强、涉及部门多、实施周期长等特点，其目的是对医院各类建筑的筹建和建设进行规范化、制度化和科学化的管理，以达到安全实施、保证工作质量、完善使用功能、缩短建设周期、控制工程成本、提高投资效率等目标，并最终实现医院建设工程的全生命周期价值。医院基本建设管理需考虑全面，应从总体规划、设计管理、招投标与合同管理、施工管理、投资控制、信息管理、竣工验收和后评价等全过程进行控制，另外需着重考虑功能分区、流程、布局，防止院内交叉感染，便于科学管理，大学附属（教学）医院还需配备满足教学、示教和规范化培训等的教学用房。

第三节　医院基本建设程序

基本建设程序是指基本建设项目从决策、设计、施工到竣工验收整个过程中各个阶段及其先后顺序。医院基本建设项目按我国现行的基本建设程序大致可以分为工程项目策划和决策阶段、工程项目准备阶段、工程项目实施阶段，以及工程项目竣工验收和后评价四个阶段（图 10-1）。

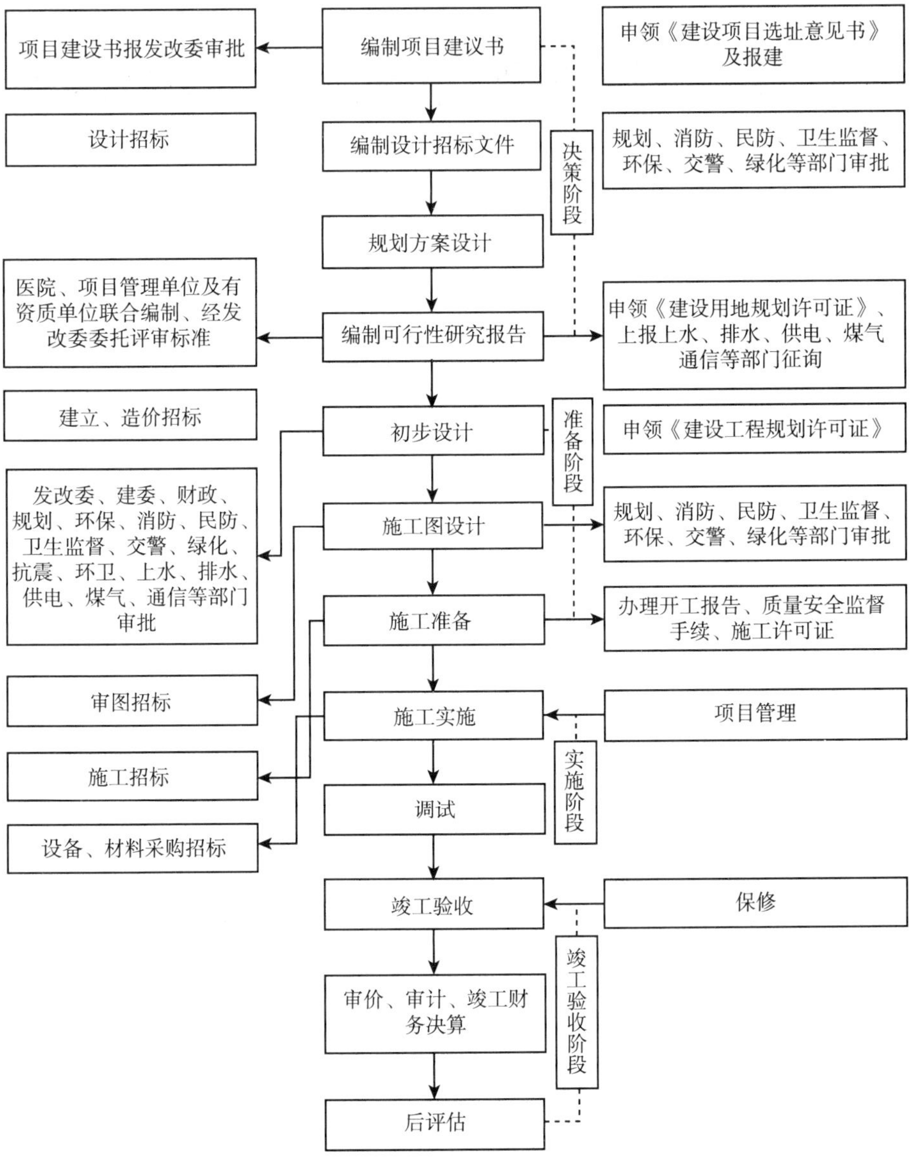

图10-1　医院基本建设程序流程图

一、项目策划和决策阶段

策划决策阶段，又称为建设前期工作阶段，主要包括项目构思、编报项目建议书、方案设计和可行性研究四项工作内容。

（一）项目构思

针对医院编制的整体发展规划和学科建设发展的动态要求，通过对存量建筑有效性、适应性的分析，列出项目建设必要性、可行性等有关决策的依据，并在满足医院战略目标和计划的层面上对项目的初步规模、内容构成进行研究。整体构思均应由医院基本建设部门（下称“建设单位”）完成，开始于医院基本建设规划编制阶段。

（二）编报项目建议书

项目建议书是建设单位向上级主管部门及发展和改革部门提出立项申请的建议性文件，主要内容包括研究项目的必要性及可行性，同时要求提出项目建设目标。建设单位的主要任务为收集资料、项目目标系统优化及对外协调等工作。

（三）方案设计

方案设计阶段的主要工作内容是制定满足医院发展规划、项目建设条件、医院功能需求的设计方案，为项目的可行性研究提供建设规模、建设内容、初步方案构思和基本经济测算方面的依据。

（四）可行性研究

根据《国务院关于投资体制改革的决定》，对于政府投资项目须审批项目建议书和可行性研究报告，对于不适用政府资金投资建设的项目，区别不同情况实行核准制和登记备案制。

公立医院通常皆为政府投资，故待项目建议书被批准后进行项目可行性研究，主要对报建工程在经济效益和社会效益进行可行性分析论证，从而决定拟建项目的规模、内容及预期效果，这是项目前期最为主要的环节。

二、项目准备阶段

（一）初步设计

初步设计一经批准，项目的规模、设计方案、建设标准及投资总额等控制性标准即不可随意改变。建设单位主要工作是跟进与检查设计文件的进度和符合性，沟通协调勘察单位、设计单位、评审专家、政府审批及市政配套部门关系，确保初步设计中的错、漏、碰、缺及时得到修正，使得获批设计文件最大限度地满足建设单位要求。安排专人负责与设计院、设计文件审核部门或单位之间的沟通联系，确保技术资料有序管理。

设计阶段应及时搭建项目管理的组织框架，由医院或医院与委托的项目管理单位共同编制项目管理大纲，项目建设大纲在实施过程中不断调整、优化和补充。项目管理大纲是项目建设的总纲领，是项目各参建单位开展工作必须遵守的指导性文件。

（二）施工图设计

结合项目实际情况，完成建筑结构、水、电（强弱）、气（汽）等专业的施工图设计。施工图是工程项目招标与施工依据，建设单位的主要工作是严控设计文件编制的进度，及时发现和总结在前期工作中可能对后续工程造成影响的因素，并提供解决方案，督促设计单位加强各专业复核校正，提出后期医疗工艺设计的接口要求及计划，施工图出图后，及时组织相关专业技术人员对图纸进行会审。

（三）施工准备

1. 完成项目施工场地整理，实现“三通一平”（电通、水通、路通、平整场地）等条件。

2. 委托招标代理单位组织完成施工监理、施工总承包、甲供设备、材料的采购招标。对采用工程总承包的项目，由工程总承包单位对工程项目的可行性研究、勘察、设计、采购、施工、试运行等进行全过程的承包。

3. 进行相关专项审查，负责办理相关政府部门的征询工作，办理配套管线申请各种报批报审。

4. 办理规划许可、施工许可等事宜。

5. 编制项目管理规划，制定现场管理规章制度和管理流程，明晰管理责任，使各参建单位有明确的工作目标与责任，并充分理解医院的建设要求。

6. 审核施工总承包单位的施工组织设计，对施工总平面进行策划。

7. 事先考虑建筑设备和医疗设备进场路径和就位安装等问题，研究将会对后续工作产生影响的因素，召集设计院、监理单位、施工总承包单位召开专题会议，商讨设备进场路径方案，通过方案优化，确定大型设备进场的最佳路径方案，并由设计院绘制设备进场路径图，在结构施工前解决后续工作的瓶颈问题。

三、项目实施阶段

（一）项目实施

1. 督促各参建单位建立相应的管理组织。

2. 审查施工总承包单位制定的施工进度计划体系　按照总体计划、年计划、月计划、周计划形成的四级计划管理内容，要求总包单位就施工范围（界面划分）、专业分包进场时间及计划、施工标准、进度、质量、安全管理计划等内容进行明确，建设单位应重点审查各分部、分项计划的逻辑关系，确保计划可操作性，并根据现场情况进行动态调整。

3. 实时监控工地情况 每月汇总项目进展情况，整理编写月度工作报告，向各参建单位传达当月工作完成情况、下月工作计划及推进过程中遇到的问题和解决措施，使各单位能清晰真实地了解项目各阶段的实施情况。

4. 对质量、投资、进度的控制 质量控制主要抓质量保证体系的完善和现场操作是否处于体系构架约束之内；投资控制主要是减少不必要的变更，尽可能避免违约索赔；进度控制主要是督促总承包单位通过定期完善进度网络图，进行进度校核，发现偏差及时纠正。

5. 各参建单位的绩效考核 在项目实施阶段，要对监理、总承包等各参建单位按合同进行监督，如发现与合同要求不符合的，通知相关企业调整更换。

6. 沟通协调 对外沟通协调政府部门、管线配套单位、周边单位及居民，为项目建设创造良好的外部环境；对内，采用工程例会、专题会、简报、宣传栏等多种形式，及时向各参建单位传达项目的相关信息，消除歧义达成共识，确保项目管理措施计划落实到位。

7. 重大工程文明工地建设 严格按照文明工地要求，推进文明工地建设，组织相关专业人员，对工地的文明施工进行检查，并就检查出的问题落实专项整改，确保整个现场文明施工处于较理想的状态。

（二）调试

为保证设备正常使用，安装工程结束后须进行机电工程调试，调试方式有单机调试、系统调试。

需要调试的系统包括：给水排水系统、消防水系统、消防排烟、正压送风系统、空调水系统、通风系统、动力电系统和照明系统。除此之外，还有弱电系统、信息系统、消防报警系统、医用气体系统、手术室及ICU等专业净化空调系统。

参与系统调试的人员必须具有丰富的调试经验，对各系统的工艺流程、控制原理非常熟悉，有较强的解决调试过程中出现的问题和排除故障的能力，并由各系统主管人员带队；在系统调试前，应对泵、柜、箱、洁具、空调器、风机及照明器具等机电设备进行清扫和完整性检查，现场的环境也要保持清洁；调试资料包括整套的系统图、控制原理图、相关的平面图和由设计院提供的调试数据；制定调试进度计划；系统调试方案编写与确定；同时在调试前须确定排水系统管路完善，地下室、设备机房内压力排水系统处于正常工作状态。

在各系统单机、独立系统完成功能调试后，经验收合格需进一步进入全功能的联合调试阶段。

四、项目竣工验收和后评价

1．组织好医疗装备与基本建设的衔接问题，做好项目现场配合工作。

2．督促总承包单位编制竣工交付总体计划，包括消防、电梯、环保、卫生监督、档案等一揽子检测验收计划，提出验收标准、材料准备的要求。

3．监督总承包单位做出各项材料的移交标准，包括竣工图、维保手册等竣工资料，维保期内的人员驻场，做好备件的准备，以及移交时对建设单位人员的培训准备等。

4．做好工程决算、审计、资料备案等扫尾工作。

5．委托第三方咨询机构完成项目的后评价工作（具体评价管理见第十五章）。

本章小结

伴随着新兴技术和管理理念的相继引入，医院建设总体水平实现了质的飞跃。本章从医院基本建设特征出发，介绍了医院基本建设概述、工程项目管理的国内外背景及医院建设项目管理模式，讲述了医院基本建设程序的阶段划分，这是该专业领域学生需要掌握的核心知识点。同时，学生也应了解我国当代医院基本建设概况，这对开展医院基础建设至关重要。最后，医院基本建设各个阶段的主要内容皆需熟悉，并了解相互关系。总而言之，医院基本建设管理是一项综合性学科，具有政策性强、涉及部门多、实施周期长等特点，建设任务繁重，需考虑全面，是医院管理的重要组成部分。

（吴锦华　张建忠　陈　睦）

第十一章　医院基本建设项目管理模式

学习目标

1. 掌握　医院建设项目管理模式与组织机构设置。
2. 熟悉　医院建设项目利益相关者与项目组织分工。
3. 了解　我国医院建设项目管理的各种典型实践模式。

第一节　项目管理模式与组织设置

一、项目管理模式

主要包括：①项目法人型，如三峡工程、深圳盐田地铁工程等，对工程项目策划、实施、经营、保值等全面负责；②项目指挥部型，如迪士尼、世博会等大型公共建筑工程项目，由政府部门领导负责实施；③自建自用型，主要是教育、文化、卫生、体育等部门设立基建处（科）负责建设；④专业机构型，如社会专业公司代建制、全过程咨询等。

受总体环境影响，我国的医院建设项目管理模式与其他工业民用项目一样，形成了从起步到逐步规范的发展过程。医院建设项目的建设单位、设计单位、施工单位、投资和工程监理单位在项目的建造过程中承担不同的责任。目前医院基本建设项目管理模式常见的有建设单位自行管理、代建制、全过程咨询模式等，不同模式具有不同的特点和适用范围（表11-1）。

表11-1 不同项目管理模式的优缺点和适用范围

模式	特点	优点	缺点	适用范围
自行管理	医院自行设立基建部门（或指挥部），负责基本建设管理。基建部门负责全过程建设管理，通过各类合同管理达到项目管理的目的	快速灵活、针对性强，能快速满足各医院的项目需求。也能代表医院利益，可以通过行政方式管理，内部协调和对外沟通简单	专业性不足，专业资源有限	一般适应小型工程、房屋修缮及日常维护等工作。基建团队经验丰富
全过程咨询	由社会化、专业化的单位来承担医院建设工程项目管理任务，可以综合委托	专业性强，专业资源丰富	专业服务单位选择困难，需要额外的服务费用，管理协调量增加	工程规模大，建设单位或院方经验不足
代建制	通过专业化的建设项目管理，使"投资、建设、管理、使用"的职责分离，最终实现项目目标，提高投资效率和项目管理水平。有集中代建，也有企业代建	管理体制职责分离，以达到"双控"（控制建设规模，控制建设投资）、"双优"（工程优质，干部优秀）的目的。也有利于项目管理的专业化	代建体制不成熟，对代建单位的专业性要求高	已经实施代建制的区域，有集中大规模医院建设的区域

（一）单一的自行管理模式

中华人民共和国成立初期一直到20世纪70年代末，医院建设项目原则上自建自用。由于缺乏工程咨询、监理等专业机构，建设单位管理人员自行对设计、采购、施工进行管理。此后，为解决专业性差、管理分散等问题，一些建设任务较多的大型综合性医院率先成立了内部常设机构，如基建部门，最大限度地体现了项目管理的专业性、有效性，但实施过程中，又产生了由于权力缺乏有效监督和约束，容易滋生腐败等问题。

（二）引入社会第三方管理模式

进入20世纪80年代，由于对外开放和政治经济体制改革的不断深入，国外一些先进的项目建设理念被引进。至此，建筑市场真正形成了由建设单位、监理和施工三方组成的三元主体结构，受法律规则影响，医院建设项目也普遍委托了工程监理，监理机构代表医院，围绕工程质量、安全、造价、进度发挥了积极的作用。

（三）社会化的项目管理模式

进入21世纪，为适应工程变化，各种专业化的工程项目管理企业应运而生，例如通过对勘察设计单位的整体改革，催生了一批"一业为主，多头延伸"的工程公司、造价咨询公司、工程咨询公司、设计事务所等。

以上模式也并非单一使用，具体项目中可能既有建设单位自行管理，又结合代建制及全过程咨询模式。

知识拓展

代建制是政府投资非经营性项目经过规定的程序委托有相应资质的工程管理公司或具备相应工程管理能力的其他企业作为项目建设期法人，代理投资方或建设单位组织和管理项目的一种建设管理模式。代建制的特点是代建方具有全过程管理和监督职能。

全过程咨询，涉及建设工程全生命周期内的策划咨询、前期科研、工程设计、招标代理、造价咨询、工程监理、施工前期准备、施工过程管理、竣工验收及运营保修等各个阶段的管理服务。

二、组织机构设置

（一）机构设置

根据建设单位原有组织结构和内部管理特点，确定适合自身项目建设管理模式和相应组织机构。项目管理机构的设置，可以从项目的管理对象、管理职能和管理过程三个角度进行考虑。

从管理对象角度来看，项目管理组织机构应覆盖对所有工程参建单位的管理，如设计方、施工方、供货方、监理方等，还应覆盖工程实体全方位的管理；如工程规模较大的项目，应考虑分标段管理。涉及专业面广的项目，管理机构设置应考虑专业搭配合理。

从管理职能角度来看，项目管理组织结构设计应覆盖工程管理的所有职能和职责。例如，应全面落实管理的计划、组织、领导和控制职能；应覆盖技术管理、施工管理、采购管理、合同管理、投资管理、配套管理等各方面的建设单位管理职责。运维部门应提前介入建设管理。

从管理过程角度来看，项目管理组织结构设计应覆盖前期策划、规划设计、招标采购、施工安装、验收收尾及后评价甚至后期运维等全过程。

（二）管理分工

对医院建设项目各参建单位或个体的主要职责进行分工。项目建设的不同阶段需要完成的项目任务不同，涉及的参建单位及其分工也有较大不同，可按项目的前期阶段、实施阶段、竣工与开办阶段等对参建单位的具体工作任务进行分工。

对各项任务承担者进行管理职能上的分工，如建设单位的主要职责包括负责工程项目立项，提供医院现状情况、医院的总体发展规划以及项目用地、施工用地的周边各种配套、所需项目前期配套征询，提供医院资金使用的财务状况，进行工程项目融资，落实项目自筹资金，确保自筹建设资金及时到位等。

项目组织机构模式、构成、任务分工及管理职能分工应针对不同阶段的实际需求进行动态调整。

三、利益相关者管理

医院建设项目牵涉的单位和人员众多，这些单位和人员之间又具有复杂的关系，对项目的影响程度和方式也存在较大差异，因此分析医院建设项目组织结构，首先要明确利益相关方。

根据不同利益相关方在医院建设项目全生命周期中的参与程度、影响程度与被影响程度，利益相关方可以分为三类：

（1）核心利益相关方：直接参与医院建设项目的出资和管理。

（2）重要利益相关方：不直接参与医院建设项目的出资但直接参与和影响医院建设项目生产环节的单位和组织，包括勘察单位、设计单位、施工单位、施工监理单位、供货单位、招标代理和造价咨询等，还包括卫生主管部门、建设主管部门、市政配套设施管理部门等。

（3）一般利益相关方：不直接参与医院建设项目的出资，但是影响医院建设项目生产过程或被影响的个人、组织或单位，包括其他政府相关部门、医护人员、患者、医学院校等。

各利益相关方在项目实施全过程有各自任务分工，但这些分工会因为不同地区和不同建设管理模式而有所不同。

四、组织分工

组织分工通常包括工作任务分工和管理职能分工，前者界定了各利益相关者或参建单位的工作内容和界面；后者界定了决策、计划、执行、检查、配合等管理职能分工（表11-2）。

表11-2　上海市级医院建设工程项目利益相关者分工的典型示例

项目阶段	利益相关者		具体工作任务
项目前期阶段	政府建设管理部门	市（区）发展和改革部门	项目建议书审核批复、可研报告批复
		上海市规划和国土资源管理局	土地转性、划拨手续，土地预审、建设用地批准书受理；详规报审受理、详细规划设计批复、规划设计要求、建设项目选址建议书批复、日照分析报告、设计方案审核、建设用地规划许可证受理、工程建设规划许可证受理、验线
		城乡建设和交通委员会	设计方案和文件审查、项目报建和报监、施工许可证审批
	政府评审部门	生态环境局（原环保局）	环境评估与环保批复、放射评估及评审（辐射监督所）
		上海市卫生健康委员会监督所	卫生评估与评审
		上海市住房和城乡建设管理委员会	交通影响分析评审、抗震评审（科技委预审）、节能评审等
	政府配套征询部门	供电、供气、自来水、排水等有关部门	设计方案征询、扩初设计征询意见、施工临时用水申请
		民防、消防、交警、卫生防疫、轨道交通、绿化等主管部门	设计方案征询、扩初设计征询意见
	实施单位	建设单位、代建单位或项目管理单位（全过程咨询单位）	可研报告送审、评审
			基坑围护安全性评审，扩初设计图及概算送审，施工监理合同备案，施工场地“三通一平”工作，临水、临电申请，现场红线测绘、水准点引入，施工图送至相关部门审批，施工合同谈判、签订、备案，渣土合同办理，报质监站等相关手续办理，施工许可证取得，编制年度资金计划，施工组织设计审批，开工前准备工作
			项目报建，设计任务书编制，设计方案确定，上报上级主管部门可研批准请示，设计方案调整，地质勘察合同备案，上报上级主管部门扩初批准请示报告，确认选择参建单位
		咨询单位	项目建议书编制、节能评估方案、地质灾害性评估方案、可研报告编制
		招标代理单位	设计招标、财务监理招标、勘察设计招标、施工监理招标、施工总包招标
		勘察单位	地质勘察及报告

续 表

项目阶段	利益相关者		具体工作任务
项目前期阶段	实施单位	设计单位	制定项目建设规划、调整详细规划、方案设计优化与调整、扩初设计、出图、审核确定概算、基坑围护设计单位确定，各类评审方案、调整设计及概算、施工图设计
		审图单位	审图合格证
		测绘单位	现场红线测绘、水准点引入
		施工总包	编制标书、投标、施工合同谈判、签订总包合同、办理施工许可证（中标通知书、资金到位证明，综合保险、报建手续）、总进度计划编制及调整、编制月/周工作计划、编制年度资金计划、施工组织设计编制，现场测绘、放线、定位，开工申请报告、开工前准备工作、开工
		工程监理	收集建设单位应提供的文件资料、编制建立大纲和各阶段监理规划、审批施工单位应提交的文件资料、控制施工承包方施工前准备工作质量、现场检测的审查
		造价咨询或财务监理	审核确定及分析概算、预算、工程量清单，进行项目投资控制、合同管理和财务监管
项目实施阶段	各参建单位		组织或参与项目管理交底会，检查施工组织设计落实，检查专项施工方案落实，组织专项施工技术专题会议，组织施工交底会议，协调解决施工图纸问题，现场施工质量管理，参与设备、材料采购活动，现场安全、文明施工管理，参与单项工程验收，组织联动调试，参与组织竣工验收，结算资料，竣工验收会议
	建设单位、代建单位或项目管理单位（全过程咨询单位）		确认设计单位、监理单位、施工单位的合格证书，确认工程变更内容、“三重一大”决策、竣工验收、“双优”工作
			调整、分解进度计划，明确责任制，管理人员岗位职责项目管理日记、会议纪要、大事记等管理资料记录及整理，组织施工图纸会审，编制专业设备、专业分包招标采购计划，编制工作计划，组织政府采购招标工作，组织专业设备、专业分包招标工作，其他甲供设备、材料采购工作，现场文件、影像资料管理，协助医院确认合格证书，消防验收，环保验收，档案验收，规划验收，交通验收，绿化验收，室内环境测试及验收，节能验收测试及验收，协助质检部门验收和其他项目验收，竣工备案制验收
	招标采购代理单位		组织政府采购招标工作，组织专业设备、专业分包招标工作

续 表

项目阶段	利益相关者	具体工作任务
项目实施阶段	设计院	配合设备招标、对施工队伍招标提供支持、设计交底、派遣设计代表到现场服务、参加“三查四定”
	施工总包	落实总包进度计划，编制专业设备、专业分包招标采购计划及设备材料供应工作，现场文件、影像资料管理，施工单位自报合格证书，竣工图，接受质检部门验收和其他项目验收
	监理单位	监督施工单位严格按照施工规范和设计文件要求进行施工；监督施工单位严格执行施工合同，确保合同目标的实现；对工程主要部位、主要环节及技术复杂工程加强检查；检查和评价施工单位的工程自检工作；审查施工单位申报的月度和季度计量表；对所有的隐蔽工程在进行隐蔽以前进行检查和办理签认
	造价咨询或财务监理	负责造价审核与咨询、资金监控、财务管理、投资控制和合同管理工作
	外配套单位	负责水、电、气、通讯等外配套设施
项目竣工验收阶段	总包单位	签订保修协议
	建设单位或代建机构	工程结算，竣工决算资料收集管理，签订保修协议，参与竣工结算、决算工作，项目管理总结，配合项目审计，资料整理、移交
	造价咨询或财务监理	审价、工程结算审定，竣工决算审核、投资及造价的对比分析、配合项目审计
	建设单位、代建单位或项目管理单位（全过程咨询单位）	工程结算，竣工决算管理，签订保修协议，参与竣工决算，项目管理总结，配合项目审计，资料整理、归档
	政府部门验收单位	规划、消防、人防、环保等验收工作

第二节 医院建设项目管理典型模式

一、上海模式

上海市级医院建设高潮始于“十五”初期，围绕“双控”（控规模、控投资）、“双优”（工程优质、干部优秀）的总体建设原则，市级医院建设管理步入专业化、科学化轨道。

早在2001年5月，上海市政府就启动了政府投资工程管理体制改革，形成以代建制为主的建设管理模式。上海的代建制管理模式为“政府——政府所属投资公司——专业工程管理公司”的三级管理模式，实现了政府投资职能、投资管理职能、工程管理职能的分离。该模式的运作方式为：由上海市政府组建或指定若干家具备较强经济和技术实力的国有建设公司、投资公司或者项目管理公司，对指定的项目实行代建管理。上海市市级医院建设项目属于政府投资建设项目，均采用代建制三级管理模式。按照当时建筑业管理体制改革的精神和市政府对基建项目试行“代建制”管理的要求，上海卫生系统成立了市级医院基本建设的代建服务机构——上海申康卫生基建管理有限公司，接受上海申康医院发展中心（下称“申康中心”）业务指导。

上海市级公立医院建设全过程的建设管理通过项目筹建办来实现，在项目建议书批准后，结合工程项目的具体情况，由申康中心批准成立筹建办，筹建办由代建单位和项目所在医院派员构成，形成了特有的“合作代建”模式。筹建办是医院建设项目的管理机构，负责具体推进实施建设项目和执行项目日常管理，筹建办的资金使用行为受到财务监理单位的全程监督管理。

二、深圳模式

2008年深圳市新建市属医院筹备办公室（下称“新筹办”）成立。新筹办为深圳市卫生健康委直属事业单位，按照深圳市委市政府、市卫生健康委部署要求，开展新建市属医院项目的前期工作，取得可研批复或投资概算批复后移交至深圳市建筑工务署（下称“工务署”）。工务署负责建设工程组织实施、协调和监督管理。

2014年9月深圳市启动了“医疗卫生三名工程”，新建的市属医院均引进名院名校作为运营主体，运营主体在前期阶段根据医院定位提出学科发展规划，并配合新筹办对设计任务书、方案设计、医疗工艺流程进行确认，在工程实施阶段参与项目管理并提出可行性意见，在开办阶段进行医疗设备与信息化系统购置及安装调试、规章制度制定、人员引进、开办准备等工作。新筹办、工务署、运营主体三方各自发挥专业优势，有序衔接、高效配合，提高了医院建筑的质量。

2018年7月，深圳市发改委发布《深圳市发展和改革委员会关于印发深圳市级政府投资项目市场化代建试点实施方案的通知》，该文件进一步完善了政府投资项目代理建设制度，旨在通过市场化代建切实提高政府投资项目的建设管理水平和投资效益。目前，福田、南山、宝安、龙华等区已有部分医院项目通过市场化代建模式进行建设。

三、北京模式

近年，北京市不断探索市属医院基建管理模式，逐步形成了市医院管理中心、市医疗卫生基建管理办公室、市属医院基建专业技术工作专班和市属医院基建项目工作专班共同实施基建项目管理的多元管理体系。

（一）市医院管理中心

履行市政府举办市属医院的职责，负责市属医院基本建设管理工作。在基建管理工作中，具体负责：制定年度工作计划，建立工作推进机制，组织召开项目推进调度会，督导参建单位有序推进工程建设。

（二）市医疗卫生基建管理办公室

办公室由市属医院基建管理岗位骨干人员组建成，充分发挥专业技术优势，协助市医院管理中心开展工作，具体职责：组织、指导市属医院编制项目任务书、项目建议书、可行性研究报告、概念设计方案、院区总体规划等工作；组织、指导市属医院做好项目初步设计及概算、施工图设计等工作；组织、指导市属医院依法依规开展招投标工作；指导市属医院项目施工组织工作。

（三）市属医院基建专业技术工作专班

技术工作专班由市属医院专技人员组成，具体负责：研究医院基建发展规划、工作计划、管理规范、技术标准等；组织开展工作监督检查及管理评价；组织开展项目评审与技术咨询；参与处置工程安全质量突发事件；开展专题调查研究等。

（四）医院基建项目工作专班

项目工作专班由项目所在医院基建、医务、信息、医工、后勤等部门人员组成，发挥项目医院主体责任，具体职责：负责编制项目实施总体规划和实施计划；负责开展项目前期策划、项目报批；施工过程的质量、安全、进度、投资等管控以及竣工验收等工作。

本章小结

医院基本建设管理模式依托项目管理的发展轨迹，逐步规范，沿着由单一的自行管理发展到社会化项目管理，随着建筑规模和功能内容的日益复杂化，对相应的管理水平也提出了更高要求。本章从医院建设项目管理模式出发，提出了医院建设项目管理模式的优缺点和适用范围，这是该专业领域学生需要掌握的要点。同时，详细阐述了医院项目管理组织机构设置，以及各利益相关者之间的关系和协调方式，让学生更了解参建各方的情况，有的放矢地进行管理。最后介绍了我国医院建设项目管理的三种典型实践模式，这将给学生提供思考空间，模式是可以相互依存、融会贯通的，选择地区适合的模式才能给医院基本建设带来更好的发展。

（张建忠　吴锦华）

第十二章　医院基本建设项目全过程管理

> **学习目标**
>
> 1. 掌握　医院基本建设总体规划内容、重点，设计管理要点及功能要求，施工管理内容、方法及实施要点，投资控制含义、目的及模式，竣工验收条件及资料归档。
> 2. 熟悉　医院基本建设招投标原则、内容及流程，信息管理特点、方法。
> 3. 了解　医院设备设施构成要素及内容，合同分类及标准，后评价的内容、方法及程序。

第一节　总体建设规划

医院的总体建设规划是总体发展规划的一部分，落脚于医院硬件设施的规划建设。医院既要根据区域卫生规划、医疗机构设置规划、当地经济发展、服务辐射半径、服务人群及疾病情况，又要考虑医院功能定位，历史和发展所形成的医院文化和专科特色等因素制定总体建设规划，同时还要结合医院近期、中期、远期总体发展规划，在满足近期基本要求的前提下，科学合理地推进医院总体建设规划，考虑将来可持续发展和高适应性等要求。

一、医院总体建设规划内容

做好医院总体建设规划，首先，应该对医院建立全面的理解，掌握顺应时代发展的医院建筑规划布局的理念，为医院的建设发展搭设清晰的框架，做好医院建筑总体规划与设计，使其具有适应未来变化和发展的灵活性；其次，在总体建设规划中要体现发展意识，充分考虑医院未来的发展对建筑、设备不断增加的需要、医疗技术装备的发展更新、医学模式的转变、医院管理方式的变化等。上述要求，均对医院建筑的规划布局产生影响，需要预先设定合理的场地开发容量和强度，遵守土地综合利用和开发规划原则，最大限度地利用自然环境条件减少对能源的需求，科学合理地进行医院总体规划设计。

医院总体建设规划还需考虑建筑物的空间造型、色彩、采光、通风，并安排设备空间、合理布局及流程，除考虑影响医学发展的各种因素外，尤应有环境保护意识并将此融入规划中。为了保持建筑设施与发展相适应，基本建设规划在空间、通道、能源、智能化等方面要有一定超前设计、实施步骤与方案。同时，应对建设成本与运行成本有清晰了解，以确保规划得到落实。

医院总体布局应紧凑合理，使得交通便捷、管理方便，在满足基本功能要求的基础上留有发展空间，并且做到节能环保、安全卫生。在满足日照、通风、安全的前提下应采用集中、组合布局、节约用地，要合理确定医院内各功能区，科学地组织内、外流线和人、物、车流线，避免或减少交叉感染。既要缩短就医时间，又要缩短工作流程，提高工作和使用效率。医院建筑以多层建筑为宜，中心城区内受用地限制而采用高层建筑的医院，应结合医院科室的分层设置，采用多种形式，合理配置电梯，如可将人流量较大的门急诊室设在低层，并装备自动扶梯，尽快分流就诊人群。

此外，不少历史悠久的老医院保存着大量优秀历史建筑，在进行医院总体建设规划时需要对这些建筑进行加固、保护。但是这又与医院提高必要的硬件水平、急需拓展建筑空间的现状产生一定冲突，需要做好规划论证，引导医院的合理发展。在优秀历史建筑的周边建设控制范围内新建、扩建、改建建筑的，应当在使用性质、高度、体量、立面、材料及色彩等方面与优秀历史建筑相协调，不得改变建筑周围原有的空间景观特征，不得影响优秀历史建筑的正常使用。并且应当坚持全面保护、最大限度保存建筑的原状，完善区域功能，提升空间品质，延续地区原有历史文化环境，尊重原有城市肌理和街区尺度等原则。

二、医院总体建设规划重点

（一）医院选址

医院建设作为民生工程和生命线工程，首先应确保其安全性。同时工程应确保其使用的便利性、安全性和运营的高效性。医院的选址有别于其他大型公共建筑，由于其本身因素复杂，牵涉面较大，可能造成使用不便，发展受限。因此医院的选址应避免一味地考虑经济利益，一定要权衡利弊作出最佳选择。医院建设用地要求如下：

1. 用地平整、规整　医院建设单项工程占地较大，且彼此关联紧密，因此太窄太零乱的用地不利于医院功能布局开展，不规则的狭长用地导致医院各功能区域布局分散，造成医疗流程不合理，患者就医路程偏长。

2. 工程水文地质条件　医院作为生命线工程，应确保灾时灾后及时开展救援工作的可能。选址首先应避免地震、泥石流、风暴积雪、洪涝影响、低洼地带等不利地质环境。

3. 交通便利　选址至少面临两条“城市干线级”道路，应利用现有公共轨道交通、至少医院大门300米内半径有公交站点。医院选址交通便利不仅有利于患者就医，也可对应急事件处置等提供便捷。

4. 城市资源的充分利用　医院充分利用周边的城市服务资源，如住宿、餐饮、通信及金融服务，包括土地资源等。为患者、探视者、陪护人员及医护人员提供服务。尤其是在一些医疗资源集中的大型城市，患者多来自周边或全国各地，陪护人员量很大，需要配套城市商业服务设施。

5. 环境安静　医院选址宜选择环境安静地区，有利于患者的康复治疗。应尽可能避开繁忙的交通干道、机械噪声、有害的扬尘环境、有毒有害气体、电磁干扰、光污染环境，以及其他不利环境。

6. 城市、公共设施的可用性　医院选址应在城市市政布网的有效范围内，并确保市政资源供应的稳定性和可靠性。由于医院功能的特殊性，医院要求其核心医疗功能区域（如手术区、ICU等）正常运作不可中断，因此需要市政供水、供电等应有多路保障供给。此外医院对城市燃气、热力等供应亦有十分严格的要求，如所供气体的压力和燃气的热值等。

7. 建设发展用地的保留　在医院的整个生命周期内，存在着众多不确定因素，如病房的规模扩大，医技设备的更新，新型特种医技设备的添置等。因此在总体规划上都会留有一块空地以应对不确定的发展要求，避免后期无地可用，造成布局分散或见缝插针的随意布置，导致医疗流程的混乱和患者就诊的不便。鉴于医院门诊的发展会有较大的冗余（一般每间诊室日门诊量可在30~60人之间浮动），保留用地更应倾向于靠近病房和医技区域。通过保留用地提供一个灵活开放、有利于可持续使用和更新的医疗建筑体系。

8. 风险防范和建筑韧性　医院承担公共事件患者最终救护的职责，如地震、重大传染性疾病传播、战争、重大车祸、火灾等，因此医院需要预留空地容纳大流量受灾人群就治。

（二）医院平面布置

1. 医院建筑是功能最为复杂的公共建筑类型，且深受科技与社会发展变革的影响，因此，合理的医院建筑布局是做好医院建筑总体规划与设计的核心。一所医院环境的好坏，在很大程度上取决于总体布局的优劣。这一方面是指能否处理好整个医院各部分与周围城市环境之间的关系，使医院与周围城市环境相协调，既有各种流线、路线的合理布局，也有院区环境的设计布置；另一方面是指能否有效地组织医院建筑群本身内部各组成部分之间的关系，使医院各种功能区域获得最佳有机组合。

2. 医院的总体布局要遵从科学规划、合理用地、高效节能的目标。首先，要依据医院总体建设规划做好建设项目的可行性研究，通过必要性和可行性的论证分析，确定建设投资及规模；其次，对医院建设的规划用地进行分析评估，以保证医院总体的功能分区，保留未来需要的发展空间为前提条件，结合《综合医院建设标准》与本地相关要求，做到一次规划分步实施。最后，在建筑布局上做到模块化，使医院建筑具有最佳的灵活性和扩展性，并为医院未来发展留有余地。

3. 总体布局设计应根据现代化医院的设计理念，以患者为中心，结合医院的建设布局情况，采用功能分区合理的布局形式，充分考虑医院各单位布局之间的相互关系，结合现代医疗流程、交通、动线及不同人流、物流分流的要求，做到动静分区、洁污分流、上下呼应、内外相连、集分结合、流程便捷，保证医院日常运转的便捷、安全、经济、高效和合理及与周边环境的有机结合，做到最大限度的资源共享，减少人流、物流对患者的影响。

4. 医院总体布局设计时要做到紧凑、科学、合理、有效，各类功能配备完整、分区明确，各类医疗流线分开、清晰、便捷、通畅，室内医疗功能布局中，将门诊、医技各功能科室分区又有机联系。各医疗功能分区的设计时要考虑未来发展空间；合理设置医院供水、供电、供气等能源中心，以最短的输送距离减少能源损耗；提高土地利用率、降低运行成本。

案例讨论

【案例】上海某三甲综合性医院改扩建项目从2008年开始酝酿，而项目于2013年12月才开工，其间经历了5年多的方案优化、调整，从项目的定位、功能、流线多方面进行论证，最终确定了方案建设内容。该项目咨询报告上报、审批的详细情况见表12-1。

表12-1　项目咨询报告上报、审批节点

时间	节点	备注
2009年9月29日	上报项目建议书	
2009年10月26日	项目建议书评审	
2010年9月16日	取得立项批复	
2011年7月15日	调整立项批复	主要是对涉及的土地费用进行调整，其他建设内容、选址等内容不变
2012年9月18日	完成设计招投标	确定设计中标单位，进入可研阶段
2013年4月3日	对是否保留历史建筑进行方案论证	基本认可方案，规划部门也明确以此方案进行规划公示
2013年4月20日	上报可行性研究报告	
2013年5月2日	可行性研究报告评审	
2013年6月6日—15日	规划方案公示	
2013年11月5日	取得可行性研究报告批复	

【讨论】讨论后回答以下问题：

1. 可行性研究报告编制时应考虑哪些方面？
2. 项目前期审批报建流程可否优化，有何建议？

第二节　设计管理

医院建筑设计管理工作是综合医院建设管理的重要环节，做好设计管理也是工程施工阶段有序管理的重要条件和保障。只有在施工之前规划出合理的设计方案，才能保证施工过程的顺利开展，提高医疗建筑工程建设的质量。设计工作往往不能简单划为项目实施的一个单纯阶段，建设项目的设计过程贯穿于项目建设的全过程，一般包括方案设计（项目建议书批准后）、初步设计（可行性研究报告批准后）、施工图设计（扩初设计批准后）及施工阶段设计配合等阶段。能否做好设计的质量管理，将直接影响质量目标的实现。

在医院总体建设规划的基础上，应做好医院单体建筑设计管理，针对医院建筑医疗工艺特色、医院设备设施等各方面进行考虑，做好设计任务书的编制、设计目标控制与管理，从而保障医院建筑工程的整体目标。

一、医院单体建筑设计管理

1. 需要考虑三大目标：高效的功能布局、适宜的公共空间、健康安全舒适的室内氛围。要实现这三大目标必须要贯彻“适用、经济、美观”的建筑方针，体现科学、高效、舒适、便捷、愉悦、安全的医疗要求，还要充分考虑沿城市道路的空间轮廓和城市形象、体现医院建筑特点及地域、文化特点。

2. 建筑设计应充分体现医疗建筑的功能要求，符合现代医学的基本规律，具备相应的科学性、合理性和先进性，形成统一有序、层次丰富的空间界面，还应为今后发展改造和灵活分隔创造条件，体现医院独特的建筑个性和明显的标识性，并且与周边建筑和谐共生。

3. 进行建筑设计时还应注重细节，以现代的建筑语汇追求细节设计，充分尊重使用者的心理感受，以亲切、宜人的姿态塑造地区内具有标志性和时代感的建筑形象。

4. 需要重点考虑平面及流线设计、空间设计及环境设计内容。如采用装配式，需要考虑装配式对功能平面设计的影响。

二、医疗工艺设计管理

（一）医疗工艺设计内容

1. 医疗工艺设计通过对规划、医疗、护理、感染控制等方面知识的融合，将医院所需的各种门急诊、医技、病房、后勤保障等空间划分成一系列医疗功能单位，再将各个医疗功能单位组合成一个有机的整体。

2. 设计内容和考虑重点

（1）医疗工艺设计由医疗系统构成、功能、医疗工艺流程及相关工艺条件、技术指标、参数等组成。医疗工艺整合医院管理、信息、医疗、护理等需求并对其流程和技术条件进行功能性设计，是建筑设计的基础条件。

（2）医疗工艺设计应重点考虑方案设计和条件设计。医疗工艺方案设计是后续编制可行性研究报告、设计任务书及建筑方案设计的依据；医疗工艺条件设计是医院建筑初步设计及施工图设计的依据，应在医院初步设计前完成，并与建筑设计深化、完善过程相配合。

（二）医疗工艺设计阶段划分

完整的医疗工艺设计从建设前期到医院运营均有涉及，分为六阶段，分别是医疗策划、工艺规划设计、工艺方案设计、工艺条件设计、工程管理咨询和医院开办咨询，其中与医院设计前期工作对应的是工艺规划设计，与医院建筑设计工作对应的是工艺方案设计和工艺条件设计。

1. 医疗工艺规划设计　工艺规划设计是对医院功能和装备规划，包含以下工作内容：前期资料整理、医院规模及业务结构规划、管理方式与服务模式规划、功能单位及医疗指标测算、建设规模测算、功能房型研究、功能面积分配、医疗设备配置计划、医用专项系统方案策划、投资与运营管理方式策划、设计任务书编写。

2. 医疗工艺方案设计　工艺方案设计主要目标是确定符合医院合理有效的功能空间关系，完成空间指标和空间资源的结合，为各个医疗功能单元提供医疗功能房间组合方案。主要包括：功能单位的梳理、工艺流程的确定、医疗设备和装备的配置、医用设施配置和信息系统设计等。功能单元的梳理和工艺流程的确定均有阶段性成果，并且最终将这些阶段成果整理成册，包括建筑功能平面图、主要医疗用房房型图、房间功能表、房间明细表、医疗设备和大型医疗装备配置计划表、医用专项系统技术要求、信息系统建设方案等。

3. 医疗工艺条件设计　工艺条件设计是将医疗要求具体化、详细化的工作。主要是在工艺方案的基础上，确定每个功能房间内部的医疗工作流程，并根据医疗工作开展的要求确立与建筑实现有关的设计条件，最终将这些条件反映到专项图纸的工作，包括大型医疗设备机房场地条件图、医疗特殊功能用房功能平面及场地技术要求、各专业点位图、主要医疗用房房间布置图等。

（三）医疗工艺设计要点

1. 医疗工艺设计目标　医疗工艺设计目标是推动目标项目的规范设计、有序建设，实现项目应有的建设价值，同时考虑流程优化、建设节能、以人为本，为实现医院项目的战略提供保障。

2. 医疗工艺设计原则　医疗工艺设计以功能性、规范性、合理性、适用性、前瞻性为原则，进行医院项目整体方案策划。

3. 医疗工艺设计重点关注内容　医疗工艺设计重点关注医院战略规划、医疗行业规范、医疗科技进步、服务模式发展、管理模式演变、患者需求与社会发展、医护需求与工作习惯、医疗建筑各类规范、国外医疗建筑演变、设备设施的发展等，就了解的最新动态给予医院智慧化、合理化建议。

4. 医疗工艺设计的组织与协调

（1）在项目初始阶段，应将医疗工艺设计作为独立专业。医疗工艺专业人员应对医院的整体管理系统工作非常熟悉，综合考虑医院整体医疗活动的结构、步骤和各功能单元之间的关系；其次要了解和熟悉医院医疗服务发展方向；最后是需要了解医疗服务过程的医疗知识，特别是与建筑相关的设备条件。

（2）在项目进度计划里，医疗工艺应按照目标及成果，分阶段向相应专业提资。医疗工艺成果目的是为建筑设计提供支撑，其进度计划应早于建筑设计，在各个阶段的进度计划中应确保建筑设计能够获得相应的提资。

（3）医疗工艺成果应根据不同要求，提交使用方、建筑师及各设计专业。

三、医院设备设施设计管理

医院的设备设施设计可分为给水排水系统、电气系统、暖通系统、消防系统、交通系统、安防系统、医用气体、大型医疗设备、物流系统、标识系统等（表12-2）。另外还应考虑绿化与景观和节能环保设计。

表12-2　医院设备设施设计内容汇总表

相关系统	构成要素	具体内容
给水排水系统	给水系统	给水水源一般接到城市市政给水管网，按需设置中央净水系统或末端净水设备
	热水系统及开水供应	根据不同功能区，设置合理的开水、纯水供应装置
	排水系统	排水系统依据生活排水量进行设计，污水排放水质需达到国家与地区的标准
	污水处理系统	参照《医院污水处理设计规范》和《医院污水处理技术指南》开展设计，注意安全性保障
净化系统	空气净化	考虑净化效果、成本投入和能源使用等，重点关注洁净空调系统
	手术室净化	充分重视设计、施工和运维要求
电气系统	强电设计	按建筑类型选择负荷等级，负荷等级按照《民用建筑电气设计规范》（GB 51348—2019）
	弱电设计	因地制宜，根据医院实际与需求，多方案比较确定最优设计
暖通系统	空调系统	门诊部、急诊大厅、医技部等功能用房设置分体空调，大型医疗设备房间配置精密空调
	通风系统	根据不同的需求分别设计
	防排烟系统设计	根据房间环境设置窗口及机械排烟系统
消防系统	防火、防烟分区	每个防火分区根据所在楼层和建筑用途、设置布置控制在一定面积范围内
	建筑防火构造	按《建筑设计防火规范》GB 50016（2018版）要求

续　表

相关系统	构成要素	具体内容
消防系统	给水排水消防	考虑消防水源、室内外消火栓消防系统、合理的灭火系统、消防排水、灭火器配置
	强电消防	考虑供电电源和应急照明
	弱电消防	设置消防安保控制室，内设火灾自动报警控制器
交通系统	组织便捷的建筑外部交通	考虑设置急诊“绿色通道”，凸现医患分流，考虑人车分流，地上地下结合
	设计流畅的建筑内部交通	目标：以患者为中心，流线清晰、联系迅速、医患分流、各领域互不穿越
安防系统	医院建筑安防系统原则及设计	既要解决建筑物内部环境、财务资产安全，又要解决建筑内部人员的逃生与安全问题
医用气体	气源供应系统	运输便利；保证安全，消除噪声和振动对周围环境的影响
	气体的使用终端	必须注意末端截止阀的质量
	医用气体的可靠使用与医院中心监控	医院中心监控系统对医用气体系统进行监视和控制
大型医疗设备	甲类大型医用设备	如伽马刀、质子治疗系统等，需报国家卫生行政部门审核
	乙类大型医用设备	如CT、MRI等，需要报省级卫生行政部门审核
物流系统	运输和仓储	注重多种物流运输系统的特点和适用范围
回收系统	医疗废弃物回收系统	注重污染监控和废弃物回收过程的信息化监控
	垃圾回收系统	考虑垃圾分类回收处理要求

四、设计任务书

（一）设计任务书的编制

设计任务书是让各专业设计人员从方案、初步设计到施工图全过程得到明确的指示，使设计能满足各项功能要求，以减少设计变更，提高设计效率和设计质量。当新建或改扩建医院建设项目被批准立项、获得正式批复的建设规模和投资规模、建设单位需要进入设计文件制定阶段时，应安排编制医院建设的设计任务书。当医院需要对已有建筑或场地进行改造、扩建、修缮时，应当布置设计任务，交由专业人员进行施工图纸设计工作。

要编制好设计任务书，需要做到：①决策者要提高重视度；②建设单位主要负责人要进行组织落实，组织各医疗科室的负责人并邀请有关专家，在征求广大员工意见的基础上，由具体经办的相关部门进行设计任务书的编制；③项目管理负责单位（或相关负责人）需将具体内容考虑周全，不仅要考虑总体布局及平面、空间、人流、物流、功能要求，还要进行成本分析和建设周期预估等，要把建设单位的意图和要求明确阐述；④建设单位要如实反映医院的现状，包括现有建筑的面积、功能、使用情况、科室布局等；⑤可以借鉴同级同类医院的建设经验；⑥为了使设计任务书更符合建设单位要求，编制好的任务书可交由专家评审，且一旦确定后不得随意改动。

（二）设计任务书表现形式

简单的设计任务可以用委托函的形式提出，或以传真邀约、电子邮件告知，也可以直接在设计合同中陈述设计要求，只要承揽任务一方能明白所要承担的任务即可。例如：委托编制用于申报规划设计条件的总平面指标图；帮助建设单位在现状中找出可以改扩建或拆除的旧建筑或可清空的场地，确定改扩建用地范围或室内改造空间范围。标准化设计任务，要求按标准进行设计，标准应描述完整的建设要求。如医院复苏室装修设计；医院配电房改造设计；大门、围墙设计等设计任务。

对于规模大、有个性化要求的医院建设项目，必须编制专门的设计任务书。设计任务书根据建设单位交办任务不同，主要包括：总体设计任务书、单体工程设计任务书、单项工程设计任务书。

（三）设计任务书的内容

设计任务书应介绍医院学科设置、服务定位及项目概况等，提供设计条件、依据、标准，提出设计内容、要求、范围、深度。因任务不同，任务书的内容也会有所不同。

五、设计目标控制与管理要点

（一）设计阶段进度控制

应在总进度计划的基础上，编写设计阶段进度计划，并制定进度计划管理措施。为了缩短建设周期，相关负责人员应进行合理安排，使设计进度满足项目报批、招标及施工等工作要求。

设计阶段的进度控制主要包括两个方面：一是列出涉及所有设计内容的进度网络图，明确交叉设计的前后衔接或介入时间，对设计周期进行整体掌握；二是对关键节点进行重点控制，关键节点包括涉及审批的设计内容，例如：人防设计、深基坑支护设计这类出图时间长且调整较多的设计内容。

（二）设计阶段投资控制

设计阶段投资控制的主要措施包括优选设计方案及设计单位、审核方案设计，优化估算、推行概算审核制、必要的市场调查分析和技术经济比较、审核施工图预算、投资计划值和实际值的跟踪比较，广泛采用标准化设计，设计变更要经过技术经济比较等，最重要的是需推行并落实限额设计。

（三）设计阶段的质量控制

设计阶段的质量管理直接影响建筑项目的安全性和功能性，对于医院建筑质量管理和运行安全尤为关键，应设立负责审查设计单位的全套设计文件的相关机构。

设计阶段质量控制的主要措施包括：

1. 仔细分析设计图纸，及时向设计单位提出图纸中存在的问题。

2. 对设计变更进行技术经济分析，并按照规定的程序办理设计变更手续，凡对工程质量带来影响的设计变更，需进行充分论证后执行。

3. 审核各阶段的设计图纸与说明是否符合国家有关设计规范、设计质量和标准要求，并根据需要提出修改意见。

4. 在设计进展过程中，审核设计是否符合对设计质量的特殊要求，并根据需要提出修改意见。

5. 建议组织有关专家对结构方案进行分析和论证，确定施工可行性和结构可靠性，以降低成本、提高效率。

6. 审核有关水、电、气等系统设计与有关市政工程规范、市政条件是否相符合，以便获得有关政府部门的审批。

7. 审核施工设计是否有足够的深度，确保施工进度计划的顺利进行。

（四）设计变更控制

1. 建设单位提出的变更　医院由于功能需求的改变或者其他原因可以提出变更申请并填写变更核定单，交由建设单位、代建单位（如有）和财务监理（如有）审核之后方可进行变更（不同项目可能有差异）。

2. 设计单位提出的变更　设计单位出于对施工图自我完善和补充提出变更申请。由设计单位填写变更核定单，经筹建单位确认后，方可出变更图（或变更通知），经建设单位确认后下发。

3. 施工监理单位提出的变更　监理单位要求对施工图或施工工艺做出变更，应先填写设计变更申请报告报建设单位或代建单位或建设单位审批，批准后通知设计单位做出变更。设计单位根据变更申请报告的要求合理作出变更，设计变更图（或变更通知）。

4. 施工单位提出的变更　施工单位要求对施工图或施工工艺做出变更，应先填写变更申请报告施工监理审核，施工监理确认其有必要进行变更之后报建设单位或代建单位审批，需征询设计单位确定该变更在技术上的可行性，同时需论证该变更引起的增减费用。

（五）设计阶段其他管理工作

设计阶段其他管理工作主要包括对设计合同、设计图纸、设计阶段的组织协调、技术规格书管理等方面。

（六）贴建工程的新旧建筑融合设计管理要点

贴建工程的新旧建筑融合设计管理要点主要体现在建筑融合、结构融合、机电设施融合、景观绿化融合、市政管线融合、医疗工艺融合、交通组织融合七个方面。

（七）建筑信息模型（building information modeling，BIM）在设计阶段的应用

新兴技术在医院工程项目全生命周期中应用也是提升设计管理效率的手段，在设计阶段，BIM技术具有广泛的应用前景，设计阶段的BIM应用详见第15章。

第三节　招投标与合同管理

一、招投标管理

（一）招投标的原则

为加强医院基建工程项目招标的管理，确保医院基建工程质量和投资效益，根据《中华人民共和国招标投标法》及《中华人民共和国政府采购法》规定要求，招投标活动应当遵循公开、公平、公正和诚实信用原则，此为基本准则。

招投标活动应当保护国家利益、社会公共利益和招投标活动当事人的合法权益；应依法进行，任何单位和个人不得以任何方式非法干涉招投标工作。招投标全过程应按管理权限分别接受市、区相关管理机构和医院纪委部门的监督与检查。

（二）招标方式

按照2000年1月1日起施行的《中华人民共和国招标投标法》规定，医院属大型基础设施、公用事业等关系社会公共利益、公众安全的项目，且通常全部或者部分使用国有资金投资或者国家融资，其建设工程项目的勘察、设计、施工、工程监理以及与

工程建设有关的重要设备、材料等的采购，必须进行招标采购。

工程招标方式按竞争的开放程度可分为公开招标和邀请招标两种方式，政府采购方式有公开招标、邀请招标、竞争性谈判、单一来源、询价五种方式。医院建设项目根据工程规模及类型通常采用公开招标、邀请招标、竞争性谈判、比选四种。

1. 公开招标 公开招标是医院建设项目的主要招标方式，是指建设单位或委托代理机构以招标公告的方式进行公开招标，凡符合资格条件的供应商和承包商都可以申请投标。

2. 邀请招标 邀请招标适合技术复杂、有特殊要求或受自然环境限制，只有少数潜在投标人可供选择或者采用公开招标方式的费用占项目合同金额比例过大的医院项目。可通过发出投标邀请书，邀请若干家预先确定的法人或其他组织参与项目投标，数量不少于3家。国有非营利性医院公共建设项目，需审批部门批复才可采用邀请招标。

3. 竞争性谈判 竞争性谈判是指建设单位或委托代理机构通过多家供应商（不少于3家）进行谈判，最后从中确定中标供应商的一种招标方式。

4. 比选 比选是指建设单位或委托代理机构事先公布条件和要求，从自愿报名参加比选的申请人中按照规定方式，邀请特定数量的法人或者其他经济组织参加招标的项目竞争，通过比较，选择并最终确定中标单位的过程。

医院作为最复杂的民用建筑，其工程项目一般具有规模大、工期紧、功能复杂的特点，并且招标数量多，招标任务工作繁重，不同项目及不同建设单位有不同需求，招标采购子项目众多。在招投标过程中，医院相关部门要提前进行招标前期策划及相关准备工作，重视和加强招投标工作管理，通过招标采购的方式选择最佳的工程实施参与主体以及工程中需要的建筑设备材料，以实现项目建设的目的并达到项目预期的功能。

（三）招标采购流程

1. 组建招标工作机构

（1）建设单位可以根据实际情况成立相应的招投标组织机构。如果建设单位缺乏招标采购方面的专业知识和相关经验，可委托在医院行业领域有丰富经验的招标代理机构代表建设单位进行招标。

（2）招标工作机构的主要职责包括：审查投标单位的资质，审查招投标申请书和招投标文件，审定标底，监督开标、评标、定标和议标，调节招投标活动中的纠纷，监督承发包合同的签订、履行；否决违反招投标规定的定标结果等。

2. 申请招标项目备案

（1）医院建设项目的立项批准文件或投资计划下达后，对于金额超过一定数量的项目，医院招标机构应根据相关规定，向当地有关部门机构申报备案并进行招标。对于金额数量较少的项目，可自行组织招标。

（2）项目备案内容包括：医院单位的资质条件、招标工程具备的条件、拟采用的招标方式和对投标单位的要求等。

3. 编制招标文件

（1）建设单位依据项目特点，编制资格预审条件、招标文件和评标办法，经有关机构审查同意后发出招标信息。

（2）招标文件的内容主要包括：招标内容、招标范围、招标方式、开始/结束时间、对投标单位的资质等级要求等；投标书的编制要求以及评标、定标的原则和办法；投标、开标、评标、定标等活动的日程安排；要求缴纳的投标保证金额度等。

4. 发布招标公告或投标邀请书

（1）若采用公开招标的方式，则应根据医院项目的规模和性质在建设单位官网或当地招投标网站上发布招标公告。内容主要包括招标单位和招标工程的名称、招标内容简介、投标单位资格、领取招标文件的地点、时间和应缴纳的费用等。

（2）若采用邀请招标的方式，应由招标单位向预先选定的投标单位发出投标邀请书。

5. 资格预审

（1）当投标单位数量过多时，建设单位可对报名参加的单位进行资格预审选择入围单位，并将审查结果通知各申请投标者。

（2）资格预审主要内容包括：投标单位注册证明和资质等级、主要项目经历、质量保证措施、技术力量简介、资金或财务状况、商业信誉等。

6. 向合格的投标单位发放招标文件及图纸资料

（1）资格预审通过后，建设单位将招标文件、图纸和相关技术资料发放符合资质的投标单位。投标单位收到招标文件图纸和有关资料后，应以书面形式予以确认。

（2）招标文件一旦发出，建设单位不得擅自变更内容或增加条件，确认需变更和补充的，应按照相关规定提前通知所有投标单位。

7. 组织现场踏勘及召开招标答疑会

（1）必要时，建设单位组织投标单位进行项目现场勘察，了解现场环境情况，以获取投标单位认为有必要的信息。

（2）必要时组织招标答疑会，目的是澄清招标文件中的疑问，解答投标单位对招标文件和勘察现场中所提出的疑问。建设单位对提出的问题进行答复，并以书面形式发给各投标单位作为招标文件的补充和组成。

8. 接收投标文件 投标单位根据招标文件的要求编制投标文件，密封加盖单位公章后在规定的时间递交给建设单位或招标代理单位。

9. 组建评标委员会 评标委员会由建设单位（或委托招标代理机构）以及有关技术、经济等方面的专家组成。各成员应从省级以上人民政府有关部门提供的医疗领域专家名册或招标代理机构库内的相关专家名单中确认。对于一般项目，可采用随机抽取方式，对于技术特别专业性要求特别高的项目，可直接确定评审专家。

10. 开标和询标

（1）由建设单位主持，按规定的议程进行开标。

（2）评标委员会对商务标进行分析、审核，并可要求投标单位澄清投标文件的含糊概念和不确定因素。

11. 评标　评标委员会和招标人依据招标文件规定的评标标准和方法对投标文件进行审查、评审和比较的行为。评标是招标投标活动中十分重要的阶段，评标是否真正做到公开、公平、公正，决定着整个招标投标活动是否公平和公正；评标的质量决定着能否从众多投标竞争者中选出最能满足招标项目各项要求的中标者。

（1）评标结果确定后，建设单位在规定期限内发出中标通知书，并退还未中标投标单位的投标保证金（如有）。

（2）建设单位与中标单位进行合同谈判，并签订合同。

（四）招标管理的关键点

招投标是保证建设项目质量的重要环节。如果招投标过程出现质量问题，则建设项目的质量就难以保证。医院项目的招标一般有几十项，涉及设计、监理、施工总承包、各专业工程和专业系统分包招标、建筑设备、材料的采购等，工作量大，招投标的质量管理对施工质量具有重要作用。在该阶段，主要注意两大关键点：

1. 招标代理机构的选择　每一家招标代理机构都应该把自己定位为医院的“助手”，以最佳实现医院建设服务需求为出发点，按照各项招投标法律法规的要求，并结合每一家医院的医疗特点、现状和发展策划招标方案，制定招标合同条款，规范招标程序，为医院选择最合适的项目参建单位，确保在每个项目中提供优质服务，同时，严格依照《中华人民共和国招标投标法》进行设计、勘察、施工、监理、设备、材料等招标工作，帮助招标人选择能力强和资信好的投标人，以保证工程项目的顺利实施和建设目标的实现。

2. 做好关键单位的招标管理　招投标是保证建设项目质量的重要环节。根据工程项目招标方式的不同，招标文件的内容和编制要点也不尽相同，在医院建设项目的招投标过程中重点关注对项目质量具有较大影响的关键单位的招标选择工作。

（1）设计招标管理：设计单位的选择通常采用招标的办法，设计招标文件的内容与施工招标文件的内容有所不同。设计招标文件仅提出设计依据、工程项目应达到的技术指标、项目限定的工作范围、项目所在地的基本资料、要求完成的时间等内容，而无具体的工作量。

在医院建设项目的设计招标文件中，明确设计任务及要求是非常重要和关键的内容，也是设计的重要依据，要全面反映招标人对项目功能的要求和投资意图。在设计单位选择时，不应过多考虑设计服务费用。除审核设计单位的资质、规模、获奖等情况外，更要注重设计单位是否有类似医院项目设计的经验或者类似规模的公共建筑的设计经历，以及拟投入项目人员的经验、业绩和能力是否能满足医院项目的设计要求。

（2）勘察招标管理：医院建设项目勘察招标一般在设计招标完成后，设计方案基本确定的情况下开展，这种招标方式条件比较成熟，对勘察要求的目的性较强，勘察费用控制比较理想，形成的勘察报告是提供给设计作为扩初图和施工图设计的依据。勘察招标过程中最重要的是勘察单位的资质、专业能力和经验，只有选择符合建设项目要求的投标单位，才能保证勘察报告的质量。

勘察报告的质量关系到整个建筑地基，甚至是建筑结构的安全。勘察单位的专业水平和经验是勘察报告质量的保证。因此，在勘察招标时，应要求设计单位提供准确的建筑总平面及拟建构筑物性质一览表，明确建筑技术参数，包括建筑高度、建筑结构形式、基础形式、基础埋深等，以便投标单位制定科学合理的勘察方案。文件编制阶段要完成招标文件的起草，联系设计单位完成勘察设计要求的编制，将招标文件报送建筑市场管理部门审查备案等工作。勘察设计要求是文件编制的重点。勘察设计要求包括对勘察设计范围、进度、阶段和深度的要求等。

（3）施工监理招标管理：施工监理是对项目现场的安全、质量、工程进度和工程作业等进行监督和管理，监理单位的管理能力直接影响到工程质量。制定完善的招标流程和评标标准，提高中标监理单位的经验和能力是招标管理工作的重点。

与工程建设项目其他各类招标相比，施工监理招标的最大特点是它的特殊性。施工监理代表建设单位进行施工项目的管理，对建设工程项目提供监督、管理、协调等助力服务，施工监理招标最重要的内容是评标时对监理单位及其拟派的监理团队能力的选择，其次才是监理费报价，这一点明显不同于施工承包、材料设备采购等的招标。在监理单位招标中，注重拟派总监及监理小组成员的资历和业绩以及对监理大纲的质量的审查。

（4）施工招标管理：施工招标是建设项目招标的重中之重。施工单位应对工程进度、质量、造价、安全等方面的管理进行控制，需要协调不同专业、各个施工单位，其是工程建设项目实体质量的直接形成者。医院建设项目要达到预期目标，高质量的施工招标是关键，一方面可以给投标单位提供更多的信息，更好地了解建设单位的需求和施工过程中可能遇到的难点和重点；另一方面也有助于挑选出真正符合要求的中标单位。

在招标文件中事先预见工程管理中可能出现的各种问题，并有针对性地设定合理的招标条款，保证招标的质量，是施工招标的重点，同时，也为施工活动项目管理的成功打好基础。选择一支技术及管理能力强，并具有类似医院施工经验的施工单位，对保证医院建设项目的质量具有至关重要的意义。

（5）专业分包、设备采购招标管理：医院项目具有专业工程涉及面广，技术要求复杂，参建单位多等特点。对于工程施工图纸中暂时不能明确的专业工程和在总包招标文件中被列为暂列金额的相关设备材料，需要在总包招标完成后，开展专业分包及设备采购招标。

根据《中华人民共和国招标投标法实施条例》第二十九条规定：以暂估价形式包括在总承包范围内的工程、货物、服务达到国家规定规模标准的，应由总承包中标人和工程建设项目招标人共同依法组织招标。医院项目的专业分包主要有：精装修工程、消防工程（含消防报警）、弱电工程、幕墙工程、钢结构工程、净化工程、屏蔽工程、污水处理站工程、变配电工程、绿化等。

专业分包招标一般以工程为主，其招标方案根据每次专业分包招标项目的技术、经济特征和需求目标进行策划和编写，应当科学合理，具有可行性和操作性，能够有效指导项目招标工作的组织实施。专业分包招标的最大特点就是工程技术复杂，各种专业分包工程的专业性强，对招标文件中的技术规格部分要求较高。由于设计院的图纸一般不会对暂估价部分进行深化设计，因此在专业分包招标前需要做大量工作，以明确招标技术规格要求。一些医院建设项目中比较关键重要的专业分包工程，如弱电工程、手术室工程等，往往需要会同医院各个相关的部门、科室对招标技术规格要求进行讨论，以最终确认。

医院建设项目暂估价部分中涉及设备的一般有：电梯、锅炉、空调、柴油发电机、配电箱、热泵机组、雨水收集、太阳能、机械停车等。此外，部分暂列金额中的材料由于金额较大，技术性较强，往往也组织公开招标，如电缆、PVC地板、门窗、灯具等。需要注意的是，部分地区暂估价中的设备如果是列入政府集中采购目录的，应委托集中采购代理机构进行采购。

二、合同管理

合同管理是项目管理中的一项重要内容，因为项目许多工作需要委托专业人士、专业单位承担，而委托与被委托关系需要通过合同关系来体现，如果不能很好地管理这些合同关系，项目实施的进展就会受到干扰，并会对项目的实施产生不利影响。

（一）合同分类

项目合同管理的第一步是进行合同分类。按照《中华人民共和国合同法》规定，合同可以分为15大类，对于建设项目而言，由于参与单位众多，相关的合同可能有成百上千份，以上15大类合同基本上都会涉及。在整个建设项目中，根据建设项目阶段的不同，签订的合同亦有所不同（表12-3）。

表12-3　建设项目合同分类表

项目阶段	合同种类	合同主体
决策阶段	①咨询合同；②土地征用合同；③房屋拆迁合同；④土地使用权出让转让合同；⑤可行性研究合同；⑥贷款合同等	建设单位、咨询公司、政府、土地转让方、银行等
实施阶段	①勘察合同；②设计合同；③招标代理委托合同；④监理合同；⑤施工承包合同；⑥采购合同；⑦技术咨询合同等	建设单位、勘察单位、设计单位、招标代理机构、供应商、承包商、监理单位等
使用阶段	①保修合同；②供水、电、气合同；③房屋销售合同；④运营管理合同；⑤物业管理合同；⑥出租合同等	建设单位、供电、水、气单位，物业公司等

（二）工程标准合同文本

为了维护合同当事人双方的利益，确保合同订立的严密、完整和合理，在签订建设合同时，一般都趋向于采用具有标准、统一格式和内容的合同条件范本。这不仅节省新编制一套合同条件所需要的时间和费用，而且标准合同条件总结了多年经验，经历种种特殊情况的考验，因而更有利于保护合同双方的合法权益。

目前我国建设工程标准合同文本主要有以下三种：①《建设工程设计合同》（GF-2018-0209）；②《建设工程施工合同（示范文本）》（GF-2017-0201）；③《建设工程施工劳务分包合同（示范文本）》（GF-2018-0214）。

知识拓展

目前国际上应用最为广泛，具有较大声誉的建设工程标准合同条件有：

（1）国际咨询工程师联合会制定的FIDIC标准合同文本。

（2）英国土木工程师学会、咨询工程师协会等制定的ICE标准合同文本。

（3）英国“联合合同法庭”颁布的JCT标准合同文本。

（4）英国土木工程师学会制定的NEC标准合同文本。

（5）美国建筑师学会制定的AIA标准合同文本。

（6）世界银行、亚洲银行颁布的标准合同文本。

（三）合同管理操作要点

合同签订程序包括从合同谈判到合同终结的整个过程，需要严格执行合同的签约程序。为做好合同管理，建设单位采取了一系列的措施，其中值得总结的操作要点如下。

1. 在招投标阶段即对本项目实施的组织架构、合同结构、合同分界面进行良好的设计，为项目的顺利进展打下基础。

2. 起草合同文件的具体条款时进行仔细推敲，确保招标人的利益得到保证。

3. 项目进展过程中，如出现原合同条件未能覆盖的情况，及时与承包商进行磋商直至签订补充协议，将项目实施的不确定因素控制在最少状态。

4. 对招标人在合同条件中应尽的义务列出明细表，并注明时间及其要求，随时提醒委托人履行义务，避免索赔；尤其在合同内体现专业分包与总包的施工界面的划分，如净化工程中配电箱与总包安装工程中的划分、二次装修工程与总包土建的划分。

5. 对合同条件应充分熟悉，对每份合同的履行状况应详细记录，在财务监理报告中应有合同管理的专项内容。

6. 项目实施过程中及时对照合同条件中对承包方的要求，督促承包方履行合同，记录其违约事宜，提供招标人索赔的依据。

7. 发生工程暂停、工程变更、费用及工期索赔等较敏感的问题时，应妥善保留现场记录和有关资料，严格按照合同条件对照处理。

8. 在和承包商对合同的执行或理解产生争议时，应及时了解争议的情况，进行调查和取证，并与承包商进行磋商，提出调解方案。

9. 在合同争议的仲裁或诉讼过程中，应公正地提供与争议有关的资料。

10. 当由于某种原因导致合同解除时，应协助招标人妥善处理善后事宜，包括合同价款的结算、工程现场的管理与移交等。

11. 对总承包商与其选择的分包商之间的分包合同进行必要的审查，确保招标人的利益不受损害。

12. 建立合同台账，为查询资料提供方便。

（四）合同台账管理

合同台账就是用表格的方式将日常合同中的一些信息进行登记、编号，与合同归类存档相配合，方便日常的查找和信息查询。其主要内容可以包括合同编号、合同名称、签约方、签约日期、合同价、审定价、付款条件、支付日期和支付金额等其他日常可能需要频繁查询的信息。

合同台账管理是日常合同管理工作的重要内容，合同台账管理工作由建设单位或投资监理单位负责（如有），其对签订的所有合同进行分类和编号，其中，一类费用指直接的建设工程费用，二类费用指招标、咨询等间接工程费用。根据台账表制定每个月度的支付台账，依此对合同和投资进行管理。

第四节 施工管理

施工阶段管理是整个建设单位管理的核心内容，包括质量管理、进度管理、安全与环境管理、招投标和合同管理、投资控制、信息管理和竣工验收后评价等内容。此节将工程项目现场管控的质量管理、进度管理和安全与环境管理进行整理汇总，并为施工管理进行阐述，招投标和合同管理、投资控制、信息管理和竣工验收后评价单独成节，进行教学。

一、项目质量管理

（一）项目质量内涵

1. 概念 工程项目质量是国家现行的有关法律、法规、技术标准和设计文件及工程项目合同中对工程项目的安全、适用、经济、美观等特性的综合要求，它通常体现在适用性、可靠性、经济性、外观质量与环境协调等方面。

工程项目质量是按照工程项目建设程序，经过工程项目可行性研究、项目决策、工程设计、工程施工、工程验收等各个阶段而逐步形成的。工程项目质量包含工序质量、分项工程质量、分部工程质量和单位工程质量。工程项目质量不仅包括工程实物质量，还包含工作质量。

2. 基本特征和影响因素 工程项目质量有影响因素多、质量波动大、质量变异大、质量隐蔽性、最终检验局限大等特点，医院建设项目复杂，故其质量管理尤为重要。人、材料、方法、施工机械设备、环境皆会影响工程项目质量。质量是建设工程项目管理的主要控制目标之一，通过项目实施过程各个环节质量控制的职能活动，可有效预防和正确处理可能发生的工程质量事故，实现建设工程项目的质量目标。

（二）项目质量管理的基本原理和原则

1. 概念 工程项目质量管理是指为保证和提高工程项目质量而进行的一系列管理工作，其目的是以尽可能低的成本，按既定的工期完成一定数量的、达到质量标准的工程项目。它的任务就在于建立和健全质量管理体系，用企业的工作质量来保证工程项目的实体质量。工程项目质量管理是对工程项目质量进行全面、全员、全过程的“三全”管理。

2. 基本原理和方法 工程项目质量管理可归纳为七个基本原理：系统原理、PDCA循环原理、全面质量管理原理、质量控制原理、质量保证原理、合格控制原理和监督原理。

工程项目质量管理的方法可归纳为事前控制、事中控制、事后控制。事前应审核有关技术文件、分包商资质，事中应注重现场质量检查、工序质量控制的实施、质量缺陷的处理，事后应做好预验收和竣工验收。

在建设项目实施过程中，建设单位注重全面质量管理，实施全过程管理、参与各方管理、全员管理等。在强调施工阶段的质量控制基础上，将医院建设项目的设计、招投标、施工前准备及竣工验收等纳入质量管理体系中进行衔接和协调，全程保证项目质量。

（三）项目质量管理体系

质量管理体系是以保证和提高工程项目质量为目标，运用系统的概念和方法，把企业各部门、各环节的质量管理职能和活动合理地组织起来，形成一个有明确任务、职责、权限而互相协调、互相促进的有机整体。一般应做好下列工作：

1. 建立和健全专职质量管理机构，明确各级各部门的职责分工　建立质量管理小组或配备专职检查人员，班组要有不脱产的质量管理员。同时，各级各部门都按各自分工明确相应的质量职责，形成一个横向到边、纵向到底的完整的质量管理组织系统。

2. 建立灵敏的质量信息反馈系统　质量信息种类繁多，如材料构配件的检测、工序控制、质量检查、施工工艺、技术革新和合理化建议等方面的信息，应抓好信息流转环节，注意和掌握对数据的检测、收集、处理、传递和储存。

3. 实现管理业务标准化、管理流程程序化　质量管理的许多活动都是重复发生的，具有一定的规律性。应当按照客观要求分类归纳，并将处理办法定成规章制度，使管理业务标准化。把管理业务处理过程所经过的各个环节、各管理岗位、先后工作步骤等，经过分析研究，加以改进，制定管理程序，使之程序化。

4. 医院建设项目全过程质量管理（图12-1）

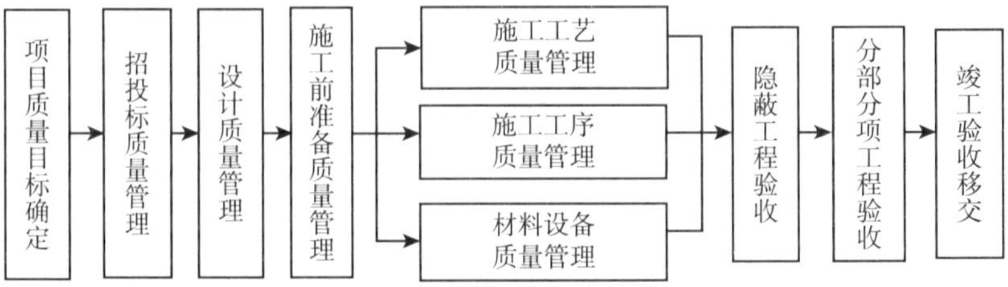

图12-1　医院建设项目全过程质量管理图

（1）施工准备阶段的质量管理：施工准备的根本任务是为正式施工创造必须的技术、物资、人力、组织等条件，以使得施工能够更好地进行。无论是整个建设工程项目，还是其中一个单位工程，甚至是分部、分项工程，都需要进行施工准备工作。施工准备的具体工作包括证照办理、技术准备、现场准备、物资准备、组织准备等。

施工前准备阶段的质量控制应着眼于事前质量控制，在各工程对象正式施工活动开始前，对各项准备工作及影响质量的各因素进行控制。

（2）施工阶段的质量管理：在建设项目的质量管理过程中，施工阶段是整个建设项目质量管理最重要的环节。施工过程质量控制是事中质量控制。

从工程进入施工阶段开始，建设单位的工作重点就是进行施工过程的宏观控制，抓程序、抓管理，切实发挥施工单位、监理单位的职责，建立项目质量保证体系，重点控制关键环节及薄弱环节，并对施工单位采取质量奖罚制度，提倡提高工序检查验收的一次验收合格率，定期组织施工监理及各施工方参加工程质量联检，加强质量监督管理，确保结构使用和安全需要，确保项目质量目标的实现。施工过程质量控制工作程序流程见图12-2。

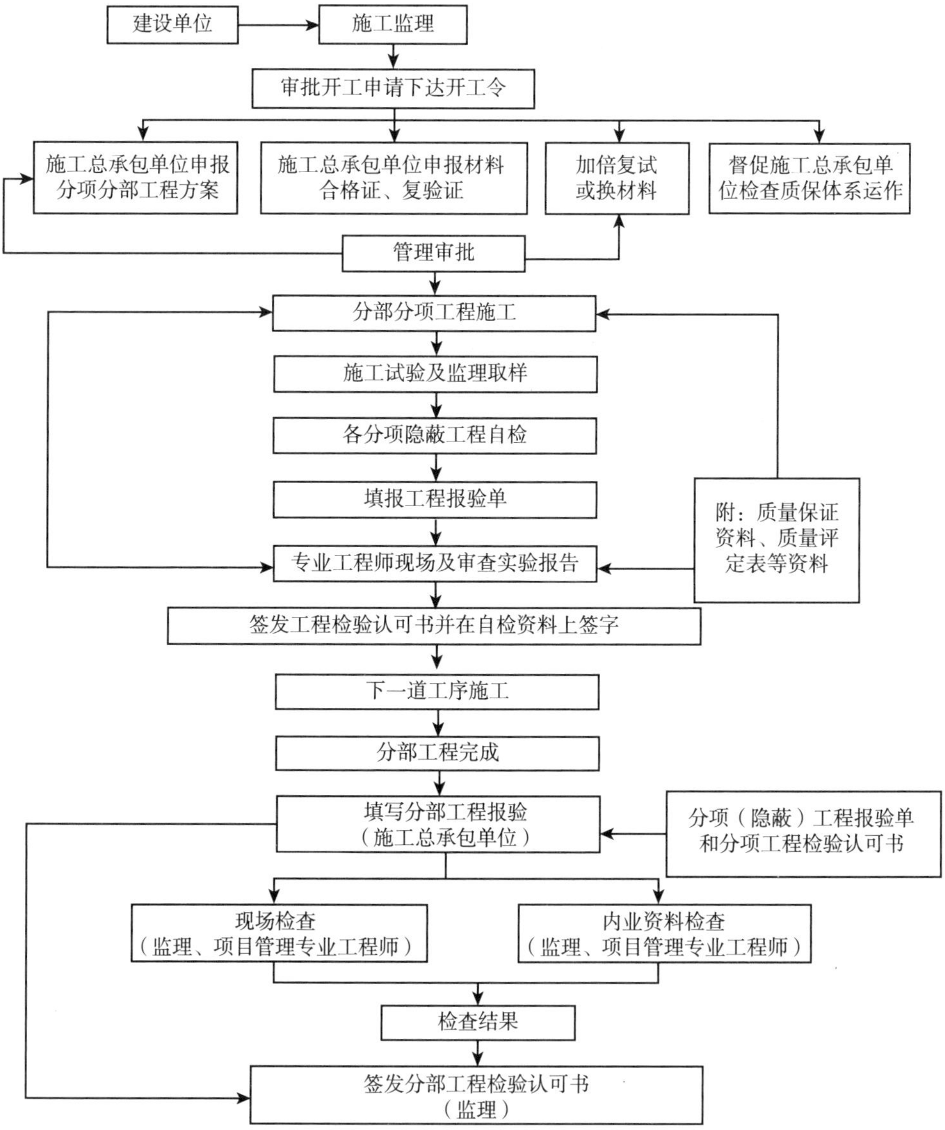

图12-2　施工过程质量控制工作程序流程图

5. 竣工验收的质量管理 工程的竣工验收是全面检验工程建设是否符合设计要求和施工质量的重要环节，也是检查项目管理单位及其承包商合同履行情况的重要考核标准。

建设单位是工程竣工验收的主体单位，负责组织工程的竣工验收。在建设项目竣工验收过程中，根据中华人民共和国住房和城乡建设部及省级相关规定，或具体项目相关行业规定，进行建设项目竣工验收移交工作。

二、项目进度管理

（一）进度管理概述

进度管理的目的是通过管理实现工程的进度目标。进度管理的任务是控制整个项目实施阶段的进度，包括控制设计准备阶段的工作进度、设计工作进度、招标工作进度、施工前准备工作进度、工程施工和设备安装进度、物资采购工作进度、验收竣工进度、项目启用前准备阶段的工作进度。项目建设过程中应制定项目总进度计划、年度计划、月计划、周计划及分项计划等。

（二）进度计划的编制方法

1. 项目结构图 反映的是项目概要，按不同的着眼点可绘制不同的项目结构图。在编制进度计划之前，有必要从进度计划的角度绘制项目结构图，它反映项目进展过程中的全部必要的工作和事件。

2. 横道图 最简单并运用最广的一种计划方法，尽管有新的计划技术的采用，横道图在工程项目管理中仍占主导地位。

3. 垂直图表法 是空间–时间图表的一种形式，有时间–任务量图、时间–路程图、时间–数量图等。它适宜于表示连续的、在一线段上的工作的规划和控制。

4. 流水作业图 是空间–时间的另一种形式，流水作业方法是在工程项目施工中广泛使用的组织科学施工的计划方法，用流水作业方法组织施工，可以产生良好的经济技术效果。

5. 网络计划技术 网络计划技术有诸多形式。我国《工程网络计划技术规程》（JGJ/T 121—2015）推荐的常用工程网络计划类型包括双代号网络计划、单代号网络计划、双代号时标网络计划和单代号搭接网络计划。

（三）进度控制计划的确定

项目进度计划是表达项目中各项工作的开展顺序、开始及完成时间及相互衔接关系的计划。根据项目建设期间的所有项目管理任务编制总体进度计划，并根据项目实际进展情况逐层分解，分别编制项目子系统进度规划和项目子系统中的单项工程进度计划等，逐层确定项目工程进度目标，由不同深度的计划构成进度计划系统。

总的来说分三级进度计划管理，以实现总体进度为目标，控制关键线路为关键，从而做到对计划全过程实施有效的控制，确保进度目标的实现。

在上述三级进度计划体系外，整个建设项目的进度管理仍需要编制及控制各类不同的分进度计划，包括按阶段分、按专业分、按工程部位分、按业务分四种。

（四）进度计划的检查与调整

建设项目是在动态条件下实施的，因此项目进度控制也就必须是一个动态的管理过程。运用动态控制原则控制进度，使得进度计划的编制、执行、跟踪检查、比较分析、调整过程形成一个动态的循环系统。在进度动态控制中，进度计划的动态调整是关键，在调整进度计划时应注意各层次的计划协同调整。

进度计划执行中的管理工作主要有以下几个方面：①检查并掌握实际进展情况；②分析产生进度偏差的主要原因；③确定相应的纠偏措施或调整方法；④进度管理的具体措施。

1. 建设准备阶段 根据建设项目决策时确定的建设项目工期总目标，审核建设项目总进度计划；审核里程碑控制进度计划；审核准备阶段详细工作计划并控制其执行；制定招标进度计划并控制其执行。

2. 施工阶段

（1）督促施工单位科学管理，制定合理的进度计划和网络控制计划。复核总分包单位分别编制的各项单体工程施工进度计划之间是否相协调，专业分工与计划衔接是否明确合理。

（2）资金供应满足进度需要的安排。

（3）复核施工组织设计及关键施工路线的进度安排，并提出合理建议。

（4）督促施工单位在雨季施工前编制详细的雨季施工方案，做好事先准备和预防措施，并对材料和特殊设备进行妥善保管。

（5）组织相关人员全面检查施工现场的准备工作，做好基坑临时排水设施、临电设施、机械设备等准备工作。检查施工现场的排水设施，疏通各种排水渠道，清理排水口，保证雨天排水畅通。

（6）会同施工监理监督施工单位根据结构施工位置划分不同的施工流水段，合理安排劳动力，实现立体交叉施工。

（7）要求施工单位定期更新进度计划。施工单位根据工程进展的实际情况，按合同要求定期编制更新进度计划。更新的进度计划能动态反映施工进度情况，预测今后实施中的可能走向和趋势。

（8）工期延误处理：分析工期延误的原因和责任，若为施工单位原因，责令其采取一切措施保证工程按原进度计划完工；若为非施工单位原因并导致关键节点延误，与施工监理及施工单位共同协商调整进度计划。

（9）竣工阶段：审核各项竣工验收工作详细进度计划的执行情况，并审核建设项目交付运行管理进度计划的执行情况。

三、安全和环境管理

在全世界范围内，建筑业都是属于最危险的行业之一。同时，建筑业的生产活动也极大地耗费着资源，改造和影响着生态环境。建设项目安全与环境管理的目的是要提高建筑业的安全与环境水平，保障从业人员的生命财产安全，控制生产活动对环境的污染和危害，使建筑生产与人类自身以及生态环境相协调。

建设工程是一个庞大的人机工程。工程项目的施工具有单件性、离散性的特点。建设项目施工大多在露天的环境中进行，工人的工作条件差，且工作环境复杂多变，所进行的活动受施工现场的地理条件和气象条件的影响很大。由于建筑业仍属于劳动密集型产业，技术含量相对偏低，建筑工人的文化素质较低，许多相关从业人员对于安全生产和事故预防意识较低。为了保证劳动者在劳动生产工程中的健康安全和环境保护，建设单位应将安全与环境管理作为项目管理的重点。

（一）安全管理

施工安全技术措施是指工程施工中，针对工程特点、现场环境、施工方法、劳动组织、作业方法、使用的机械、动力设备、变配电设施、架设工具及各项安全防护设施等制定的确保安全施工的指施。中华人民共和国住房和城乡建设部（原建设部）规定，所有建筑工程的施工组织设计（施工方案）都必须有施工安全技术措施。

1. 安全生产管理制度与程序　安全生产管理制度具体包括安全生产责任制度、安全生产许可制度、安全生产教育培训制度，需在工程开工前编制，并经过审批。

在施工过程中，由于工程变更等情况，必须及时补充完善，且要有针对性和全面性，对大型群体工程或一些面积大、结构复杂的重点工程，除必须在施工组织总设计中编制施工安全技术总体措施外，还应编制单位工程或分部分项工程安全技术措施，详细地制定有关安全方面的防护要求和措施，确保该单位工程或分部分项工程的安全施工（图12-3）。

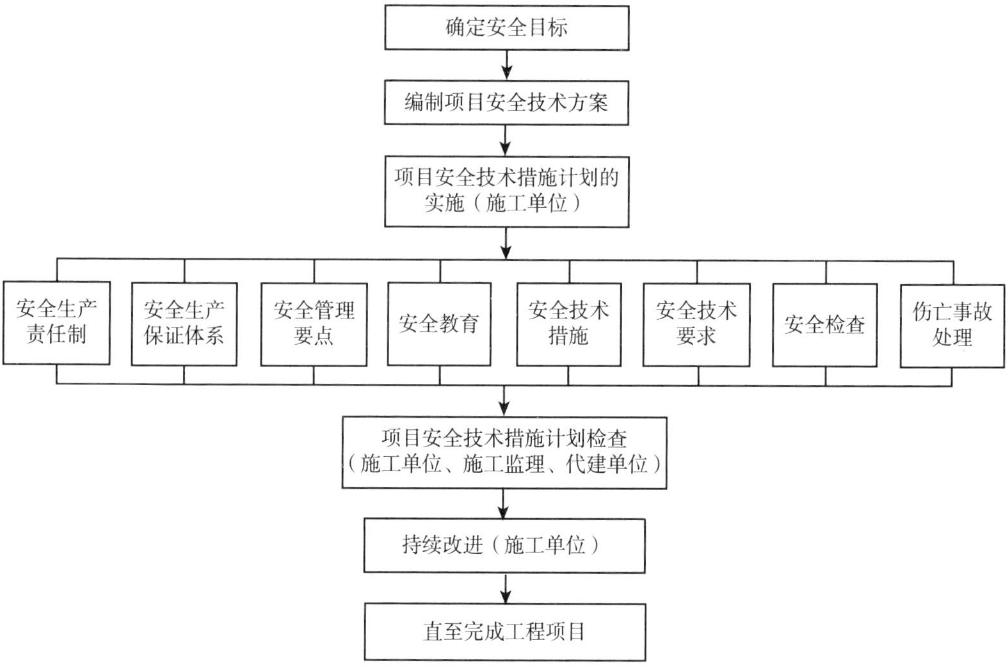

图12-3　安全生产管理程序图

2. 各阶段安全管理内容　工程项目中安全工作为重要工作。安全管理工作是为了确保建筑工程项目在施工过程的人身安全、产品安全、资金安全和建设工程顺利进行。工程项目安全管理实行分阶段管理，主要包括勘察设计阶段安全管理、施工准备阶段安全管理、施工阶段安全管理。

3. 安全教育管理　安全管理中必不可少的是安全教育管理，要同时注重安全思想教育、安全知识教育、安全技能教育。安全教育的基本要求是领导干部必须接受教育、新工人三级安全教育、特种作业人员的培训，且教育是持续性的，应进行经常性教育，注重安全教育培训形式。

4. 安全检查　工程项目安全检查是消除隐患、防止事故、改善劳动条件及提高员工安全生产意识的重要手段，是安全控制工作的一项重要内容。通过安全检查可以发现工程中的危险因素，以便有计划地采取措施，保证安全生产。施工项目的安全检查应由项目经理组织，定期进行。

安全检查内容主要应根据施工（生产）特点，制定具体检查项目、标准，包括查思想、查管理、查隐患、查整改、查事故处理等。安全检查的重点是违章指挥和违章作业。安全检查后应编制安全检查报告，说明已达标项目、未达标项目、存在问题、原因分析、纠正和预防措施。

（二）环境保护

环境保护是按照法律法规、各级主管部门和企业的要求，保护和改善作业现场的环境，控制现场的各种粉尘、废水、废气、固体废弃物、噪声、振动等对环境的污染和危害。

1. 环境保护的意义

（1）保护和改善施工环境是保证人类身体健康和社会文明的需要。采取专项措施防止粉尘、噪声和水源污染，保护好作业现场及其周围的环境是保证职工和相关人员身体健康、体现社会总体文明的一项利国利民的重要工作。

（2）保护和改善施工现场环境是消除对外部干扰、保证施工顺利进行的需要。随着人们法制观念和自我保护意识的增强，尤其在城市中，施工扰民问题突出，应及时采取防治措施。减少对环境的污染和对市民的干扰，也是施工生产顺利进行的基本条件。

（3）保护和改善施工环境是现代化大生产的客观要求。现代化施工广泛应用新设备、新技术、新的生产工艺，对环境质量要求很高，如果粉尘、振动超标就可能损坏设备，影响其功能发挥。

（4）建设项目现场的环境保护是节约能源、保护人类生存环境、保证社会和企业可持续发展的需要。人类社会即将面临环境污染和能源危机的挑战。为了保护子孙后代赖以生存的环境条件，每个公民和企业都有责任和义务来保护环境。良好的环境和生存条件，也是企业发展的基础和动力。

2. 施工现场空气污染的防治措施

（1）施工现场的垃圾渣土要及时清理出现场。

（2）高大建筑物清理施工垃圾时，要使用封闭式的容器或者采取其他措施处理高空废弃物，严禁凌空随意抛撒。

（3）施工现场道路应指定专人定期洒水清扫，形成制度，防止道路扬尘。

（4）对细颗粒散体材料（如水泥、粉煤灰、白灰等）的运输、储存要注意遮盖、密封，防止和减少飞扬。

（5）车辆开出工地要做到不带混砂，基本做到不撒土、不扬尘，减少对周围环境的污染。

（6）除设有符合规定的装置外，禁止在施工现场焚烧油、橡胶、塑料、皮革、树叶、枯草、各种包装物等废弃物品以及其他会产生有毒、有害烟尘和恶臭气体的物质。

（7）机动车辆要安装减少尾气排放的装置，确保符合国家标准。

（8）工地茶炉应尽量采用电热水器。若只能使用烧煤茶炉和锅炉时，应选用消烟除尘型茶炉和锅炉，大灶应选用消烟节能回风炉灶，使烟尘降至允许排放的范围。

（9）大城市市区的建设工程已不容许搅拌混凝土。在容许设置搅拌站的工地，应将搅拌站封闭严密，并在进料仓上方安装除尘装置，采用可靠措施控制工地粉尘污染。

（10）拆除旧建筑物时，应适当洒水，防止扬尘。

3．水污染的防治 查清水污染的主要来源，注重施工过程水污染的防治措施管理，例如禁止将有毒、有害废弃物用作土方回填等。

4．噪声控制管理 根据国家标准《建筑施工场界环境噪声排放标准》（GB 12523—2011）的要求，对不同施工作业的噪声限值不同。在工程施工中，要特别注意不得超过国家标准的限值，尤其是夜间禁止打桩作业。施工现场需编制噪声的控制措施，可从声源、传播途径、接收者防护等方面来考虑。

5．固体废物的处理 固体废物是生产、建设、日常生活和其他活动中产生的固态、半固态废弃物质。固体废物是一个极其复杂的废物体系。按照其化学组成可分为有机废物和无机废物；按照其对环境和人类健康的危害程度可以分为一般废物和危险废物。

固体废物处理的基本思想是采取资源化、减量化和无害化的处理，对固体废物产生的全过程进行控制，主要有回收利用、减量化处理、焚烧技术、稳定和固化技术、填埋等处理方法。

第五节　投资控制

投资控制是项目管理的一项重要任务，是项目管理的核心工作之一。建设工程项目投资控制的目标是使项目的实际总投资不超过项目的计划总投资。建设工程项目投资控制贯穿于建设工程项目管理的全过程，即从项目立项决策直至工程竣工验收。在项目进展的全过程中，都要以动态控制原理为指导，进行计划值和实际值的比较，发现偏离，及时采取纠偏措施。

一、投资控制概述

（一）投资控制的含义和目的

建设项目投资控制是指以建设项目为对象，在投资计划范围内为实现项目投资目标而对工程建设活动中的投资所进行的规划、控制和管理。投资控制的目的是在建设项目实施的各个阶段，通过投资计划与动态控制，将实际发生的投资额控制在投资的计划值以内，以使建设项目的投资目标尽可能地实现。投资控制并不是要使建设项目的投资越小越好，而是要在满足建设项目的功能要求和使用要求的前提下，通过控制的措施，在计划投资范围内，使建设项目投资得到控制。

投资控制的目标是充分利用有限的资源，使工程项目的建设获得最佳效益和增值。建设项目投资控制主要由两个并行、各有侧重又相互联系和相互重叠的工作过程构成，即建设项目投资的计划过程与建设项目投资的控制过程。在建设项目的建设前期，以投资计划为主；在建设项目实施的中后期，投资控制占主导地位。

（二）投资控制的性质

投资控制绝不单纯是经济方面的工作，而是一项综合性极强的工作，涉及技术、经济、管理、法律诸方面的工作，因而对投资控制人员的知识结构有较高的要求，需要复合型人才。投资控制也绝不单纯是财务方面的工作，而是在工作性质、工作人员、工作时间范畴、工作方法等多方面都与财务核算有着本质区别（表12-4）。

表12-4 投资控制与财务核算的区别

名称	投资控制	财务核算
工作性质	项目管理的一部分工作	财务领域
从事工作人员	投资控制工程师	财务人员
工作时间范畴	从项目决策阶段开始至与项目有关的全部合同终止	在项目实施过程中积累数据，在项目完成后做项目核算
工作方法论	动态控制原理	会计原理
需要的知识	技术、经济、合同	财务
工作目标	为总目标服务，实际总投资小于投资目标值	计算实际总投资，并进行实际投资分析

二、投资计划

投资计划主要是指确定或计算建设项目的投资费用，以及制订建设项目实施期间投资控制工作方案的工程管理活动，主要包括投资目标论证分析、投资目标分解、制定投资控制工作流程、投资目标风险分析、制定投资控制工作制度区有关报表数据的采集、审核与处理等一系列控制工作和措施。

工程项目的建设是一个周期长、投资大的复杂过程，投资计划不是一成不变的，而是依据建设程序，医院建设项目投资费用的确定与工程建设阶段性的工作深度相适应。在医院建设项目管理的不同阶段，投资计划工作及主要内容也不相同。

（一）设计准备阶段

通过对投资目标的风险分析、项目功能与使用要求的分析和确定，编制建设项目的投资计划，用以指导设计阶段的设计工作以及相应的投资控制工作。

（二）工程设计阶段

以投资计划控制方案设计阶段和初步设计阶段的设计工作，编制设计概算。以投资规划和设计概算控制施工图设计阶段的设计工作，编制施工图预算，确定工程承包合同价格等。

（三）工程施工阶段

以投资规划、施工图预算和工程承包合同价格等控制工程施工阶段的工作，编制资金使用计划，作为施工过程中进行工程结算和工程价款支付的计划目标（图12-4）。

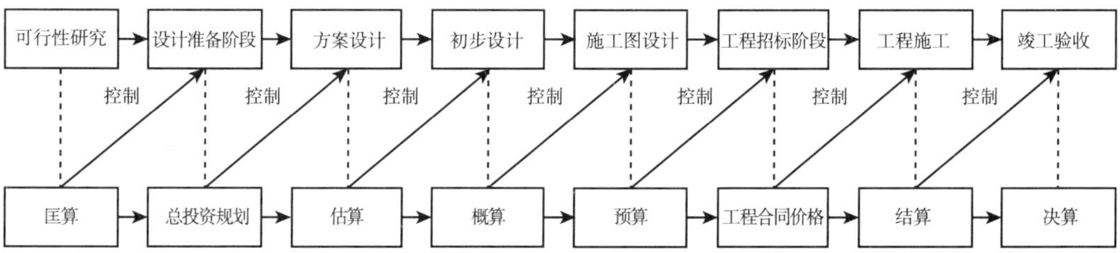

图12-4　建设项目分阶段设置的投资计划

三、投资规划

项目投资规划是在建设项目实施前期对项目投资费用的用途做出的计划和安排，依据建设项目的性质、特点和要求等，对可行性研究阶段所提出的投资目标进行论证和必要的调整，将建设项目投资总费用根据拟定的项目组织和项目组成内容或项目实施过程进行合理的分配，对投资目标进行分解。

投资规划的内容主要包括投资目标的分析和论证、投资目标的合理分解、控制方案的制定实施。医院建设工程投资规划先要根据工程项目建设意图、项目性质、建设标准、基本功能和要求等进行项目构思和描述分析以及项目定义，确定项目的基本规划框架，从而确定建设项目每一组成部分投资的控制目标，或是在建设项目的主要内容基本确定的基础上，确定建设项目的投资费用和项目各个组成部分的投资费用控制目标。随着建设的不断深入，对建设项目的了解会越来越深入，对项目应有的构成及内容、相应的功能和使用要求等也会越来越清晰。

四、项目投资计划与实际值比较

在项目实施的各阶段，要不断地进行投资比较，包括可行性研究阶段的匡算、方案设计的估算、初步设计的概算、施工设计的预算、招标阶段的合同价、施工阶段的实际投资（包括工程结算和工程决算）。投资比较是指投资计划值与实际值的比较。投资的计划值与实际值是两个相对的概念，投资计划亦是相对的。某一投资计划值相对前一阶段而言是实际值，相对后一阶段来说又是计划值（图12-5）。

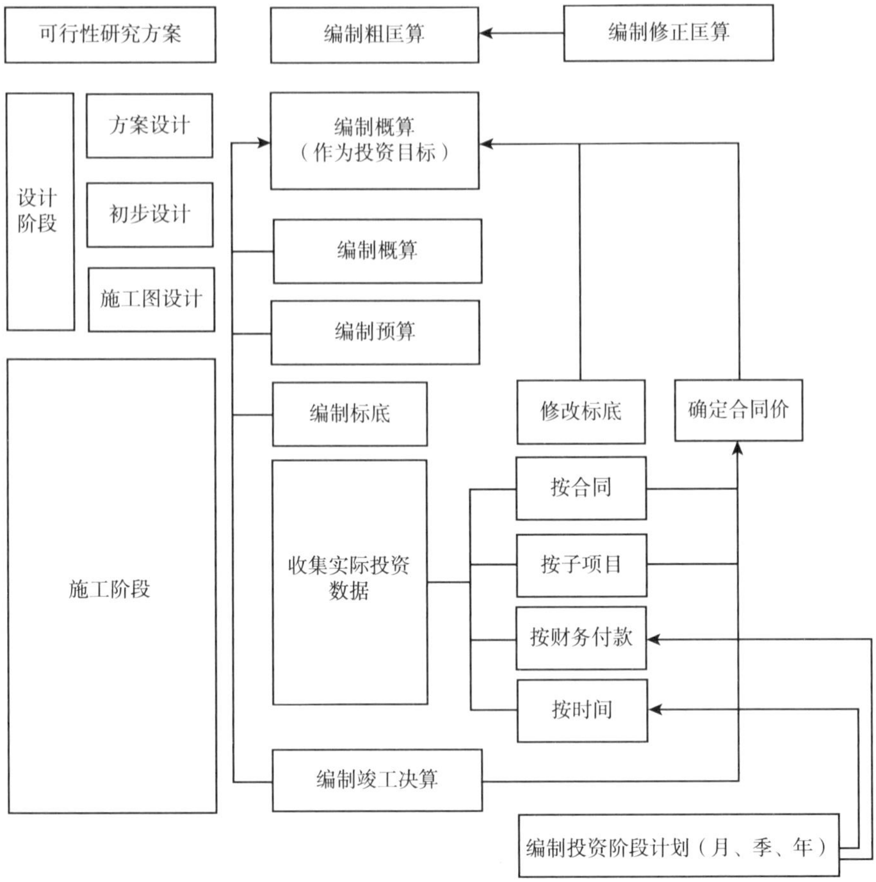

图12-5　工程项目投资计划与实际值比较

五、建设各阶段的投资控制

投资的控制，是指在建设项目的设计准备阶段、设计阶段、施工阶段、工程竣工验收阶段和保修阶段，以规划的计划投资为目标，通过相应的控制措施将建设项目投资的实际发生值控制在计划值范围以内的工程管理活动。

对医院建设项目投资进行控制，是运用动态控制原理，在建设过程中的不同阶段，经常地、定期或不定期地将实际发生的投资数与相应的计划投资目标值进行比较，若发现建设项目实际投资值偏离目标值，则需采取纠偏措施，包括组织措施、经济措施、技术措施、合同措施和信息措施等，纠正投资偏差，保证建设项目投资总目标尽可能地实现（图12-6）。

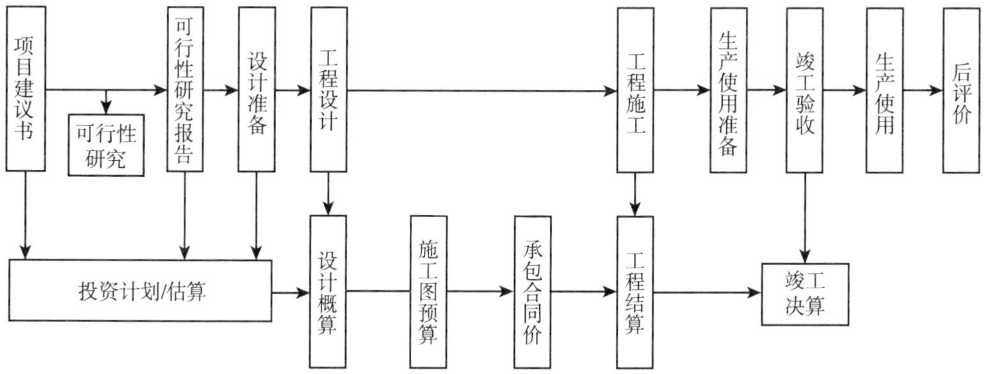

图12-6 建设程序和各阶段投资费用的确定流程图

（一）设计准备阶段

根据建设项目的功能要求和使用要求，作出项目定义，包括项目投资定义，并按建设项目规划的要求和内容，以及项目分析和研究的不断深入，逐步地将投资规划值和投资估算的误差率控制在允许的范围之内。

（二）工程设计阶段

运用标准设计、价值工程和限额设计方法等，以投资规划和批准的投资估算为计划投资的目标值控制初步设计。如果初步设计阶段的设计概算超出投资估算（包括允许的误差范围），则应对初步设计的设计结果进行修改和调整。通过对工程设计过程中形成的项目投资费用的层层控制，实现建设项目设计阶段的投资控制目标。

（三）施工图设计阶段

应以投资规划和批准的设计概算为控制目标，应用价值工程和限额设计等方法，控制施工图设计工作的进行。如果施工图设计阶段的施工图预算超过设计概算，则说明施工图设计的内容突破了初步设计所确定的设计原则，因而应对施工图设计的设计结果进行修改和调整。

（四）工程施工招标阶段

以工程设计文件（包括设计概算或施工图预算文件）为依据，结合工程施工的具体条件，如现场条件、市场价格和招标方的特殊要求等，编制招标文件，选择合适的合同计价方式，确定工程承包合同价格。

（五）工程施工阶段

以施工图预算和工程承包合同价格等为控制目标，通过工程计量、工程变更控制和工程索赔管理等方法，按照承包方实际完成的工程量，严格确定施工阶段实际发生的工程费用。以工程承包合同价格为基础，考虑设计中难以预计的且在施工阶段实际发生的工程的费用，合理确定工程结算，控制实际工程费用的支出。

（六）工程竣工验收阶段

全面汇集在工程项目建设过程中实际花费的全部费用，编制竣工决算，如实体现建设项目的实际投资、总结分析工程建设管理经验、积累技术经济数据和资料，以提高建设项目投资控制的水平。

（七）工程保修阶段

根据工程承包合同，协助处理项目使用期间出现的各种质量问题，选择相关的处理方案和方式，合理确定工程保修费用（图12-7）。

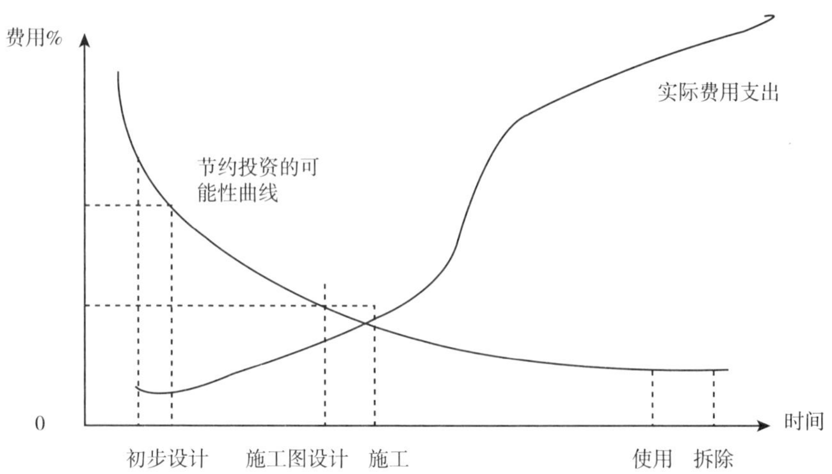

图12-7　节约投资的可能性曲线

从医院建设项目各阶段来看，项目前期和设计阶段具有决定性作用，影响程度符合“二八定律”，反映在建设项目前期工作和设计对投资费用的巨大影响上。

知识拓展

“二八定律”也叫帕累托法则，是由意大利经济学家帕累托（1848—1923年）提出来的。该定律认为，在任何一组事物中，最重要的只占其中一小部分，约为20%；其余80%尽管是多数，却是次要的。在人们的日常生活中尤其是经济领域中，到处呈现出“二八定律”现象。“二八定律”的重点不在于百分比是否精确，其重心在于“不平衡”上，正因为这些不平衡的客观存在，它才能产生强有力的和出乎人们想象的结果。

项目前期和设计阶段投资控制的重要作用，反映在建设项目前期工作和设计对投资费用的巨大影响上，这种影响也可以由两个“二八定律”来说明：建设项目规划和设计阶段已经决定了建设项目生命周期内80%的费用；而设计阶段尤其是初步设计阶段已经决定了建设项目80%的投资。

第六节　档案和信息管理

一、档案信息管理特点

医院建设项目不同于一般建设项目，投资大、周期长、环节多、专业要求高，同时医院住院楼、门诊楼、综合楼等又具有复杂的多功能体系，所以整个项目中形成的文档种类多、数量大、特点突出。医院建设项目文档管理工作是一项系统工程，其中特点如下：

（一）工艺流程复杂，文档种类多、易分散

大型医院建设项目除了一般建设项目都有的土建安装装修外，还有其特殊的工艺流程，如医患分流、洁污分流、手术室和ICU空气净化、放射放疗核医学科射线防护、医疗废水废物处理等，这些都有专门的工艺流程标准和要求。所以大型医院建设项目涉及面广，参与部门多，文档资料容易分散。

（二）建设周期长，文档资料容易流失

医院建设项目从立项、招投标、勘测、设计、办理手续、开工，到主体和配套施工，再到装饰装修、绿化亮化，最后到竣工验收投入使用，一般最短周期为两年多。

如果遇到各种不利天气因素，建设期间通货膨胀，人工费、材料费大幅涨价等市场因素，或者工程前期论证不细，设计大量变更、决策机制效率不高、建设资金不能保证等建设单位因素，或者安全出现问题、组织管理不善、资金断链等乙方因素，都会使项目工期不同程度延长，工期少则三四年，多则五六年。时间越长，文档资料流失可能性越大。

二、档案信息管理方法

针对医院建设项目的特点，建设单位的信息管理主要从以下8个方面出发：

（一）落实项目文档领导责任制。组建由设计单位、施工单位、调试单位、监理单位等参加的文档工作领导小组，按照项目所属关系，把项目文档工作纳入各参建单位领导责任进行监督。

（二）建立健全文档管理体制。按集中统一领导、分级管理的原则，建立由项目管理部为主的文档管理网络体系，把项目文件的收集、整理、归档的职责纳入各参建单位及有关部门的职责范围或岗位责任制，实行统一管理。

（三）建立项目文档管理制度。在项目建设伊始，按国家、行业有关文档管理规定，制定适合相应医院建设项目的文档管理制度，并统一业务规范，对项目文件的收集、编制、整理及项目档案的验收与移交进行全过程的监督、检查与指导。

（四）主持项目招投标和合同的审查与签订。根据档案工作纳入招投标制、纳入合同管理制的要求，档案部门要参与项目的招投标，参与合同或协议关于项目文档专门条款的设立。在合同中要对项目文件的收集、整理、移交责任和提交竣工档案的套数、费用、质量、时间和违约责任，竣工图的编制责任和质量标准、出图深度，监理对档案的审核责任等，提出明确要求。

（五）对建设期间项目文档管理情况进行统计。按照《国家重点建设项目文档登记办法》规定，将项目建设各阶段文档工作进展和变化情况，按年度做好项目文档动态管理的统计登记工作，并按照程序及隶属关系逐级上报。

（六）负责在项目建设活动中自身形成文档的收集、整理、归档工作。按照归档范围，负责在项目建设活动中自身形成的项目前期立项审批、招投标、勘察、初步设计等文件，工程准备阶段形成的土地征用、开工审批等文件，施工阶段形成安全、质量、进度、物资、资金、设备等管理性文件，竣工验收阶段形成的竣工文件和试运营阶段形成的文件等的收集、整理并归档工作。

（七）竣工档案的接收审查及汇总整理、归档工作。组织对各参建单位移交的竣工档案进行审核与验收，并对接收的竣工档案进行汇总整理，统一分类、编目、编制检索工具，编制项目档案整理情况说明。

（八）完成项目档案验收。

三、沟通协调管理

在项目中，信息的沟通是不可忽视的。项目管理人员最重要的工作之一就是沟通，良好的交流才能获取足够的信息、发现潜在的问题、控制好项目的各个方面。

（一）各阶段沟通的要求

1. 项目前期阶段

（1）及时构建项目管理的组织框架，明晰管理责任和管理流程。

（2）与设计、勘察单位进行充分的联系和沟通，确定优化的勘察设计方案。

（3）及时分解项目结构，制定项目投资、进度和成本的控制目标。

（4）向各政府主管部门办理各种报建审批手续。

（5）组织技术的评审和项目的招投标工作。

（6）及时发现和总结前期工作中可能对后续工程造成影响的因素，并提供解决方案。

（7）制定现场管理规章制度和管理流程。

2. 项目施工阶段

（1）根据项目分解任务要求，及时安排相关单位按进度实施。

（2）定期召开工地管理会议。

（3）及时参与或组织工地各种验收。

（4）协调解决各方面问题。

3. 项目竣工阶段

（1）规范管理各种工程资料，保证资料的准确和完整。

（2）及时收集验收要求的文件资料。

（3）督促参建单位做好项目结算。

（4）办理项目验收手续。

（二）定期沟通制度

为了及时了解掌握项目情况和进展并做出决策，加强与院内外相关部门联系，需制订定期沟通制度。

1. 每月编制项目简报，将项目进展、分阶段的工作重点等情况书面报送相关上级领导。

2. 每周以工程例会纪要形式向各参建单位通报项目情况及下周的工作安排。

3. 定期（月度或季度）召开相关部门的联席会议，汇报项目情况，落实分工及督查内容。

4. 随时向医院相关部门和干部群众通报项目进展情况。

第七节　竣工验收和竣工档案

一、竣工验收管理

医院建设项目竣工验收是建设周期的最后一道程序，是项目管理的重要内容和终结阶段的重要工作，是全面检查工程项目是否符合设计文件要求和工程质量是否符合验收标准，能否交付使用、投产、发挥投资效益的重要环节。

（一）竣工验收的条件和要求

医院建设项目按设计要求全部建设完成，符合规定的项目竣工验收标准，可由建设单位组织设计、施工、监理等单位进行项目竣工验收。单独签订施工合同的单位工程，竣工后可单独进行竣工验收。

1. 竣工验收的条件

（1）设计文件和合同约定的各项施工内容已经施工完毕。

（2）有完整并经核定的工程竣工资料，符合验收规定。

（3）有勘察、设计、施工、监理等单位签署确认的工程质量合格文件。

（4）有工程使用的主要建筑材料、构配件和设备进场的证明及试验报告。

（5）建设单位已按合同约定支付工程款。

（6）有施工单位签署的工程质量保修书。

（7）有规划主管部门出具的认可文件。

（8）有公安消防、环保等部门出具的认可文件或者准许使用文件。

2. 竣工验收的要求

（1）合同约定的工程质量标准。

（2）单位工程质量竣工验收的合格/优良标准。

（3）单项工程达到使用条件或满足生产要求。

（4）工程项目能满足建成投入使用或生产的各项要求。

（二）竣工验收的依据

1. 批准的设计文件、施工图纸及说明书。

2. 双方签订的施工合同。

3. 设备技术说明书。

4. 设计变更通知书。

5. 施工验收规范及质量验收标准。

6. 外资工程应依据我国有关规定提交竣工验收文件。

（三）竣工验收的程序

为了保证竣工验收的顺利进行，医院建设项目各参建单位均应制定详细的竣工验收工作计划，按照项目的特点和竣工验收工作的规律，执行竣工验收（图12-8）。

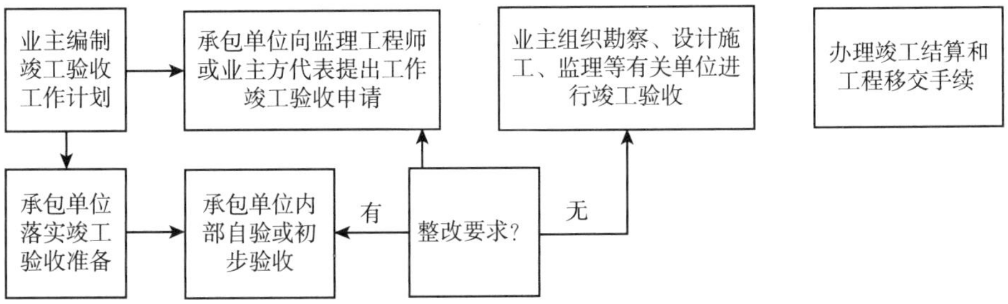

图12-8　工程竣工验收的程序

鉴于竣工验收阶段大量的基础性工作，从竣工验收准备开始到办理交工手续终结，是一个渐进有序的过程，且医院建设项目往往是边运行边施工的状态，为按时完成竣工验收，应尽早启动竣工验收计划。

（四）竣工资料和验收报告

1. 竣工资料的内容和要求　承包单位应按竣工验收条件的规定，认真整理工程竣工资料。施工企业应建立健全竣工资料管理制度，实行科学收集、定向移交、统一归口，便于存取和检索。整理工程竣工资料的依据：一是国家有关法律、法规、规范对工程档案和竣工资料的规定；二是现行建设工程施工及验收规范和质量标准对资料内容的要求；三是国家和地方档案管理部门和工程竣工备案部门对竣工资料移交的规定。工程竣工资料应包括工程施工技术资料、工程质量保证资料、工程检验评定资料、竣工图。

2. 竣工图的编制　竣工图是记载工程建筑、结构以及工艺管线、设备、电气、仪表、给水排水、暖通、环保设施等建设安装工程真实情况的技术文件。各项新建、扩建、改建的工程项目都要编制竣工图。

编制竣工图的主要依据包括设计施工图、设计更改通知单及更改图、施工过程中的具体措施及其他相关资料。编制各种竣工图，必须在施工过程中（不能在竣工后），及时做好隐蔽工程检验记录，整理好建设变更文件，确保竣工图质量。编制竣工图的形式和深度，应根据施工过程无变更、有设计变更、有重大变更的不同情况，区别对待。

3. 竣工验收报告编制　工程竣工验收合格后，建设单位应及时提出工程竣工验收报告。工程竣工验收报告主要包括工程概况、工程建设基本情况、对工程质量的综合评价，此外应附有下列文件：①施工许可证；②施工图设计文件审查意见；③验收组人员签署的工程竣工验收意见；④市政基础设施工程应附有质量检测和功能性试验资料；⑤施工单位签署的工程质量保修书；⑥法规、规章规定的其他有关文件。

（五）工程竣工验收备案

我国实行建设工程竣工验收备案制度。医院建设项目，无论是新建、扩建和改建，均应按《建设工程质量管理条例》规定进行备案。医院应当自建设工程竣工验收合格之日起15日内，将建设工程竣工验收报告和规划、公安消防、环保等部门出具的认可文件或准许使用文件，报建设行政主管部门或者其他相关部门备案。

备案部门在收到备案文件资料后的15日内，对文件资料进行审查，符合要求的工程，在验收备案表上加盖“竣工验收备案专用章”，并将一份退给医院存档（图12-9）。

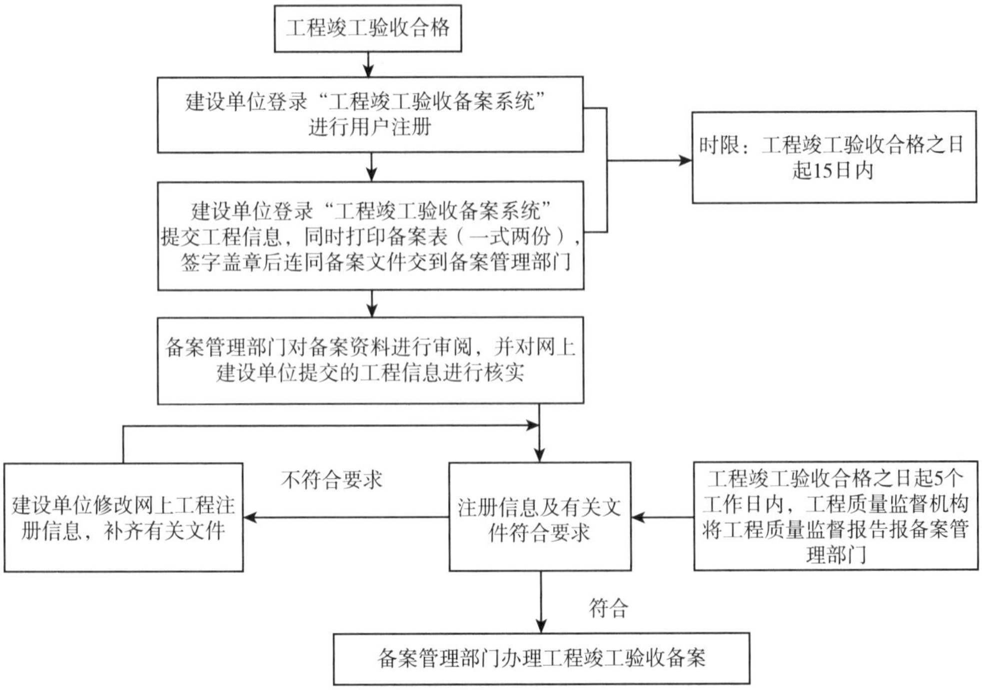

图12-9　工程竣工验收备案工作流程

二、竣工档案管理

（一）档案的收集

1. 建设项目竣工档案管理应做到“三同时”，即项目开工时，施工单位要同时落实档案人员；平时检查工程质量时，各单位档案人员要同时参与查看档案资料编制情况；项目竣工验收时，各单位要同时对档案全面验收。

2. 凡有引进技术或引进设备的建设项目，要做好引进技术和引进设备的图纸、文件的收集、整理工作，设备开箱时档案人员要一起参加，并做好说明书等材料的登记工作。无论通过何种渠道得到的与引进设备有关的档案资料，均应归档。如是外文的资料，应随译文一起归档。

3. 勘察、设计、施工、监理等单位做好档案的收集、整理、归档工作，并编制室外管网综合图和总平面图。

4. 施工单位整理施工技术文件材料。

5. 设计单位应提交设计计算书，如设计单位需暂留，可出具代保管证明并指明代保管年限。

6. 监理单位做好文件材料收集、整理、归档，并对施工单位的竣工图、施工文件材料进行必要的检查和签证。

7. 根据工程声像档案报送规定，报送需剪辑、配音、制作合成后的专业级录像档案。

（二）档案的分类

在医院建设项目管理过程中产生的工程资料需做好标识、收集、编目、查阅、归档、贮存、保管和处理的办法，以提供管理体系有效运行的证据。

（三）档案的整理

1. 建设工程档案根据报送对象的不同进行案卷整理。

2. 归档的文件材料要字迹清楚，数据详实准确，图面清晰整洁，签证手续完备，符合规范化要求。不可以用易褪色的书写材料书写、绘制。

3. 工程文件材料及竣工图的排列案卷以医院建设项目的档案分类为基础，根据需要报送单位的不同要求，再进行调整。

4. 每个案卷必须按标准化、规范化的要求填写建设项目（工程）信息数据基本要素表、卷内目录、案卷封面、备考表及档案盒封面，档案类别为基建档案，案卷标题应简明、准确揭示卷内内容，编制单位为建设单位全称，编制日期以最后编制的时间为准，保管期限为永久。

5．建设工程档案要便于检索和统计，应编制页号、档案号、案卷目录、卷内目录、备考表、封面和档案索引目录。

（四）档案的验收和移交

1．医院建设项目竣工档案的验收，在项目备案前完成。

2．将立项、规划设计、动拆迁、施工、竣工验收等文件材料收集整理、案卷装订后，分别报送市城建档案馆、对应医院相关部门，进行验收。

3．对未通过验收的项目，有关责任单位须尽快在整改后再次验收，以免影响后续各类验收。档案验收不合格的项目，应暂缓财务结算和付款。

本章小结

公立医院基本建设作为政府主导投入的重要方向，伴随着建设投资强度、项目规模的不断增大，做好项目全过程管理是重要条件和保障。本章从医院基本建设总体规划内容和重点出发，阐述医院基本建设前期规划的重要性，并辅以案例加以佐证；其次介绍了医院建筑设计管理、招投标和合同管理、施工管理、投资控制、信息管理及竣工验收的实施要点，提出了与之相匹配的管理模式和方法，这是该专业领域学生需要掌握的重点，也是医院基建部门管理者的基本专业知识；同时，强调了对招投标流程、信息管理方法需熟悉，这对有效开展施工至关重要，招标内容的完善程度，界面划分的清晰与否，直接影响施工进度及质量；信息管理方法的介入，可以缩短沟通、传递归档资料的时间成本；最后，为使医院基本建设项目更加智慧化、合理化，需要不断探究和总结，并关注未来的发展趋势，这些内容也是本专业领域学生需要了解的知识要点。

（吴锦华　张建忠　马　进）

第十三章　建筑信息模型和项目管理网络平台

学习目标

1. 掌握　建筑信息模型基本概念和内涵；网络平台上的工程项目管理组织构建；建筑信息模型和网络平台在医院基本建设中的结合。

2. 熟悉　建筑信息模型的功能应用及应用价值；网络平台上的工程项目管理操作模式。

3. 了解　建筑信息模型基本原理、优势和未来趋势；网络平台上的工程项目管理内容。

第一节　建筑信息模型应用

一、基本概念和内涵

建筑信息模型（building information modeling，BIM）技术应用的思想由来以久，早在1975年，被誉为“BIM之父”的查克·伊士曼（Chuck Eastman）教授就提出了BIM的设想，预言未来将会出现可以对建筑物进行智能模拟的计算机系统，并将这种系统命名为“Building Description System”。20世纪70年代和80年代，BIM的发展虽受到CAD的冲击，但学术界对BIM的研究从来没有中断。1986年，美国学者罗伯特·艾什（Robert Aish）提出了“Building Modeling”的概念，这一概念与现在业内广泛接受的BIM概念非常接近，包括三维特征、自动化的图纸创建功能、智能化的参数构件、关系型数据库等。在Building Modeling提出后不久，Building Information Modeling的概念就被提出。但受当时计算机硬件与软件水平的影响，BIM的思想还只是停留在学术研究的范畴，并没有在行业内得到推广。BIM真正开始流行是2000年以后，得益于软件开发企业的大力推广，很多业内人士开始关注并研究BIM。现在，和BIM相关的软件、操作标准都得到了快速的发展，Autodesk、Bentley、Graphisoft等全球知名的建筑软件开发企业纷纷推出了自己的产品，BIM不再是学者在实验室研究的概念模型，而是变成了在工程实践中可以实施的商业化工具。

知识拓展

BIM思想的产生是在1974—1975年，是由查克·伊士曼提出来的，但当时并不叫BIM，而是叫BDS（Building Description System，建筑描述系统）。1974年9月，伊士曼和他的合作者在论文《建筑描述系统概述》（An Outline of Building Description System）中指出CAAD（计算机辅助建筑设计，Computer-Aided Architectural Design）存在的一些问题，并对问题精辟分析，他提出了应用当时还是很新的数据库技术建立建筑描述系统（即BDS）以解决上述问题的思想，并在该文章中提出了BDS的概念性设计，BDS其实就是BIM的雏形。

现在BIM的应用已经超越了建设对象是单纯建筑物的局限，越来越多地应用在桥梁工程、水利工程、城市规划、市政工程、风景园林建设等多个方面。

随着BIM应用范围的日益广泛和应用层次的逐渐深入，BIM的内涵也在不断发生变化。随着BIM理论的不断发展，广义的BIM已经超越了最初的产品模型的界限，正被认同为是一种应用模型来进行建设、管理的思想和方法，这种新的思想和方法将引发整个建筑生产过程的变革。

二、基本原理及技术优势

（一）BIM技术的基本原理及实现过程（图13-1）

与CAD的2D平面模型不同，BIM技术是基于3D的面向对象的虚拟建模方法，能实现模型的智能交互。BIM中的智能数据包括设计准则、详细规范或性能标准和调试、维护数据和备件清单，以及其他在项目全生命周期中可能有用的信息。在BIM系统中构建各类信息的逻辑关联，如在模型中当墙壁被移动时，窗户会附着在墙上随之移动。同样，如果建筑的任何部分发生了变化，所有其他受影响的部分也会发生变化。这体现了参数化构建模型的优势，模型上的任何一点发生变化，其他相关的部位都将随之自动更新。

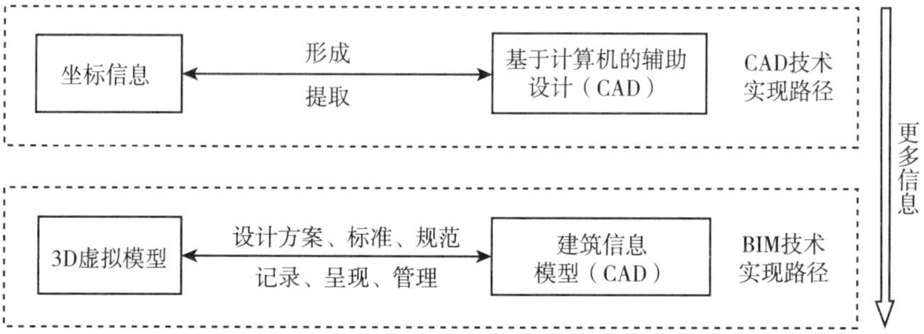

图13-1　BIM技术基本原理示意图

一个有效的参数化构建模型可以管理组件的对象数据，更重要的是可以关联模型中所有组件、视图和注释的信息。如，将通向楼梯井的门锁定在距离楼梯立管的特定距离处，以确保出口空间，或将门锁定在距离墙壁特定距离处，以确保家具空间或无障碍空间。

BIM系统除了可以通过自定义来创建参数对象外，还提供参数化对象先例库供设计师直接使用，同时，先例库也能进行二次开发以满足设计师的特定需求。

（二）BIM技术优势

BIM的核心是建筑的几何形状，但BIM也是一个提供建筑构件详细信息非图形数据的结构化数据库。BIM提供了广泛的功能，包括数量的抽取、成本的估算、空间与资产的管理、能源分析等。BIM还可以纳入参数化的功能，允许模型中的组件有属性或参数，这些属性与参数定义了与其他组件的关系。例如，一个门的对象将附属于或关联到一个墙壁的物件。有效应用BIM能够管理模型中所有嵌入对象间的关系，以及它们个别的特征。因此可以成为一套能够迅速管理变更之强大工具。

此外，BIM技术有助于提早决策、提高精确性、快速定量，有强健的分析能力，助于改进协调，提升工程交付。

三、功能应用及价值

（一）对医院建设项目产生的价值

1. 有助于前期策划、决策和可行性论证。

2. 有助于提升设计的可视化效果。

3. 有助于减少设计错误，提升设计质量。

4. 有助于医院建筑的可持续性设计及提升建筑性能。

5. 有助于参建各方和各专业沟通协调。

6. 有助于早期的造价控制及精细化过程控制。

7. 有助于可施工性分析，提升施工方案水平。

8. 有助于设计变更和价值工程分析。

9. 有助于设计和施工的协作。

10. 有助于监控进度、质量、安全等项目目标。

11. 有助于后期运维等。

（二）对医院产生的价值

1. 提高医院建筑的性能品质。

2. 提高各参与方的沟通效率和效果。

3. 减少错误及控制造价。

4. 为医院运行提供丰富而准确的建筑和设备设施信息。

5. 有助于提升医院建筑全生命周期管理能力。

6. 有助于构建标准的BIM技术模板，以减少项目开发中低效的人工检查与验证。

7. 有助于智慧医院建设等。

（三）不同阶段应用点及其价值

BIM的应用范围及应用深度随着信息技术的发展在不断延伸及拓展，其价值也在实际项目应用中得以体现。在医院基本建设中，BIM能更快速、更准确地计算成本，加强建设单位对成本控制的能力，提高对设计方案的评估能力，加快对市场的反应速度，增强建设设施的可持续性，以及为设施管理提供更好的平台。医院建筑全生命周期BIM应用点及应用价值见表13-1。

表13-1　医院建筑全生命周期BIM应用点及应用价值

应用序号	应用点	应用价值
1	规划或方案模型构建	在策划及设计阶段，有助于可行性分析，政府审批沟通，提高设计质量，科室参与设计，方案决策
2	场地分析和土方平衡分析	
3	建筑性能模拟分析	
4	设计方案比选	
5	虚拟仿真漫游	

续 表

应用序号	应用点	应用价值
6	人流、车流、物流模拟	
7	医疗工艺流程仿真及优化（一级）	
8	特殊设施模拟分析	
9	特殊场所模拟分析	
10	建筑、结构及机电专业模型构建	在初步设计阶段和施工图设计阶段，有助于减少设计错误，提高设计质量，业主内部沟通，确定造价预算，减少设计变更
11	建筑结构平面、立面、剖面检查	
12	医疗工艺流程仿真及优化（二级）	
13	面积明细表及统计分析	
14	建筑设备选型分析	
15	空间布局分析	
16	重点区域净高分析	
17	造价控制与价值工程分析	
18	建筑、结构、机电专业模型构建	
19	冲突检测及三维管线综合	
20	医疗工艺流程仿真及优化（三级）	
21	竖向净空分析	
22	2D施工图设计辅助	
23	造价控制与价值工程分析	
24	既有建筑的拆除方案模拟	在施工准备阶段，有助于提高施工方案合理性，现场的精细化管理，加强发包及合同价控制
25	市政管线规划或搬迁方案模拟	
26	施工深化设计辅助及管线综合	
27	施工场地规划	
28	施工方案模拟、比选及优化	
29	预制构件深化设计	
30	发包与采购管理辅助	
31	4D施工模拟及辅助进度管理	在施工阶段，有助于科学合理地加快进度，造价控制，质量和安全管理，工程创优
32	工程量计量及5D造价控制辅助	
33	设备管理辅助	
34	材料管理辅助	

续　表

应用序号	应用点	应用价值
35	设计变更跟踪管理	
36	质量管理跟踪	
37	安全管理跟踪	
38	竣工BIM模型构建	
39	开办准备辅助	在动用准备及施工验收阶段，有助于动用工作顺利实施，运维交接，竣工验收，工程结算
40	设备及系统调试辅助	
41	人员培训	
42	BIM成果验收及移交	
43	竣工结算、决算、审计及后评估辅助	
44	竣工档案管理	
45	运维应用方案策划	在运维阶段，有助于提升运维水平和运维智能化，以及应对各种变化需求
46	模型运维转换、运维模型构建或更新	
47	空间分析及管理	
48	设备运行监控	
49	能耗分析及管理	
50	设备设施运维管理	
51	BA或其他系统的智能化集成	
52	人员培训	
53	资产管理	
54	应急管理	
55	基于BIM的运维系统应用	

第二节　项目管理网络平台

在网络平台上进行医院基本建设项目的管理的基础是网络和信息技术。医院基本建设项目管理的网络平台一般搭建在局域网或互联网上，为医院基本建设项目管理提供支持，主要用于医院基本建设项目管理过程中的文档管理、工作协调、项目控制和其他相关工作。

项目管理网络平台的构成包括硬件及网络、软件和系统集成以及网络平台上的项目管理组织等主要组成部分。网络平台的实施则包括初始阶段的搭建和运营过程中的维护。上述工作对于在网络平台上能否顺利地进行工程项目管理都起到决定性的作用。

一、网络平台管理组织

在网络平台上进行医院基本建设项目管理工作，需要首先在其上构建虚拟的医院基本建设项目管理组织，其中的每个用户根据其权限和岗位责任在网络系统内履行其职能，相互之间按照分工进行协调配合，组织功能健全，使现实中的医院基本建设项目管理组织在网络平台的虚拟环境中能平稳顺利地运转。

在医院基本建设项目管理网络平台上构建项目管理组织，需要把现实中医院基本建设项目管理组织的组织结构、职能分工和工作流程等在网络平台上部分或全部地实现出来。这项工作主要包括医院基本建设项目管理组织的设定和调整两个方面。

（一）医院基本建设项目管理组织设定

网络平台上医院基本建设项目管理组织的设定包括用户权限设定、职能分组设定和工作流程设定。

（二）医院基本建设项目管理组织调整

医院基本建设项目管理组织的调整同样也涉及用户权限、职能分组和工作流程3个方面。有关的调整工作是经常性的，尤其是在工程项目实施的过程有所变化时，如从设计阶段到施工阶段、从合同谈判到合同执行等。网络平台上的医院基本建设项目管理组织是对现实中医院基本建设项目管理组织的模仿，然而又在现实的基础上有所调整，以适应医院基本建设项目管理网络平台工作环境的变化和要求。

二、网络平台管理应用

在网络平台上进行医院基本建设项目管理，主要是利用网络平台上信息存储和沟通的便利，为医院基本建设项目管理过程中的信息管理和工作协调提供支持，提高医院基本建设项目管理的工作效率。在网络平台上进行的医院基本建设项目管理工作，具体可以概括成三个方面：文档管理、项目协同工作、项目控制。

项目控制利用医院基本建设项目管理网络平台及时的项目信息处理、输出和对项目工作流程的监控功能，对医院基本建设项目实施过程中的主要工作环节进行控制，确保医院基本建设项目控制的时效性和准确性。

第三节　基于BIM技术的项目协同平台

一、项目协同平台开发（或引进）及应用

（一）基于BIM技术的协同平台应用的目的是医院基本建设项目各参建单位和各专业人员通过基于网络及BIM技术的协同平台，实现模型及信息的集中共享、模型及文档的在线管理、基于模型的协同工作、项目信息沟通以及项目进度、造价、质量和安全目标控制等。因此，面向BIM技术应用的协同平台既需要具有项目管理和协同功能，也需要支持在线BIM技术管理及移动终端的应用。

（二）编制基于BIM技术的项目协同平台应用规划和实施方案。根据所选择的项目平台特点，结合医院建设管理模式及项目的实际情况、应用需求，制定协同平台应用规划，明确应用目的、应用功能、应用范围、应用组织及职责、应用措施及制度、应用成果等。应用规划可由医院建设单位或代建单位组织BIM技术咨询单位、平台供应商以及施工总承包、施工监理和设计等单位进行编写。

（三）编制基于BIM技术的项目协同平台的功能需求方案。功能需求方案应根据项目特定的实际需求和应用环境编制。通常而言，越复杂和全面的功能，越能满足项目系统性需求，但成本和应用的难度也越高。

（四）若采用开发方式，需要委托专业化公司进行基于BIM技术的项目协同平台开发（或二次开发）及维护，并由BIM技术应用单位负责实施。若采用引进方式，需要充分考察、试用和评估各类平台优缺点，在同等效用下，应优先考虑BIM技术咨询公司自有平台，以尽可能节省成本，也有利于平台的实施和二次开发。

（五）对于一些满足特定专业功能基于BIM技术的医院基本建设项目管理软件，可单独采购或要求BIM技术应用单位采购并包含在相应报价中，例如4D软件，基于BIM技术的造价分析软件等。

（六）建议采用基于云的项目协同平台，以利于平台的自动化更新和远程维护。

（七）组织协调各单位开展基于BIM技术的项目协同平台应用，进行必要的培训，并在应用过程中进行督促和检查。

（八）可结合医院基本建设项目管理流程和平台功能，确定标准化的工作流程，实现基于协同平台的流程管理，规范项目管理过程，提高项目管理效率。

二、项目协同平台的功能

项目协同平台的功能在不断拓展中，不同的产品也具有不同的功能组合。

1. **建筑三维可视化** 可在电脑及手持终端的浏览器模式下，实现包括BIM技术的浏览、漫游、快速导航、测量、模型资源集管理及元素透明化等功能。

2. **模型空间定位** 对问题信息和事件在三维空间内进行准确定位，并进行问题标注，查看详细信息和事件。

3. **模型版本管理** 能进行多个版本的记录、比较和管理。

4. **医院基本建设项目流程协同** 医院基本建设项目管理全过程各项事务审核处理流程协同，如变更审批、现场问题处理审批、验收流程等，需要考虑施工现场的办公硬件和通信条件，结合云存储和云计算技术，确保信息的及时便捷传输，提高协同工作的适用性。

5. **图纸信息关联及变更管理** 将建筑的设计图纸等信息关联到建筑部位和构件上，并在模型浏览界面显示出来，方便点击和查看，实现图纸协同管理。医院基本建设项目各参建单位通过平台和模型查看到最新图纸、变更单，并可将二维图纸与三维模型进行对比分析，获取最准确的信息。

6. **进度计划管理** 实现4D计划的编辑和查看，通过图片、视频和音频等，对现场施工进度进行反映，或采用视频监控方式，及时或实时对比施工进度偏差，分析施工进度延误原因。

7. **质量安全管理** 现场施工人员或监理人员发现问题，通过移动终端应用程序，采用文字、照片、语音等形式记录问题并关联模型位置，同时录入现场问题所属专业、类别、责任人等信息。项目管理人员登录平台后接收问题，对问题进行处理整改。通过平台定期对质量安全问题进行归纳总结，为后续现场施工管理提供数据支持。针对基坑等关键部位，可通过数据分析，进行安全事故的自动预警或者趋势预测。

8. **文档共享与管理** 医院基本建设项目各参建方、各级人员通过电脑、移动设备实现对文档在线浏览、下载及上传，减少以往文档管理受电脑硬件配置和办公地点的影响，让文档共享与协同管理更方便。

9. **数据挖掘** 随着平台的不断应用，数据不断积累，对数据进行挖掘与分析。

10. **安全和权限管理** 由于BIM技术、项目文档和项目数据存在知识产权和数据保护要求，平台需要具有严格的安全和权限管理功能。

本章小结

建筑信息模型无论是作为新的技术，还是作为一种新的生产方式都得到了广泛的关注，部分医院已开始试点BIM技术应用，同时，基于BIM技术与网络平台有效结合，实现模型及信息的集中共享、模型及文档的在线管理，在项目造价、进度、质量和安全控制等方面，取得了良好的工程效益、经济效益和社会效益。本章从建筑信息模型基本概念和内涵出发，介绍了BIM技术的发展及价值；同时，提出了网络平台上的医院基本建设管理组织构建及应用；最后将基于BIM技术的项目协同平台呈现出来，使本专业领域学生了解两者的协同方式、功能，以及其在医院基本建设上的应用效果。

（张建忠　吴锦华　徐　诚）

第四篇

资产管理

Part 4

第十四章 医用设备管理

学习目标

1. 掌握 医用设备档案管理的基本概念、使用管理要点，甲乙类大型医用设备配置与管理要求，医用设备档案管理内容及方法。

2. 熟悉 医用设备管理难点、档案管理特点。

3. 了解 医用设备管理发展趋势、档案管理的作用、存在问题及发展方向。

第一节 使用管理

一、管理依据

国家卫生行政主管部门2011年和2021年先后印发的《医疗卫生机构医学装备管理办法》和《医疗器械临床使用管理办法》，以及国务院2021年发布的《医疗器械监督管理条例》，均对医用设备的使用管理提出了明确要求，需对医用设备实行全程管控与风险管理。

二、管理要点

（一）日常管理

国家食品药品监督管理总局2015年公布的《医疗器械使用质量监督管理办法》明确了对医用设备使用环节方面的监督和管理，要求医院加强医用设备的质量控制、维护、保养、检测及日常运行管理等工作。医用设备日常管理的目标是为了保障医用设备的正常使用。

医用设备需经设备管理部门登记信息、入库、配发，并依据投标文件、合同、承诺书、协议书等文件中的配置清单，完成物件清点、功能核验合格后方可投入临床使用。

使用部门需做好新设备接收与核验工作，如为高风险或大型医用设备，需进一步做好日常使用和维护记录工作，并完成设备相关数据备份工作。同时，使用部门需配备资产管理员，配合设备管理部门完成各类设备管控工作，包括临床使用培训、日常使用、计量、保养维修、调配、盘点及医疗器械不良事件监测与报告等管理工作。

1. 临床使用培训管理 新设备验收时，设备管理部门需组织专业人员对使用部门的设备操作人员进行现场培训考核，考核通过后方能正式操作，培训考核记录由设备管理部门存档，操作手册由使用部门存档。使用部门反馈操作中遇到状况时，设备管理部门应及时提供咨询服务与技术指导。设备管理部门需不定期对使用部门设备操作使用情况进行抽查，若发现问题，需及时督促整改。

2. 日常使用管理 使用部门需严格参照标准操作规程（standard operating procedure，SOP）来使用医用设备，并指定专人管理、日常维护、保持清洁，将其放置于适宜环境与指定位置，急救与生命支持类设备需保证完好率，如遇故障及时报修，保障医疗安全。设备管理部门需做好维护巡检工作。

3. 计量管理 根据《中华人民共和国计量法》的相关规定，医疗卫生单位使用的用于疾病诊断、治疗和预防保健的计量器具，如辐射源、激光源、超声源、心电图机、麻醉机、呼吸机、血压计等，都属于强制检定计量器具，必须接受质监部门的定点、定期检定。医学计量是医用设备质量安全的技术基础，渗透医用设备的各个方面，并贯穿整个生命周期，是临床工程技术保障的重要工作，也是医用设备重点监管的主要内容。设备管理部门应设有专门的计量管理员，负责全院医用设备的强检与计量管理，包括计量计划的制定，以及计量设备、证书的信息化管理。

4. 预防性维护管理 预防性维护是周期性地对医用设备进行一系列规范且专业的维护工作，以确保设备安全地处于最佳工作状态，防患于未然，同时延长设备使用寿命。预防性维护包括日常保养、定期保养、安全检查及设备巡检等。通过预防性维护工作，对设备进行性能测试，及时更换配件，排除、维修故障，降低设备损耗，预防不良事件的发生。特种设备（含灭菌类等）则需通过配件周期检测、主体周期检测、年度检测等，并出具检测报告，保证其使用安全。

5. 故障维修管理 做好预防性维护可提高设备稳定性，但无法完全避免设备故障的发生。发生故障时，使用部门需向设备管理部门报修。设备管理部门会根据设备类型指派维修工程师维修，或向设备厂家报修处理。无论以何种方式，设备管理部门都需对设备报修、维修情况进行跟踪管理，并做好维修费用的信息化登记，为设备单机成本核算提供相关数据。

6. 调配管理 为提高医用设备使用效率，降低单次使用成本，医用设备可在遵循调配制度的前提下，进行临时或永久调配。临时调配，一般由借用双方自行沟通，并做好借用设备的交接与管理工作，不做设备账务登记。设备管理部门发现有设备闲置时，有权对该设备进行强制永久调配，但须做好设备账务登记。在特定情况下，设备管理部门有权强制执行设备临时调配，并做好登记与管理工作。

7. 盘点管理　有计划地组织设备盘点可以将使用部门的设备与设备管理部门的台账进行比对。在盘点过程中，可发现闲置、遗失、故障与待报废的设备。设备管理部门负责设备的盘点工作，通过制定盘点计划，把控盘点整体进度，同时邀请资产管理办公室与审计科等相关科室共同参与并见证。设备盘点工作依靠设备信息系统的支持来完成，运用标签扫描技术，自动识别设备，比对、汇总以及生成报表。在全面推行基于物联网的医用设备智能化管理之前，定期设备盘点仍然不失为管理存量医用设备的有效手段。

8. 医疗器械不良事件监测与报告　医疗器械不良事件是指已上市的医疗器械在正常使用情况下发生的，导致或者可能导致人体伤害的各种有害事件。根据《医疗器械监督管理条例》《医疗器械不良事件监测和再评价管理办法》等的要求，个例医疗器械不良事件，由设备管理部门配合医务部门向相应医疗器械不良事件监测技术机构进行上报，对导致死亡的事件于发现或者知悉之日起7日内，导致严重伤害、可能导致严重伤害或死亡的事件于20日内进行上报。发生群体医疗器械不良事件后，应当在12小时内向相应医疗器械不良事件监测技术机构报告，并在24小时内报送《可疑医疗器械不良事件报告表》。不良事件报告流程见图14-1。

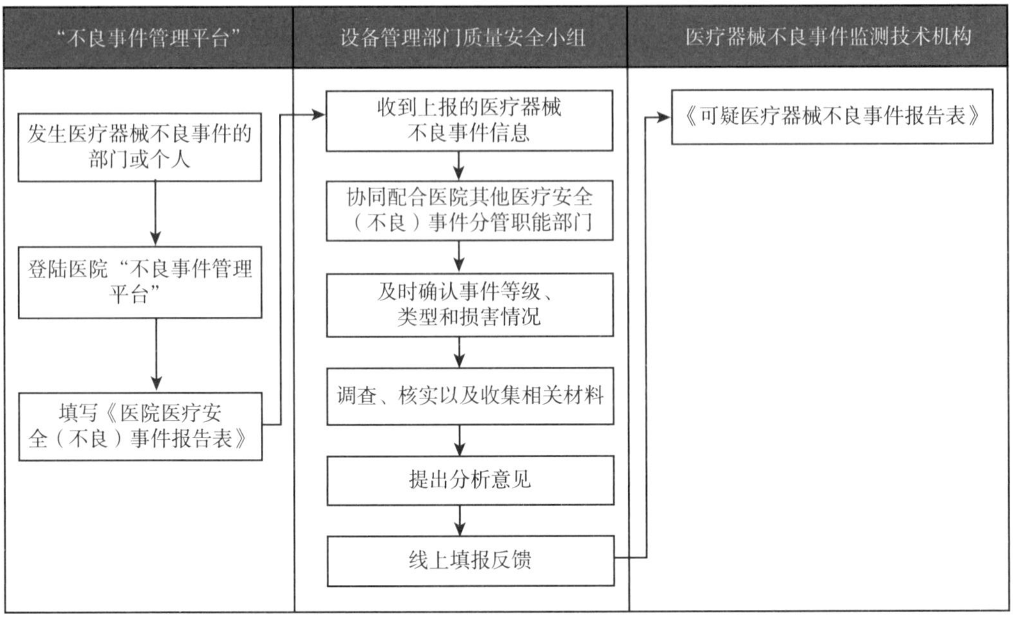

图14-1　医疗器械不良事件报告流程图

（二）风险管理

1. 风险形成原因 医用设备的使用风险是多因素共同作用形成的，主要的原因包括：①医用设备本身设计或产品存在不足，或经过长期使用，设备零件老化；②使用者的误操作或使用不当；③医用设备管理部门日常管理、预防性维护、质量控制等监督工作不到位。控制医疗器械不良事件全球协调工作组（The Global Harmonization Task Force，GHTF）曾明文指出：在器械相关医疗责任事故中，60%~70%是由于使用不当造成的。

2. 风险评估与控制 医院应建立健全设备风险管理制度，依法依规处理医疗安全（不良）事件。在使用医用设备前要对其进行评估。在落实风险管理制度时，需要采集医用设备数据，记录每月故障次数，对发生故障的原因进行分析与归类，为之后的评估工作打好基础。随着医用设备全生命周期管理智能数据平台的建立，根据数据分析结果，做到事前评估与风险预测、事中管理及事后分析，进而建立完整的医用设备使用风险评估与控制体系。

应加强设备使用人员的风险评估自主意识与专业技术水平，规范医用设备使用的正确方式。对存在的隐患进行整改，并且通过预防性维护与保养工作，加强维保管理，降低使用风险发生概率，提高医用设备完好率，确保医用设备的安全运行，从而提升医院运行效率。

（三）应急管理

1. 基本概念 医用设备的应急管理是指对突然发生的公共事件或医疗过程中的突发事件，如地震、火灾、SARS、埃博拉疫情、新冠肺炎疫情、患者突发情况的抢救等，造成或者可能造成的严重的社会或个别患者危害，包括公共卫生事件和社会安全事件而采取的管理措施。通过应急管理，可以在突发事件中合理解决医用设备供给问题，最大化地利用医院资源，从而使患者得到最大程度的治疗。

2. 应急管理程序 面对突发灾害和突发公共卫生危害事件时，为保障临床工作正常开展，并维持正常的医疗秩序，需建立紧密人员召集、设备调配的应对程序：①配备充足的应急设备，保障抢救中设备使用顺利、完好、齐全；②对现有应急与抢救设备，进行定期检查和维护保养工作，并做记录；应急与抢救设备出现故障时，设备维修人员应立即赴现场处理；③临床科室应急设备应统一调配。

第二节　甲乙类大型医用设备配置管理

一、概念与管理依据

随着医学技术的发展，医疗水平的逐步提高，承载着新方法、新技术的先进医用设备不断涌现，带给我们的是越来越优异的医疗质量与安全保障。医用设备的使用已经与医生的诊疗活动密切相关，先进的设备不仅为精准诊断带来帮助，更为精准和微创治疗提供保障。先进医用设备的配置与应用程度直接影响到医院医疗水平的高低。其中，甲乙类大型医用设备最能体现技术先进性和复杂性。

甲乙类大型医用设备主要分类依据为2018年发布的《大型医用设备配置与使用管理办法（试行）》和《甲类大型医用设备配置许可管理实施细则》。甲乙类大型医用设备的根本属性是医疗器械，因此，亦须接受《医疗器械监督管理条例》的管理。

甲类大型医用设备主要包括：重离子放射治疗系统，质子放射治疗系统，正电子发射型磁共振成像系统（PET/MR），高端放射治疗设备以及首次配置的单台（套）价格在3000万元人民币及以上的大型医疗器械。乙类大型医用设备主要包括：X线正电子发射断层扫描仪（PET/CT，含PET），内镜手术器械控制系统，64排及以上X线计算机断层扫描仪，1.5T及以上磁共振成像系统，直线加速器，伽玛射线立体定向放射治疗系统以及首次配置的单台（套）价格在1000万~3000万元人民币的大型医疗器械。

二、管理要求

（一）监督管理要求

当前我国对医疗器械实行全生命周期管理，即从研发、注册与备案开始，到生产、销售，直至被医院采购、使用、报废。整个周期均受《医疗器械监督管理条例》的监管。在医院，设备管理的重点是合法、合规、安全、有效地使用和管理。

1．医院应从具备合法资质的医疗器械注册人、备案人、生产经营企业购进医疗器械。

2．购进医疗器械时，应当查验供货者的资质和医疗器械的合格证明文件，并将此复印件（公司盖章）与验收报告一并归档保存。

3．医院应当具有与在用医疗器械品种、数量相适应的贮存场所和条件。

4．医院应组织开展新设备的使用培训，包括设备日常操作培训、维护培训、维修培训等等，必要时还可进行操作考核。设备培训的内容可作为设备验收报告的一部分归档保存。

5．医院应组织开展定期检查、检验、校准、保养、维护等工作，以保证设备处于良好的性能状态。

6．发现使用的设备存在安全隐患时，医院应当立即停止使用，并由厂家或具有技术能力的单位进行检修；经检修仍不能达到使用安全标准的设备，不得继续使用，建议做报废处理。

（二）配置与使用要求

甲乙类大型医用设备管理除包含上述医疗器械管理的内容以外，还包括特有的配置要求。它是指国家为了促进大型医用设备合理配置与有效使用，保障医疗质量安全，控制医疗费用过快增长，维护人民群众健康权益，而制定的分级分类配置规划和配置许可证管理。

《大型医用设备配置与使用管理办法（试行）》涵盖了管理目录、配置规划、配置管理、使用管理、监督管理等内容。作为医院的设备管理者，我们的学习重点是管理目录、配置管理和使用管理。

1. 管理目录 大型医用设备的管理目录分为甲类和乙类，甲类大型医用设备由国家卫生行政主管部门负责配置管理并核发配置许可证；乙类大型医用设备由省级卫生健康行政部门负责配置管理并核发配置许可证。

2018年版新目录和2004年版（2013年增补）旧目录，对比情况见表14-1。

表14-1 新旧甲乙类设备品目对比表

设备品目	新甲类	旧甲类	新乙类	旧乙类	说明
重离子放射治疗系统	√				新增目录
质子放射治疗系统	√	√			
正电子发射型磁共振成像系统（英文简称PET/MR）	√	√			
X线立体定向放射治疗系统（英文简称cyber knife）	√	√			
螺旋断层放射治疗系统（英文简称Tomo）	√（HD和HDA两个型号）	√	√（H型）		部分机型降级
Edge和Versa HD等型号直线加速器	√			√	升级
X线正电子发射断层扫描仪（英文简称PET/CT，含PET）		√	√		降级
内镜手术器械控制系统（手术机器人）		√	√		降级
306道脑磁图		√			调出目录
医用电子回旋加速治疗系统（MM50）		√			调出目录

续　表

设备品目	新甲类	旧甲类	新乙类	旧乙类	说明
X线计算机断层扫描仪（CT）			√（64排及以上机型）	√	部分机型调出目录
磁共振成像系统（MR）			√（1.5T及以上机型）	√	部分机型调出目录
800mA以上数字减影血管造影X线机（DSA）				√	调出目录
单光子发射型计算机断层扫描仪（SPECT）				√	调出目录
直线加速器（非甲类目录机型）			√	√	
伽玛射线立体定向放射治疗系统		√	√		降级
其他大型医用设备	√首次配置的单台（套）价格在3000万元人民币（或400万美元）及以上	√首次配置的单台（套）价格在500万元人民币及以上	√首次配置的单台（套）价格在1000万~3000万元人民币		调整限价

2. 配置管理　医院在引进甲乙类大型医用设备之前，须先申请设备配置许可（包括增配和更新）。大型医用设备配置许可证实行一机一证，医院不得以升级等名义擅自提高设备配置性能或规格，规避大型医用设备配置管理。

3. 使用管理　甲乙类大型医用设备使用应当遵循安全、有效、合理和必需的原则，甲乙类大型医用设备须定期检查、检验、校准、保养、维护，确保其处于良好状态。大型医用设备必须达到计（剂）量准确、辐射防护安全、性能指标合格后方可使用，要做好用量监测工作以及（可疑）不良事件报告工作。

第三节　档案管理

一、基本概念

医用设备档案是指医用设备在申请、招标、购置、安装调试、使用、维修、计量、报废全过程中形成的具有保存价值的图样和文件材料，是对医用设备实施全生命周期管理的真实记录，是反映医用设备全貌的资料。医用设备档案管理则是对设备相关资料的采集、整理、统计、分析及保存的过程，中心任务就是对有关文件材料进行科学规范的保管，确保可有效地利用。

二、管理内容及方法

（一）管理内容

狭义的医用设备档案管理指的是设备采购档案管理，它关注的是设备采购流程，以及设备安装验收情况。广义的医用设备档案管理是在狭义医用设备档案管理的基础上，增加了设备使用档案管理和设备处置档案管理的内容。各档案管理阶段的内容要点见表14-2。

表14-2　医用设备档案管理内容

档案分类	要点	内容
设备采购档案	国产设备申购过程中形成的管理性文件	设备采购申请、可行性论证、采购批复（含院内、院外各类批复，如财政项目审批结果、甲乙类大型医用设备配置许可等）、招投标文件（含招标文件、投标文件、评标报告、中标通知书等）、采购合同及签审记录、验收报告（含设备验收清单、安装施工图纸、设备操作培训记录、随机技术资料等）、发票复印件、入账凭证、固定资产卡片等
	进口设备申购过程中形成的管理性文件	除上述材料外，还应包括进口设备批复文件、机电设备进口证明、海关报关单、征税证明、免税证明、商检报告、外贸合同等
设备使用档案	设备运行过程中积累的文件	故障维修记录、计量检测记录、医用设备技术改造记录等
设备报废档案	设备报废过程中产生的文件	设备报废申请报告或申请单、报废论证评估报告、医院或上级部门审批文件、处置报告单等

（二）管理方法

医用设备档案的完整性、准确性和系统性是医用设备档案质量建设的基本要求。医疗卫生机构应当建立健全医用设备档案管理制度，坚持“集中统一管理”的原则，做到档案齐全、账目明晰、完整准确。

以某医院为例，该院实行“主管院长总负责，档案管理部门监督，设备管理部门具体实施，设备使用部门参与”的集中管理模式。设备管理部门专职档案人员将设备采购档案资料收集、整理完成后，分类扫描生成相应的PDF电子文档，再将纸质材料依照国家标准《科技档案案卷格式》组卷成册，编号装订，有序存放。案卷内目录及主要内容见图14-2，案卷号码编制结构形式见图14-3，其中一级类目按照医院档案管理部门要求统一设置为年份，二级类目由设备及其医院的代码组成。

卷 内 目 录

序号	文件编号	责任者	题　　名	日期	页次	备注
1		某医院	设备购置申请论证			
2		某医院	设备招投标文件			
3		某医院	设备招标签审			
4		某医院	设备合同发票			
5		某医院	设备安装验收			
6						

图14-2　案卷内目录格式及内容

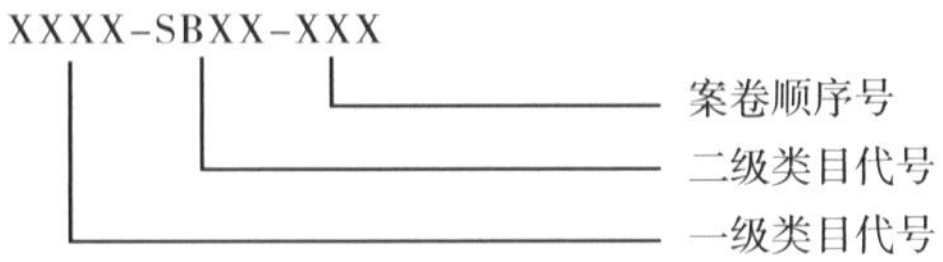

图14-3　案卷号码编制结构形式

电子档案的归档管理工作，可利用设备智能管理平台，在设备信息管理系统中找到相应的设备记录（可能是单台设备一个档案，也可能是多台设备一个档案），再将设备采购档案的编号登记入系统，并上传PDF电子档。以此实现在设备查询时，可快速查到对应的档案编号（用于调取纸质归档资料），并可快速调阅电子档材料。

三、作用

医用设备档案是医用设备购置、验收、使用、报废等环节相关资料的全部历史记录，对设备使用情况具有可追溯性，对同类设备的购置和使用具有指导意义，对提高医院的服务水平及整体建设等方面具有重要作用。

首先，建立医用设备档案，医院的决策层（领导和专家）可以结合医院的发展需要，对设备进行档次和数量上的配置引进提供有力证据，为同类设备的更新换代提供依据。由于一台先进的医用设备功能多样、价格昂贵，在引进之前领导和专家会进行详细的论证，包括设备的临床使用价值、资金的投入、预期的效益等。而建立医用设备档案，即可为此工作提供翔实的证据和参考。

其次，建立医用设备档案可以使设备管理部门、使用部门能够及时了解到设备的使用情况、完好率、检修率、报废率等使用效益情况。设备档案是维护和检修的必备条件，能够为设备的使用和维修、保养提供依据。

再次，医用设备档案可以使医用设备管理者了解设备的质量档次和技术层次，了解设备的技术发展历程和趋势。

第四节 耗材管理

一、概念、范围、分类编码

（一）概念

分为医疗器械和医用耗材。

医疗器械：是指直接或者间接用于人体的仪器、设备、器具、体外诊断试剂及校准物、材料以及其他类似或者相关的物品，包括所需要的计算机软件；其效用主要通过物理等方式获得，不是通过药理学、免疫学或者代谢的方式获得，或者虽然有这些方式参与但是只起辅助作用。

医用耗材：是指经药品监督管理部门批准的使用次数有限的消耗性医疗器械，包括一次性及可重复使用医用耗材。

（二）范围

在中华人民共和国境内从事医疗器械的研制、生产、经营、使用活动及其监督管理。

（三）分类编码

国家对医疗器械按照风险程度实行分类管理。

1. 第一类是风险程度低，实行常规管理可以保证其安全、有效的医疗器械。

2. 第二类是具有中度风险，需要严格控制管理以保证其安全、有效的医疗器械。

3. 第三类是具有较高风险，需要采取特别措施严格控制管理以保证其安全、有效的医疗器械。

第一类医疗器械实行产品备案管理，第二类、第三类医疗器械实行产品注册管理。

医用耗材应当根据国家药品监督管理局2017年发布的《医疗器械分类目录》明确管理级别，为Ⅰ级、Ⅱ级和Ⅲ级。

二、闭环管理

（一）流程节点

1. 准入 医用耗材的准入管理应当建立遴选机制和准入的标准，准入后的医用耗材应建立目录。

2. **采购**　医用耗材的采购管理应当实行统一管理，并遵照相关法律、行政法规和国务院有关规定，采用适当的采购方式，确定需要采购的产品、供应商及采购数量、采购价格等，并签订书面采购协议。

3. **验收**　医用耗材验收应当重点对医用耗材是否符合遴选规定、质量情况、效期情况等进行查验并记录。

4. **储存**　医用耗材储存包括场所、入库、盘点等重要部分。

5. **申领**　医用耗材由使用科室或部门根据需要提出领用申请，经医用耗材管理部门按照规定进行审核和发放。

6. **发放**　应当对出库的医用耗材进行核对，确保发放准确，产品合格、安全和有效。出库后的医用耗材管理由使用科室或部门负责。

7. **临床使用**　医用耗材临床应用管理是对医疗机构临床诊断、预防和治疗疾病使用医用耗材全过程实施的监督管理。

（二）实施要点

1. **组织机构**　医疗机构应当指定具体部门作为医用耗材管理部门，负责医用耗材的遴选、采购、验收、存储、发放等日常管理工作；指定医务管理部门，负责医用耗材的临床使用、监测、评价等专业技术服务日常管理工作。

医院应当设立医用耗材管理委员会；其他医疗机构应当成立医用耗材管理组织。村卫生室（所、站）、门诊部、诊所、医务室等其他医疗机构可不设医用耗材管理组织，由机构负责人指定人员负责医用耗材管理工作。

2. **信息化**　医疗机构应当逐步建立医用耗材信息化管理制度和系统。

医疗机构耗材管理信息系统应当与医疗机构其他相关信息系统整合，做到信息互联互通。

医疗机构耗材管理信息系统应当覆盖医用耗材遴选、采购、验收、入库、储存、盘点、申领、出库、临床使用、质量安全事件报告、不良反应监测、重点监控、超常预警、点评等各环节，实现每一件医用耗材的全生命周期可溯源。

三、临床使用管理

（一）管理要求

医疗器械的安全有效使用直接关系医疗质量安全和人民群众身体健康。2010年，国家卫生行政主管部门制定发布《医疗器械临床使用安全管理规范（试行）》。该管理规范实施以来，在加强医疗器械临床使用的规范管理方面发挥了很好的作用，并且在完善医疗机构医疗器械使用管理制度以及明确医疗器械临床使用不同环节管理要求等方面积累了很多有效经验。为进一步贯彻落实条例有关规定，将医疗器械临床使用管理中的有效经验上升为部门规章，加强医疗机构医疗器械临床使用管理工作，保障医疗器械临床使用安全、有效，结合卫生健康主管部门职责，2021年1月12日发布新版《医疗器械临床使用管理办法》，自2021年3月1日起施行。适用于各级各类医疗机构临床使用医疗器械的监督管理工作。

（二）实施要点

1．建立医疗器械临床使用技术评估与论证制度并组织实施，开展技术需求分析和成本效益评估，确保医疗器械满足临床需求。

2．发现使用的医疗器械存在安全隐患，医疗机构应当立即停止使用，并通知医疗器械注册人、备案人或者其他负责产品质量的机构进行检修，并建立不良事件上报跟踪机制。

3．应当使用符合国家规定的消毒器械和一次性使用的医疗器械。按规定可以重复使用的医疗器械，应当严格按照规定清洗、消毒或者灭菌，并进行效果监测；一次性使用的医疗器械不得重复使用，使用过的应当按照国家有关规定销毁并记录。

4．临床使用植入和介入类医疗器械时，应当将医疗器械的名称、关键性技术参数等信息以及与使用质量安全密切相关的必要信息记载到病历等相关记录中。

5．按照规定开展医疗器械临床使用评价工作，重点加强医疗器械的临床实效性、可靠性和可用性评价。

知识拓展

智慧供应链（supply processing distribution，SPD）管理模式是在供应链一体化思想指导下产生的一种典型的精益化管理模式，它是以保证医疗机构内医用耗材质量安全、满足临床需求为宗旨，以物流信息技术为支撑，以环节专业化管理为手段，强化医疗机构医用耗材管理部门的全程监管，协调外部与内部需求为主导，对医疗机构医用耗材在院内的供应、加工、配送等物流的集中管理模式。在医用耗材管理中，SPD模式通过联动医用耗材内外供应链上的核心成员，对医用耗材进行统筹管理，实现管理效能的提高。SPD模式综合考虑了医用耗材在医疗机构中各管理环节的运作规律、特点及环节间的相互联系，在供应链管理理论和信息技术的支撑下，对传统的医用耗材管理方式进行优化和改善，是适用于当前社会和医疗背景的耗材管理模式。

第五节　医用设备绩效评价

一、概念、方法及评价指标

（一）概念

医用设备绩效评价是通过特定的技术手段采集医用设备的使用数据，运用科学的评价方法，制定合理的评价标准，从医用设备的临床效果、成本效益、用户感受等维度，进行定期与不定期的考核与评价。医用设备绩效评价的目的是提高设备的质量安全，满足临床的使用需求，提高设备的使用效率与效益，优化医疗资源，为医用设备的全生命周期管理决策提供依据。

（二）方法

医用设备绩效评价分析方法较多，各具特点，主要有卫生技术评估法、层次分析法、模糊分析法、关键绩效法、综合指数法等，医疗机构应结合自身实际情况选择合适的评价方法。卫生技术评估法是世界卫生组织推荐使用的药品及医疗器械评价方法，它是运用循证医学、流行病统计学、卫生经济学及医学伦理学的原理及方法对医用设备临床性能、应用效果及其经济社会影响进行系统分析和评估的方法。近年来，我国逐渐将卫生技术评估方法应用于医用设备的绩效评价，基于临床真实世界数据，从临床效果、成本效益、用户感受等维度对医用设备的全生命周期管理提供决策依据。

医用设备绩效评价是基于医院真实世界数据开展的评估，真实世界数据是指从传统临床试验以外，定期从不同来源收集的患者健康状态和/或提供的保健服务相关的数据，其来源非常广泛，既可以是研究数据，即以特定目的开展的观察性研究数据，以及基于真实医疗条件开展的干预性研究的数据；也可以是非研究数据。真实世界证据是源于在特定研究背景下对真实世界数据的进一步汇总分析。

（三）指标体系

医用设备绩效评价指标体系的构建是评估的重要内容，评价指标的选择应兼顾区域卫生资源规划和国家医改的各项要求，体现医用设备的医疗资源和诊治工具的双重属性，以提供高质量的医疗服务作为绩效评估的核心价值，评价指标体系应涵盖社会效益、使用效益、技术状态、经济效益、配置合理性等维度内容。表14-3为医用设备评价中常见的评价指标。

表14-3 医用设备绩效评价指标示例

维度	指标	定义
社会效益	设备使用率	年实际工作量/年额定工作量
	检查阳性率	年阳性检测人次数/年实际检测人次数
	科研成果完成率	实际成果数/年初计划成果数
	教学任务完成率	年实际培养学生数/年计划培养学生数
使用效率	年开机利用率	(设备年检查人次×次均占机时间)/(日均开机时间×年实际开机天数)
	年能力利用率	设备年检查人次/(日最大工作量×年可能开机天数)
	年有效利用率	(年利用时数×检出阳性率)/年标准利用时数
技术状态	开机率	年实际开机时间/年额定开机时间
	设备完好率	(年开机时间–年故障时间)/年开机时间
	维护费用指数	年维护费/设备原值
经济效益	投资收益率	年净收益/设备原值
	净收益增长率	(本期净收益–往期净收益)/往期净收益
配置合理性	工作量符合率	年实际工作量/设备申购时预测年工作量
	功能使用率	启用的主要功能数/申购设备申请配置的主要功能数

二、绩效评价体系建设

(一)医用设备绩效评价的规划原则及实施范围

医用设备绩效评价需符合国家宏观规划政策，满足地区医疗需求，以完成公立医院绩效考核为基础，医用设备绩效评价体系建设应围绕医用设备的临床效果、成本效益、用户感受等维度进行构建，并以高质量临床服务输出为主要目标。在实施规划中应结合医院的实际情况，使用最符合医院当前发展现状的评价指标满足医院监管需要。

在医用设备绩效评价体系实施中注重整体框架搭建，评价指标可从医院整体发展最关注的指标入手，由简入繁，由点到面的原则开展，在实施过程中注重临床的使用需求及效果的评价，加强医用设备院内全生命周期管理相关指标的评价。医用设备绩效评价宜先在大型医用设备和急救与生命支持类设备上开展。大型医用设备不仅是重大医疗资源，也是先进诊疗技术的代表，对大型设备的绩效评价有利于医疗资源优化配置及先进诊疗技术的临床应用效果的评价；急救与生命支持类设备直接参与患者的紧急抢救，其绩效评价应着重于设备的社会效益和技术状态。

(二)目前的绩效评价模式

目前医用设备绩效评价需要依托临床真实世界数据，用于医用设备绩效评价的真实世界数据主要有2种：一是医疗过程中产生的流程数据，这种数据在医院各医疗系统之间流动，系统间的数据可以通过特定的数据标识进行整合分析。二是医疗设备在临床使用过程中产生的数据，这类数据存在于医疗设备内部，需通过特定的数据采集装置进行数据的采集分析。根据评价数据来源不同，医用设备绩效评价的模式可以分为基于流程数据的各医疗系统互联的绩效评价模式和基于设备自身数据的物联网方式的绩效评价模式。

两种绩效评价模式各有优势，基于流程数据的监管对经济效益评价指标的评价分析更为简便精准；基于设备自身数据的监管模式更便于评价分析使用效率和技术状态维度的指标。在具体实施中可以将两种评价方式整合，各取所长，实现医用设备绩效评价的精准化。

（三）绩效评价的实施路径

1. 基于流程数据的评价路径 医用设备绩效评价的实施需要临床真实世界的数据作为支撑，医用设备绩效评价的真实世界数据存储于医院的各个信息系统中，如HIS、PACS、LIS、RIS、固定资产系统、病案系统等系统中。临床真实世界的数据在各个系统之间流动，形成信息流。通过对各个系统数据的汇总分析完成对绩效监管的评价分析。

图14-4是以放射类设备为例进行绩效评价实施路径的介绍。医务人员在HIS系统提交检查单，当患者检查后，医务人员通过HIS系统的“执行科室”或“开单科室”字段，获得某一时间段内某科室CT设备总的业务收入；通过PACS系统获取单台设备的检查次数，进而获得单台CT设备某一时间段的业务收入。实现对单台设备绩效评估中经济效益相关指标的评价。

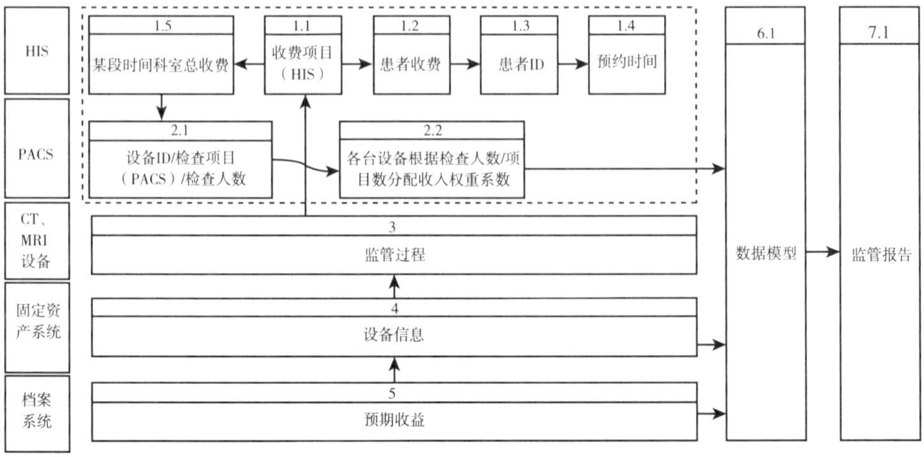

图14-4 院内信息系统协同互联方式的绩效评估路径

2. 基于设备自身数据的监管路径 医用设备的绩效评价的一些指标，如使用效率、设备技术状态等，可以通过医疗设备自身产生的数据分析得到。设备自身数据的采集需要设备数据传输协议，通过传输协议可以将设备的使用状态、运行参数、设备性能状态等数据由设备内部传输到设备外部，进而通过一定的模型进行分析，得到设备使用效率或设备技术状态的评价数据。

（四）医用设备绩效评价案例介绍

1. 基于医疗流程数据的单台设备绩效评价项目 如何利用医疗流程中的数据，实现单台设备的绩效评价是临床设备绩效评价中难点问题。如中日友好医院医工团队建立了医疗设备信息化管理平台，通过系统互联的方式整合医疗流程的数据，平台通过端口协议与医院其他医疗系统实现数据协同共享，实现50万元以上单台大型设备绩效监管。以CT设备为例，临床医生在医院HIS系统中为患者开具检查单，患者缴费后去临床科室在RIS系统中预约检查，按照预约时间到放射科登记进行检查，检查结果保存于PACS系统中。信息平台通过整合HIS/RIS/PACS系统中的数据，以特定的参照物，如患者ID号为参照物即可贯穿整个医疗流程，实现数据的归类分析，进而实现对单台CT设备的使用效率和使用效益的精准评价。

2. 基于设备使用数据评价的共享呼吸机调配项目 在医用设备绩效评价中，基于设备实时状态的评价也是重要内容，通过物联网的方式可以实现对单台设备使用状态信息的实时监管。如中日友好医院将物联网技术与医疗设备信息化管理平台结合，开展了呼吸机设备的共享调配项目。项目借鉴共享单车的模式，医护人员通过手机App即可实时查询院内呼吸机的状态信息和位置信息，当科室需要紧急借用呼吸机时，医护人员通过App可以便捷地找到闲置的呼吸机，并通过扫描二维码的方式自主借用与归还呼吸机。这种方式实现了对设备使用状态的实时监管，满足了临床使用需求，提高了社会的使用效率。

第六节　智能化管理平台

医用设备智能化集成化管理平台是通过信息化、数字化、智能化的技术手段，实现医用设备临床使用规范化、精益化、智能化管理。平台能够实现医疗设备相关医疗流程数据和医用设备数据的采集和分析，为医用设备全生命周期管理提供数据支撑。

医用设备包括医疗设备和医用耗材，在临床使用中，两者是相互关联，密切配合的，但由于两者在使用管理上的差异，目前医疗机构中医疗设备和医用耗材的智能化集成化管理是相互独立的。未来随着技术的进步，物联网工业互联网的应用，医用设备智慧化集成管理平台需实现医疗设备和医用耗材使用数据的联动与数据追溯。

一、平台功能

根据医院医用设备业务管理情况，从产品生命周期管理理念出发，对医用设备进行统一、科学、合理的管理，既是保持医疗设备设备完好率、提高使用率、减少故障率、延长使用寿命的有效途径，也是改善医院工作效率、降低成本、提高社会和经济效益的重要手段。

平台是对设备的全生命周期管理，从购置到报废涉及的所有流程，包括记录静态资产数据的资产管理、采购流程结合使用评价数据的购置评价管理、单机效益核算的成本效益分析、工作量及使用效率统计的使用效率分析，以及医工设备管理工作职责范围的医工运维管理（包括维修管理、维护管理、质量控制管理、计量管理等）。

（一）资产管理

1. 设备台账管理　设备台账管理可查询医院配置设备基本信息，设备按照国家卫生行政主管部门及医院对设备管理的要求进行编码，同时包含设备的注册证信息、甲乙类设备的配置证信息、生产厂商和代理商的所有资质信息、设备安装的科室和具体房间信息等。

设备台账管理的功能：可实现固定资产条码管理，对医院监管设备按要求进行固定资产卡片联查功能。包括设备基本信息、补充信息、资产记录、附件信息、注册证信息、设备效率分析、设备效益分析、支出详情、设备维修信息、日常检查、预防维护信息、质量控制记录、计量统计等的联动。

2. 设备盘点　设备盘点是医院每年都需要进行的工作，目前大部分医院设备盘点还是采用原始手动记录的方式，耗时长，易出错。通过电子化的方式实现资产盘点过程全记录，可以大大节约人力成本，提升效率，且准确易保存。

3. 多系统数据融合　通过对医院信息系统接口数据、采集终端设备数据等多系统数据来源采集，按照各系统关联方法，并结合各家医院信息化程度和实际数据情况，形成医用设备的数据融合。

（二）购置评价管理

1. 购置管理　医院按照医管中心对于设备购置要求，列举购置计划。需要新增购置计划时，包括购置计划名称、计划类型、计划开始时间、计划结束时间等。

科室在系统中填报年度计划（下一年度或购置资产申请），或追加计划（临时紧急采购设备填写申请）。内容包括购置设备基本信息、购置依据、效益分析（含收费项目）、操作人员配置情况等。

针对各科室提交的购置申请，医学工程处可查询各科室购置论证资料，包含科室申请设备时的经济效益和社会效益评价，例如设备的预计工作量和回收年限、设备的场地和水电气需求。购置申请批复操作包括审核通过、打回修改、驳回等操作。

2. 购置论证 购置论证直接关系着医用设备性能的发挥和医院的社会效益和经济效益的提高。根据科室医用设备申请情况、同类型设备使用情况，对医用设备购置的可行性进行论证。

比如效益分析评价内容，包括使用情况评价、功能利用评价、社会效益评价。所有的指标和数据构成了购置论证的体系和依据。

（三）成本效益分析

1. 与医院系统互联互通 利用对医用设备的使用过程和设备状态进行实时统计和分析等核心技术，融合HIS、LIS、RIS、PACS、体检系统、资产管理系统、手麻系统、试剂管理系统、档案管理系统等系统的基础数据，实现对医院的医用设备从采购、使用效率、成本和效益、维修和维护、报废评估等方面进行全生命周期的精细化管理，为医院全面评估医用设备的使用情况提供依据，为采购医用设备提供决策支持，为临床提供数据支撑。

2. 设备收入核算 确认医用设备与执行科室、开单科室、收费项目明细、人次项目明细的对应，结合医院已有信息系统，计算设备的单机收入。

3. 设备成本核算 成本包含人工成本、折旧成本、耗材支出、能耗支出、维修维保等五项。系统支持自动核算和手动录入两种方式。表14-4为设备成本核算。

表14-4　设备成本核算

成本项	说明
折旧成本	医用设备自然月折旧成本。以6年折旧来算，自然核算法为月折旧成本=采购原值/72
人工成本	包括医疗人员、医辅人员工资成本
能耗成本	包括水费、电费等
耗材成本	包括可收费耗材、不可收费耗材等成本
维修维护成本	包括维修、维护等成本

4. 单机效益分析 根据设备的单机收入、成本，对设备单机效益进行分析，可以分析出设备相关的检查次数、业务收入、投资收益率（年化）、投资回收期（年）等关键指标。

（四）使用效率分析

通过建立医用设备物联网，对设备运行的运行状态、开关机时间、开机时长、使用时长等信息进行采集、记录，对各项指标分析，为医院管理者进行设备管理提供有力的帮助，并为医院管理者报废、购买、选择设备等决策提供依据。

（五）运维管理

1. 设备维修管理　分为移动端报修和网页端报修。

（1）移动端报修的流程：设备出现故障时工作人员手机扫描设备二维码，进入故障上报页面，对故障编号、故障代码、故障现象、故障描述信息等进行填写。还可以计量故障发生时的图片和视频。

故障上报后，会根据系统分配的权限角色将故障信息推送给相关的维修人员，方便维修人员在未到达现场前就能对故障设备进行判断。

（2）网页后台报修的流程：设备出现故障时工作人员登录后台管理系统，进入故障上报页面，对故障编号、故障代码、故障现象、故障描述信息等进行填写。故障上报成功后，后台会有故障弹窗提示，提醒维护人员进行处理。

2. 故障维修管理　维修人员到达现场时，扫描设备的二维码确认设备资产后开始进行故障维修。对之前上报的故障进行关联，记录维修涉及的维修信息、维修内容、配件信息及维修结果。整个维修过程在后台可以查询，系统对设备每次使用状况自动进行科学的汇总分析，为故障分析报告提供有效依据。

3. 维护管理　系统自动记录根据医院制定的预防性维修制度进行的维修活动过程。包括以下功能：

（1）系统对设备的保养维护周期、单次保养费用、单次保养时长、保养次数、上次保养时间等信息进行记录统计，从而对设备保养情况以及费用预算提供数据支持。

（2）根据设备的损坏规律分析及设备状态监控，为设备预防性维修提供依据，以有效降低设备故障率，减少维修工作量，确保医用设备处于最佳工作状态，提高设备的应用安全质量。

（3）系统对各设备的故障、维修、保养、预防性维修等情况形成档案记录，从而为采购新设备提供可靠详实的数据支持。

4. 质量控制管理　医用设备质量控制主要是用来保证设备的完好，为临床安全、设备购置、维护保障提供支持。它是衡量医疗质量和医疗水平高低的重要标志之一。现在很多设备质量控制还是纸质化记录，数据真实性和准确性都不能保证。质量控制管理信息化的建立，希望实现质量控制结果自动化记录、质量控制报表自动化生成，形成临床、医工双方质控记录电子化，并对质控结果进行分析，形成质量控制评估报告，指导临床规范化操作使用。

5. 计量管理 医疗器械的质量大多以定量化为特征，具有计量属性。计量管理和质量控制管理作为医用设备安全性判定的内容，是保证医用设备安全、有效及准确可靠的有效手段。计量管理包括计量设备管理、计量记录管理等。

二、平台建设原则

医院信息系统实施是一个复杂庞大的系统工程，涉及医院多个部门的人、财、物和所有环节。一个环节应用不好，就可能导致整个系统的功效达不到预期的目标。针对信息化系统实施的特性，应重点关注以下几个方面。

（一）统一规划、分步实施

医用设备智能化集成管理平台实施涉及多个医技科室及检查设备，其系统实施是一个渐进的过程，要统一规划、分步实施。

（二）管理规范化

任何一个应用系统都与一定规范的工作流程相对应，才能发挥系统的最大效能。医用设备智能化集成管理平台要求在实施时必须规范其工作流程，制定相应的管理制度，加强监管，切实提高医院的医疗水平和管理水平。

（三）夯实的基础数据准备

信息系统投运有一个重要的任务：基础数据准备。为了新系统能正常运行，医院现有系统基础数据的接入至关重要，是系统投运的前提。这类数据涵盖HIS、PACS、体检系统、HRP等，详细的数据需求会提供系统接口文档。

基础数据准备工作是十分烦琐、任务量特别大的一项基础工作，数据是否按照要求提供的完整、准确、及时，对系统的稳定运行有最直接的影响。

三、平台应用

（一）医院管理模式的应用

医院管理模式分为单体医院管理模式和多院区管理模式。

医用设备智能化管理实现了医院对医用设备的真正有效管理，通过对设备运行数据的自动采集、分析，医院决策者能够及时了解医用设备使用率是否均衡、购置计划是否合理以及投资收益等情况；设备管理部门能够掌握设备运行状态、临床使用数据、数据多维度量化对比、设备效益分析、设备共享调配等情况，实现对设备管理智能化、实时监控及效益分析等。

（二）区域管理模式的应用

区域管理模式是指由办医责任主体管理区域内多家医院的模式。

通过在区域医院设备管理部门建设医用设备智能化管理平台，把医用设备精细化管理作为成本控制工作的抓手，能用真实世界的数据指导设备配置规划、论证、购置、验收、保养、维修、计量、强检、安全与质量控制、成本效益分析、配置效果绩效评价、资产报废等环节，进行全生命周期管理，保证设备安全、高效使用，实现绩效目标。通过科学公正的评价体系，指导资源的精准配置，为政府资金的预算安排、各医院的资金合理配置、品牌的配置提供数据支撑。

本章小结

医用设备使用管理不仅涵盖临床使用培训、日常使用、计量、预防性维护、故障维修、调配、盘点管理与医疗器械不良事件检测与报告等日常管理与使用评价管理，而且包含使用风险与应急管理等内容。医用设备使用管理的精细化程度依赖于先进的管理理念、科学合理的管理模式与智能化的管理手段，医用设备使用管理的目标是实现智慧医院建设大框架下的医用设备智慧管理。

甲乙类大型设备的合理配置是建立在正确理解相关政策法规与掌握已配置大型设备的使用情况的基础之上的，这些全面与深入的量化评价数据需要依靠信息化与物联网手段来获取。

医用设备的档案贯穿医用设备的全生命周期，其不仅可为各类审计与巡查提供依据，更是医用设备管理的基础。

积极推进信息化与智能化建设是医用设备管理的基础，以便真正实现医用设备的智慧管理，助力智慧医院的建设进程。

（顾建英　李天庆　陈　睦）

第十五章　固定资产管理

学习目标

1. 掌握　医院固定资产的定义分类、管理原则、流程环节及其使用、处置管理。

2. 熟悉　医院房产管理和公车管理的基本原则和实施要点。

3. 了解　医院固定资产的数字化管理趋势。

第一节　概　　述

一、定义与分类

（一）定义

医院固定资产是指单位价值在1000元及以上（其中专业设备单位价值在1500元及以上），使用期限在一年以上（不含一年），并在使用过程中基本保持原有物质形态的资产。单位价值虽未达到规定标准，但耐用时间在一年以上（不含一年）的大批同类物资，应作为固定资产管理。

（二）分类

医院固定资产一般分为4类：房屋及建筑物、专用设备、一般设备（如家具、电脑、交通工具等）、其他固定资产。

二、管理原则

（一）全员参与管理

在固定资产管理过程中，医院全体员工应履行相应的职责。全体员工包括医院资产管理领导小组成员、资产管理部门人员、各使用部门或科室资产管理员、相关职工。

全员参与管理并不代表固定资产的管理需要全员全过程参与，而是流程所涉及的相关岗位人员在相应职能范围内履行职责，建立统一领导、归口管理、分级负责、责任到人的管理体系。

（二）全生命周期管理

全生命周期管理是指固定资产全过程动态化管理，贯穿于立项论证、预算申报、招标采购、验收入库、使用管理、维修保养、盘点处置等各个阶段的固定资产管理体系。全生命周期管理是一套涉及财务管理、采购招标管理、供应链管理等的集成管理系统。首先需建立财务、资产、后勤、审计及采购等多部门协同管理机制，其次需建立固定资产的全生命周期档案，形成完整的、系统的固定资产动态信息数据库，逐步使固定资产管理由粗放型、松散型转变为精细型、全面型，实现价值、实物和信息管理的规范化、标准化、科学化，最终达到医院运营效益最大化的目标。

（三）全面综合管理

全面综合管理是指固定资产管理与预算管理、成本管理、绩效管理的有效结合。固定资产管理部门和财务部门应通过论证固定资产的购置及维修成本支出进行预算控制，使之在年度预算总额之内。固定资产管理部门应将传统的单一成本核算向全成本核算进行转变。

三、流程环节

通过细化管理流程关键控制点，协调各具体管理流程之间的衔接关系，形成固定资产全生命周期的有效闭环管理，实现价值管理、成本管理和实物管理的统一。

1. **申购**　科室根据预算，并结合工作需要提出申请，资产管理部门对照预算、实地勘查、核实需求，部门负责人、分管院长逐级审批。重大固定资产申购需进行可行性论证分析并根据相关规定由资产管理领导小组和医院“三重一大”程序审批。

2. **购置**　明确经费来源，根据资产类别、购置预算金额，严格执行相应的政府采购规定的公开采购程序，操作程序符合审计相关要求。严格依法、依规签订并履行合同，建立合同管理制度。

3. **验收**　资产管理部门、使用部门和供应商三方共同验收，专业设备需由专业技术人员出具验收报告。

4. **维修**　定期巡检、维保。发生故障时管理部门应实地检查，排查原因，及时维修。维修完成后应分析原因，加强培训，避免操作或维保不当的故障。若确定是人为事故，应追究相关人员责任。

5. 处置 使用科室需明确说明申请报废的理由，其中专业设备的报废须经专业机构作报废鉴证。资产管理部门应实地勘查、核实具体情况，经资产管理部门、分管院长、资产管理领导小组逐级审批完成院内处置审批流程，并报上级主管部门、财政部门审核审批（限额以上）。资产管理部门根据批复处置实物，财务部门核销账务。

四、使用管理

（一）资产的清查盘点

资产管理部门应组织定期进行资产全面清查盘点，对积压、损坏或需报废的资产应查明原因，组织相应的技术鉴定，提出处理意见，经批准后按资产管理有关规定、医院制度等处理。资产清查与盘点应做到账账相符、账实相符，实行数量、质量同时核查的原则。

（二）固定资产维护保养

应明确使用与管理部门的职责，规范资产监管、提高工作人员专业素质，及时对固定资产进行常规维护与保养，对贵重的大型特种设备及医疗设备做到明确职责分工，专人保养维护管理，做好资产使用记录、维修记录及故障记录等。

五、处置管理

（一）处置原则

国有资产处置应遵循公开、公正、公平和竞争、择优的原则，严格履行审批手续，未经批准不得擅自处置。医院拟处置的固定资产权属应当清晰。权属关系不明确或者存在权属纠纷的资产，须待权属界定明确后予以处置。被界定为担保物的固定资产处置，应当符合《中华人民共和国担保法》《中华人民共和国物权法》等法律的有关规定。

（二）处置范围及权限

医院固定资产处置范围包括闲置资产、报废或淘汰资产、产权或使用权转移的资产、盘亏或呆账及非正常损失的资产，以及依照国家和地方的有关规定需要处置的其他资产。

（三）处置方式

处置方式包括无偿调拨（划转）、对外捐赠、出售、出让、转让、报废等。

1. 无偿调拨（划转） 是指在不改变国有资产性质的前提下，以无偿转让的方式变更国有资产占有、使用权的行为。无偿调拨（划转）的资产包括长期闲置不用、低效运转、超标准配置的资产，因单位撤销、合并、分立而移交的资产，隶属关系改变的资产，上划、下拨的资产，其他需要调拨（划转）的资产。

2. 对外捐赠　对外捐赠的医院国有资产应向上级主管部门提交相关材料进行报批。

3. 出售、出让、转让　是指变更事业单位国有资产所有权或占有权、使用权并取得相应收益的行为。医院固定资产出售、出让、转让，应当通过产权交易机构、证券交易系统、协议方式以及国家法律、行政法规规定的其他方式进行，严禁在未经历产权交易机构和证券交易系统前直接采用协议方式进行的交易。

4. 报废　是指固定资产丧失其使用价值而发生的废弃。医院固定资产报废应满足下列条件之一：①使用年限已满，已丧失使用功能且无修复价值的；②使用年限未满，但因运营条件改变，已丧失原有使用价值的；③使用年限未满，但缺乏配件无法修复使用的；④固定资产因受自然灾害毁损无法修复的；⑤因技术落后必须淘汰等。

（四）处置收入

处置收入是指在出售、出让、转让、报废等处置固定资产过程中获得的收入，包括出售实物资产和无形资产的收入、置换差价收入、报废报损残值变价收入、保险理赔收入、转让土地使用权收益、核销对外投资收入等。

课堂互动

请分析医院固定资产购置与预算之间的关系，前期应做好哪几个方面的论证工作？并列举相应的程序与材料。

第二节　房产管理

医院房产是指在医院土地上的永久性建筑物和构筑物，医院房产管理必须遵循《中华人民共和国城市房地产管理法》执行。医院房产是医院固定资产管理中最大价值部分，其组成包括建筑安装成本、设备成本、待摊费用等。医院房产管理内容主要包括医疗卫生发展所需用房的新建、扩建、改建，房屋修缮、养护以及配套的供水、供电、供气等基础设施系统的建设与管理，是自医院基本建设立项、建设、使用至拆除的全生命周期的管理过程。

一、档案管理

房产档案不仅真实地记录了医院在建设发展中各项工程从决策立项、规划设计、审批手续、工程招标、建设过程、竣工验收等全部过程，而且还储存了大量可靠的工程数据、管网线路等实物图纸。任何基本建设缺少房产档案，就缺少了依据和更好的利用价值，它为历史查找、产权查证、有效使用、经济纠纷及科学决策等提供必要原始素材，既服务于昨天和今天，也有利于未来。

房产档案是指导基建、修缮工作和日常运行服务的核心记载，因此须做好房产资料的分类整理、归档保存等，应做到有“管”有“理”。

（一）基本原则

1. 安全至上，便于利用原则 房产档案管理应保证档案的安全，这是房产管理工作的基础。首先，要保证房产档案的实体安全，包括档案的完整性和档案环境的安全。档案完整性是指档案数量齐全、不缺失、不遗漏，档案储存环境安全是指保存温湿度适宜，有一定的防火、防盗、防腐、防霉措施。其次，应保证电子化房产档案的可读取性和网络信息安全。档案可读可取才能发挥档案管理的作用，保证网络信息安全包括防止档案不被不当查阅、防止病毒恶意篡改档案、防止档案信息丢失，因此档案信息化管理需要加强防火墙、密码准入设置等。

2. 连续形成，整体管理原则 房屋建设及房产的维护保养、大修具有较强的动态性，要求医院后勤部门档案的收集必须及时有效，需要有一套完整的收集管理方案，并按照方案有序开展工作，以保证其连续性和完整性。随着医院的运行，部分房产的功能会发生变更，房产档案管理工作应根据变更的内容适时做出调整。

（二）归档要求

1. 归档过程要求 凡在房产管理和房屋建设活动过程中直接形成的，具有保存价值的文字、图表及声像载体材料等，均属房产档案。

房产档案由后勤部门集中统一管理，并应有专人分管，以确保档案材料的完整、准确、系统、安全和有效利用。做到房屋建设工程（基建和大修）与档案工作同步启动，工程建设过程中与竣工材料的积累、整编、审定工作同步进行，工程竣工验收与竣工图验收同步进行。

2. 归档资料要求 归档的房产文件资料应反映房产管理和房屋建设项目的全过程，保证完整、准确、系统。归档的房产文件资料应字迹清楚、图面整洁，并按档案管理标准进行立卷。

档案内容排列规则为：管理性文件资料，正件在前，附件在后；印件在前，原稿在后；批复在前，请示在后。图纸按图的类别，其顺序为：地形图、初步设计图、建筑施工图、结构施工图、给水排水施工图、电气施工图、暖通施工图、更改图。

（三）移交借阅

1. 档案移交 档案管理人员应将年度档案材料于次年第一季度内归院档案部门并办理移交手续。已办理报废手续的固定资产，应将所存档案按有关规定报主管领导批准后予以销毁。电子档案信息应保证信息管理系统的数据安全，定期备份数据。档案管理人员工作变动时，应按程序办理档案移交手续。

2. 档案借阅 借阅档案必须办理借阅手续，用毕后立即归还。查阅档案时，严禁涂改、剪裁、撕毁档案或转借他人。凡需复制档案应经档案管理人员同意。不能归还或丢失的档案应及时追回或补全。注意保守机密，未经允许档案内容不得外泄。

二、产权管理

医院房产产权管理应当围绕产权主体的权益，从产权关系出发对医院的产权流转运营进行全面监督和控制，以维护资产存量的安全，保障资产增减、转变用途和出让等变动的合规性，建立有序的产权运营机制。

（一）规范产权登记工作，提高产权登记管理水平

产权登记作为医院房产基础管理工作的重要组成部分，是获得医院占有、使用房产相关资料及数据的主要途径之一，是医院存量房产管理流入、流出的重要关口，也是医院房产管理的重要依据。在医院办医形式多样化、投资主体多元化的发展过程中，医院房产产权登记的意义和作用更加重要。同时，依法履行产权登记也是事业单位管理部门、卫生监督部门、环境保护部门、质量技术监督部门等审核医院法人资格及各项工作的重要依据。医院应每年开展房产实物清查、账务核对、处置情况检查、收益汇总等工作。

（二）积极完成各项验收手续，及时办理房产产权登记

房屋、建筑物竣工验收前，应做好技术资料整理、编制竣工图纸和竣工报告。按相关规定，根据项目规模和复杂程序，医院建设项目的验收可分为初步验收和竣工验收两个阶段进行。建设项目全部完成后，报各有关部门申请验收（包括规划、消防、民防、卫生监督、环保、交警、绿化、市容、水务等部门），并成立验收委员会或验收小组，审查各个环节，对建设项目设计、施工和质量等方面作出全面评价。工程竣工验收合格后可交付使用，同时做好工程结算审价、项目审计和财务决算，按决算金额

登记固定资产账，并及时向相关部门办理房产产权登记，办证材料包括国有土地划拨决定书、竣工验收备案证书、测绘报告及验收阶段各政府主管部门验收意见等。

（三）密切监控经营性资产，切实保障所有者权益

医院房产转为经营性用途后，并没有改变其国家所有的性质，更应当在其周转经营过程中，时刻关注投资及其增值状况，维护资产权益。

三、使用管理

（一）全生命周期管理

1. 房产管理目标 首先，坚持以人为本的原则，在满足医院使用功能的同时，注重改善患者诊疗环境和员工工作条件，做到功能完善、布局合理、流程科学、运行高效、安全卫生、绿色节能。其次，确保全生命周期的安全使用，做好建筑物的维修、养护、修缮以及与房屋配套的供水、供电、供气、医用供气（氧）、医用供压、弱电系统等基础设施的维护保养，使医院房产的运行使用满足医疗、教学、科研、康复、预防等发展目标的需求，并满足国有资产的保值要求。再次，确保患者和员工的人身安全，严格区分生物有害污染、放射性污染、化学污染等区域，做好安全防护，对防护措施定期检查；严格划分易燃易爆品用房与其他用房的区域，确保满足安全间距要求。最后，严格按照医院财务制度实施，房屋竣工后及时办理房地产证，并在完成竣工结算后及时办理固定资产入账，建立完整的房产档案管理制度，详细记录和收集补充有关资料，确保房产档案完整、准确、系统化。

2. 房产运行的前置性管理 医院房产承载着各项医疗任务，需要门诊、病房、手术、影像、检验检查等各个医疗环节相关部门的支持，需要患者、家属、医护、管理、工勤等各类人群的参与，也需要供应、信息、机电等各个基础设施系统的良好运转。房产运行应进行前置性管理，避免与医院基本建设过程的割裂，以减少后期的返工和大修，尤其应注重基础设施的配置。因此，需要提前梳理清楚医院各项基础设施的设置场点与技术参数要求（如用电负荷、重量等），与基本建设形成有效的衔接，在提高工作效率的同时实现医院建筑的良好投资效益目标。

3. 房产竣工的接管验收管理 房产竣工后的接管验收是医院房产管理中房屋投入使用的第一环节，是基本建设转化成果的最终步骤，也是竣工验收的再验收。

接管工程竣工的房屋必须主体结构安全、各系统联动调试合格，满足使用功能，具有完整的技术档案和施工管理资料。

接管验收的主要作用包括明确交、接双方的责、权关系，确保房产使用功能的充

分实现，能确保医疗、教学、科研等工作的正常运转，使工程质量满足使用要求为房产使用管理创造良好条件，合理减少日常管理过程的维修、养护工作量，延长房产使用寿命。应同步确保竣工资料的完整交付接管，包括纸质资料和电子资料，使房产情况明确利于房产的日常管理。

4. 房产日常维护、维修管理 房产维修的类型根据维修对象的不同可以分为结构性维修和非结构性维修。结构性维修是指为保证房产结构耐久、适用和安全，对破损、老朽、强度不足的房产结构构件进行检查、鉴定及修理。非结构性维修是指为改善医疗条件并保障房产的正常使用，对房产的设备、装修等部分的修理、更新和增设，其主要作用是使房产的使用功能得到恢复或新的满足，房产的使用年限得以延长。

为了合理地利用现有房产资源，需根据房产的不同类型、使用方式、使用年限、破损程度，采取不同的措施来延长其使用寿命，使所有的房产发挥其使用价值。

首先，编制合理的维修预算。每年定期做好下一年度的房产维修、维护预算论证，确保维修费用预算满足需要、合理成本控制。维修实施过程中在保证质量、满足需求的前提下注重成本控制原则，维修用材应符合国家标准并确保安全、优质、合理成本原则。其次，日常做好巡查检修。定期巡查并深入到每个诊区、病区、科室等，做到全覆盖无盲区。确保修缮工具、备用材料充足，不仅满足日常维修需要，且能应对各类突发性维修、修缮需要。再次，建立良好的报修机制。医院工作人员发现问题及时报修，与工作人员日常巡查发现房产使用安全问题的机制相结合。最后，充分做好防范及应急响应机制。如：关注气候预报，预报灾害性气候或恶劣气候时，应对房产上高大悬挂物固定或收回，定期清理排水系统，预防做好管道防冻措施处理等。

（二）房产出租、出借

1. 实行归口管理 医院应明确房产出租、出借的归口管理，进而明确各方职责。通常后勤部门承担房产出租、出借的招租、合同、物业管理等事务管理职责，财务部门承担出租、出借房产的租金评估、租金收取等经济管理职责，保卫部门承担出租、出借房产的安全性管理职责，做到各尽其职、规范经营，确保国有资产安全。

2. 完善管理制度 应制定规范化的房产出租、出借相关管理制度，建立责任跟踪管理制度，包括决策、执行、监督各方面责任，贯穿于审批、执行、租金管理、安全、维护的全过程，确保房产出租、出借有法可依、有理可循。出租出借期满前的约定时限内，应有提醒相关责任部门续租、期满终止或提前终止等的机制，并按相关管理办法执行报批程序或房产回收程序。

3. 落实基本原则 医院房产应首先保证自身医疗、工作、发展的需要，房产出租、出借不得影响正常医疗、教学、科研及管理服务等工作。出租、出借应以服务患者、方便职工、为医院主营业务提供辅助支持为目的，比如开设健康书店、便利店等，并遵循公开、公正和安全风险可控等原则。

4. 建立内控机制 构建完善的房产出租、出借风险内控责任管理机制，如可行性论证、风险评估、管理权限逐级审批等，使房产出租、出借工作具有约束性、风险可控性。

案例讨论

【案例】 A医院已投入运行使用5年，门急诊业务量与住院手术量稳步提升，近两年始终在高位运行，人流量较大处的墙面、地面等装修或设施出现局部破损。

【讨论】 讨论后回答以下问题：

1. 医院房产定期维护保养的内容有哪些？

2. 医院信息系统与医疗设备不断在更新，吊顶内经常需新增管线，医院房产管理部门应如何管理此类作业？

四、处置管理

（一）处置原则

房产处置应当严格履行“三重一大”等审批程序。房产处置收入，包括出售收入、置换差价收入、报废报损残值变价收入等。

（二）处置方式

1. 出售 房产出售事项履行审批程序后，可委托房产所在地政府公共资源交易中心，本着公开、公正、公平的原则进行公开拍卖。

2. 拆除 由医院委托第三方专业公司，提出房产拆除建议方案，经医院“三重一大”会议审批通过后报上级主管部门。拆除建议方案经批准同意后，由医院组织实施拆除。拆除完成后做好资产核销工作及房产拆除后的清理、管理工作。

五、租入房产管理

（一）决策管理

医院因医疗业务发展或者科研活动等需求，需要新增用房等基础设施，而院区内房产不满足使用要求，可向外寻求合适房产租入使用。

由于医院用房的特殊性，租入房产应考虑因素包括：租入用房应符合医疗诊断治疗康复等流程需求、感染控制要求、环境评价要求，出入口、垂直交通、等候空间应满足动静分流、洁污分流、满负荷人流量等的设计需求。科研用房应符合实验室、试剂存放、空气洁净度、污染物处理排放等需求。

（二）合同管理

1. 合同订立 医院租入房产合同一般包括下列条款：房产的坐落地址、面积、装修及设施状况，租赁用途、租赁期限、租金及交付方式，房产修缮责任、转租的约定、变更和解除合同的条件、违约责任等。

2. 合同审批 医院租入房产合同的审批应遵循医院相关经济合同审批流程，由相关职能部门发起、经财务部门、审计监察部门及分管院领导等逐级会签，并明确各环节具体责任和审批把控的范围，通过严密规范的会签流程，确保合同文本的合理性及合法性，最大限度地避免履行时发生损失。

（三）过程管理

1. 安全管理 对租入房产的安全管理应与医院安全管理同质化，院长为安全管理第一责任人，使用该房产的科室负责人为属地化管理责任人，医院安全管理部门负责日常安全监管。房产使用科室应落实医院安全管理制度，确定科室内安全员，安全责任层层落实到位。

2. 续租评估 租入房产租期到期前至少3个月，医院应开展续租评估。由财务部门进行成本效益分析并由相关职能部门进行物业管理方评价，如满足要求并经“三重一大”会议审议通过，则向房产产权方提出续租请求。

六、绩效评价

（一）绩效评价概述

绩效评价是应用目标–效果对比法，对评价对象的各项指标实现情况进行的评价。基建项目绩效评价，即根据设定的绩效目标，运用科学、合理的绩效评价指标、评价标准和评价方法，对其经济性、效率性和效益性进行客观、公正的评价。评价目的是验证目标指标与现实之间的差异程度，为纠偏决策提供依据；分析产生问题的原因，提出合理的建议。

（二）绩效评价内容

基本建设项目绩效评价，是指对项目建设的必要性、合理性及产出绩效进行科学分析和比较。主要内容包括全面回顾项目建设的全过程、综合分析项目运营的效果和可持续影响力、重点评价项目的目标实现程度和实施规范性、总结经验教训并提出对策建议等。

评价坚持“独立、客观、公正、全面”的原则，对医院基本建设项目各方面情况进行综合评价，指标选取尽量可量化，且具有代表性，避免面面俱到，做到突出重点。

（三）绩效评价的指标体系

医院基本建设项目绩效评价使用的指标体系，可基于《财政部关于开展中央政府投资项目预算绩效评价工作的指导意见》规定的一级指标基础上，形成三级指标的测评体系，从不同方面对整个项目周期进行全面、综合考评（表15-1）。

1. 项目前期研究及设计方案评价 对项目前期研究阶段的项目建议书和可行性研究，设计阶段的勘察设计、初步设计、施工图等资料的完整性和编制程序的合规性、相关批复的科学性及变化情况进行分析评估。

2. 项目实施过程评价 在回顾项目实施各个阶段过程资料的基础上，从项目前期准备和建设实施两个方面，评价项目整体实施过程是否合规、是否按照计划开展。

3. 项目运行效果评价 从建设目标实现程度、建筑功能、建筑形象、设施设备、绿色与节能等方面，对项目建成后的实际使用效果进行综合分析评价。

4. 项目运营管理评价 主要从管理制度、设备运行维护等方面，对项目日常的运营管理情况进行评价。

表15-1 绩效评价指标体系

一级指标	二级指标	三级指标	评价内容
项目前期研究及设计方案	前期研究资料规范性	项目建议书	项目建议书的完整性和编制程序的合规性，批复的充分性
		工程可行性研究（简称“工可”）	工可的完整性和编制程序的合规性，批复的充分性
	设计资料规范性	勘察设计	勘察报告的完整性和准确性
		初步设计	初步设计的完整性和编制程序的合规性，批复的充分性
		施工图	施工图设计的完整性，是否符合批复的初步设计
项目实施过程	项目前期准备	报批手续	报批手续的完整性和报批程序的合规性
		招投标	招标程序的合法合规性
		开工准备	土地征购、动拆迁、施工报批手续的合规性，施工组织计划的合理性

续　表

一级指标	二级指标	三级指标	评价内容
项目实施过程	建设实施	质量管理	工程质量控制情况
		安全管理	施工安全控制情况
		廉政建设	廉政建设实施情况
		进度控制	工期控制情况
		投资控制	投资控制情况
		变更管理	设计变更的合规性及原因
项目运行效果	建设目标实现程度	功能定位实现程度	项目实际所承担的功能是否与预期一致
		建设方案实现程度	实际建成情况与施工图设计是否一致，导致不一致的原因
	建筑功能	建筑功能布局	建筑的功能分区及布局是否合理
		交通系统组织	包括水平交通和垂直交通，交通流线是否顺畅，出入口设置是否合理，能否保证安全疏散及可达性
		功能分区规模	各功能分区规模是否满足使用需要
		辅助空间	共享空间是否满足日常使用需要
		消防安全	建筑防火性能、安全疏散性能
	建筑形象	建筑外观效果	建筑整体呈现出的体型、色彩、质感等外观效果
		室内装修效果	建筑室内装修效果
		室外绿化和环境	建筑周边绿化及人文景观
	设施设备	教学及科研设备	教学及科研设备的完备性
		机动车与非机动车停车位	建筑配套的机动车与非机动车停车位数量是否满足使用需求
		无障碍设施	建筑无障碍设施是否完善
		标志标识	建筑标志标识是否完善，建筑的方向感是否清晰
	绿色与节能	采光及照明	建筑室内的采光效果
		空气质量	建筑室内的通风效果
		保温隔热	建筑室内的保温效果
		水电利用	建筑的水电利用情况、节能措施
		垃圾回收与处理	建筑垃圾的回收与处理情况
项目运营管理	管理制度	管理条例及智能化管理	建筑管理制度的有效性，是否进行信息化管理
	维护状况	设施维护状况	物业及管理人员是否按照有关规定定期对设备进行检测和维护

（四）绩效评价结果的应用

首先，建立评价结果公开制度，扩大绩效信息公开范围，实现绩效评价报告公开的全覆盖（涉密项目除外）。其次，建立与预算执行、安排挂钩制度，强调财政投入绩效目标与产出、结果之间的关联性，确保项目绩效目标与计划期任务相对应、与预算确定投资额相匹配。最后，建立反馈与整改机制，“花钱必问效，无效必问责”，对评价结果中存在的问题提出相关建议，形成反馈意见书，督促被评价单位整改，以增强绩效评价工作的约束力。

案例讨论

【案例】 A项目为某市某综合性医院的整体迁建项目，经第三方专业机构绩效评价，该项目实施符合某市区域卫生规划布局要求，项目建成后布局合理，流程便捷，明显改善了医疗环境，有效提高了医疗水平和质量，基本达到了预期建设目标，但该项目由于设计概算漏项、缺项较多，以及材料涨价等原因，建设成本超批复投资概算约12%。

【讨论】 讨论后回答以下问题：

1. 绩效评价中除了经济效益指标之外还应侧重哪类指标的综合评价？
2. 项目前期投资估算漏项、缺项严重，你有哪些改进建议？

第三节　公车管理

公务用车，是指党政机关配备的用于定向保障公务活动的机动车辆，包括机要通信用车、应急保障用车、执法执勤用车、特种专业技术用车及其他按照规定配备的公务用车，医院作为事业单位须参照管理。

一、编制管理

（一）核定编制

医院公务用车实行编制管理，车辆编制根据机构设置、人员编制和工作需要等因素确定。公务用车编制是配备公务用车的依据，是最高控制数，不是车辆的必配数。

编制的核定工作，主要按照“从严控制、分别核定、分类核定”的原则开展。

（二）建立台账

应建立公务用车编制基础台账，内容包括单位名称、车牌号码、品牌型号、车辆类型、排气量、购置时间、购置价格、购车用途、发动机号和车辆识别代号等。

二、车辆采购

（一）采购原则

医院车辆管理部门根据公务用车配备更新标准和现状，编制年度公务用车配备更新计划，财务部门根据计划按照预算管理有关规定将公务用车更新列入医院预算计划，采购部门按照政府采购法律法规和国家有关政策规定实施采购。公务用车购置应坚持经济适用、节能环保原则。

（二）流程要求

采购公务用车必须严格遵守“先审批、后采购”的制度。公务购车一律通过政府集中采购，公开、公正、节约购车，并对车辆一律登记建卡、拍图上网、公开管理，有效避免医院公务用车采购的超编超标现象。

三、使用管理

（一）规范用车程序

应制定公务用车管理制度，按照“谁使用谁申请，谁使用谁负责”的原则，公务用车实行严格的预约加审批制度。

（二）规范车辆管理

严格执行“四定点”管理，即定点加油、定点维修、定点停放和定点保险，实现事权与财权的分离，能够有效控制公务用车日常运行费用，减少公务用车使用的随意性，增强费用指标的可控性。

四、处置管理

车辆处置必须达到规定行驶里程和使用年限的标准，按照国有资产管理有关规定履行资产审批手续，形成更新车辆的处理、号牌注销、残值存入及系统注销或过户等的更新流程。

处置车辆应进行评估，根据评估检测价值，可分别采取拍卖、厂家回收、报废等方式规范处置旧车，其中车辆报废应由车辆管理所出具强制报废检测报告。

五、向社会购买公共服务

《党政机关厉行节约反对浪费条例》中明确规定“坚持社会化、市场化方向，改革公务用车制度”，为此，医院公务用车改革也可以引入适度的市场化机制。公务用车服务公司按市场化经营，以市场租车计价方式，将车租给医院使用，医院按照里程数、车型支付费用。

本章小结

本章介绍了医院固定资产定义分类，提出了全员参与管理、全生命周期管理、全面综合管理的固定资产管理原则，以及使用管理过程中应注重资产管理的动态化，处置管理过程中应注重审批手续的规范性等管理要求。医院的房产是医院开展医疗活动的重要保证，本章对医院房产管理提出了房产档案管理的重要作用，以及强化医院房产产权管理的措施、房产使用全生命周期管理的要素、房产处置规范程序等关键环节控制要求，并对房产绩效评价的概述、内容、指标体系、结果应用进行了描述。对医院公车管理进行了概述。

（沈　兵　奚益群　李　斌）

第十六章　采购管理

学习目标

1. 掌握　医院采购基本概念，医院政府采购方式。
2. 熟悉　医院采购内部控制建设。
3. 了解　医院采购流程关键环节的控制目标、主要风险点及控制措施。

第一节　医院采购及基本方法

一、概述

（一）采购概念

医院采购，是指医院使用自有资金和财政性资金，以合同方式有偿取得货物、工程和服务的行为，包括购买、租赁、委托、雇佣等。医院采购既是一个单位“实物流”的重要组成部分，同时又与“资金流”密不可分，是医院日常开展的重要经济活动。医院采购专业性强、种类多、金额大，需建立科学高效的采购管理工作流程，不断提升采购效率及精准度，降低医院运营成本，以便保持医院持续、稳定、高质量发展。

（二）采购原则

1. 集中采购原则　医院采购业务应集中管理，有条件的医院可以成立业务归口管理部门和采购归口管理部门，避免医院内部多部门管理，以提高采购效率，降低采购成本。

2. 预算管理原则　医院所有的采购活动，无论何种资金来源，均必须纳入医院财务预算和成本核算，实行统一计划管理。

3. 价格对比原则　原则上应有3家以上供应商报价，在权衡质量、价格、交货时间、售后服务、信誉等因素的基础上，医院进行价格对比和综合评估，并与供应商进一步议定最终价格。

4. 廉洁原则 采购人员必须严格执行采购制度及工作流程，廉洁自律，主动接受监督。

5. 回避原则 因亲属关系、利害关系影响采购工作公正执行的必须回避。

（三）采购分类

1. 按采购组织形式可分为政府采购和非政府采购（图16-1）

（1）政府采购：医院使用财政性资金，采购依法制定的集中采购目录以内的或者采购限额标准以上的货物、工程和服务的行为。

（2）非政府采购：医院使用财政性资金，采购未纳入政府集中采购目录或者采购限额标准以下的货物、工程和服务的行为。根据是否委托采购代理机构执行，非政府采购可分为委托采购和自行采购。

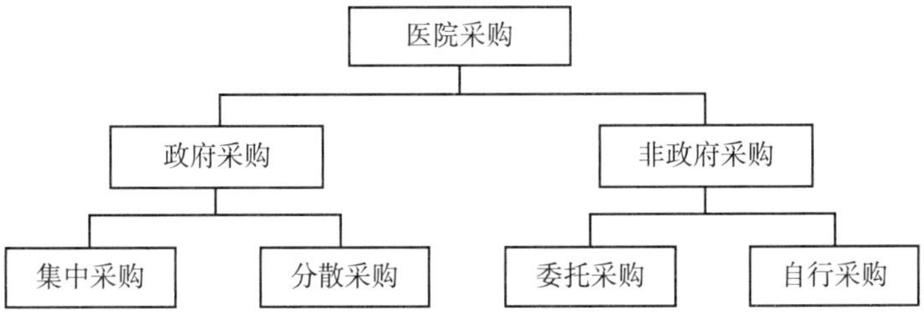

图16-1 医院采购组织形式分类

2. 按采购方式可分为招标采购和非招标采购（图16-2）

（1）招标采购：医院发出招标公告或通知，邀请潜在供应商前来投标，最后由医院通过对投标供应商所提出的价格、质量、交付期、技术、生产能力和财务状况等各种因素进行综合比较分析，确定中标供应商，并与其签订供货合同的整个过程。招标采购方式分为公开招标和邀请招标。

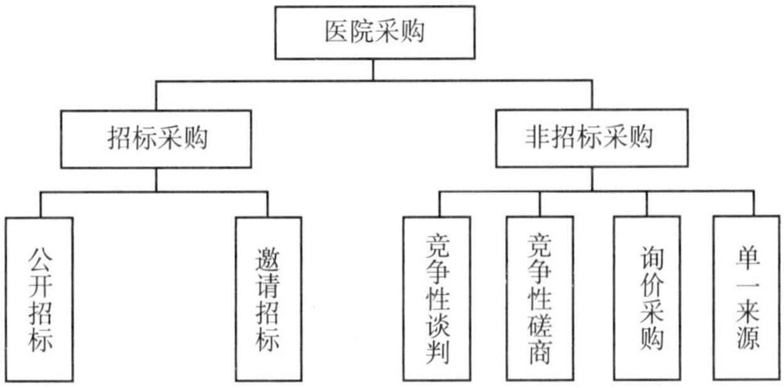

图16-2 医院采购方式分类

（2）非招标采购：以公开招标和邀请招标之外的方式取得货物、工程、服务的采购方式。非招标采购方式分为竞争性谈判、竞争性磋商、询价采购和单一来源采购。

二、医院政府采购

（一）政府采购概念

政府采购，是指各级国家机关、事业单位和团体组织，使用财政性资金采购依法制定的集中采购目录以内的或者采购限额标准以上的货物、工程和服务的行为。

《中华人民共和国政府采购法实施条例》明确规定，财政性资金是指纳入预算管理的资金。按照《中华人民共和国预算法》规定，政府的全部收入和支出都应当纳入预算管理，包括医院在内。医院的财政补助收入以及事业收入、经营性收入和其他收入等“自有资金”，均应纳入部门预算管理。医院凡使用纳入部门预算管理的资金开展的政府采购活动，无论资金来源，都应执行政府采购规定。

政府采购的主体是指在政府采购过程中负有直接责任的参与者。从我国政府采购的实践来看，政府采购的主体包括采购人、供应商、采购代理机构。政府采购的客体也就是政府采购的内容，即货物、工程和服务。本章节介绍的医院政府采购的货物是指医院使用的通用设备类、专用设备类、办公家具类、办公用品类及药品类等；工程是指新建、扩建、改建、修建、拆除、修缮或翻新建筑物和构筑物及其所属设备等；服务是指医院相关专业服务、技术服务、培训等。

医院政府采购的项目包含确定采购需求、采购立项、采购风险评估、采购方式选择、采购操作执行、采购合同签署、采购合同履行及资金结算等多个阶段，需要医院多部门协同完成。

（二）政府采购组织形式

1．集中采购 分为集中采购机构采购和部门集中采购。

集中采购机构采购是指集中采购机构代理目录及标准规定的政府集中采购目录中项目的采购活动。

部门集中采购是指主管预算单位（主管部门）组织本部门、本系统列入目录及标准的部门集中采购项目的采购活动。

技术、服务等标准统一，采购人普遍使用的项目，列为集中采购机构采购项目；部门集中采购项目是指部门或系统有特殊要求，需要由部门或系统统一配置的货物、工程和服务类专用项目。主管部门应当明确内设机构牵头政府采购工作，属于政府集中采购目录的项目，应当按照规定委托集中采购机构代理采购。属于部门集中采购项目，已经设立部门集中采购机构的，应当由部门集中采购机构具体组织实施；未设立的，可以委托集中采购机构或经财政部门认定资格的政府采购代理机构具体组织实施。政府集中采购实行监督管理职能和操作执行职能相分离的管理体制。财政部门负责政府集中采购活动中的各项监督管理职责，主管部门和集中采购机构履行操作执行职能。

2. 分散采购 是指医院在执行采购限额标准以上的未列入集中采购目录的项目采购时，采用自行采购或者委托采购的行为。

医院有权自行选择采购代理机构，其他任何单位和个人不得以任何方式为医疗机构指定采购代理机构。医院依法委托采购代理机构办理采购事宜时，应当与采购代理机构签订委托代理协议，依法明确委托代理范围、权限和期限等，明确双方权利和义务。

分散采购的主要优点是易于沟通、反应快速，有利于医院提高采购效率。

（三）医院政府采购方式

1. 公开招标 公开招标是医院将所需购买的货物、服务、工程的需求条件等信息向社会公开，吸引广大供应商参与投标，同时按《中华人民共和国政府采购法》规定的流程选择中标人的管理过程。公开招标是医院执行政府采购时主要的采购方式。

目前医院公开招标采用委托招标和自主招标两种方式，政府采购公开招标，以委托招标为主。

医院委托采购代理机构执行招标流程时，采购代理机构应按技术文件、商务条款、评标标准和方法编制招标文件。医院采购归口管理部门和需求部门对招标文件进行确认。采购代理机构应在省级以上人民政府财政部门指定的媒体上发布招标公告，采购代理机构将在不少于5个工作日内发布招标文件。医院对已发出的投标文件进行澄清或修改时，应在投标文件提交截止时间前至少15天以书面形式通知所有投标人。采购代理机构设立评标委员会，评标委员会由医院代表和专家组成，成员人数应为5人以上单数，专家不得少于成员总数的2/3。采购代理机构负责组织招标、开标和评标；评标委员会按技术部分和商务部分综合加权得分由高至低的次序，向医院推荐排名次序位于前三名的投标人作为中标候选人；采购代理机构编制评标报告并公布中标人。公示期满、无异议，采购代理机构将中标通知书发给中标人，同时将未中标结果通知所有未中标的投标人。医院应在中标通知书发出1个月内与中标供应商签订采购合同，并在合同签订之日起2个工作日内将政府采购合同在省级以上人民政府财政部门指定的媒体上公告。

在招标过程中，出现以下情形的之一的，应予废标：①符合专业条件的供应商或者对招标文件作实质性响应的供应商不足3家；②出现影响采购公正的违法、违规行为；③投标人的报价均超过了采购预算，采购人不能支付；④因重大变故，采购任务取消。废标后，医院应当将废标理由通知所有投标人。

图16-3为医院公开招标采购流程图。

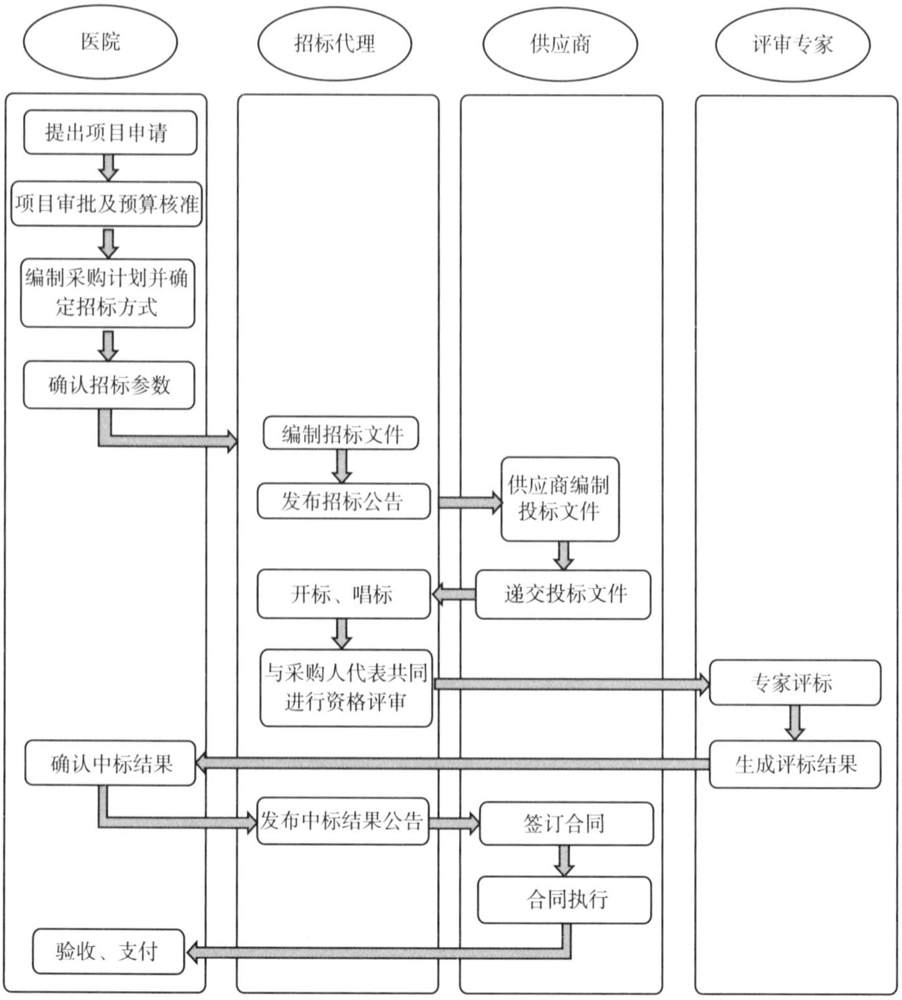

图16-3　医院公开招标采购流程图

2. 邀请招标　是指医院根据供应商的资质和业绩，选择一定数目的法人或其他组织（不能少于3家），向其发出投标邀请书，邀请其参加投标竞争，从中选定中标供应商的一种采购方式。

邀请招标能够有针对性地从已知的潜在投标人中选择具有与招标项目需求匹配的资格能力以及对项目重视程度均相近的投标人参与竞标，有利于投标人之间均衡竞争。但是与公开招标相比，竞争开放度相对较弱，可能得不到最合适的投标人和获得最佳竞争效益。

符合以下情形之一的货物或者服务，医院可以采用邀请招标的方式执行采购：①具有特殊性，只能从有限范围的供应商处采购；②采购公开招标方式的费用占政府采购项目总价值的比例过大；③竞争性谈判。

竞争性谈判，是指谈判小组与符合资格条件的供应商（不少于3家）就采购货物、工程和服务事宜进行谈判，供应商按照谈判文件的要求提交响应文件和最后报价，医院从谈判小组提出的成交候选人中确定成交供应商的采购方式。竞争性谈判在特殊情况下具有采购周期短、方便灵活、采购成本低等优点。但是在具体实施过程中一定要认真把握、准确操作，否则很容易会引发质疑和投诉。

符合以下情形之一的货物或者服务，医院可以采用竞争性谈判的方式执行采购：①招标后没有供应商投标或者没有合格标的或者重新招标未能成立；②技术复杂或者性质特殊，不能确定详细规格或者具体要求；③不能事先计算出价格总额的。

3. 单一来源采购 即没有竞争的采购，是指医院从某一特定供应商处采购货物、工程和服务的采购方式，所购产品的来源渠道单一或属专利、首次制造、合同追加、后续维修扩充等情况。采取单一来源方式采购的货物或者服务，医院与供应商应当在保证采购项目质量和双方商定合理价格的基础上进行采购。

符合下列情形之一的货物或者服务，可以采用单一来源方式采购：①只能从唯一供应商处采购；②发生了不可预见的紧急情况，不能从其他供应商处采购；③必须保证原有采购项目一致性或者服务配套的要求，需要继续从原供应商处添购，且添购资金总额不超过原合同采购金额百分之十。

4. 询价 是指询价小组向符合资格条件的供应商发出采购货物询价通知书，要求供应商一次报出不得更改的价格，医院从询价小组提出的成交候选人中确定成交供应商的采购方式。适用于货物规格、标准统一，现货货源充足且价格变化幅度小的政府采购项目。

5. 竞争性磋商 是指医院、采购代理机构通过组建竞争性磋商小组与符合条件的供应商就采购货物、工程和服务事宜进行磋商，供应商按照磋商文件的要求提交相应文件和报价，医院从磋商小组评审后提出的候选供应商名单中确定成交供应商的采购方式。

符合下列情形的项目，可以采用竞争性磋商方式开展采购：①政府购买服务项目；②技术复杂或者性质特殊，不能确定详细规格或者具体要求的项目；③因专利、专有技术或者服务的时间、数量事先不能确定等原因不能事先计算出价格总额的项目；④市场竞争不充分的科研项目，以及需要扶持的科技成果转化项目；⑤按照招标投标法及其实施条例必须进行招标的工程建设项目以外的工程建设项目。

6. 国务院政府采购监督管理部门认定的其他采购方式。

三、医院非政府采购

（一）非政府采购的定义

非政府采购，是指未纳入政府集中采购目录或者限额标准以下的采购项目。对于非政府采购项目，上级主管部门并未出台相关管理要求，需要医院制定采购制度、办法和流程予以管理，以完成采购工作。医院的非政府采购项目大多集中在办公物资、小批量试剂及医用耗材、少量的实验动物、实验室外包服务和小规模设施设备维修维护等领域。

医院非政府采购项目往往由于预算金额低、采购时限短，难以全部委托采购代理机构来执行，医院应根据自身的预算编制及采购管理构架来完成采购工作。

（二）医院非政府采购组织形式

1. 业务归口管理部门组织采购　根据医院工作职能划分由业务归口管理部门汇总采购需求并按计划统一实施采购，使用部门再根据工作需要到业务归口管理部门领用，很多医院采用这种模式，优势是采购相对集中统一，可以把零散的采购项目汇总起来进行集中统一采购，形成批量优势，有利于同供应商谈判价格。

2. 采购归口管理部门组织采购　很多大型医院，日常采购物资、设备及服务等种类、数量和金额都较大，这类医院往往成立专门的采购归口管理部门对全院采购项目进行集中统一管理，所有采购项目都要通过采购归口管理部门组织实施，这样的采购管理模式对医院来说更加高效，也更规范。

（三）医院非政府采购的主要方法

1. 自行采购　是指医院独立执行未纳入政府集中采购目录或者限额标准以下的采购项目。采购归口管理部门应遵照医院采购管理制度，依据采购货物、工程及服务的类别及金额，选择公开招标、竞争性谈判、询价和比价等不同采购方式来确定供应商。对需要公开招标的项目，原则上采用公开招标的方法。

医院组织的招标采购往往存在采购文件编制不规范、信息发布的局限性、项目评审不专业、采购过程缺乏有效监督等问题。因此医院必须在采购管理制度中明确规定院内招标采购的项目金额标准。

2. 委托采购　是指医院委托采购代理机构执行未纳入政府集中采购目录或者限额标准以下的采购项目。采购项目金额未达到政府采购限额标准，但是已经达到或超过医院采购管理制度规定的大额采购标准，采购代理机构应严格遵照《中华人民共和国招标投标法》的规定，协助医院做好招标采购。

采购的主体是医院和供应商，医院对采购需求承担主体责任，医院要制定相关的制度及流程严格做好采购内部控制管理，这对医院的采购管理能力提出了很高的要求。采购需求的确定不仅要根据预算，还要严格论证，合规、完整、明确地描述相关内容。医院采购归口管理部门在采购时应进行市场调研（包括潜在供应商和其他使用单位），这有利于医院提出更明确的技术参数及服务响应能力要求，提高采购效率。

四、医院特殊采购形式

（一）紧急采购

紧急采购是为应对重大突发事件而进行的一种特殊采购活动，要求时效反应和紧急保障能力。

《中华人民共和国政府采购法》第八十五条规定“对因严重自然灾害和其他不可抗力事件所实施的紧急采购和涉及国家安全和秘密的采购，不适用本法。”

近年来，在不断实践的基础上，部分省市陆续出台了紧急采购管理规定或预案等地方性规范制度，但是国家层面尚未建立完整统一的紧急采购制度。

当医院面对重大突发公共卫生事件或其他巨大的考验时，需要迅速反应、集中力量，在尽可能短的时间内，迅速决策，调动各种资源做好物资保障。因此，医疗机构需制定紧急采购制度及流程，以明确紧急采购的范围并制订可行的采购流程以及监督机制，确保采购动作高效安全。紧急采购应当遵循从严把控、高效规范、归口管理、及时处置的原则，切实保障采购行为的公开、公平和公正。

紧急采购的方式可以十分灵活，不局限于公开招标、竞争性磋商、竞争性谈判等方式。对于十分紧急的采购需求，能够就近及时采购的，可以采取单一来源采购和询价采购方式；小额零星采购可以采取电商网购、市场直购等方式；具备电子招标系统条件的地区和单位可以进行网上竞价和电子化招标采购；对于一些需要招标但时间相对紧迫的项目，可以适当缩短招标期限，简化采购文件及投标文件，从而兼顾采购效率和采购的竞争性。如供应商来不及制作标书等，可以要求供应商在资质、价格等文件资料方面做出承诺，后续补充提供书面正式文件。

案例分析

新冠肺炎疫情初期，医疗卫生机构面临着严峻的感染防控问题，防护物资的短缺已成燃眉之急，各家医院都启动了紧急采购流程，各种采购方式都被应用到这次紧急采购中，各级政府也通过联系各种供货渠道或直接组织采购协助医院筹措防护物资。

各家医院也立即结合自身实际情况，完善相关制度及工作流程，建立健全疫情物资紧急采购的内控机制，既能满足紧急采购的精准迅速以更好地服务于抗击新冠肺炎疫情的需要，又要符合内控要求，保障采购安全合规。疫情防护物资采购是医院组织实施紧急采购的典型案例。

（二）联合采购

联合采购指的是两个以上的自然人、法人或其他组织通过各参与方共同控制的公司、共同委托的第三方机构、行业协会或合作社，或者通过合同组成的联合体，共同开展产品、服务采购的行为。

联合采购具有更大的采购规模，有助于企业通过专业的采购服务降低每个采购方的交易成本和人力成本，提高采购效率和质量，并通过降低采购成本进而促进让利于下游消费者，提升消费者福利，这些优势使得联合采购成为越来越多企业和行业的选择。

联合采购是医院寻求控制成本最有力的可用工具之一。国内外大量事实表明，联合采购在医疗卫生行业取得了不错的成绩，发挥着较好的经济、社会效益。20世纪70年代，美国产生了最早的医院联合采购组织（Group Purchasing Organization，GPO）。其产生的最初缘由是为了帮助非营利性医院与营利性医院竞争，非营利性医院通过签订GPO协议实施集中采购来降低药品及医疗设备的采购成本。到了20世纪80年代，大量的GPO和近似的联盟得到了迅速发展。21世纪以来，我国医院的联合采购也开始快速发展起来。特别是近些年医改以来，许多地方尝试通过联合采购来降低采购成本。无论采用何种形式，其内核均体现在采购组织方、参与方之间形成的一系列权利义务的分配规则和条款上，本质上形成了一个联合采购协议。

医疗机构可以采用以下联合采购模式：①同一地区内的多家医院组成的联合采购；②上级主管部门组织多家医院的联合采购；③第三方采购服务商牵头多家医院组织的联合采购。

药品及医用耗材是医院纳入各级政府联合集中采购的主要货物。开展药品、医用耗材的联合集中采购，通常由各级政府牵头，以采购目录为基础，以上一年度医疗机构实际使用数量和采购价格为基数，以公开招标为主要采购方式，依据带量议价、量价挂钩等原则，确定药品、医用耗材的供应价和供应商。

药品、医用耗材联合集中采购能够有效整合多家医院的采购资源，共同应对销售市场；同时利用采购量的优势吸引信誉好、服务能力强的供应商参与竞标，通过充分竞争来压低采购价格。

医院选择上级主管部门制定的集中采购目录内的药品及医用耗材，直接从指定供应商处按集中采购价格进行采购，通常采用线上采购模式。集中采购简化了采购流程，提高了医院药品及医用耗材的采购效率。

目前多批次国家药品带量采购工作顺利落下帷幕，标志着药品带量集中采购已走向常态化与制度化。医用耗材尤其是高值耗材的集中采购是各级政府关注的热点问题，已有多个省市陆续开展高值耗材集中带量采购。

医院在推进药品、医用耗材集中采购的过程中也面临着诸多困难：一是难以把握新产品和集中采购目录外产品的采购权限；二是采购目录和配送商更新时间长，滞后于市场变化；三是急需药品、耗材时效性要求高，应单独进行采购。

知识拓展

近年来国家印发的《治理高值医用耗材改革方案》《关于深化医疗保障制度改革的意见》等文件均提出对高值耗材实施带量采购的改革理念。而在高值医用耗材中血管介入和骨科植入产品又是重点。

2020年10月，《国家组织冠脉支架集中带量采购文件（GH-HD2020-1）》发布，国家组织高值医用耗材联合采购办公室开展了针对冠脉支架的集采试点工作，取得了价格平均降幅93%的显著成效，表明全国范围的高值耗材集中带量采购全面实行。

2021年8月，《国家组织人工关节集中带量采购文件（GH-HD2021-1）》发布，国家针对骨科人工关节开展集中带量采购工作，中选产品平均价格下降82%。

第二节　医院采购内部控制

一、内部控制概述

在《公立医院内部控制管理办法》（以下简称《内控管理办法》）中明确了公立医院内部控制的概念——在坚持公益性原则的前提下，为了实现合法合规、风险可控、高质高效和可持续发展的运营目标，医院内部建立的一种相互制约、相互监督的业务组织形式和职责分工制度；是通过制定制度、实施措施和执行程序，对经济活动及相关业务活动的运营风险进行有效防范和管控的一系列方法和手段的总称。

医院采购管理内部控制，是指在坚持医院公益性前提下，根据国家采购法律法规，结合医院自身特点和要求，通过梳理采购业务流程、制定采购管理制度，对采购活动中存在的风险进行有效防控，以达成依法合规、提质增效降本的采购管理目标，助力医院高质量发展。

按照“预算－计划－采购”的原则，建立完善的采购管理内控制度体系，明确采购过程中各部门的职责和各关键岗位人员的责任，维护医院、国家和社会公共利益，控制采购成本、提高采购质效。

二、内部控制意义

随着医药卫生体制改革日益深入，公立医院已进入了高质量发展的机遇期。为了更好满足人民日益增长的医疗卫生服务需求，医院每年需要使用财政性资金采购货物、工程及服务类项目。采购活动从采购决策到实施，从采购需求到资金支付，从合同订立到履约验收，无处不蕴藏着风险。若采购制度不健全、采购行为不规范、采购过程不透明、采购结果不公正，将直接影响医院的高质量发展。

2020年国家卫生健康委员会发布了《关于进一步规范和加强政府采购管理工作的通知》，文件旨在针对医院采购工作中暴露出来的问题、短板和不足，强化依法采购、强化内控、补短板、堵漏洞。

加强采购管理内部控制体系建设，对于有效防范和控制采购活动风险，促进依法行事与推进廉政建设，维护国家、社会公共利益，推动医院持续、稳定、高质量发展有着重要的意义。

三、内部控制总体目标

《内控管理办法》中明确了医院内部控制的目标，主要包括保证医院经济活动合法合规、保证医院资产安全和使用有效、保证医院财务信息真实完整，有效防范舞弊和预防腐败、提高资源配置和使用效益。

根据医院采购业务的特点、工作流程及原则，采购管理内部控制总体目标可定为：

1. **合规目标**　保证采购业务合法合规。
2. **效率目标**　保证采购业务及时、有效。
3. **绩效目标**　在保证采购质量的前提下，降低采购成本、提高资金使用效益。
4. **安全目标**　控制业务风险、法律风险，防范廉政风险。

四、控制制度

在具体开展医院采购活动时，除遵守国家采购相关法律法规外，还应遵守医院采购管理相关制度。

医院采购管理制度应根据国家的法律法规，结合医院的自身特点及工作实际制定，应遵守内容涉及采购预算和计划、采购需求确定、采购管理、采购验收、质疑投诉处理等方面。图16-4为医院采购管理制度。

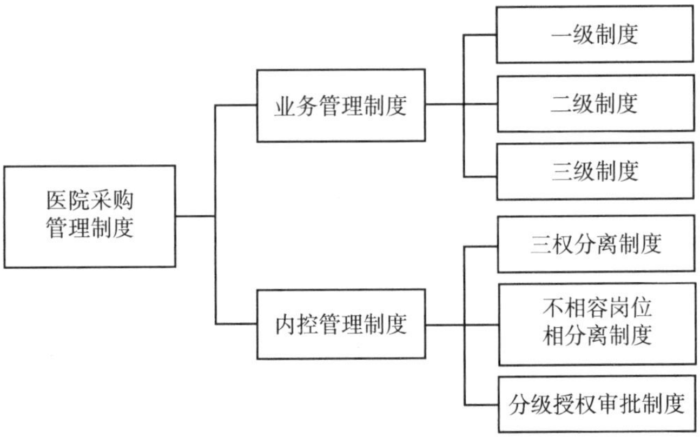

图16-4　医院采购管理制度

（一）采购业务管理制度

采购业务层面的管理制度，大致可分为三级。

一级制度：由财务及相关部门、采购归口管理部门制定、医院发文，包括《医院采购管理办法》（包含紧急采购）、《医院采购档案管理办法》等。

二级制度：由参与采购活动实施的相关部门制定、医院发文，包括《医院采购管理办法实施细则》《医院采购需求管理办法》《单一来源采购管理办法》《货物与服务分散采购项目管理实施细则》《医院采购质疑与投诉管理办法》等。

三级制度：由业务归口管理部门制定，包括《医疗设备采购管理规定》《医用耗材采购管理规定》《试剂采购管理规定》《后勤保障货物、服务类项目采购管理规定》《信息化建设项目采购管理规定》《科研项目采购管理规定》《建设工程项目管理办法》等。

（二）采购内控管理制度

1. 三权分离制度　根据医院采购管理的特点，科学配置内设机构的职责权限，建立采购决策、执行、监督三权分离的管理制度。

2. 不相容岗位职责相分离制度　合理设置采购业务关键岗位，配备关键岗位人员，明确岗位职责权限，制定相应的管理制度，以确保采购预算编制与审定、采购需求编制与审定、采购文件编制与审核、合同签订与履约验收、验收与保管、付款审批与执行、采购活动的组织实施与监督检查等不相容岗位职责相互分离（图16-5）。

3. 分级授权审批制度　医院根据自身实际情况和分工管理的要求，明确涉及采购业务人员的权限。采购业务活动从项目申请到项目资料归档，各个环节各类人员在其职责权限范围内批准、执行。

岗位	预算编制	预算审核	采购需求编制	采购需求审核	采购文件编制	采购文件审核	采购执行	采购合同签订	履约验收	采购物质保管	付款审批	付款执行	监督检查
预算编制	√	×											
预算审核	×	√											
采购需求编制			√	×									
采购需求审核			×	√									
采购文件编制					√	×							
采购文件审核					×	√							
采购执行							√		×		×		×
采购合同签订								√	×				×
履约验收							×	×	√	×			×
采购物质保管									×	√			×
付款审批							×				√	×	
付款执行											×	√	×
监督检查							×	×	×	×		×	√

图 16-5　采购业务不相容岗位相分离

五、内部控制建设路径

医院采购管理内部控制体系建设分为单位层面的内部控制和业务层面的内部控制。单位层面的内部控制是医院对采购管理内部控制的顶层设计，它为业务层面采购管理的内部控制提供了一个良好的环境，直接影响业务层面内部控制的有效运行，对采购管理内部控制的整体效果发挥起关键作用（图 16-6）。

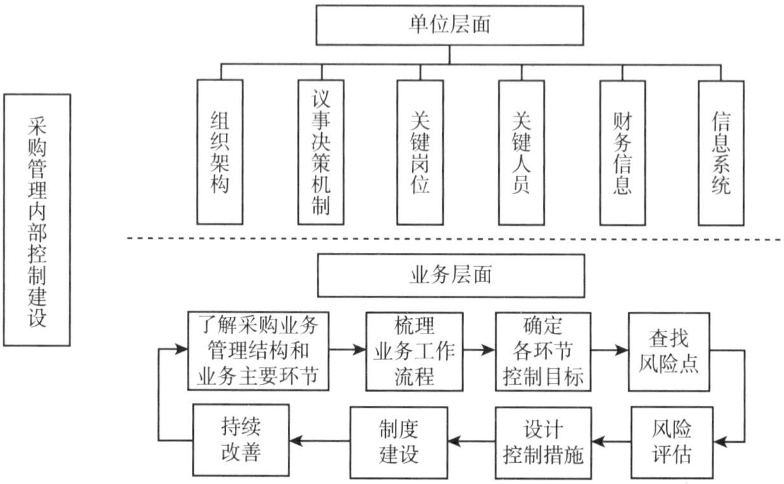

图 16-6　医院采购管理内部控制建设

（一）单位层面

医院在单位层面开展采购管理内部控制体系建设时，应该致力于形成一个职责明晰、分工制衡、科学高效的组织架构；建立健全专家论证、集体研究的议事决策工作机制；合理设置关键岗位和关键岗位人员；提供真实、完整的财务信息；将采购管理流程关键环节和风险点嵌入医院信息系统，减少或消除人为影响因素，提高内控工作质效。

1．组织架构设置 医院在采购管理组织架构的设置上，应体现制衡性、适应性、协同性、稳定性的原则，保证决策、执行、监督既相互分离、相互制约和相互监督，又相互协调配合，共同做好医院采购工作。

（1）决策：有条件的医院，可设立采购与招投标工作领导小组，统一领导本单位采购工作。成员一般由领导班子成员组成，通过组织单位党委会、领导班子会议、党政联席会、专项讨论会等形式的决策会议，决定医院大额资金使用，大宗设备、基建工程项目的采购及采购方式的变更等。

（2）执行：采购活动的具体实施由采购归口部门或业务归口部门负责。

（3）监督：有条件的医院，可由纪检、监察和审计等部门组成采购与招投标工作监督小组。监督小组根据有关法律、法规、规章制度和各自职责对采购活动全流程、全方位监督。

2．议事决策机制 医院采购活动的决策、执行和监督应当相互分离，保障权利在规定的范围内行使。

医院领导班子由党委、行政和纪委主要领导组成，其议事决策的方式或影响医院内部控制效果。医院应当建立健全专家论证、集体研究的议事决策工作机制，提高议事过程的科学性。重大采购项目决策前，业务归口部门应对其进行全面、系统、客观地风险评估，形成书面报告并及时提交医院领导班子，作为决策的重要依据，并由医院领导班子集体研究决策。

3．关键岗位和关键岗位人员 采购管理关键岗位是采购活动中最容易滋生腐败的岗位。医院可通过明晰岗位职责，明确轮岗周期，实行轮岗制度等加强对采购关键岗位的管理。同时，医院应对照关键岗位的任职资格选择符合条件的人员担任关键岗位工作，做到人岗匹配，加强对关键岗位人员培训，提高业务能力和综合素质。

4．提供真实、完整的财务信息 采购活动以预算为主线，无论是采购预算的编制还是采购项目的资金的支付，都需要提供真实、完整的财务信息。

5. 内部控制关键节点嵌入信息系统　将采购流程关键环节及控制目标、主要风险、防控措施贯穿于医院内部控制管理信息系统，将二者进行深度融合，可提升内部控制效率。通过加强内部控制相关数据的搜集、整理、分析、储存，从而提升内部控制信息质量，规范采购活动，为决策分析提供依据。

（二）业务层面

医院在业务层面开展采购管理内部控制体系建设时，可按以下流程进行路径规划。

1. 调研　调研、了解医院采购业务流程，包括对采购预算的编制与批复、采购计划编制与审核、进口产品论证与审批、政府采购意向公开、采购需求调查、采购实施计划编制、采购需求的编制与确定、风险控制、采购业务委托及代理机构的选用、采购方式的选择、采购活动的组织实施、质疑投诉的处理、签订采购合同、合同公告与备案、履约验收、资金支付、资料归档与保存等环节的详细调研。

2. 梳理、优化、再造　在调研的基础上，梳理采购业务流程。并对流程进行优化、再造，编制流程图。

3. 目标设定　明确采购工作流程中的关键环节，对关键环节设定控制目标。

4. 风险识别、分析、评价　查找识别关键环节风险点，并作根因分析，有效地评估风险的可能性和影响程度。

5. 控制措施设计　针对主要风险，尤其是重大风险，进行控制措施设计。

6. 制度建设。

7. 持续改善。

六、采购管理流程

医院采购管理按采购组织形式可分为政府采购和非政府采购。

医院政府采购流程严格按照国家相关法律法规、各地财政部门的规章制定。医院非政府采购流程，可参照政府采购工作流程设计，但相对政府采购流程而言可以简化设计。

图16-7列示了适用医院通用的政府采购流程，不同地区医院可根据当地财政部门的政府采购工作流程，结合医院采购情况，参照此流程予以扩充和具体化，形成符合医院工作实际的政府采购流程。

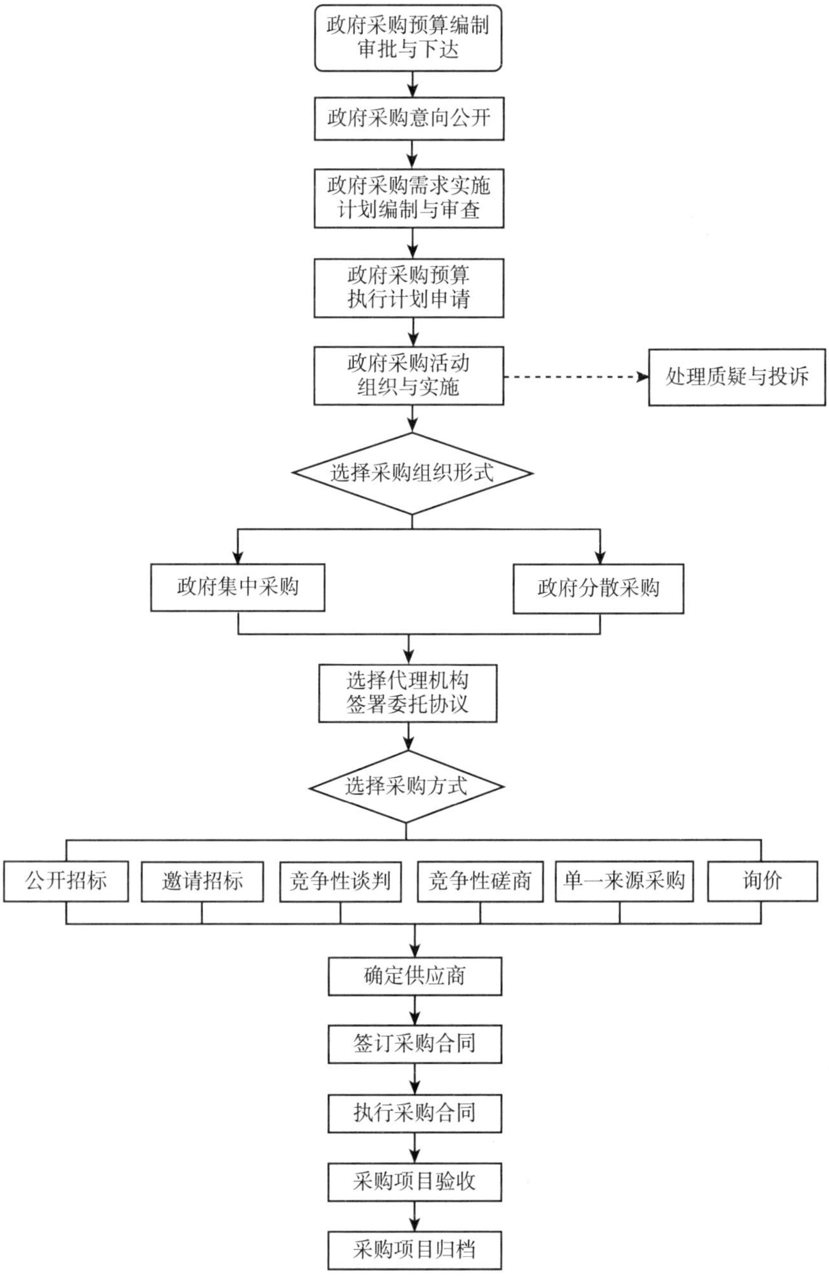

图16-7　医院政府采购流程图

七、医院政府采购管理流程关键环节

根据医院政府采购基本流程，结合《内控管理办法》及政府采购相关政策，确定采购流程中的关键环节如下：①政府采购预算编制管理；②政府采购需求管理；③政府采购实施计划管理；④采购代理机构管理；⑤政府采购项目组织实施管理；⑥询问、质疑答复及投诉处理；⑦政府采购合同管理；⑧政府采购履约验收管理；⑨政府采购档案管理。

第三节　风险点与应对措施

通过对采购流程关键环节设定控制目标，旨在明确各关键环节的控制重点和原则，从而能精确地对采购业务主要风险进行识别、分析、评估以及设计控制措施。

一、政府采购预算编制控制

（一）控制目标

1. 明确预算编制的要求、内容、程序，根据财政部门、上级主管预算部门有关规定，结合医院自身发展及目标编制政府采购预算。

2. 预算编制应做到编制及时、内容完整、项目细化、数据准确、科学合理、程序规范。

3. 预算编制过程中，医院内部各部门间应充分沟通、协调，确保预算符合医院的年度目标和工作计划及医院工作实际情况。

4. 实现预算与资产配置相结合，根据工作计划细化预算编制，确保预算方案的审批合法、合规。

5. 严格按时间进度编制预算，确保预算草案编制工作在预算年度开始前如期完成。

（二）主要风险点

1. **预算编制不科学**　业务归口管理部门对需求部门提出的采购计划未进行科学论证和审批，盲目申报，与现有资产配置情况脱节，存在重复配置、超标配置的情况。

2. **预算编制依据不充分**　没有及时结合国家相关法律法规及政策变化，预算与年度目标任务相脱离，不符合医院的收支实际情况，影响预算编制的准确率，预算编制与医院实际存在较大偏差。

3. **预算编制不精细**　在编制预算时存在漏报行为，属于政府采购范围的项目未申报政府采购预算。

4. **预算编制时间紧、工作量大、内容不准确**　业务归口管理部门编制预算时没有足够时间进行市场调查、研究和论证工作，导致编制质量不高。

（三）控制措施

1．应根据医院的目标、使命、愿景等战略规划来确定医院的运营目标，并以该目标为导向部署预算编制工作。

2．医院财务部门应根据《中华人民共和国预算法》及其相关规定，按照“两上两下、上下结合、分级编制、归口审核”的要求规范医院预算编制程序。按照“预算–计划–采购”的工作流程，遵循“稳妥可靠、量入为出、收支平衡”的原则编制预算。医院的财政补助收入以及事业收入、经营性收入和其他收入等“自有资金”，均应纳入部门预算管理。

3．医院财务部门应召开预算编制工作会议，全面解读预算编制政策，明确医院预算编制时间安排和要求，对业务归口管理部门预算编制人员进行预算编制培训。

4．医院应建立和完善新增资产的论证审核机制。业务归口管理部门不能盲目按照临床科室提交的采购计划编制部门的政府采购预算。在预算编制前，应对其采购计划进行论证评审，对于大型基建工程、大型修缮、信息化项目以及医疗设备等专业性较强的项目，需进行项目评估，结合现有的资产配置情况进行编制。

5．规范编制医院政府采购预算。根据地方政府集中采购目录和采购限额标准等事项通知文件的要求，将属于集中采购范围的项目单独列出执行集中采购；依照财政部《关于印发政府采购品目分类目录的通知》要求，分为货物、工程和服务类编制，并细化到具体项目，列明拟采购项目的名称、数量和预算金额等内容。采购项目名称应明确体现该项目的具体采购内容，不应该有品牌、型号等有倾向性的描述。还应考虑为实现政府采购政策功能预留的采购份额，如专门采购中小企业产品、创新产品、贫困地区农副产品等。

二、政府采购需求控制

（一）控制目标

1．采购需求遵循科学合理、厉行节约、规范高效、权责清晰的原则编制。严格按照《政府采购需求管理办法》（以下简称《需求管理办法》）的规定及相关法规和医院内部管理规定，对采购标的的市场技术、服务水平等进行充分的市场调查，其价格测算合理，采购需求合法合规，内容完整、明确。

2．采购需求应当符合法律法规、政府采购政策和国家有关规定，符合国家强制性标准，遵循预算、资产和财务等相关管理制度规定，符合采购项目特点和实际需要，应当依据部门预算（工程项目概预算）确定。

3. 采购需求的申请依据充分，且经过授权或审批，并符合医院的实际业务需求。

（二）主要风险点

1. 业务归口管理部门在开展政府采购活动前，未对采购标的的市场技术或者服务水平、供应、价格等情况进行充分的市场调查。

2. 采购需求内容不完整、不明确。

3. 采购进口产品，未严格执行进口产品论证审批流程。

（三）防控措施

1. 采购需求市场调查。业务归口管理部门在确定采购需求前，应通过咨询、问卷调查、论证等方式认真开展需求调查，了解相关产业发展、市场供给、同类采购项目或同级别医院该类采购项目的历史成交信息，可能涉及的专用耗材、备品备件、维护保养、升级更新等后续采购，以及其他相关情况。根据国家经济和社会发展政策、预算安排及绩效目标、采购管理制度、市场状况，合理确定采购需求，进行价格测算。必要时，可邀请相关专业人员或者第三方机构参与咨询论证。根据《需求管理办法》的有关规定，对于下列采购项目，必须开展需求调查。

（1）1000万元以上的货物、服务采购项目，3000万元以上的工程采购项目。

（2）涉及公共利益、社会关注度较高的采购项目，包括政府向社会公众提供的公共服务项目等。

（3）技术复杂、专业性较强的项目，包括需定制开发的信息化建设项目、采购进口产品的项目等。

（4）主管预算单位或者医院认为需要开展需求调查的其他采购项目。

编制采购需求前一年内，业务归口管理部门已就相关采购标的开展过需求调查的可以不再重复开展。

按照相关法律法规的规定，对采购项目开展可行性研究等前期工作，已包括上述需求调查内容的，可以不再重复调查；对在可行性研究等前期工作中未涉及的部分，应当开展需求调查。

2. 根据《政府采购货物和服务招标投标管理办法》，采购需求应当完整、明确。

3. 严格进口产品论证审批。医院应建立进口产品内部审核论证制度，对采购进口产品严格把关。国内产品能够满足临床需求的，原则上不得申请采购进口产品。国内产品性能基本满足需求，但设备性能、技术水平与进口产品存在差距的，可申请采购部分进口产品。

拟采购进口产品的项目，业务归口管理部门应按照财政部《政府采购进口产品管理办法》相关规定，自行组织或委托代理机构，邀请五名与采购项目专业相匹配的专业人员（包括一名法律专家）完成进口产品论证工作，并报主管预算单位审核，再由主管预算单位报财政部门审批通过后才能采购进口产品。如果审批未通过，不得采购进口产品。

4. 采购需求论证。有条件的医院，可根据自身情况，对达到一定金额的采购项目邀请专家对采购需求进行论证，并编制书面报告。

三、政府采购实施计划控制

（一）控制目标

1. 采购实施计划根据《需求管理办法》以及有关法律法规、政府采购政策和国家有关规定，结合采购需求的特点确定。

2. 采购实施计划编制内容应完整，围绕实现采购需求，对合同的订立和管理进行安排。采购实施计划编制完成后，采购人按照各级财政部门的要求进行备案。报财政部门备案的采购实施计划具体内容包括采购项目类别（属性）、名称、采购标的、采购预算、采购数量（规模）、采购组织形式、采购方式、委托代理机构安排、采购包划分与合同分包、供应商资格条件、评审规则、合同文本、落实政府采购政策有关内容等。

（二）主要风险点

1. 采购组织形式、采购方式选择不合适。属于政府采购集中目录内的项目未执行集中采购；达到公开招标数额标准的采购项目，采用非招标方式采购。

2. 采购包划分与合同分包不合理。

3. 供应商资格条件设置不合理。供应商资格条件与采购标的的功能、质量和供应商履约能力不直接相关。未落实支持创新、绿色发展、中小企业发展等政府采购政策功能。

4. 采用综合性评审方法的项目，评审因素未按照采购需求和与实现项目目标相关的其他因素确定，评审因素的设置具有倾向性。

5. 合同文本未完全包含法定必备条款和采购需求的所有内容，合同权利义务没有围绕采购需求和合同履行设置。

（三）防控措施

1. 采购政府集中采购目录的项目，必须委托集中采购机构采购。政府集中采购目录以外的项目可以自行采购，也可以自主选择委托集中采购机构或者集中采购机构以外的采购代理机构采购。达到公开招标数额标准，因特殊情况需要采用公开招标以外的采购方式的，应当依法获得批准。

2. 采购包的划分或者合同分包，要按照有利于采购项目实施的原则。

3.《需求管理办法》第十八条规定："根据采购需求特点提出的供应商资格条件，要与采购标的的功能、质量和供应商履约能力直接相关，且属于履行合同必需的条件，包括特定的专业资格或者技术资格、设备设施、业绩情况、专业人才及其管理能力等。"

4. 采用综合性评审方法的项目，评审因素应当根据采购需求来确定，同时还应将供应商的履约能力作为评审因素一并考虑，合理设置分值和权重。

5. 合同文件应结合采购标的的实际情况确定，包括但不限于标的名称，采购标的质量、数量（规模），履行时间（期限）、地点和方式，包装方式，价款、付款进度安排、资金支付方式，验收、交付标准和方法，质量保修范围和保修期，违约责任与解决争议的方法等。

四、采购代理机构控制

（一）控制目标

1. 定期通过招标方式，遴选一定数量且符合医院要求的采购代理机构，建立采购代理机构库。

2. 规范采购代理机构的委托流程，根据采购项目特点，代理机构专业领域和综合评价，选择与采购项目相配适的代理机构，确保采购项目质效。

3. 合作期内，加强对采购代理机构的评价考核和监督管理，规范采购代理机构执业行为，提高采购代理机构的工作质量、专业和服务水平。

（二）主要风险点

1. 任意或随机选择采购代理机构，未考虑采购代理机构与采购项目的配适度，难以保证采购项目的质量，容易滋生暗箱操作的腐败行为。

2. 选用资质或代理业务范围不符合代理要求的采购代理机构。

3. 缺乏或未对采购代理机构的代理行为进行评价考核，可能导致采购代理机构采购项目质量不高或工作效率低。

（三）控制措施

1. 采购归口管理部门参照招标的相关程序，通过公开发布遴选公告接受采购代理机构报名、发出遴选文件、组织专家评审的方式，择优选择符合医院采购业务的采购代理机构。根据实际情况，定期更新采购代理机构库。

2. 采购归口管理部门建立委托采购代理的工作流程，根据采购项目属性和预算金额，制定不同的委托方式，依流程委托采购业务。

（1）预算金额较小的，可由采购归口管理部门集体讨论决策，报分管院领导审批后直接委托。

（2）预算金额较大的，可先由采购归口管理部门根据项目特点、代理机构专业领域、类似业务代理业绩和综合评价，在医院采购代理机构库中确立合适的采购代理机构名单。再由纪检、监察、审计及业务等部门负责人在名单中，采用“双随机”的方式抽取采购代理机构及采购项目。

（3）预算金额特别大的，由采购归口管理部门呈报采购与招投标委员会，对该项目采用招标方式单独遴选采购代理机构。

3. 根据财政部《政府采购代理机构管理暂行办法》（财库〔2018〕2号）等法律法规，结合医院实际情况，制定采购代理机构评价考核及监督管理办法，建立采购代理机构“积分考核制”。对采购代理机构的内部管理、业务操作、参加业务测试和专业培训等情况进行量化管理。在日常代理业务活动中发现的问题，对照考核办法的相应条款予以扣分，表现优异的给予加分。一个记分周期满后，采购代理机构分值不足考核办法规定的，停止委托代理业务。

五、政府采购项目组织实施控制

（一）控制目标

1. 严格政府采购项目申请审核，规范申请审核程序。

2. 根据政府采购集中目录，合理选择政府采购组织形式，依法执行政府集中采购和分散采购。

3. 根据采购项目属性和特点，选择合适的采购方式。规范政府采购程序，确保流程符合国家法律法规及相关规定，避免被供应商质疑投诉。

4. 采购归口管理部门应当根据项目特点和采购需求，规范编制、严格审核并复核采购文件（招标文件、谈判文件、磋商文件、询价通知书等）。

5. 严格按照采购流程完整、及时地编制各类公告信息（涉密的除外），根据具体项目，在指定的媒体上公开发布。

6. 依法组建评审委员会，评审委员会成员由评审专家和采购人代表组成。采购代理机构从省级以上人民政府财政部门设立的评审专家库中随机抽取评审专家；医院应按专业建立评审专家库，采购人代表从相应专业的评审专家库中随机抽取。

7. 采购代理机构依法组织开标评标、磋商、谈判活动，保证程序公开、公平、公正。

（二）主要风险点

1. 未按规定申请、完成审批程序。

2. 采购组织形式选择错误，属于政府集中采购目录内的项目，未委托集中采购机构。

3. 将应当以公开招标方式采购项目化整为零或者以其他方式规避公开招标采购。达到公开招标数额的货物、服务项目，拟采用单一来源采购方式的，在报财政部门批准之前，未邀请专业人员进行论证，未在省级以上财政部门指定媒体上公示。

4. 采购文件违反法律法规、政府采购政策、强制性标准或违反公开、公平、公正和诚实信用的原则。

5. 未按政府采购公告和公示信息规定的格式、程序和时限等要求进行公告。

6. 采购代理机构未在政府采购评审专家库中随机抽取评审专家，且应该回避的评审专家未回避；采购人代表未从相应专业的评审专家库中随机抽取。

7. 采购代理机构组织实施政府采购活动程序不到位、不规范。

（三）控制措施

1. 采购归口管理部门应加强对政府采购项目申请的审核与审批工作。

采购项目实行项目负责人制，受理项目申请并审核。审核的重点是：采购项目申请表填写是否规范，是否有相应的政府采购预算执行计划，业务归口管理部门是否按要求对采购标的进行市场调查，进口产品是否有财政部门的批复函，达到一定金额的采购项目是否对采购需求进行论证，采购需求及相关资料提交是否完整等。采购项目负责人根据项目具体情况（项目名称、预算金额、立项依据、选择采购组织形式和采购方式、委托采购代理机构依据）编制项目申报审批信息表。

采购归口管理部门对采购项目负责人编制的项目申报审批信息表集体讨论后，报分管院领导审批。

2. 政府集中采购目录以内的项目，由采购归口管理部门在政府采购交易执行系统中填写委托信息，签订委托协议，委托省政府采购中心开展采购活动。

集中采购目录以外且采购限额标准以上的项目，可委托有资格的采购代理机构组织实施；也可由医院自行组织开展政府采购活动，但应当符合一定的条件：有与采购项目专业性相配适的专业人员、有编制采购文件的能力、有组织采购活动的条件（场地、设施设备等）。医院自行组织采购项目，应当由采购归口管理部门会同财务、业务、审计、纪检、监察等部门组建采购小组，按照政府采购法律法规规定开展采购活动。

集中采购目录以外且采购限额标准以下的项目，按照各医院相关内控制度执行。

3. 采购归口管理部门应当根据《中华人民共和国政府采购法》规定的条件，结合项目特点、预算金额和采购需求，确定适宜的采购方式。

（1）公开招标应作为政府采购的主要采购方式。当单项或批量采购金额达到公开招标数额标准及以上的项目，应当采用公开招标方式采购。如因特殊情况需要采用公开招标以外的采购方式，应在采购活动开始前，获得市、自治州级以上人民政府财政部门的批准。

需采购进口机电产品时，在办理机电产品自动进口许可证前，应委托有资格的采购代理机构进行国际招标。

（2）采购需求客观、明确且规格、标准统一的采购项目，如通用设备、物业管理等，一般采用招标或者询价方式采购。采购需求客观、明确且技术较复杂或者专业性较强的采购项目，如大型装备、咨询服务等，一般采用招标、谈判（磋商）方式采购。不能完全确定客观指标，需由供应商提供设计方案、解决方案或者组织方案的采购项目，如首购订购、设计服务、政府和社会资本合作等，一般采用谈判（磋商）方式采购。

（3）符合下列情形之一的货物或者服务，可以依照《中华人民共和国政府采购法》采用单一来源采购：①只能从唯一供应商处采购；②发生了不可预见的紧急情况不能从其他供应商处采购；③必须保证原有采购项目一致性或者服务配套的要求，需要继续从原供应商处添购，且添购资金总额不超过原合同采购金额百分之十。

若各省市有关于单一来源采购的相关规定，应按其规定执行。

医院应根据国家及省市相关规定，制定符合医院实际的《单一来源采购管理办法》，严格单一来源采购的论证、审批。

4. 采购项目依流程委托后，采购归口管理部门应建立项目组，组员由采购归口管理部门、采购代理机构、业务归口管理部门负责该项目的人员组成，实行“项目负责人制”。建组后，采购代理机构项目负责人根据项目情况解读适用的政策法规，编制采购文件，与项目组成员讨论完善采购文件内容，采用“面对面”的方式确定采购文件，以提高工作质效。

5. 采购文件的编制要严格执行政府采购相关制度规定和程序要求。采购需求应当符合国家法律法规规定，执行国家相关标准、行业标准、地方标准等标准规范。落实政府采购支持节能环保、促进中小企业发展等政策要求。

（1）对集中采购目录以内或者采购限额标准以上，200万元以下的货物和服务采购项目、400万元以下的工程采购项目，适宜由中小企业提供的，应当在采购文件中规定专门面向中小企业采购。对于非专门面向小微企业的政府采购项目，应当在采购文件中对小微企业报价给予6%~10%（工程项目3%~15%）的扣除，用扣除后的价格参与评审。

（2）拟采购的产品属于节能产品或者环境标识产品品目清单范围的，应当对获得节能产品、环境标识产品认证证书的产品，实施优先采购或者强制采购。采购文件中应当载明对产品的节能环保要求、合格供应商和产品的条件及相关评审标准。

6. 采购代理机构、业务归口管理部门、采购归口管理部门内部应严格审核采购文件，实行“三级审核制”，以确保采购文件的质量，严禁设立排他性、指向性技术参数和指标，严禁设置不合理和歧视性准入条件排斥潜在供应商参与政府采购活动。

对于公开招标文件，有条件的医院可组织专家对招标文件进行复核论证。专家组应当由五人（含）以上单数组成，其中应当包括一名法律专家，医院工作人员不得担任复核论证专家。根据专家复核论证意见，业务归口管理部门要组织完善招标文件，并以书面形式确认。

7. 医院应当对政府采购公告信息的真实性、准确性、合法性负责。公告信息不得有虚假和误导性陈述，不得遗漏依法应当公开的事项。

（1）医院在政府指定的媒体上，按照《关于开展政府采购意向公开工作的通知》的要求，公开具体采购意向，包括采购项目名称、预算金额、采购需求概况、预计采购时间等；采购意向按项目公开，公开时间原则上不得晚于采购活动开始前三十日。

（2）采购代理机构应当按照财政部《政府采购公告和公示信息格式规范（2020年版）》编制政府采购公告信息，规范填写各项要素。

8. 采购代理机构应在规定的时间内，在政府采购评审专家库中随机抽取评审专家。参与进口产品论证、采购文件复核论证的专家，应予以回避。采购归口管理部门会同纪检、监察等部门共同在医院的评审专家库中随机抽取采购人代表，并进行书面确认。

9. 加强对开评标及定标环节的管控。

六、询问、质疑答复及投诉处理控制

（一）控制目标

医院建立政府采购询问、质疑及投诉管理机制，规范管理，及时有效地处理政府采购供应商的询问、质疑与投诉，避免因处理不当给政府采购活动和医院带来不利影响。

（二）主要风险点

询问、质疑与投诉处理不及时、不规范，无法保护医院和投标人的合法权益，影响政府公信力。

（三）控制措施

1．医院建立政府采购项目询问、质疑与投诉管理机制，坚持依法依规、权责对等、公平公正、简便高效原则。

2．采购归口管理部门负责牵头处理采购项目的询问、质疑与投诉工作，业务及其他相关部门、采购代理机构应配合采购归口管理部门在法定时间内完成询问及质疑的答复工作，同时向监察部门报备。答复中形成的各种文件由采购归口管理部门进行归档和保管。

3．明确询问、质疑答复工作的流程。采购归口管理部门应及时对供应商提出的询问给予书面答复，答复内容包括采购项目相关情况说明、法律依据等。

4．采购归口管理部门和采购代理机构按照《政府采购质疑和投诉办法》（财政部令第94号）的要求处理质疑投诉有关事宜。

七、政府采购合同控制

（一）控制目标

1．规范政府采购合同签订与备案，确保政府采购合同签订符合国家有关法律法规。

2．加强政府采购合同履行的过程管理。

3．规范政府采购合同变更程序。

（二）主要风险点

1．未在规定的时间内与中标（成交）供应商签订政府采购合同并完成合同备案工作。

2．政府采购合同文本内容不完整，存在重大疏漏，可能导致医院合法权益受到侵害。

3．中标（成交）供应商未经医院同意，擅自变更、中止或终止采购合同。

（三）控制措施

1．除发生不可抗力外，业务归口管理部门或采购归口管理部门应在中标（成交）通知书发出之日起30日内，与中标（成交）供应商签订书面政府采购合同。合同不得对采购文件确定的事项和投标（响应）文件进行实质性修改。不得向中标（成交）供应商提出任何不合理的要求作为签订合同的条件。

中标（成交）供应商拒绝签订合同的，采购归口管理部门可以根据采购文件规定，呈报招投标管理委员会，招投标管理委员会按照评审报告推荐的中标（成交）候选供应商名单排序，确定下一候选人为中标（成交）供应商，或重新开展政府采购活动。

政府采购合同自签订之日起7个工作日内，医院将合同副本报同级财政部门备案。

2. 合同类型按照《中华人民共和国民法典》规定的典型合同类别，结合采购标的的实际情况确定。国务院有关部门依法制定了政府采购合同标准文本的，应当使用标准文本。合同文本应当包含法定必备条款和采购需求的所有内容，包括但不限于标的名称，采购标的质量、数量（规模），履行时间（期限）、地点和方式，包装方式，价款或者报酬、付款进度安排、资金支付方式，验收、交付标准和方法，质量保修范围和保修期，违约责任与解决争议的方法等。

如果采购项目涉及采购标的的知识产权归属、处理，如订购、设计、定制开发的信息化建设项目等，应当约定知识产权的归属和处理方式。医院可以根据项目特点划分合同履行阶段，明确分期考核要求和对应的付款进度安排。对于长期运行的项目，要充分考虑成本、收益以及可能出现的重大市场风险，在合同中约定成本补偿、风险分担等事项。

合同签订前，合同文本应当经过医院聘请的法律顾问审定。

3. 严格控制合同分包行为。经医院同意，中标（成交）供应商可以依法采取分包方式履行合同。对于政府采购合同分包履行的项目，中标（成交）供应商就采购项目和分包项目向医院负责，分包供应商就分包项目承担责任。

4. 严格办理合同补充手续。政府采购合同履行中，医院需追加与合同标的相同的货物、工程或者服务的项目，在不改变合同其他条款的前提下，可以与中标（成交）供应商协商签订补充合同，但所有补充合同的采购金额不得超过原合同采购金额的百分之十。

5. 建立合同变更机制，根据需要及时补充、转让，甚至解除合同。

八、政府采购履约验收控制

（一）控制目标

1. 业务归口管理部门建立采购验收制度，明确验收方案及责任人，规范验收程序，使验收工作有章可循、有据可依。

2. 严格按照采购合同对中标（成交）供应商的履约情况开展验收，办理采购验收有关手续，确保出具的采购验收报告真实有效。妥善处理验收过程中的异常情况，并及时解决相关问题。

3. 确保医院资金使用效益，维护医院合法权益。

（二）主要风险点

1．采购验收管理制度不健全，未根据采购项目制定验收方案。

2．验收小组设置不合理；验收人员专业能力不足，未发现或未妥善处理验收过程中出现的如中标（成交）供应商合同履行与投标承诺不一致，提供的产品以次充好、降低标准等问题。

3．未严格按照采购项目的验收标准进行验收。

4．验收报告出具不规范，履约验收各项资料未存档。

（三）控制措施

1．建立健全采购验收管理制度，完善细化验收方案。组织项目验收时，应根据项目特点量身制定验收方案，明确履约验收的时间、方式、程序等内容，规范各类采购项目的验收标准、方法及程序。

2．科学设置履约验收工作小组

（1）可由业务归口管理部门、财务部门、监察部门3人以上组成验收小组。直接参与采购需求制定、评审、定标的工作人员不得成为验收小组的负责人。

（2）业务归口管理部门也可邀请参加本项目的其他供应商或第三方专业机构及专家作为验收小组成员，参与验收。

3．严格按方案验收。验收小组按照采购合同的约定对中标（成交）供应商的履约情况进行验收。验收时，应当按照采购合同的约定对每一项技术、服务、安全标准的履约情况进行确认。技术复杂、社会影响较大的货物类项目，可以根据需要设置出厂检验、到货检验、安装调试检验、配套服务检验等多重验收环节；服务类项目，可根据项目特点对服务期内的服务实施情况进行分期考核，结合考核情况和服务效果进行验收；工程类项目应当按照行业管理部门规定的标准、方法和内容进行验收。

4．规范出具验收报告。验收结束后，应当出具验收报告，列明各项标准的验收情况及项目总体评价，由验收双方共同签署。验收结果应当与采购合同约定的资金支付及履约保证金返还条件挂钩。履约验收的各项资料应当存档备查。

5．验收合格的项目，医院应当根据采购合同的约定及时向中标（成交）供应商支付采购资金、退还履约保证金。验收不合格的项目，应当依法及时处理。中标（成交）供应商在履约过程中有政府采购法律法规规定的违法违规情形的，医院应当及时报告本级财政部门。

6．采购合同的履行、违约责任和解决争议的方式等适用《中华人民共和国民法典》。对政府采购合同有争议，无法达成一致意见的，各单位可就争议事项向人民法院提起民事诉讼。

九、政府采购档案控制

（一）控制目标

规范制定采购档案管理制度与程序，明确职责，做到每项采购活动全程留痕、可追溯。

（二）主要风险点

1. 采购档案管理制度不健全、不规范。

2. 未设置专门的采购档案室，缺乏专业、专门的工作人员对采购档案进行管理。

3. 对于保管期满的采购档案未经批准，擅自销毁。

（三）防控措施

1. 依法制定采购档案管理办法，规范建立档案归档、保管和销毁程序，明确档案管理工作人员职责。

2. 统一采购项目归档范围：采购档案是指在采购活动过程中形成的文字材料、图纸、图表及声像资料等，包括纸质、磁盘、光盘等不同媒质载体的各类记录。

3. 严格依程序做好档案归档、保管和销毁工作。

（1）归档

1）组卷：档案应按照“采购年度–项目类别–编号”顺序进行组卷，将政府采购活动全过程中的资料进行整理、归集，依次为立项依据、采购文件、评审资料、采购合同、验收报告等以及可能涉及的质疑答复、投诉处理决定的文件资料。

2）审核：为保证档案资料的完整性、准确性，应对项目前期资料、项目过程文件及供应商的投标（响应）文件等进行审核。

3）装订：档案装订要符合通用装订要求，目录编写清晰，档案页码有序。

（2）保管

1）期限：采购项目档案从采购结束之日起至少保存15年。

2）人员：档案实行专人专管，档案管理员调离工作时，应严格办理档案交接手续。

3）场所：采购档案应放置专门的档案室，档案室应做好防虫、防潮、防火、防盗工作。

4）查（借）阅管理：采购档案不得随意查阅或借出，如有特殊需要，必须办理查（借）阅登记手续，在《采购档案登记簿》上注明查（借）阅人姓名、部门或单位、查（借）阅时间、内容。查阅人如需要复印档案，必须报领导批准同意后，由档案管理人员复制，并在登记簿上注明复印内容及档案的具体卷号、页数。借阅人在借阅档案期间应对档案负有保管及保密责任，不得擅自转借、拆散、涂改、抽页、污损、复制等，更不得遗失，以保证档案的完整性与安全性。

（3）销毁：对于保管期满的采购项目档案，应按规定程序销毁。

知识链接

为落实《深化政府采购制度改革方案》，加强政府采购需求管理，实现政府采购项目绩效目标，财政部根据《中华人民共和国政府采购法》和《中华人民共和国政府采购法实施条例》等有关法律法规制定了《政府采购需求管理办法》，自2021年7月1日起施行。

有关《政府采购需求管理办法》的具体内容，可访问http://www.gov.cn/zhengce/zhengceku/2021-05/10/content_5605643.htm

本章小结

为了满足人民群众多层次、多样化、高品质的医疗需求，医院采购规模日趋扩大。本章阐述了医院采购的概念、原则、分类和基本方法，重点介绍了医院政府采购的组织形式和实施方式。医院采购管理内部控制的意义、总体目标，法律依据，以及内部控制的路径。政府采购工作流程关键环节控制目标的设定、主要风险点的评估以及控制措施的设计，这对于实现医院采购活动依法合规、保证采购质量、降低采购成本、提高资金使用效益，控制业务风险、法律风险、防范舞弊和预防腐败的目标至关重要。

（张晓波　林　青　尤　健）

第十七章　产业管理

学习目标

1. 掌握　医院投资管理和产权改革的模式，产业财务监管重点和监管形式。

2. 熟悉　医院投资管理和产权管理的基本概念。

3. 了解　了解医院产业风险管理的概念、类型和策略。

第一节　医院投资管理

一、投资管理概念

医院对外投资是指医院以货币资金购买国家债券或以实物、无形资产等开展的投资活动。《医院财务制度》第五十七条规定：医院应遵循投资回报、风险控制和跟踪管理等原则，对投资效益、收益与分配等情况进行监督管理，确保国有资产的保值增值。

二、投资方式、管理类型

（一）投资方式

1. 实物资产投资　可作为投资的实物资产以固定资产投资为主要形式。医院利用自身积累的资金、财政部门的专项拨款等融资手段，对医院本部以外的区域，或对外投资扩大医院基建规模；或购置大型医疗设备入股；或涉及其他非医疗领域投资。这类对外投资往往需要一个中长期的规划，医院通过不断投入大量人力、物力和财力，逐步扩大对外影响，实现医院综合实力的提高，提升其在医疗服务市场中的综合竞争力。

2. 无形资产投资　医院是知识密集型行业，无形资产具有较高价值。医院利用自身所拥有的先进医疗技术、人员等，定期到联合医院、协作单位进行医疗活动；或者利用自己的科学研究成果、专利技术等应用于临床，如新技术、新疗法、新药品等，医院方只提供技术力量和临床标本，合作方提供资金、场地等，当转化为生产力产生效益时，医院根据协议分享利益。这种投资容易操作，风险较小，见效也较快。

3. 货币资金投资 医院可将暂时闲置的资金兴办第三产业或以合资、参股等形式，与其他企业合办经济实体，风险共担、利益共享。如医院与医药公司合办的联合药房，医院投资开办的卫生材料厂、劳动服务公司等。

4. 混合型对外投资 既有设备等实物资产的投资，又有医务人员劳务技术的输出，或是以某项投资为主，其他投资为辅。这也是目前医院运用比较多的投资形式。

（二）管理类型

根据医院对外投资范围仅限于医疗服务相关领域的规定，对外投资类型主要有医疗辅助、后勤保障以及为患者提供便利设立的零售商铺等类型。

1. 医疗辅助类 医院为了能够更好地满足患者各种各样的医疗服务要求，在现有的基础上开发出多元化的经营项目，通过独立或联合举办的方式来成立医疗辅助产业，例如体检中心、医疗培训中心、线上或线下零售药店、眼科治疗机构、医学杂志社等。

2. 后勤保障类 一些医院会将后勤保障部门与医疗服务部门进行分离管理，从而单独成立诸如物业管理、餐饮服务及洗涤服务中心等，以此来进一步丰富自身的后勤服务内容，赋予其产业化与社会化特点。

3. 其他类 还有部分医院会运用自身的空间和地理优势来进一步开发临街商铺，将这些商铺租赁给企业或个人来发展零售产业，比较常见的类型包括鲜花店、水果店、礼品店、饮食店等。这不仅能够为患者提供生活上的便利，同时也可以为医院创造经济效益。

第二节　医院产权管理

一、产权定义及其理论内涵

产权是由财产所有权所派生出来的概念，是某个个体对某经济物品、稀缺资源或交易对象的权利，是建立在财产所有权基础之上的，以所有权为核心的各种行为权利的总和，通过界定财产主体在经济活动中运用其财产的各项权利和义务，借以约束和规范各主体的行为。医院产权不仅包括医院的固定资产，也包括人力资产。

二、现有医院产权合作分类

（一）协作经营型

形式为松散的业务联合，如江苏省南京市以某三甲医院为核心的医院集团，该三甲医院向集团其他成员单位输出管理和专业技术服务等。这种重组可以发生在相同规模的医院中，也可以发生在不同级别的医院中，重组各方出于利益共同点的考虑，以协议或契约的方式建立起经营关系。这种医院重组不是以产权为纽带，因此其各项活动只能以浅表层改革和松散型联合为主。

集团组建没有涉及产权问题。集团经上级卫生行政管理部门批准组建，其成员医院原建制、隶属关系、名称不变，卫生行政主管部门与医院之间的管理体制也没有相应改变。这在一定程度上影响了集团向紧密型过渡和实施专业管理集约经营。

集团治理结构没有发挥相应的作用。集团成立了管理委员会，但管委会不参与医院重大决策，集团仅依靠“协商”的方式对成员医院进行管理。另外，由于集团本身没有专设办事机构和专职人员，未能形成实体的格局，导致集团工作责、权、利分离，使集团管理缺乏约束力。

（二）连锁经营型

如江西省某精神疾病专科医院分别在江西省三座城市采取联办或独办精神疾病分院等。连锁经营一般采取统一营业环境，统一服务标准，规范化连锁服务。这种重组大都发生在专科性质的医疗机构，或不同规模综合性医疗机构具有某种共同专长的学科中，以某个专科和特色项目为模版，开展单项复制式的经营活动。

连锁经营型医院集团的特点是，一方面产权联结已开始发挥重要作用，如沈阳博爱齿业集团就是通过资本的扩张进行连锁经营，这样有利于理顺集团内部成员之间的产权关系，提高集团运作效率。但另一方面，与之相关的治理结构没有建立起来，管理模式还是采取传统的模式，该专科医院的做法还是传统的利润分成，亏损分摊，尚未建立有效的监督约束机制和激励机制。

（三）兼并经营型

以一个医院或一个公司兼并其他经营不善的医院，被兼并者整顿后以子公司的形式进行经营。这种重组可以发生在不同规模、不同功能、不同经营方向的医院中，以资本或长期的经营管理权等为纽带，且大都有一家核心医院（公司），由其向其他成员单位单向统筹输出各类资源，发起并开展各类经营活动。如河南省某市多家公立医院被中国华源生命产业公司购并，组建由华源生命公司控股的华源中原医院管理集团有限公司。新组建的医院管理集团注册资本1.5亿元，其中华源生命公司投资1.05亿元，占总股本70%。

兼并经营型集团的特点是：集团内部成员单位以产权纽带为联结，兼并经营型集团由于是通过产权的变动建立起来的联合体，从经济学角度而言已经与原先的经营实体存在本质差别，确立了医院集团法人地位，这种联结是紧密而稳定的。集团公司内部实行了医院和单科的集团化、专业化管理，实现了优势单科产品线管理模式、人力资源市场配置、医院企业化运营，以及医药、器械、耗材等后勤社会化保障的统一管理。

三、公立医院产权制度改革的目标和主要形式

（一）公立医院产权制度改革的目标

公立医院产权制度改革的主要目标归纳起来有4点：首先是保证国有资产效益的发挥，让国家在医疗卫生领域的投资体现出它应有的作用；其二是充分调动医院经营者的积极性，提高医院的经营效益和运转效率；其三是调动员工的积极性和创造性；其四是保证广大人民群众以比较低廉的费用享受到比较优质的医疗服务。

（二）公立医院产权制度改革的主要形式

我国公立医院产权制度改革因地制宜，按区域卫生规划，结合本地区经济发展和社会环境，采取不同形式加以推进。

1. 以出售为核心的整体转让 以出售为核心的整体转让适合于规模较小、布局重复又不符合区域卫生规划的医院。它是一种改变了医院所有制性质的形式，是将公立医院的资产进行评估后，一次性整体拍卖或出售给私人。公立医院实行整体转让能够借助社会资本的积极性来发展我国的医疗卫生事业。

2. 股份合作制 股份合作制是公立医院产权制度改革的重要形式，适合于中小型医疗机构（一般指县级的中小型医院和农村卫生院）的产权制度改革。股份合作制是一种类似股份制的产权制度改革，它兼备合作制和股份制的特点，股东既是劳动者又是出资人。按照“资金共筹，经营共管，风险共担，收益共享”的原则进行。

3. 组建医院集团 医院集团即指3个或3个以上医院以资本为纽带，以核心医院为主体进行资产重组，各医院之间又保持相对独立的法人地位的统一管理的联合体。这种形式适合于大型综合性医院，这些医院在管理、技术、人才、资本等方面都较有优势。

4. **医院托管制** 医院托管制有效地实现了所有权与经营权的分离，所有者不再直接经营管理医院，而受托者通常具有较高的医院管理水平；而且受托者往往不止管理一家医院，采用统一规范的医院管理模式，降低了医院管理运行的成本，提高了医院经营管理效率。

5. **管理层收购模式** 管理层收购是指目标公司的管理者或经理层利用借贷所融资本购买本公司的股份，从而改变本公司所有者结构、控制权结构和资产结构，达到重组本公司的目的，并获得预期收益的一种收购行为。这种方式目前在中国医院股份制改造中刚刚起步。实行管理层收购的意义就在于可以有效防范医院“道德风险”，使管理层利益与医院的利益趋于一致，从而有利于促进医院管理层的工作积极性；可以提高医院的运行决策效率和提高医院管理团队的凝聚力；可以缩短医院重组整合周期，保持医院运作的稳定性。

知识拓展

了解医院产业管理中医院投资形成后，国有资产的保值增值和分级管理。产权管理方面包括产权的变动（如关停）、国有资产（如退股）变更的流程、登记、挂牌交易等内容。

第三节 财务监管

一、产业财务监管相关概念与定义

“监管”中文解释为监督管理，强调来自于规则（rule）的控制，是一种影响某个产业微观经济主体与相关利益集团行为的制度设计和执行的过程。“监管”的概念与传统的控制、管理区别在于干预强度弱于控制、管理；它本身不存在明确的对错判断标准，是对被监管的产业中各个主体的行为进行非直接的干预。

财务监管是上级主管部门或出资方在一定的整体目标下，根据财经法规制度，按照财务管理的原则，在外部对产业公司的资产购置（投资），资本融通（筹资）和经营中现金流量（营运资金），以及利润分配的监督和管理。

二、医院产业的财务监管原则

医院对产业的营运要根据《医院财务制度》规定，遵循投资回报、风险控制等原则；对投资收益、效益等情况进行监管，确保国有资产保值增值，所以对外投资与医院公益性并不矛盾。但是医院产业资本经营会给医院增加除了原有的产品经营风险外的与资本经营有关的特殊风险；如交易前的价值评估风险、出资风险、法律风险，以及重组后的整合风险等；因此需要对医院产业进行综合监管。

财务监管需要以医院内部控制为前提，根据《行政事业单位内部控制基本规范》和相关法律法规及规范性文件的要求，成立各级医院产业内部控制小组，并结合医院实际经营情况，加强内部控制制度和风险管理的宣传和培训，督促公立医院各部门加强内部控制的建设和基础性评价工作，优化内部控制环境，强化内部控制监督职能。

（一）权属清晰

权属清晰主要是指有明确的权属主体，对相关资产行使占有、使用、处置和收益等权利，有清晰的产权边界，理清产权关系、权责相等。即由资产所有者委托或授权给法人对全部资产行使占有、使用、处分和收益的权利。产业权属清晰后，任何人都不得非法侵犯所有权和法人财产权。如：医院遵循职责明确、职权清晰、权责到位的原则，择优选派有相关管理经验的人员担任产业管理的产权代表（包括法定代表人、执行董事、总经理等），明确其权利、义务和责任，建立相应的奖惩制度并定期考核。

（二）投资回报

通常投资的目的是注入资金或技术，促使受资公司的发展，从而使资本增值而获得投资回报。它涵盖了企业的获利目标、利润和投入经营所必备的财产相关。因为管理人员必须通过投资和现有财产获得利润，所以企业国有资本保值增值结果主要是通过国有资本保值增值率指标反应，并设置相应修正指标和参考指标，充分考虑各种客观增减因素，以全面、公正、客观地评判经营期内企业国有资本运营效益与安全状况。

（三）风险管理与内部风险控制

财务风险从出现到发生再到最后的恶化，全部会在一些财务指标的数据变动上表现出来。为了有效控制产业财务风险，要加强资产的管控，构建全面、高效的财务风险管理体系和风险控制机制。

健全的风险管理组织体系，应包含公司法人治理结构、风险管理职能部门、内部审计部门和法律事务部门以及其他有关职能部门、业务单位等组织。规范的公司法人治理结构，应确保股东（大）会（对于国有独资公司或国有独资企业，即国资委）、董事会、监事会、经理层依法履行职责，形成高效转运、有效制衡的监督约束机制，以保证董事会能够在重大决策、重大风险管理等方面作出独立于经理层的判断和选择。也可以把风险管理的各项要求融入企业管理和业务流程中，建立风险管理三道防线，即有关职能部门和业务单位为第一道防线；风险管理职能部门和董事会下设的风险管理委员会为第二道防线；内部审计部门和董事会下设的审计委员会为第三道防线。

内部控制的目标是合理保证企业经营管理合法合规、资产安全、财务报告及相关信息真实完整，提高经营效率和效果，促进企业实现发展战略。在实施时应当贯穿决策、执行和监督全程，覆盖各种业务和事项，且重点关注重要业务事项和高风险领域。除此以外，内部控制还应与企业的经营规模、业务范围、竞争状况和风险水平等相适应相调整；并权衡实施成本与预期效益，以适当的成本实现有效控制。在贯穿始终的内部风险控制工作中可以委托从事内部控制审计的会计师事务所，对企业内部控制的有效性进行审计。

三、医院产业财务监管的重点与主线

在全面加强内部控制的基础上，重点关注预算管理的监督、收入管理的监督、支出管理的监督、资产管理的监督和负债管理的监督等。因此在对国有资产管理及其他经济活动事项以及内部控制制度的建立健全和执行结果进行监督、评价，并根据监督评价结果针对现有问题在党委会上提出针对性有效的对策，并需要由领导班子集体讨论一致通过。

财务监管以会计处理的合规性和成本费用的合理性等事项为重点，实施全资公司财务监管。重大财务事项上报后应以资金（预算）审批制度为主线，围绕战略规划对各类经济资源和经营行为进行合理的预计、测算、财务控制、财务监督等。

资金审批是医院产业财务监管的主线，财务预算报告又是反映企业预算年度内企业资本运营、经营效益、现金流量及重要财务事项等预测情况的文件，也是资金审批的依据；所以应从预算管理着手，降低资金风险，提高资金使用效率，确保经营活动高效进行。对于预算管理，首先制定预算管理制定，组织开展内部财务预算编制、执行、监督、考核工作，完善财务预算体系；配备相应工作人员，成立预算委员会或设立财务预算领导小组，明确职责权限。其次实施财务预算编制和预算报告，以资产、负债、收入、成本、费用、利润、资金为核心指标，合理规划现金收支与配置；并在预算编制管理的基础上，上报年度财务预算报告。最后是执行财务预算并对其进行监督，有明确超预算的资金需追加审批程序和权限。国资委在预算年度末对预算执行情况进行核查，对预算指标完成值与预算目标偏离的程度和影响因素进行分析。

财务监管以单位资金审批制度为主线，核查医院产业的相关管理制度、会议纪要、报告、合同协议、报表、账簿、凭证等各类资料，核查派驻单位实物资产，实行全程监控、追踪问效、定期报告、绩效评价，规范财务管理决策机制；并对医院产业执行财经法律法规、财务会计制度和遵守财经纪律等情况进行监督，对存在的违反国家财经纪律、法规、方针、政策、制度和有可能在经济上造成损失、浪费的行为，有权制止或者纠正，制止或者纠正无效时，向财务监管领导小组报告。

四、医院产业财务监管的主要形式

随着医疗改革的全面推进，医疗市场环境存在新的机遇、挑战和风险，在为医院产业经营与发展注入动力的同时，也加剧了市场竞争风险。为防范化解产业在投资决策和经营中的潜在或重大风险，产业财务监管实行事前监督、事中监督、事后监督相结合，日常监督与专项检查相结合的原则，接受审计（独立性的经济监督活动）和主管部门（或举办单位）的监督。

首先，应当加强内部的财务管理，包括：建立健全资金内控管理体制机制，明确资金管控的职责；切实加强资金内控制度建设，提高制度建设的适应性和匹配性；持续强化资金内控关键环节监管，严格落实“三重一大”决策程序，提高资金决策的科学性和规范性；加快推进资金内控信息化建设，不断加大资金内控执行力度；认真做好资金内控体系监督评价工作；强化资金管控监督检查，提高问题整改和责任追究力度。

其次，审计是一种监督机制，由国家授权或接受委托的专职机构和人员，依照国家法规、审计准则和会计理论，运用专门的方法，对被审计单位的财政、财务收支、经营管理活动及其相关资料的真实性、正确性、合规性、合法性、效益性进行审查和监督，评价经济责任，鉴证经济业务，用以维护财经法纪、改善经营管理、提高经济效益的一项独立性的经济监督活动。内部审计和外部审计一起构成了医院产业财务监管的主要形式，而内部监督机制又是财务监管体系中内控机制的核心内容，所以内部监管机制的建立更应着眼于医院的实际需求情况，主要应用在审查和评价业务活动、内部控制和风险管理的适当性和有效性，为医院产业进一步优化治理、实现经营目标等提供有力的保障。内部财务监管是医疗机构进行自我监督的关键一环，独立于整个机构之中，不与其他部门发生密切的关联，并且其自身的监督机制也具备独立性，对医院产业的经营活动内容进行全方面的监管。

监管方式主要有日常监督和专项监督、常驻监督和定期巡视监督等，但不限于这几种。由于医院的财务行为贯穿于经营活动的全过程，财务监管最主要的方式为日常监督，贯穿日常经济运行的始终。专项监督一般适用于一些特殊制度的执行监督、考核，专项监督是财务监管的辅助补充方式。

日常监督包括对医院产业的预算、资金筹集、收支、负债、资产管理等的核查，其中对资产运营的绩效进行监督尤其重要。同时监管医院是否按规定定期清查盘点资产，制度及岗位职责是否完善，资产的安全性有否保障措施，对于固定资产的投入是否进行了翔实的可行性论证，产出效益是否跟踪分析。医院党政领导层面是否对资产运营绩效有明确的导向思维，并分块、分线落实，在目标责任制上予以体现。

专项监督方面，派驻人员对医院整体运行进行监管的同时，还承担对上级部门交办有关重大政策落实执行情况监督工作。对于专项工作任务落实情况从财务角度出发，积极配合政策落地实施，同时在过程中监管经济活动的合法合规性。

第四节　风险防范

一、产业风险防范概念

对于医院产业开展全面风险防范工作，增强公司的竞争力，提高经济效益，同时促进公司持续、健康、稳定的发展，实现公司国有资产保值增值目标。

医院产业风险防范是指对于医院下设产业围绕总体经营目标，通过在公司管理的各个环节和经营过程中执行风险防范的基本流程，培育良好的风险防范文化，建立健全全面风险防范体系，包括风险防范策略、风险防范的组织职能体系、风险防范信息系统和内部控制系统，从而为实现风险防范的总体目标提供合理保证的过程和方法。

产业风险防范管理的基本流程需要先从预测、收集风险管理初始信息开始，对于收集到的信息进行风险评估，利用收集到的信息结合产业实际情况制定有效风险管理策略，并由相关决策部门提出风险管理解决方案，并由涉及的部门落实执行，在执行过程中如产生新的、未预估到的风险，应由执行部门及时提出与其他部门充分沟通后提出相应的解决方案。

全面开展风险防范管理工作是确保将风险控制在与总体目标相适应并可承受的范围内，产业开展全面风险管理工作，应注重防范和控制风险可能给产业造成损失和危害，也应把机会风险视为特殊资源，通过对其管理，提升产业价值，促进经营目标的实现。

二、产业风险管理类型和组织体系

（一）产业风险管理的类型

1. 财务风险 产业在日常工作中要注重和收集公司是否存在负债、负债率、偿债能力；现金流、应收账款及其占销售收入的比重、资金周转率；产品存货及其占销售成本的比重、应付账款及其占购货额的比重；制造成本和管理费用、财务费用、营业费用；盈利能力；成本核算、资金结算和现金管理业务中曾发生或易发生错误的业务流程或环节；相关的行业会计政策、会计估算、与国际会计制度的差异与调节（如退休金、递延税项等）等信息。财务风险就会出现在这些环节上。

2. 市场风险 产业在运营风险方面，应收集与本行业相关的产品结构、新产品研发信息：新市场开发，市场营销策略，包括产品或服务定价与销售渠道，市场营销环境状况等。而对于产业内部管理方面需要收集相同产业管理方面的信息，如组织效能、管理现状、中高层管理人员和重要业务流程中专业人员的知识结构、专业经验。产业公司要关注产品或服务的价格及供需变化物资供应的充足性、稳定性和价格变化；主要客户、主要供应商的信用情况；税收政策和利率、汇率、股票价格指数的变化；潜在竞争者、竞争者及其主要产品、替代品情况。

3. 法律风险 产业公司应该有相应的法务部门。法务部门应熟悉掌握国内外方针、政策、法律、法规；对签订的协议和有关贸易合同；发生重大法律纠纷案件的情况；和竞争对手的知识产权情况法务部门要严格把控。

（二）产业风险管理组织体系

医院下设产业应建立健全风险管理组织体系，主要包括规范的公司法人治理结构，风险管理职能部门、内部审计部门和法律事务部门以及其他有关职能部门、业务单位的组织领导机构及其职责。

医院下设产业在运营过程中如有重要事项需要决策，应向医院相关部门上报，由医院“三重一大”会议讨论后落实。医院下设产业如在对外合作设有股东（大）会、董事会、监事会、经理层，应依法履行职责，形成高效运转、有效制衡的监督约束机制。

董事会就全面风险管理工作的有效性对股东（大）会负责。董事会向股东（大）会提交全面风险管理年度工作报告，确定风险管理总体目标、风险偏好、风险承受度，股东（大）会批准风险管理策略和重大风险管理解决方案，在了解和掌握面临的各项重大风险及其风险管理现状，做出有效控制风险的决策，全面风险管理其他重大事项。

医院下设产业总经理对全面风险管理工作的有效性向董事会负责。总经理或总经理委托的高级管理人员，负责主持全面风险管理的日常工作，负责组织拟订风险管理组织机构设置及其职责方案。

全面开展风险防范管理工作是确保将风险控制在与总体目标相适应并可承受的范围内，是确保经营行为遵守有关法律法规，更是确保内外部信息沟通真实可靠。

产业开展全面风险管理工作，应注重防范和控制风险可能给产业造成损失和危害，也应把机会风险视为特殊资源，通过对其管理，提升产业价值，促进经营目标的实现。

三、产业风险管理策略和形式

（一）产业风险管理的策略

一般情况下，对战略、财务、运营和法律风险，可采取风险承担、风险规避、风险转换、风险控制等方法。对能够通过保险、期货、对冲等金融手段进行理财的风险，可以采用风险转移、风险对冲、风险补偿等方法。

产业应根据不同业务特点统一确定风险偏好和风险承受度，即产业愿意承担哪些风险，明确风险的最低限度和不能超过的最高限度，并据此确定风险的预警线及相应采取的对策。确定风险偏好和风险承受度，要正确认识和把握风险与收益的平衡，防止和纠正忽视风险，片面追求收益而不讲条件、范围，认为风险越大、收益越高的观念和做法；同时，也要防止单纯为规避风险而放弃发展机遇。应根据风险与收益相平衡的原则，以及各风险在风险坐标图上的位置，进一步确定风险管理的优选顺序，明确风险管理成本的资金预算和控制风险的组织体系、人力资源、应对措施等总体安排。

产业还应定期总结和分析已制定的风险管理策略的有效性和合理性，结合实际不断修订和完善。其中，应重点检查依据风险偏好、风险承受度和风险控制预警线实施的结果是否有效，并提出定性或定量的有效性标准。

（二）产业风险管理的形式

产业应注重建立具有风险意识的文化，促进风险管理水平、员工风险管理素质的提升，保障企业风险管理目标的实现。风险管理文化建设应融入产业文化建设全过程。大力培育和塑造良好的风险管理文化，树立正确的风险管理理念，增强员工风险管理意识，将风险管理意识转化为员工的共同认识和自觉行动，促进企业建立系统、规范、高效的风险管理机制。应在内部各个层面营造风险管理文化氛围。

产业以重大风险、重大事件和重大决策、重要管理及业务流程为重点，对风险管理初始信息、风险评估、风险管理策略、关键控制活动及风险管理解决方案的实施情况进行监督，采用压力测试、返回测试、穿行测试以及风险控制自我评估等方法对风险管理的有效性进行检验，根据变化情况和存在的缺陷及时加以改进。应建立贯穿于整个风险管理过程的基本流程，连接上下级、各部门和业务单位的风险管理信息沟通渠道，确保信息沟通的及时、准确、完整，为风险管理监督与改进奠定基础。同时，各有关部门和业务单位应定期对风险管理工作进行自查和检验，及时发现缺陷并改进，检查、检验报告应及时报送企业风险管理职能部门。

风险管理职能部门应定期对产业公司的风险管理工作实施情况和有效性进行检查和督查，内部审计部门应至少每年一次对包括风险管理职能部门在内的各有关部门和业务单位能否按照有关规定开展风险管理工作及其工作效果进行监督评价，监督评价报告应直接报送董事会或董事会下设的风险管理委员会和审计委员会。此项工作也可结合年度审计、任期审计或专项审计工作一并开展。产业可聘请有资质、信誉好、风险管理专业能力强的中介机构对企业全面风险管理工作进行评价，出具风险管理评估和建议专项报告。报告内容应包括风险管理基本流程与风险管理策略，重大风险、重大事件和重要管理及业务流程的风险管理及内部控制系统的建设，风险管理组织体系与信息系统，全面风险管理总体目标。

本章小结

公立医院为实现经济平稳运行和高质量发展，必须加强经营管理，产业管理是其经营管理活动的重要组成部分。

本章着重介绍了公立医院产业管理中几个关键方面，包括医院投资管理方式和类型；医院产权管理基本概念和分类、产权制度改革目标和形式；产业财务监管的定义、监管重点以及产业风险概念、管理类别、组织体系和管理策略，做好上述工作，依法合规开展医院经营性国有资产经营管理活动，才能实现国有资产的保值增值目标。

（陈海涛　王长谦　李晶慧）

References

参考文献

［1］曹吉鸣，缪莉莉.综合设施管理理论与方法［M］.上海：同济大学出版社，2018.

［2］曹荣桂.医院管理学后勤管理分册［M］.2版.北京：人民卫生出版社，2013.

［3］曹少平，李斌.医疗器械使用安全风险监测、评估和控制方法的研究［J］.中国医疗器械杂志，2015，39（3）：228-231.

［4］程明.价值链视角下的医院成本管理策略——基于上海XH医院的实践案例［J］.会计之友，2020，（24）：2-7.

［5］丁士昭.工程项目管理［M］.北京：中国建筑工业出版社，2014.

［6］冯岩，王静蕊.公立医院对外投资管理分析［J］.科技经济导刊，2018，（10）：202.

［7］复旦医院后勤管理研究院.医院后勤院长实用操作手册（第二版）［M］.上海：复旦大学出版社，2018.

［8］黄洁夫.中国医院协会医院管理指南［M］.北京：人民卫生出版社，2016.

［9］乐云.工程项目管理上册［M］.武汉：武汉理工大学出版社，2008.

［10］李海燕.政府采购实务［M］.武汉：华中科技大学出版社，2020.

［11］李敏强，欧铁，程明.公立医院后勤运营成本标准化核算［J］.解放军医院管理，2021，（10）：970-971.

［12］上海申康医院发展中心，上海市同济医院，同济大学复杂工程管理研究院.上海市级医院智慧后勤管理系统建设与运维指南——面向更安全、更高效、更韧性和更人性化的管理需求［M］.上海：同济大学出版社，2020.

［13］吴锦华，张建忠，乐云.医院改扩建项目设计、施工和管理［M］.上海：同济大学出版社，2017.

［14］闫石.医院后勤管理与实践［M］.北京：北京大学医学出版社，2021.

［15］余雷，张建忠，蒋凤昌，等.BIM在医院建筑全生命周期中的应用［M］.上海：同济大学出版社，2017.

［16］张建忠，陈梅，李永奎.新兴技术在智慧医院工程全生命周期中的应用［M］.上

海：同济大学出版社，2021.
[17] 张建忠，乐云. 医院建设项目管理——政府公共工程管理改革与创新[M]. 上海：同济大学出版社，2015.
[18] 张晋，郑天容，方建芬.ERP系统在医院全成本核算中的应用前景[J]. 中国卫生经济，2013，32（9）：93-94.
[19] 张庆龙，王洁. 新编公立医院内部控制管理操作实务指南[M]. 北京：中国财经经济出版社，2021.
[20] 张英. 医院人力资源管理[M]. 北京：清华大学出版社，2017.
[21] 中国医院协会，同济大学复杂工程管理研究院. 医院建设工程项目管理指南[M]. 上海：同济大学出版社，2019.
[22] 中国医院协会. 医院建筑信息模型应用指南（2018版）[M]. 上海：同济大学出版社，2018.
[23] 钟宁. 医院医疗设备的质量控制管理[J]. 医疗装备，2020，33（11）：85-86.
[24] 邹玉林. 新医改下医院财务内部控制的创新措施[J]. 财经界，2020，（25）：170-171.